Knaur

Über den Autor:

Mark Spragg, Jahrgang 1951, lebt mit seiner Frau in Cody, Wyoming. Seine preisgekrönten Geschichten und Essays erscheinen in diversen amerikanischen Zeitschriften und Anthologien.

Mark Spragg

Wo der Fluss die Richtung ändert

Aus dem Amerikanischen von
Rainer Schmidt

Knaur

Die amerikanische Originalausgabe erschien unter dem Titel
Where Rivers Change Direction
bei The University of Utah Press, Salt Lake City

Besuchen Sie uns im Internet:
www.knaur.de

Vollständige Taschenbuchausgabe 2002
Droemersche Verlagsanstalt Th. Knaur Nachf., München

Umschlaggestaltung: ZERO Werbeagentur, München
Umschlagabbildung: Getty One Stone, München
Satz: Ventura Publisher im Verlag
Druck und Bindung: Clausen & Bosse, Leck
Printed in Germany
ISBN 3-426-62056-1

2 4 5 3

Für Virginia wegen Virgina
und in Liebe für meine Familie

Ich habe gelesen: In Afrika, wenn man dort den Leib einer Antilope aufbricht, die ihr Leben lang nur Blätter und Gras gegessen und nichts als wildes Wasser getrunken hat, ist der Duft beinahe so süß, so zart, so schön, dass man es nicht ertragen kann. Es ist ein Augenblick, den Jäger bedachtsam erleben müssen, mit konzentrierter und fast religiöser Aufmerksamkeit, wenn sie die andere Seite erreichen und ihr jeweiliges Leben fortsetzen sollen.

Mary Oliver, White Pine

Pferde

Als ich ein Junge war, hatte mein Vater Pferde, über hundert Stück, einige davon ziemlich wild, und ich hielt mich gut auf ihnen. Er war überzeugt, dass Pferde arbeiten mussten und dass auch Jungen nichts taugten, wenn sie nicht arbeiteten. Er verfolgte nicht mehr und nicht weniger als einen offenkundigen ökonomischen Plan, als er mich mit den Pferden zusammenbrachte. Tatsächlich hoffte er einfach, wir würden uns gegenseitig amortisieren, oder praktischer gesagt, er hoffte, dass das, was die Pferde und ich an Unterkunft und Verpflegung brauchten, sich irgendwie ausgleichen würde. Ich fing an, für ihn zu arbeiten, als ich elf war. Ich bekam dreißig Dollar im Monat, hatte mein eigenes Bett bei den Cowboys im Bunkhouse und bekam jeden Tag drei üppige, einfache Mahlzeiten.

Ich bin in einem Familienunternehmen aufgewachsen: auf Holm Lodge. Manche unserer Gäste nannten sie auch »Crossed Sabers Ranch«, weil gekreuzte Säbel ihr Brandzeichen sind. Sie ist die älteste Ferienranch in Wyoming; der Betrieb wurde 1898 eröffnet. Als meine Eltern die Lodge in den sechziger Jahren besaßen, wurden weitere Gebäude hinzugefügt, elektrisches Licht wurde installiert, und in den Hütten gab es Propangasheizungen. Aber das Land blieb unverändert – das hohe Yellowstone-Plateau, das rittlings auf der kontinentalen Wasserscheide sitzt, sodass sein Wasser nach Osten und nach Westen abfließt.

Es fällt mir ganz leicht, mich an das Land zu erinnern. Wenn ich die Augen schließe, durchflutet mich die Hitze des Mittsommers. Ich sehe teerschwarze Schmetterlinge bei ihrer Arbeit in den Wiesen am Shoshone River, und das Gras trägt dicke Samenrispen. Ich rieche weißkelchige Blüten, Explosionen von Lavendel, den krautigen Duft der Kastillea, das überwältigend scharfe Aroma der Büsche von niedrig wachsendem Beifuß. Ich kann meine Erinnerung auf den Rücken der großen Felsblöcke steigen lassen und höre, wie meine Stiefel über die schwarzen und rostfarbenen und maisgelben Flechten scharren, die das Gestein bedeckten.

Als ich ein Junge war, wusste ich, dass die Lodge sechs Meilen vom Osteingang des Yellowstone-Parks entfernt lag. Ich wusste, dass sie sich auf dem Gelände des Shoshone National Forest befand, aber ich wusste nicht, dass ich im größten Gebiet uneingezäunter Wildnis in den unteren achtundvierzig Staaten lebte. Heute ist mir das alles klar, aber als Junge wusste ich nur, ich war frei. Auf die Frage, wo ich wohnte, antwortete ich: »In Wyoming.« Ich meinte die nordwestliche Ecke des Staates, Teile von Idaho und Montana. Ich meinte das Land selbst – einen wilden, unverdorbenen Teil der Erde.

Das Hauptgebäude der Ranch, die Lodge – Speiseraum, Bar, Küche, Büro, großer Aufenthaltsraum –, ist in Form eines langen, stumpfen L gebaut. Es sitzt auf einer Steigung westlich des Libby Creek, auf der eiszeitlichen Schutthalde, die das Schmelzwasser zwischen den westlichen und östlichen Rändern des Grates abgelagert hat. Der Fuß des L und der längere Teil sind so gelegen, dass sie die Hochsommersonne einfangen. Das Gebäude insgesamt erstreckt sich über ungefähr achtzig mal vierzig Fuß. Der Hang vor der Lodge ist mit Beifuß und Berggräsern bewachsen. Eine Gruppe Espen schmiegt sich unten an den Grat. Ihre Blätter zittern silbern und grün in der leichtesten Brise, im bloßen Fließen der warmen Luft, während die Sonne über den Himmel steigt und sinkt. Hinter der Lodge, am Bach entlang, steht das dichte, smaragdene Gedränge von Kiefern und Fichten. Bei Sonnenuntergang wirft jede einzelne Fichte ein vollendetes Dreieck aus dunklem Schatten nach Osten. Ich stand gern in den Baumschatten und starrte zu den himmelhöchsten Zweigen hinauf, die sich gegen den Wind verbeugten, jeder von ihnen beladen mit einem knotigen Strauß Fichtenzapfen.

Ich stand da und wartete, ob ein Zapfen herunterkam, ob ich Zeuge sein könnte, wie er zu Boden fiel.

Es gibt ein Badehaus, ein Mädchenwohnhaus, Scheune, Sattelschuppen, Vorratshütten, Bunkhouse und mehr als zwanzig Gästehütten. Sie sind auf beiden Seiten des Libby Creek über eine Viertelmeile hinweg aufgereiht. Meine Familie – Mutter, Vater, Bruder und ich –, die Cowboys, Hausmädchen, Holzfäller, der Hausmeister, der Koch, alle aßen zusammen an einem langen Tisch in einem Raum an der Ostseite der Lodge. Die Tür führte auf die Veranda, es gab einen Kamin am Nordende, und durch eine Reihe von Fenstern bot sich der Blick auf den Bach. Wir nannten ihn »Savage Room«, das wilde Zimmer. Mir gefiel der Name, mir gefiel es, mich als ungezähmten, rauen Jungen zu sehen. Normalerweise waren wir mindestens fünfzehn zum Essen. So viele Wilde waren nötig, um für die Unterhaltung und den Komfort unserer Gäste zu sorgen. In den Sommermonaten waren wir jeden Tag mit bis zu neunzig Städtern beschäftigt.

Unsere Gäste waren Tankstellenbesitzer aus New Jersey, New Yorker Kongressabgeordnete, Farmer aus Iowa, Richter, Schauspieler, Installateure, Europäer, die von Buffalo Bill und Sitting Bull gelesen hatten und gekommen waren, um den amerikanischen Westen zu erleben, Leute im Ruhestand, Leute, die eben erst mit ihrer beruflichen Laufbahn begonnen hatten. Sie kamen zu uns, um zu angeln, zu jagen und zu reiten. Sie kamen mit ihren verschiedenen Akzenten und Eigenheiten, mit ihren Geschichten. Sie webten einen Teil ihrer selbst in die Geschichte meiner Kindheit. Sie brachten Nachrichten aus der weiten Welt, in einem halben Dutzend Sprachen.

Niemand fragte je, warum wir kein Fernsehen hatten, keine Tageszeitung. Sie kamen um dessentwillen, was meinem Bruder und mir selbstverständlich war. Sie kamen, um den Anachronismus zu leben, den wir als normales Leben betrachteten.

Als wir das Anwesen bezogen, wurde es von einem Dieselgenerator versorgt, der in einer kleinen Blockhütte hinter dem Haupthaus stand. Die erste Amtshandlung meines Vaters bestand darin, das Ding an eine Ölgesellschaft zu verkaufen und uns an die *Rural Electric Association* anzuschließen. Weiter hinten, hinter der Lodge, war ein Eishaus für die Vorratshaltung im Sommer. Wir benutzten es nicht, aber es war in gutem Zustand. Unsere Telefongespräche, die ein- und die ausgehenden, liefen über einen Gemeinschaftsanschluss mit acht Teilnehmern.

Die Lodge selbst wurde durch vier offene Kamine beheizt, jeder dreieinhalb Fuß hoch und vier Fuß breit. Selbst im Sommer war es fast jeden Morgen so kalt, dass wir unseren Atem sehen konnten. Mein Bruder oder ich standen um vier Uhr auf, um im Speiseraum das Feuer anzuzünden, denn meine Mutter fand, unsere Gäste sollten frühstücken können, ohne Jacken und Mützen anzubehalten. Sie fand, wenn für die Eier bezahlt wurde, sollte man sie über dem Gefrierpunkt servieren.

Wir gingen zu Fuß oder wir ritten. Das Werkzeug im Arbeitsschuppen war nicht elektrisch betrieben. Es gab dort Abziehmesser, Handbohrer, Querbeile, Meißel, Hämmer, Äxte, Hobel und Vorschlaghämmer. Eine der ersten Erwerbungen meines Vaters war eine Kettensäge. Wenn ich mit ihm zum Holzschneiden draußen war, wurde er nicht müde, den Motor aufheulen zu lassen, und dann öffnete sich sein Gesicht in gespieltem Staunen, und er flüsterte: »Was ist das für ein Geräusch?«

Es fällt mir ganz leicht, mich an die Dinge zu erinnern, die ein Junge tatsächlich mit den Händen berühren kann. Ich erinnere mich an die Türklinken in der Lodge; sie waren aus Wapitigeweihen. An Stühle und Bücherschränke aus knotigem Holz und Knüppeln, an Sitzflächen aus geflochtenem Leder und Peddigrohr. An die Büffelschädel, die über die Türen zu Speiseraum, Büro und Savage Room genagelt waren. An eine Bank aus einem zehn Fuß langen Kiefernstamm von sechzehn Zoll Durchmesser, der Länge nach durchgesägt. An einen ausgestopften Truthahn in einer Glasvitrine. An kopfgroße Brocken von Achat und versteinertem Holz, die in die Kamine eingemauert waren. An einen ausgestopften Adler, der mit gespreizten Flügeln an einem Draht unter dem First des Wohnraums hing und sich drehte. Es gab Köpfe von Elchen, Wapitis, Rehen, Antilopen und Bergschafen. Die vollständigen Körper von Eulen und Forellen. Schubladenknöpfe aus den abgesägten Stümpfen von Rehgeweihen. Vorhangstangen aus Knüppeln, hochgehalten von Geweihgabeln. Die Fensterscheiben waren handgemacht und uneben wie Eis.

Auf dem Kamm des westlichen Grates stand eine Laube aus Brettern und Knüppeln. Das war der beste Platz, wenn man abends irgendwo allein sitzen wollte, um den Wechsel von Licht und Schatten zu betrachten, den die Berge in der untergehenden Sonne widerspiegelten. Bergrücken erhoben sich strahlend aus den labilen Falten schattenschwarzer Kiefern. Die Felsfassade des Sleeping Giant Mountain stand im Anprall der Sonne weiß wie Wasser. Und schließlich fielen schräg die letzten grauen Strahlen ein, kraftlos wie ein Nebelstreif, und dann kam der verschwommene Dunst des Abends und die Nacht.

Wenn nachts das Licht ausgeschaltet wurde, war es dunkel. Bei Neumond war es so dunkel, dass man schnurstracks gegen den Stamm einer Kiefer laufen konnte. Es gab keine Verkehrsgeräusche. Das Fließen des Libby Creek, der über sein steinernes Bett spülte, schien in der Nacht anzuschwellen und war das einzige beständige Geräusch. Und dann kam ein Wind auf und fasste, hob und rüttelte den Wald von Kiefernnadeln, der uns umgab. Das Geräusch, das er hervorbrachte, ließ den Lauschenden das Nahen größerer Wassermengen befürchten, das geballte Aufblitzen einer Flut. Die Sternbilder lernte ich, indem ich nachts draußen saß. Ich kannte die verschiedenen Stimmen der einzelnen Kojoten-Familien, die sich auf unserem Gletscherbett tummelten. Ich kannte die Phasen des Mondes genauer als die Tage eines Monats.

Ich kannte die Pferde, wie ich meine Familie kannte. Wenn wir mit ihnen nicht draußen auf einem Wochentrip waren, beladen mit Gepäck, Proviant, Ausrüstung, den Segeltuchzelten, mit unseren Städtern, dann ließen wir sie auf der Ranch arbeiten. Es gab Tagesritte, Halbtagesritte, stundenweise Ritte. Wir fingen sie ein, benutzten sie und entließen sie wieder in den nierenwarm gebackenen Mist der Corrals, in den zu Staub zerrittenen runden Pferch. Sie wälzten sich und standen auf und schüttelten sich und wimmelten umeinander. Wenn ich von ihnen getrennt war, fühlte ich mich am falschen Platz in der Welt. Ich fror, wenn mir ihre Wärme fehlte. In den kurzen Pausen zwischen den Ritten lehnte ich an der Umzäunung eines Corrals und sah sie wogen wie eine gefangene Schule kleinerer Wale, vielfarbig, schnaubend in ihrem eingeschränkten Überschwang. Wenn ich zwischen sie trat, wandten sie sich mir zu, rollten mit den Augen, bis man das Weiße sah, zuckten mit den Ohren. Sie waren daran gewöhnt, wie ich aussah und wie ich klang. Ich war der Junge, der ihr Herz zwischen die Schenkel nahm.

Sie wichen vor mir zurück, teilten sich, schnaubten, und in meinem Kielwasser fluteten sie wieder zusammen. Wir richteten sie dazu ab, uns ihre Köpfe zuzuwenden. Ich habe anderer Leute Corrals betreten und – an der Art, wie die Pferde herumstanden – erkannt, dass der Besitzer ein Pferdearsch war.

Es war meine tägliche Aufgabe, unsere Pferde an die Verbindung von Mensch und Pferd zu erinnern, ich musste sie sammeln, halftern, füttern, verarzten, führen, reiten, die jüngeren wieder und wieder zureiten, bis sie davon überzeugt waren, dass ich ein Teil von ihnen war und andere Menschen ein Teil von mir waren. Sie waren meines Vaters Pferde. Ich war meines Vaters Sohn.

Als ich zwölf war, gab mir einer der älteren Cowboys,

mit denen ich arbeitete, eine Wange voll zuckrigen, langfaserigen Kautabak. *Beech-Nut original.* Er hielt mir den rot-weißen Beutel offen hin, und ich pflückte eine Kugel von dem Zeug heraus und schob sie mir in die Wange. Ich lächelte. Der Mann wandte sich ab und ging zum Sattelschuppen. Ich fühlte, wie das heiße Rinnsal des Saftes sich unter meiner Zunge sammelte. Ich wandte mich ab, um auszuspucken, und als ich mich wieder umdrehte, um dem Mann zu danken, sah ich, dass er taumelte, dass der Boden ihm entgegenwogte, während er davonging. Ich lachte. Die Luft funkelte. Ich würgte, stolperte und schaffte es tatsächlich, den Priem zu verschlucken. Ich fiel auf Hände und Knie. Die Temperatur stieg jäh. Meine Kleider wurden durch und durch feucht, und ich fiel auf die Seite und erbrach mich. Ich öffnete den Mund und wollte um Hilfe rufen und erbrach mich wieder. Die Tabakfasern hingen mir in der Kehle, und ich zog sie heraus, eine nach der anderen, und schnippte sie weg von mir. Ich wollte ins Bunkhouse. Ich wollte Wasser trinken. Ich kroch im Corral herum. Ich wälzte mich im Mist. Ich stieß mit dem Kopf gegen die unteren Zaunbalken. Ich hätte mich platt drücken und darunter hinauskriechen können, aber das fiel mir nicht ein. Ich suchte nach dem Tor. Ich war kein Junge mehr. Ich war in Schwierigkeiten, ein krankes Fohlen, in der Falle. Der Mann fand mich und schleifte mich zum Bach. Er hielt mich fest, während ich zu Ende kotzte und mir das Gesicht wusch. Er fragte mich, was das werden sollte. »Ich habe geglaubt, ich sei ein Pferd«, sagte ich, und da lächelte er und sagte: »Riechen tust du jedenfalls verdammt genauso.«

Abends ließen wir die Pferde aus den Corrals und drängten sie stromauf durch das enge Tal, in dem wir wohnten, und dann ließen wir sie ausschwärmen und sich trennen und grasen. Alle bis auf die Hütepferde, die Fohlen, die Vier- und Fünfjährigen, die noch die Anleitung durch erfahrene Reiter nötig hatten.

Die Leittiere der einzelnen Clans trugen faustgroße Kupferglocken an Halsriemen, die fest um ihre Kehle gespannt waren. Wir trieben sie an den Hütten vorbei hinauf. Die Gäste standen auf ihren Veranden und drückten ihre kleinsten Kinder an sich. Wir trieben sie drei Meilen weit über die Hütten hinaus nach oben. Die Hufeisen schlugen Funken auf den Felsblöcken, die aus der verschlissenen Erde wuchsen. Die Erde roch frisch gepflügt, muffig, scharf gewürzt von den zerdrückten, zerbrochenen Kiefernnadeln. Der Lärm, den die Pferde verursachten, brandete gegen die Flanke des Grates, überschlug sich dort und rollte über uns zurück. Mir war, als würde ich hineingerührt in ihr Gemisch – würde groß in der Ansammlung vieler Tonnen von erhitzten Muskeln. Wir ließen sie dann auseinander laufen und die Klüfte und Hänge der jungen Bergkette abweiden und ritten auf unseren heißen jungen Pferden zurück zu den Corrals, wo wir Heu ausstreuten, das sie in der Nacht fressen konnten.

Morgens, vor sechs, trieben wir sie zusammen – die anderen Cowboys und ich –, wir ritten im Dunkeln, lauschten nach den Glocken, zwangen die einzelnen Gruppen in eine gemeinsame Herde. Jede Glocke war anders gestimmt, und scheppernd verbanden sie sich zu einer primitiven Melodie, wenn wir sie stromab trieben. Donnernd brachten wir sie zusammen durch Schutt, Geröll und schnelles Wasser, in einem unglaublichen Auf und Ab durch steile, achtlose Landschaft, zurück zu den Corrals, wo ich den Tag damit verbringen würde, ihre Ehe mit mir neu zu beleben und mich nützlich zu erweisen in der Welt.

Ich war ein Junge, und ich hatte einen tiefen Glauben an die Hellsichtigkeit der Pferde. Ich glaubte, dass es nichts gab, was sie nicht mit ansahen. Ich glaubte, dass es meine Sehkraft verstärkte, ein Pferd zwischen den Beinen zu haben, meinen Pulsschlag, mein Blut, meine Energie auf sie auszudehnen. Dass es einen Seher aus mir machte. Ich glaubte, dass Schecke, Fuchs, Rotschimmel, Brauner und Rappe die Augenfarben Gottes waren.

Ich war ein kleiner Junge. Das erste Pferd, das man mir zum Reiten gab, war ein gutmütiger Wallach namens Boots. Er war ein Pferd, bei dem man darauf vertrauen konnte, dass es still stand, während ich ihm den Sattel auf den Rücken wuchtete, aber doch nicht so friedfertig war, dass es nicht bereit gewesen wäre, ein Tagewerk zu leisten. Er war im mittleren Alter, grobknochig, durch und durch tüchtig. Seinen Namen – »Stiefel« – hatte er wegen seiner weißen Vorderbeine; davon abgesehen war er von dem gleichen verschlissenen Braun wie mein Sattel, nur Mähne und Schwanz waren dunkler. Er hatte die unübersehbare, rohe Stämmigkeit eines riesigen Farmjungen. Ich empfand ihn als glücklosen, etwas zurückgebliebenen Vetter. Für mich war er ein Pferd mit Stützrädern.

Aber Boots brachte mich hinaus zur Arbeit, mit den Männern im Gelände und auf Gepäckritten. Und er war ein Pferd, und damit stand er über Hunden, Katzen und den meisten Menschen, die ich kannte. Sein Gang war so rau, dass nur ein Junge ihn schnell reiten konnte, ohne auseinander zu brechen. Ein erwachsener Mann hätte hinterher einen Chiropraktiker gebraucht.

Ich pflegte Boots' Zügel um die Anbindestange zu schlingen, und dann lief ich hin und her und rückte Filzpad und Satteldecke so zurecht, dass sie gleichmäßig zu beiden Seiten über seinen Widerrist herabfielen. Den Sattel musste ich umgekehrt auf dem Kopf balancieren, und dann stemmte ich ihn senkrecht in die Luft, wie ein Gewichtheber sein Gewicht über den Kopf stemmt, trat an Boots heran, die Arme ganz ausgestreckt, und ließ ihm das Ding auf den Rücken fallen.

Um den Sattelgurt stramm zu ziehen, wandte ich ihm den Rücken zu, den Ledergurt über der Schulter, und dann richtete ich mich auf und stemmte mich gegen sein Gewicht, zog den Gurt Loch um Loch enger und immer enger, und meine mageren Schultern krümmten sich unter seinem warmen, vertrauensvollen Bauch. Man denke sich einen Mann, dem man ein Seil reicht, das um einen Steinblock geschlungen ist, und den man auffordert, das Ding wegzuschleifen. So ähnlich.

Wenn die Rampe am Sattelschuppen oder irgendein Baumstumpf nicht zur Verfügung stand, umfasste ich mein linkes Knie, zog es an die Schulter und fädelte den Fuß in den Steigbügel. Der Steigbügel hing etwa in Höhe meiner Schulter. Ich benutzte die Sattelriemen, um mich unbeholfen auf Boots' Rücken zu ziehen.

»Du siehst aus wie ein gottverdammter Schimpanse, der einen Elefanten besteigt«, sagte mein Vater dann.

Ich ordnete die Zügel und drehte Boots von der Anbindestange weg. Meistens war ich ein bisschen außer Atem, aber wenn ich einmal im Sattel saß, die Zehen auswärts gewandt, die Sporen leicht an seinen Rippen, war ich unempfindlich gegen Kritik. Außerdem konnte mein Vater von einem Affen wohl nicht erwarten, dass er viel arbeitete, nicht einmal von einem Affen, der größer war als ich.

Mein Vater zügelte bei solchen Gelegenheiten sein Pferd neben meinem, starrte an Stelle einer Entschuldigung in den Himmel und sagte: »Ich schätze, ich werde dich behalten.« Dann schaute er auf mich herunter und fügte hinzu: »Du kannst dich ja jetzt selbst anziehen, und man kann sich ziemlich gut darauf verlassen, dass du nicht in die Nähe der Küche scheißt.« Und er lächelte. Ich lächelte auch, und wir gingen an die Arbeit. Ich mochte meinen Vater am liebsten, wenn wir im Sattel saßen.

Zum Geburtstag und zu Weihnachten bekam ich neue Satteldecken, gelegentlich Zaumzeug oder einen Brustriemen, Sporen, einmal auch ein Paar Chaps aus Elchleder. Meine Spielsachen passten zu meiner Arbeit. Meine Arbeit wurde mein Spiel. Was die Pferde mir schenkten, machte mich frei. Sie ermöglichten es mir, schon früh von der Liebesbeziehung zu mir selbst abzulassen. Ich sah mich – notgedrungen – ermutigt, ein Mann zu sein und Männerarbeit zu tun, zu etwas Breiterem, Weiserem, Gütigerem heranzuwachsen, als ein Junge es war. Ich wollte schnell erwachsen werden. Ich wollte heißere, schnellere Pferde unter mir haben. Und ich bekam sie.

Zwei Winter lang weideten unsere Pferde bei den McCullough Peaks nordöstlich von Cody. Die Peaks sind eine bröckelnde Gegend von Ödland und Präriegras, Hügel, die aufragen und fallen im Rhythmus der kahlen und größtenteils baumlosen Erosion. Es gibt nur wenige Quellen. Im Oktober nahmen wir den Pferden die Eisen ab und ließen sie hinaus in die schwindende Sonne und den Wind der Peaks.

Den Herbst und den Winter hindurch gehörte das

Leben – und der Tod – ihnen allein. In den McCullough Peaks mischten sie sich unter die Rotten der Wildpferde und liefen pflichtvergessen umher, und wenn es nötig war, kämpften sie um ihre persönliche Würde. Wenn wir sie im Mai zusammentrieben, waren sie argwöhnisch wie Rehe geworden und ebenso stolz. Sie rochen nicht, wie gezähmte Pferde riechen. Kein Ledergeruch umgab sie. Ihr Schweiß hatte nicht die süße Schärfe von Kulturgetreide. Sie rochen wild. Wie Beifuß. Wie die Erde. Wie das Wasser, das sich aus der Erde ergießt. Ihre Hufe waren nicht fleckig von ihrer eigenen Pisse und vom Mist der Corrals. Ihr Fell war lang ausgewachsen, das Deckhaar fing die Sonne ein und ließ sie im diffusen Streulicht verschwimmen; ihre Mähnen und Schwänze verfilzten und verdrehten sich knotig zu Rastalocken.

Wir trieben sie die fünf Meilen bis Cody, die Hauptstraße von Cody hinunter und westwärts zur Stadt hinaus, zogen mit ihnen flussaufwärts zur Lodge, fünfzig Meilen alles in allem. Sie scheuten und schnaubten, zwickten einander in den Widerrist, keilten und bockten, reihten sich schließlich in den breiten Graben und begannen den langen Marsch zurück zu einem Leben mit Hafer und Arbeit und neuen, stählernen Hufeisen.

Als ich elf und zwölf war, ritt ich als Nachhut mitten auf dem Highway, hundert Yards hinter der Herde. Vor mir zerstreuten und gruppierten sie sich hin und her schwärmend auf der Straße. Die Männer hielten sie in Bewegung, immer weiter nach Westen. Der Lärm von hunderten von Hufen auf dem Asphalt rollte zu mir nach hinten. Ich spürte, wie der Boden unter uns bebte. Wenn ich die Augen schloss, war es, als ritte ich im Sog eines Hagelschauers. Ich schwenkte ein rotes Taschentuch an einem

Stock, wenn Autos kamen. Ich zügelte mein Pferd und drehte es den Kühlergrills entgegen. Ich rief zu den Fahrern hinunter. Ich bat sie, langsam zu fahren. Ich sagte ihnen, dass Pferde in Wyoming Vorfahrt hatten.

Ich erinnere mich an einen jungen Mann in einem gelben VW Käfer mit Nummernschildern aus Rhode Island, eine junge Frau auf dem Beifahrersitz. Er kurvte um mich herum und hupte. Mein Pferd schlitterte auf dem Asphalt und wäre beinahe gestürzt. Die Pferde vor mir liefen auf dem Highway, die ganze Herde, und er stand auf der Bremse und rutschte in ihre Reihen hinein. Er rückte ihnen auf die Fersen und hupte, und seine Bremslichter blitzten immer wieder auf. Ich erinnere mich an einen langbeinigen Fuchs, den wir hatten. Er hatte ein weiches Maul und war als Reit- und als Packpferd zu gebrauchen. Wenn wir ein Kind auf ihn setzten, wich er Baumstämmen aus und achtete sorgsam darauf, dass es sich nicht die Knie aufschürfte. Er hieß Sterling. Der Mann aus Rhode Island drängte sein gelbes Auto dicht an Sterling heran. Seine Hupe war ein dauerndes Heulen. Sterling blieb stehen und drehte sich um. Seine Ohren waren aufgerichtet. Einen Moment lang blieb er stehen, und dann stieg er vorn auf die Haube des Wagens. Das Blech erhob sich flügelartig zu beiden Seiten seiner Knie. Er war nicht in Panik. Er versuchte nur, dem Wagen aus dem Weg zu gehen. Er streckte Kopf und Hals in Richtung Fluss und schnaubte.

Als er über das Dach des Volkswagens stieg, zersplitterten alle Fenster des Wagens und rieselten auf die Straße. Das Hupen verstummte. Auf seinem Weg nach unten trat er die hintere Stoßstange ab, und dann trabte er zum Straßenrand und lief weiter in Richtung Westen. Der

Motor des gelben Wagens hustete und ging aus. Im Vorbeireiten erinnerte ich den Mann daran, dass Pferde in Wyoming Vorfahrt hatten. Seine Freundin hielt ruckhaft winkend eine Hand hoch und nickte. Sie lachte, aber sie bemühte sich, es sich nicht anmerken zu lassen. Die andere Hand hielt sie an die Brust.

Wir begannen mit unseren Gepäckritten nach dem 4. Juli, wenn der Tiefschnee von den Pässen geschmolzen und das Hochwasser abgelaufen war. Ich liebte es, draußen in den Bergen zu sein, wo es nur Leute zu Pferde gab, nur die Geräusche von Huftritten, Wind, Regen, das Quietschen von Gelächter und von Hanf, das Knistern eines Feuers. Es störte mich nicht, dass die Leute ihre Zügel fallen ließen, ihre Hüte verloren, über wunde Knie und Ärsche klagten. Wir waren zusammen draußen in den Bergen, und wir waren mit den Pferden zusammen. Ich wusste, dass sie sich am Ende dieser Woche auf einem Pferd wohler fühlen würden, jeder dieser Fremden. Am Ende einer einzigen Woche würden sie sich, ungeachtet ihrer jeweiligen Herkunft, mit sich selber wohler fühlen. Schauspieler schleppten Wasser, Kongressabgeordnete hackten Holz. Richter halfen mit, das Lager abzubrechen. Farmer bestimmten Wildblumen und Vogelstimmen.

Unsere Lagerplätze befanden sich meistens in einem Kiefernsaum, dem Gras einer offenen Wiese zugewandt. Immer war eine Quelle oder ein kleiner Bach ganz in der Nähe. Unsere Städter angelten, machten Fotos und rekelten sich im Gras. Ich passte auf die Pferde auf. Ich kannte ihre Namen. Ihre Persönlichkeiten. Ihre Klassen – manche waren Frauenpferde, manche ertrugen auch einen groben und ungeschickten Mann, manche hielten sich sorgfältig gerade unter einem unerfahrenen Kind. Manchen konnten wir nur Gepäck aufladen. Manche waren empfindlich mit ihren Hinterbeinen und traten aus. Manche waren kopfscheu. Es gab Pferde, die man hobbeln musste, weil sie uns sonst in der Nacht verließen. Es gab welche, die sogar gehobbelt davonwanderten wie ein großes Schaukelspielzeug und am nächsten Tag meilenweit weg wieder gefunden wurden. Bei manchen konnte man sich darauf verlassen, dass sie bockten. Sie alle waren individuelle Persönlichkeiten, unterschiedlich nervös, neugierig, faul, verrückt, ängstlich.

Nachts kroch ich oft aus meinem Zelt und setzte mich mit gekreuzten Beinen ins Gras, nah bei meinem angepflockten Pferd. Es war beruhigend, seine vorsichtigen Schritte zu hören, das Fassen und Abreißen der Grashalme, das rhythmische Mahlen seiner Zähne. Wenn der Mond fast voll war, konnte ich manchmal Pferdeumrisse auf den Wiesen sehen. Ich lauschte nach ihren Glocken. Ich fragte mich, wie weit ich am Morgen würde reiten müssen, um sie zum Camp zurückzubringen. In klaren Nächten zerrte ich meine Matte und meinen Schlafsack aus dem Zelt und schlief im Freien, unter der Sternendecke, näher bei einem Pferd. Wenn die Pferde nervös waren oder wenn ich eine Bärenspur gesehen hatte, schlief ich mit einem Gewehr neben mir. Schließlich waren die Zelte gefüllt mit den Städtern meines Vaters; nicht auszudenken, wenn einer angefallen worden wäre.

In der heißen Zeit des Spätsommers kampierten wir oft in den Wiesen am Eagle Creek. Unser Camp war nah am Ausgang des langen, engen Tals, und die Wiesen erstreckten sich quer über die halbe Meile Talgrund und der Länge nach fast zwei Meilen weit am Eagle Creek entlang. Die Berge, Fels und Baumstämme erhoben sich jäh zu beiden Seiten der Wiese, und durch ihre Mitte schlängelte sich der Bach, wurde breiter und flacher und verschwand im hüfthohen Gras. Mein Bruder und ich ritten dann zum Bach. Wir streiften Kleider, Sättel, Stiefel, Zaumzeug ab und stiegen sauber wieder auf, die nackten Fersen an nackte Rippen geschmiegt, den Hintern zusammengekniffen auf dem warmen, behaarten Rückgrat unserer Pferde, und dann ritten wir mutig ins Wasser.

Auf den kurzen geraden Strecken gingen die Tiere wachsam – wie auf Mäuseschädeln, fanden wir – durch das bauchtiefe Wasser, und ihre Hufe schmatzten im Kiesgrund. Und in den Biegungen staute sich das Wasser und vertiefte sich zu einem satten Smaragdgrün vor grünen Böschungen, über die grünes Gras hing, und wir mussten schwimmen. Dann packten wir die Haarbüschel am Ansatz der Mähne und stiegen der Sonne entgegen, langsam gezogen von den Tieren, die für einen Moment unter uns wegsackten, kühlten uns ab im Wasser, nur durch unsere Körperwärme noch leicht verbunden. Tropfend kamen wir hinauf in die Sonne, mit Gänsehaut bedeckt, wild lächelnd. Wir lachten. Wir sprachen kaum jemals. Wir stürzten die Pferde wieder ins Wasser.

Als ich fünfzehn war und mein Bruder vierzehn, traute man uns zu, dass wir vier- und fünftägige Gepäckritte allein führten. Wir hatten zwanzig Reit- und Packpferde dabei, wenn wir zehn Städter hatten. Ich erinnere mich an die Gesichter. An die Sorge, die zweifelnden Mienen, wenn sie sich fragten, weshalb man sie allein mit kleinen Jungen in die Berge hinaufschickte. Sie wussten nicht, dass wir für sie gestorben wären.

Am zweiten Tag fingen sie an, sich zu entspannen. Dann hatten sie gesehen, wie wir die Packpferde bewegten, die Steilwandzelte aus Segeltuch auf Firststangen hoben, getragen von A-förmigen Pfählen, die wir geschnitten und zusammengebunden hatten. Dann hatten wir ihre Schlafmatten ausgerollt, Wasser und Holz geholt, eine Küche eingerichtet. Dann hatten sie Steaks gegessen, frisches Gemüse, einen Biskuitkuchen, den mein Bruder aus den Zutaten angerührt und in einem zusammenklappbaren Holzbackofen aus Stahl gebacken hatte. Sie hatten ihren Morgenkaffee getrunken und zugesehen, wie wir Pferde herbeizauberten, die wir am Abend hatten laufen lassen, das Lager abbrachen, die Taschen packten, die Tiere sattelten und sie dann aufsteigen und weiterreiten ließen, gut gesättigt, gewärmt von der Sonne, unversehrt.

Sie wussten nicht, wer wir waren. Sie wussten nicht, dass wir Pferdejungen waren. Dass wir durch die großen, dunklen Augen von Pferden nach Gefahren Ausschau hielten. Dass wir mit weiten, offenen Nüstern die Erde rochen und den Wind, der über die Erde strich. Dass wir an Beinen und Bäuchen die Schwerkraft im Flusswasser spürten, dass unsere Füße zu Hufen wurden, die auf den runden, moosbewachsenen Steinen der Bachbetten gleitend nach Gleichgewicht strebten. Sie wussten nicht, dass wir mit stumpfen, weichen Lippen an der Welt knabberten.

Wenn wir sie wohlbehalten zurückgebracht hatten, kamen sie auf uns zu und schüttelten uns die Hand. Sie lächelten und drückten uns an sich und baten neue Freunde, uns an ihrer Seite zu fotografieren. Sie sahen neue Möglichkeiten für ihre eigenen Kinder, und sie scherzten mit ihnen und zerzausten ihnen das Haar auf dem Weg zu den heißen Duschen, und mein Bruder und ich nahmen den Pferden die Sättel und das Gepäck ab und brachten sie in die Corrals.

An Tagen, die ich nicht in den Bergen verbrachte, hatte ich nach dem Mittagessen oft eine Stunde frei. Dann sackte ich im Schatten zusammen, den die Scheune neben den Corrals warf, nah bei den Geräuschen, dem Geruch der Pferde. Ich sorgte mich um meine Liebe zu ihnen. Ich schaute hinaus in die Corrals und beobachtete sie, wie sie dastanden mit hängenden Köpfen in der stillen, sonnendurchglühten Luft. Ich stellte mir die Corrals leer vor. Ich fragte mich, wie mein Leben ohne Pferde sein würde, und dann schloss ich die Augen und bastelte mir einen Traum zusammen, der mich glücklich machte. In diesem Mittagstraum saß ich auf einem Pferd, auf einem Halbblüter, behutsam eingeritten, unbeschlagen. Wild und ungebändigt stellte ich ihn mir vor – vom Wind zerzaust. Schnell stellte ich ihn mir vor. Ich fühlte, wie die Welt gegen uns klatschte, wenn wir uns bewegten. Ich war ein Junge, der wild durch seine Träume ritt. Ich war ein Junge, der erschrocken aus seinen Träumen aufstand und sich schämte, dass sein Körper so spärlich behaart war und auf zwei so dünnen Beinen stand.

Nachmittags arbeitete ich mit den Fohlen; ich machte sie durch Routine sanft und legte ihnen Halfter an. Ich strich mit den Händen über ihre Hälse, unter ihre Bäuche. Ich zwickte sie in die Flanken. Ich hob ihre Schwänze hoch. Prüfte ihre Zähne. Sprach mit ihnen. Ich klatschte ihnen einen leeren Jutesack auf Hinterteil und Widerrist, auf den Rücken und an die Beine. Sie scheuten und schnaubten und drehten sich um und erkannten, dass ihnen nichts passiert war. Ich zäumte sie auf. Führte sie. Sattelte sie. Ich erinnerte sie daran, dass wir zusammengebracht worden waren, um zu arbeiten.

Es kam vor, dass ich mich in den Sattel schwang und ein junges Pferd sich in die Luft erhob und wieder zur Erde herabließ, wieder und wieder, sich drehte und grunzte und seine Wut hinausschrie, entschlossen, sich auf der Stelle von mir zu trennen. Wenn ich nicht herunterfiel, hatte es sich irgendwann schließlich verausgabt, und bebend stand es da und schwitzte seinen heißen, süßen Duft aus. Dann verlagerte ich mein Gewicht, ließ es gehen, lenkte es im Kreis. Ich klatschte ihm mit einer kurzen, flachen Gerte an den Hals, um den Druck der Zügel zu verstärken. Erst in diese, dann in jene Richtung. Ich ließ es stehen bleiben, ließ es gehen, und ich fühlte mich umso kleiner, je mehr es seine Verwegenheit verlor.

Jeden Herbst, Mitte Oktober, schlugen wir unser Jagdcamp am Mountain Creek auf. Es war ein Dreißig-Meilen-Ritt über den Eagle Pass und über die kleinere Dike Creek Divide. Ich kam für eine Woche aus der Schule, um zu helfen. Meist waren wir sechs oder sieben Leute und mindestens fünfunddreißig Packpferde. Die Packpferde liefen frei mit uns; sie trugen Drahtmaulkörbe, damit sie nicht grasen konnten. Ein einzelner Mann hatte die Führung, und die anderen verteilten sich in der Kette der Packpferde, um sie in der Reihe zu halten und dafür zu sorgen, dass sie im gleichen Schritt liefen, um aufzupassen, dass kein Gepäck verrutschte, und für den Fall, dass etwas passierte. Ein Dutzend Vierjährige ließen wir ohne Gepäck mitlaufen, um Ersatz zu haben, falls einem jungen Pferd die Kräfte ausgingen.

In dem Herbst, als ich vierzehn war, ritt ich einen blauen

Rotschimmel vom Mountain Creek zurück. Sein Name war Sky. Ich wusste, dass er krank war, schon als ich aufsaß. Seine Nase lief, und er hatte die Scheißerei. Er fühlte sich heiß an und stolperte im Bach, als ich die Pferde von der Wiese beim Camp holte. Ich hatte vor, meinen Vater auf Skys Zustand hinzuweisen, aber das Wetter wurde bedrohlich, und ich war bemüht, mehr Hilfe als Problem zu sein. Ich wusste, dass ich mir eins der anderen jungen Pferde zum Reiten hätte herausfangen sollen, aber wir waren spät dran. Die Zelte waren steif gefroren und mussten mit Feuerholz gedroschen werden, damit man sie klein genug falten konnte, um sie auf die Pferde zu packen. Es hatte angefangen zu schneien. Ich dachte mir, dass Sky eigentlich immer ein schwerfälliges Pferd gewesen war. Ich redete mir ein, dass mehr nicht dahinter steckte.

Ich ritt am Ende der Kolonne und hielt seinen Kopf hoch. Mein Vater war sechs Pferde vor mir, dann Gordon und John und Phil in Abständen immer weiter nach vorn, und Claude an der Spitze. Die Pferde wussten, dass es nach Hause ging. Im Wald rempelten sie einander mit der Schulter, und im Grasland schwärmten sie vom Trail auseinander und versuchten, die Menschen zu überholen, die vor ihnen waren.

Auf der Höhe des Dike Creek Divide blieb Sky zurück. Ich gab ihm die Sporen ein wenig fester. Auf der großen Wiese am Mountain Creek Trail fing er an zu keuchen und zu husten. Als er furzte, besprühte er sich das Hinterteil mit Scheiße. Ich schnalzte mit den Zügeln, um mit den andern Schritt zu halten. Die Wolken verzogen sich, und im Norden erschienen der Pinnacle Mountain und der Eagle Peak, beide mehr als dreitausend Meter hoch, klar und starrend von Neuschnee.

Beim Aufstieg zum Eagle Pass versuchte Sky zweimal, sich hinzulegen. Er zog den Kopf herunter und drehte ihn zur linken Schulter und knickte in den Knien ein. Beide Male gab ich ihm die Sporen, und er ging stolpernd weiter. Ich merkte, wie er zwischen meinen Beinen unstet wurde, wie der schwere Aufstieg ihn anstrengte.

Oben auf der Passhöhe stieg ich ab und band ihn an den Ast einer Krüppelkiefer. Seine Augen waren glasig und blickten unscharf. Er schaute sich nicht nach der Packkolonne um, die sich von uns entfernte. Ich ging an die Windseite der Kiefer, als ob ich pinkeln müsste, und drehte ihm den Rücken zu. Mein Vater schaute sich um. Ich winkte und sah ihnen nach, wie sie bergab zogen. Sky hatte Mühe, zu Atem zu kommen. Ich ging zu ihm, und er wieherte leise; ich streichelte seine Nüstern und wusste, dass ich vielleicht dabei war, ein Pferd zu töten, um mein schlechtes Urteilsvermögen zu vertuschen.

Ich war zwei Serpentinen hinter den andern zurückgeblieben. Langsam ging ich weiter und führte Sky hinter mir her. Er rutschte und stemmte sich gegen den Zügel. Als ich fast am Fuße des Passes angekommen war, hörte ich die Männer rufen, die Pferde schreien und wiehern und Hufe donnern. Zwei Packpferde kamen den Trail herauf, mir entgegen. Sie galoppierten und keilten in die Luft. Ich wedelte mit den Armen und trieb sie geradewegs den Hang hinunter, sodass sie von einem Serpentinenabschnitt unmittelbar auf den Pfad darunter gelangten. Sie hockten auf dem Hinterteil, rutschten und pflügten den Boden auf und verschwanden zwischen den Bäumen unter mir. Ich schlang Skys Zügel um einen Ast an einem umgestürzten Baum und rutschte auf dem Hintern bergab, bis meine Absätze sich in den hart gestampften Boden des Pfades gruben; ich löste sie und holperte weiter hinunter zu einer tiefer gelegenen Windung. Dann traf ich meinen Vater, der den Trail herauf zurückkam. Sein Pferd nickte mit dem Kopf, tänzelte, zerrte am Gebiss und wollte durchgehen.

»Wo ist Sky?«, fragte mein Vater.

»Oben am Trail.«

»Lass ihn da.« Er stieg von seinem Pferd, einem schlanken, langbeinigen Braunen, den wir Secret nannten, und gab mir die Zügel.

»Was ist passiert?«, wollte ich wissen.

»Wir sind in ein Hornissennest geritten.« Er wandte sich ab und rannte den Trail hinunter. Seine Chaps flatterten wie Flügel und klatschten gegen seine Waden. Ich band Secrets Zügel an einen Kiefernast und lief meinem Vater nach.

Auf der letzten Windung über dem Bach, der am Fuße des Passes floss, blieben wir stehen. Drei Pferde stolperten auf dem steinernen Ufergelände herum. Eins schleifte die Deckplane, das Seil und eine Packtasche hinter sich her. Ein viertes Pferd lag auf dem Rücken im Wasser, niedergehalten vom Gewicht seines Gepäcks.

John und Gordon hatten ihre Messer in der Hand. Sie duckten sich zwischen den dreschenden Hufen hindurch und schnitten das Pferd aus Sattelgurt, Brustblatt und Halteriemen heraus. Dabei zogen sie den Anbinderiemen stramm und hielten seinen Kopf über Wasser. Sie rollten es auf die Seite, zerrten am Riemen, klatschten ihm auf den Arsch und holten es aus dem Bach. Wir sahen zu, wie John es zu den Bäumen führte und dort anband. Wir sahen zu, wie es dort stand und stampfte und zitterte und hustete.

Wir rutschten den Steilhang hinunter in den Bach. Gordon blieb vor dem Pferd, das sein Gepäck hinter sich herschleifte. Er wedelte mit den Armen und fluchte und drängte das Pferd ans Wasser. Mein Vater watete in den Bach hinaus und fischte den Anbinderiemen auf. Das rechte Hinterbein des Pferdes war an der Fessel vom Seil aufgescheuert, das Knie bis auf die Kniescheibe aufgeschürft, und das Sprunggelenk blutete an der Rückseite. Gordon nahm ihm die heil gebliebene Packtasche ab, und mein Vater kniete an dem verletzten Bein nieder. Das Pferd war ein stumpfblonder Palomino, den wir Poco nannten. Das Blut floss leuchtend aus dem gelb behaarten Bein.

Ich zerrte Packtaschen, Deckplane und Packsattel aus dem Bach, Stück für Stück, alles vom Wasser durchtränkt und entsprechend schwer.

»Was macht sein Bein?«, fragte Gordon.

»Gebrochen ist nichts.« Mein Vater band den aufgerissenen Hautlappen mit seinem Taschentuch über die Kniescheibe hoch. »Habt ihr Klebeband?«, fragte er.

»Sicher, ja.« Gordon lief zu seinem Pferd und wühlte die Rolle aus seiner Satteltasche. Er kniete neben meinem Vater nieder, und sie umwickelten das Taschentuch fest mit Klebestreifen. »So schafft er es vielleicht bis nach Hause«, sagte er.

»Bestimmt, wenn wir hier rauskommen, bevor er weiß, wie schwer er verletzt ist.«

John führte die andern beiden Packpferde von den Bäumen heran und band sie neben seinem Sattelpferd an.

»Wie geht's ihnen?«, fragte mein Vater.

»Bloß aufgeregt.« John stieg auf den Braunen, den er ritt. »Mal sehen, ob ich noch was einfangen kann«, sagte er und lenkte den Braunen zwischen die Bäume. Wir hörten das Knacken, als das Pferd durchs Unterholz brach.

»Wo ist der Rest?«, fragte ich.

»Sie sind an uns vorbeigekommen«, sagte Gordon. »Phil und Claude sind bei ihnen geblieben.«

»Wo ist das Hornissennest?«

»Da.« Mein Vater deutete in die Zweige einer Douglasfichte am Ellenbogen der Serpentine über uns. Er kippte die nasse Ausrüstung aus der heil gebliebenen Packtasche und klaubte sie auseinander. Er hielt einen Riemen, eine Tabaksdose mit Nägeln und einen Schusterhammer hoch. »Gut zu wissen, dass unser Medizinbeutel nicht nur Mist enthält«, sagte er, aber seine Stimme klang nicht so, als fände er, dass wir besonders großes Glück gehabt hätten.

Gordon machte sich daran, die kaputte Packtasche mit Nägeln und Klebeband zu reparieren. Ich schüttelte die nasse Deckplane aus und breitete sie auf den Steinen aus. Dann ersetzte ich den vorderen Gurt des Packsattels durch den Ersatzriemen, klappte mein Messer auf und fing an, das zerschnittene Brustblatt und die Haltegurte zu spleißen.

Als wir Steineklappern hörten, blickten wir hoch. John hatte eins der weggelaufenen Fohlen mit dem Lasso eingefangen und zog es zu uns herunter. Er stieg vom Pferd, ging am Seil entlang zu dem Fohlen, knotete das überschüssige Lassoseil zu einem Halfter und band das Fohlen an einen Baum.

»Ist das alles, was wir noch haben?«, fragte mein Vater. Er bemühte sich, es scherzhaft klingen zu lassen.

»Claude hat die meisten überholen können. Er hält sie von dem Sumpf am hinteren Rand der Wiese weg. Verletzt ist keins, aber bei einigen ist das Gepäck lose.«

»Wie viele sind an dem Sumpf vorbeigekommen?«

»Sieben«, sagte Gordon. »Phil ist ihnen nach. Er glaubt, das Gepäck hat gehalten.«

»Reite lieber hinunter und hilf Claude.« Mein Vater schaute zu Poco hinüber, der angebunden am Baum stand. Das gelbe Pferd bog den Kopf zurück, dass das Seil sich spannte, streckte das aufgerissene Bein dem Kopf entgegen und schnaubte. »Wenn alles aufgeräumt ist, reitet ihr nach Hause. Der Junge und ich bepacken das Fohlen hier und kommen mit ihm und Poco hinterher. Wir kommen ungefähr so schnell, wie dieser Palomino gehen kann.«

John nickte, Gordon auch, und sie lenkten die beiden unversehrten Packpferde den Trail hinunter, stiegen auf ihre Sattelpferde und waren verschwunden.

Das Fohlen stand mit gespreizten Beinen da und stemmte sich gegen uns, während wir es bepackten. Es pfiff und verdrehte die Augen, aber das war alles.

»Das ist ein Wunder«, sagte mein Vater. Das fand ich auch, sagte ich. »Führ ihn weg«, sagte er. Ich führte das Fohlen zu der Stelle, wo der Trail aus dem Wald kam, und band es dort an. Es ging steifbeinig, machte einen runden Rücken und drehte den Kopf nach hinten, um das Gepäck anzustarren, aber es bockte nicht.

Ich folgte meinem Vater geradewegs den Berg hinauf, wo die Packpferde heruntergerutscht waren. Als wir die Serpentinenwindung oberhalb des Hornissennests überquert hatten, folgten wir dem Trail bis zu der Stelle, wo Secret angebunden war, und führten ihn weiter den Pass hinauf zu Sky. Sky lag am Boden. Er war bergauf gefallen. Seine Hufe stemmten sich in den Weg. Er hob den Kopf nicht, als wir uns näherten.

»Überrascht dich das?«, fragte mein Vater.

»Er ist krank«, sagte ich.

»Seit wann?«

»Seit heute Morgen.«

Mein Vater schaute zum Horizont. Die Sonne stand schon tief am Himmel. Als er mich wieder ansah, war er rot im Gesicht. Er sah mich länger an, als ich erwartet hatte. Er zündete sich eine Zigarette an, blies den Rauch aus und behielt die Zigarette zwischen den Lippen. »Mal sehen, ob er aufsteht«, sagte er.

Ich zog an den Zügeln, und mein Vater nahm sein Lasso vom Sattel, stellte sich hinter Sky und schlug ihm damit hart auf den Arsch, und dann noch einmal, und dabei schrie er. Der Braune stöhnte, rappelte sich mühsam auf den Vorderbeinen hoch und stand dann, aber immer wieder bog er den Kopf zurück und wollte sich hinlegen. Mein Vater band meinen Regenumhang und meine Jeansjacke hinter meinem Sattel los, schüttelte die Jacke aus und hängte sie Sky über den Kopf. Den Regenmantel reichte er mir. »Zieh das an«, sagte er und ging zu seinem Pferd, um seine eigene Jacke und den Regenumhang zu holen. Er zog den Regenumhang an und schlug den Kragen hoch, und seine Jeansjacke streifte er Secret über den Kopf. Das Pferd scheute, schnaubte und stand dann still.

»Bist du bereit?«, fragte er und drückte sich den Hut fester auf den Kopf.

»Ich glaube schon.«

Wir führten die Pferde am Zügel und liefen den Trail hinunter und über den Bach. Die Hornissen summten geschäftig über und neben uns, aber sie landeten nicht und stachen auch nicht. Im dunklen Holz, wo ich das Fohlen angebunden hatte, machten wir Halt. Das Fohlen wieherte und zerrte am Lasso. Wir zogen den Pferden unsere Jacken vom Kopf, und Sky knickte die Beine ein und legte sich hin. Mein Vater sah mich an und kniete dann bei Skys Kopf nieder. »Du wirst bei ihm bleiben müssen«, sagte er.

»Davor hab ich keine Angst«, gab ich zur Antwort.

Er löste den Gurt meines Sattels und das Brustblatt und zog beides unter dem liegenden Pferd weg. Er stellte den Sattel unter einen Baum und legte Pad und Decke über die hochgeschlagenen Seitenblätter.

»Nimm ihm das Zaumzeug ab«, wies er mich an und schaute den Bach hinunter, wo Poco stand. Er ging zu seinen Satteltaschen und kam mit einer Taschenlampe und einem Beil und seinem Lunch, den er noch nicht gegessen hatte, zu mir zurück. Dann gab er mir seinen Regenmantel. »Hast du Streichhölzer?«, fragte er. Ich nickte.

»Wie weit ist es bis zur Lodge?«, wollte ich wissen.

»Zwölf Meilen.«

Ich nickte wieder.

»Wenn du ihn morgen früh auf die Beine bringen kannst, versuchst du ihn hinauszuführen. Ich komme dir dann entgegen. Ich bringe auch ein Ersatzpferd mit, falls wir eins brauchen.« Er zündete sich wieder eine Zigarette an und schaute hoch in den Himmel. »Sieht nicht so aus, als ob das Wetter umschlägt.«

»Fühlt sich auch nicht so an«, sagte ich.

Mein Vater führte Poco bachaufwärts, nahm ihm den Drahtmaulkorb ab und knotete den Halfterriemen an sein Sattelhorn. Er streifte dem Fohlen Johns Lasso über den Kopf und legte ihm den Maulkorb an. Einen Moment lang stand er da und rollte das Lasso wieder auf; dann stieg er auf sein Pferd, straffte die Zügel und hielt Secret auf dem Trail. Das bepackte Fohlen stand vor ihm.

»Macht die Sache dich nervös?«, fragte er.

»Nein, Sir.«

»Das sollte sie aber.« Er deutete mit dem Kinn auf Sky. »Das ist ein gutes kleines Pferd, das du da zu Schanden geritten hast. Wir sehen uns morgen.«

Er ritt los, auf die Bäume zu, führte Poco am Zügel und trieb das Fohlen vor sich her. Poco ging schlecht und langsam; sein helles Fell fing das Licht ein und hielt es vor dem Schwarz und Grün der Kiefern fest. Die Schatten standen dick und schwarz wie eine zweite Reihe Bäume. Als ich sie nicht mehr sehen konnte und das Echo ihrer Hufschläge verhallt war, setzte ich mich in meinen nassen Sachen auf den Boden und weinte. Ich versuchte zu weinen, weil ich Sky all das angetan hatte, aber ich weinte um mich selbst und weil ich befürchtete, dass nachlässige Jungen zu nachlässigen Männern heranwuchsen.

Im letzten Tageslicht brach ich Armladungen toter Äste ab und stapelte sie, und ich sammelte trockene Kiefernzapfen und grub die harzstrotzenden Wurzeln vom verrotteten Stumpf einer alten Fichte auf. Mit dem Beil scharrte ich den Kiefernmulch weg, hackte eine Feuergrube in die Erde und zündete ein kleines, heißes Feuer an. Dann stellte ich meinen Sattel aufrecht ans Feuer, breitete das Pad auf dem Boden aus, ließ mich in das Vlies zurücksinken, mit dem der Sattel gefüttert war, und starrte ins Feuer. Die Satteldecke hatte ich Sky über Hals und Schulter gebreitet. Er schaute mir zu, hob aber nicht den Kopf. Ich vermutete, dass er auf den Grund seiner selbst gesunken war. Ich fühlte, wie er unter mir fiel; ich fühlte, wie ich mit ihm fiel.

Ich streifte meine Jacke über, zog mir den Regenmantel meines Vaters und meinen eigenen bis ans Kinn, und mein

Kopf nickte, und ich schlief ein. Als ich aufwachte, war die Nacht schwarz und kalt, und die Scheibe Himmel, die ich senkrecht über mir sehen konnte, war von geschäftigen Sternen erfüllt. Das Feuer war zu einem Glutkreis zusammengesunken, und ich legte die Kiefernwurzeln auf. Sie brutzelten und loderten auf und brannten heiß wie Kohle. Ich saß mit gekreuzten Beinen auf dem Pad, der Sattel umschmiegte meinen Rücken, und ich aß den Lunch meines Vaters. Ich hatte zwei Wapitisteak-Sandwiches, einen Apfel und ein Snickers. Als ich alles aufgegessen hatte, knüllte ich die Papiertüte zusammen und legte sie aufs Feuer. Dann ging ich zum Bach, legte die Taschenlampe auf die Steine, streckte mich am Boden aus und stützte mich mit flachen Händen unter der Brust ab, und ich trank, bis ich voll war. Mein Hintern war immer noch nass und brannte in der Nachtluft, aber meine Beine waren trocken. Ich stampfte mit den Füßen, um sie zu wärmen, und hob die Lampe auf und ging zu Sky. Er wieherte leise, als ich den Lichtstrahl über seinen Kopf huschen ließ.

Ich kniete bei seinen Ohren nieder und hob seinen Kopf hoch, schob die Knie darunter und legte den breiten, dicken Knochen des Schädels auf meine Oberschenkel. Er sträubte sich nicht. Ich schloss die Augen und betete um die Kraft, ihn aufzuheben und in Sicherheit zu tragen, aber ich fühlte mich nicht stärker und fing wieder an zu weinen. Ich beugte meinen Mund über den weichen, pelzigen Becher seines Ohrs und flüsterte, dass es mir Leid tat. Ich wusste, dass es ihn nicht kümmerte. Ich wusste, dass es nur mich kümmerte. Ich sagte noch einmal, dass es mir Leid tat.

Ich löste mich von ihm und stand auf und zog die

Decke über seinem Hals und seiner Schulter gerade. Dann ging ich zurück zum Feuer und hockte mich mit dem Rücken zu den Flammen hin, bis mein Hintern warm wurde. Die schwarze Nacht lastete auf mir wie Wasser. Die Brust war mir schwer. Ich musste stehen, um zu atmen.

Ich lehnte mich wieder an den Sattel, zog die Regenmäntel über mich und schlief. Das einzige Geräusch kam vom Feuer, und im Schlaf träumte ich, ich lebte auf dem Rücken eines Pferdes.

In dem Traum war ich ganz erwachsen. Ich war ein nackter, hagerer und glücklicher Mann, und ich stand nie unten auf der Erde. Wenn ich müde war, legte ich mich auf dem Pferderücken lang und schlief. Wenn ich durstig war, kam der Regen, und dann öffnete ich den Mund und trank. Ich war erfüllt von Regenwasser und Ozon. Ich ließ mich vornüber um den Hals des Pferdes hängen, um auszuruhen. Meine Arme baumelten rechts und links herunter. Meine Hände ballten sich zu Fäusten und entspannten sich wieder. Ich atmete in die grobe, dunkle Mähne. Meine Lunge war erfüllt vom salzigen Briesgeschmack des Pferdes, auf dem ich lebte.

In meinem Traum stand ich auf der Kruppe des Pferdes und pisste einen gelben Bogen in die Luft, und der Kopf fiel mir in den Nacken, und ich schrie in das Gewölbe des schwarzen Nachthimmels, und ich drehte mich um und lief zurück zu seinem Widerrist und setzte mich.

Er war ein Pinto, mit dunklen Augen, dunklen Nüstern, dunkel bestrumpft, und der eine weiße Huf, vorne links, war ein wenig weicher als die drei dunkleren. Jeder Fuß schlug eine einzelne Note, wenn er zum Grasen ging. Er machte Musik, wenn er galoppierte. Der hellere Huf schlug die Erde mit einem flacheren Ton als die andern drei.

Ich saß aufrecht auf diesem Pferd, hielt die Arme hoch wie lange, schlanke Flügel und beugte mich leicht nach vorn, und er fing an zu laufen. Ich fühlte, wie die kalte Luft meine Haut spannte. Ich fühlte, wie das Pferd heiß und schweißig wurde, und ich wusste, wenn ein Pferd in vollem Galopp auf die Krümmung der Erde zuläuft, dann verlassen alle vier Füße, ungeachtet ihrer Farbe, den Boden gleichzeitig. Ich schloss die Augen. Ich hörte, wie wir in die Luft sprangen und die Erde wieder berührten, und ich wusste, dass dem Reiter und dem Reittier in diesen schwebenden Augenblicken, entspannt und frei von Anstrengung, in diesem Moment, und im nächsten, und im übernächsten, der Anblick Gottes gewährt wird. Ich sah Gott, der mich anschaute in diesem Traum, und ich wusste, dass es ein Pferd war, dem ich zu danken hatte.

Im Morgengrauen erwachte ich. Eine graue Dohle spazierte durch die graue Asche des Feuers, und als ich die Regenmäntel herunterstrampelte, flatterte sie in die Kiefer hinauf und gackerte. Die Regenmäntel waren starr vom Reif. Ich nahm den Hut ab und klopfte den Reif ab und stampfte und schüttelte mich. Ich rechnete damit, allein zu sein. Ich fühlte mich allein. Ich rechnete damit, ein totes Pferd vorzufinden, meinen Sattel zu schultern und den Trail hinunter davonzugehen. Erst als ich nah bei Sky war, blickte ich auf und wäre beinahe zurückgesprungen, als er den Kopf hob. Sein Blick erfasste mich scharf, er zog die Beine an, rollte sich herum und stand auf. Er schwankte und fing sich.

Ich legte ihm das Zaumzeug an und führte ihn zum Bach, und er trank in langen Zügen. Ich ging einen Schritt stromauf, kniete nieder und hob mit gewölbten Händen Wasser zum Gesicht und trank. Boden und Bäume waren schmutzig weiß vom Reif. Es sah aus, als ständen wir im Skelett einer Wolke. Ich fühlte mich besser als der Junge, der schlafen gegangen war. Ich fühlte mich älter als der Junge, der beinahe sein Pferd getötet hätte.

Ich sattelte Sky, rollte die Regenmäntel zusammen und schnallte sie hinter den Sattel und steckte Beil und Taschenlampe in die Satteltasche. Als ich ihn führte, kam er mit. Ich versuchte nicht, ihn zu reiten, und ging nur so schnell, wie seine Kräfte es erlaubten. Wenn er müde wurde, machten wir Halt.

Ich hoffte, mehr als den halben Weg vom Fuß des Passes bis nach Hause zu schaffen, bevor ich meinem Vater begegnete. Ich wusste, dass ich jede Strafe verdient hatte, die er mir zugedacht hatte. Und ich wusste, ich würde ihm von meinem Traum nichts erzählen.

Die Stiefel meiner Schwester

Nach dem Frühstück dämmert es gerade. Mein Vater und ich stehen auf der Veranda der Lodge und schauen nach Süden. Er hat einen Becher Kaffee in der Hand, der in der kühlen Luft dampft. Er stellt den Becher auf die Verandadielen, zündet sich eine Zigarette an und hebt den Becher wieder auf und trinkt einen Schluck und lehnt sich an das Geländer. Der dichte Kiefern- und Fichtenbestand am Ufer des Baches wirft einen Block aus spitzen Schatten nach Westen. Wir stehen am Rand dieses Schattens. Vor uns, auf der dem Licht abgewandten Seite, steht Beifuß in pelzigem Pflaumenblau vor hellerem Schatten. Die Nachtkälte ist herabgesunken und hält sich am Talboden fest. Die Singvögel sind der Wärme entgegengestiegen. Sie putzen sich und hüpfen in den obersten Zweigen der Kiefern umher. Der Berg jenseits des Tales stößt strahlend ins Morgenlicht hinauf. Wir verlagern unser Gewicht von einer Hüfte auf die andere und schauen zu, wie die schrägen Sonnenstrahlen ihren Winkel Raste um Raste nach oben schieben und wie die Schatten schrumpfen. Um vier Uhr bin ich heute Morgen aufgestanden und mit den älteren Cowboys durch das Tal hinter der Lodge geritten, um die Pferde zusammenzutreiben. Wir alle frühstücken in dem Scheibchen Zeit zwischen Nacht und Tag, denn wenn es hell ist, haben wir zu viel zu tun für einen vollen Mund. Der Frühling geht zu Ende, und ich habe keine Schule mehr. Ich bin zwölf. Mein Vater ist mittelgroß. Wenn er sich zu mir umdrehen und mir die Arme entgegenstrecken würde, während ich auf ihn zuginge, würde ich mit dem Kopf nicht sein Schlüsselbein berühren. Ich reiche nur bis zum oberen Rand seines Herzens. Ich fühle mich größer, wenn ich arbeite.

Ich hebe den rechten Fuß, drehe ihn und poliere den Innenrist und die Spitze meines Stiefels an meiner linken Wade. Ich stelle mich breitbeinig und wiege mich zurück und bewundere das blanke Leder.

Mein Vater dreht sich um. Die Hand mit der Zigarette lässt er auf dem Geländer liegen. In der anderen Hand hält er die Kaffeetasse. Der Zigarettenrauch zerfließt in der Luft und zieht nach Westen. Er schaut zu meinen Stiefeln hinunter. »Neu gekauft?«

»Gestern. Ich war mit John und Gordon in der Stadt.«

»Was hast du dafür bezahlt?«

»Fast dreißig Dollar.«

Er nickt und nimmt einen Schluck Kaffee. »Mit neuen Stiefeln wirst du nicht so viel Trinkgeld kriegen, wie du es gewöhnt bist.«

Ich poliere den anderen Stiefel an der Wade gegenüber und schaue dann auf die beiden, wie sie nebeneinander stehen. »Kann sein.«

Die neuen, gewachsten Schnürsenkel und Nähte stechen weiß wie Sehnen hervor. Mein letztes Paar ist vom langen Tragen auseinander gefallen. Einmal in der Woche hatte ich aus Pappe Einlegesohlen geschnitten und den Fetzen Ledersohle, der noch geblieben war, an den Rumpf des Schuhs gebunden, indem ich das Ding von der Spitze bis zum Rist mit elastischen Binden stramm umwickelte. Und trotzdem waren sie schon Mitte der Woche wieder aufgegangen und klappten das Maul auf wie fressende Cartoon-Alligatoren. Die Touristen, die wir zum Reiten und Angeln hinausführen, hatten Mitleid mit mir. Sie gaben mir ein Extratrinkgeld für neue Stiefel. Es war ihnen peinlich, dass ihr Führer fast barfuß herumlief. Wenn ich humpelte, gaben sie noch mehr Trinkgeld.

»Arbeitest du heute Morgen mit John?« Er trinkt seinen Kaffee aus und richtet sich auf.

»Ich hab nicht gehört, dass ich was anderes tun soll.«

»Du musst sie ganz nass machen«, sagt er und deutet mit dem Kinn auf die Stiefel. »Ich will nicht, dass du Blasen kriegst und nur an deine Füße denkst.«

»Mach ich.«

Er reicht mir seinen leeren Becher. »Bringst du den für mich in die Küche?«

»Ja, Sir.«

»Heute Nachmittag machst du mal einen Spaziergang zum Fishhawk rauf. Letzte Woche war da alles überflutet. Ich möchte wissen, wie viel vom Trail noch übrig ist.«

»Geht in Ordnung, Sir.« Das heiße Wetter ist dieses Jahr früh und ganz plötzlich gekommen, Tag und Nacht, und es hat warmen Regen gegeben. Die Regenfälle haben vor drei Tagen aufgehört, und letzte Nacht hat es sich bis dicht über den Gefrierpunkt abgekühlt. Jetzt sind die Bäche und der Fluss wieder normal.

Mein Vater steigt von der Veranda hinunter und schnippt seinen Zigarettenstummel in die Zufahrt. »Verdammter Jammer, dass deine Mutter und ich nicht mehr Kinder gekriegt haben. Hier könnte man ein Dutzend von euch beschäftigen.«

Ich gehe in den Speiseraum fürs Personal. Die Zimmermädchen sitzen zusammen an einem Ende des zwölf Fuß langen Frühstückstischs bei dem alten Mann, den mein Vater diesen Sommer eingestellt hat, damit er Brennholz macht. Er heißt Ted. Er zieht seine Handschuhe an, wenn er morgens aufsteht. Er frühstückt damit. Er knöpft sich das Arbeitshemd bis zum Hals zu, badet regelmäßig und erzählt gern von seinen Erinnerungen an sich selbst. Abgesehen von Händen, Füßen und Kopf ist er zurückgeschrumpft; sie sehen aus, als gehörten sie einem größeren Mann. Aber er kann eine Motorsäge mit dem ersten Zug anwerfen, und seine Fallkerbe nimmt ein perfektes Tortenstück aus dem Stamm eines Baumes. Er kann dir auf zwei Handbreit genau sagen, wohin der Baum fallen wird, bevor er seinen Fällschnitt ansetzt. Vier große Kamine heizen die Lodge, und vier Hütten haben kleinere Kamine. Im Bunkhouse und in der Werkstatt stehen Holzöfen. Wir verfeuern jeden Tag ein Klafter abgestorbenes Kiefernholz – Drehkiefernholz. Ted stöbert die Bäume auf und fällt sie. Das ist genug Arbeit für eine Sechstagewoche; nur im August, wenn die Nächte an die zehn Grad warm sind, geht es von Montag bis Freitag.

Mein jüngerer Bruder sitzt an Teds Seite. Er knifft seinen Mützenschirm und knifft ihn wieder. Er ist bereit, an die Arbeit zu gehen. Er wird den Tag damit verbringen, die gefällten Bäume zu entasten und die abgelängten Hölzer auf die Ladefläche des Pick-up zu stapeln. Abends spalten wir beide Holz.

Ted erzählt den Zimmermädchen, was für ein geiler Hund er früher war. Er erzählt ihnen, wenn er noch jung wäre, brauchte man zwei ordentliche Jungs, nur um sein Wasser zu tragen. Die Mädchen beugen sich nach vorn über ihren Kaffee und kippen dann nach hinten gegen ihre

Stuhllehnen und kichern. Ich zwinkere meinem Bruder zu. Er lächelt und senkt dann höflich sein Grinsen auf den Tisch. Keiner von uns beiden will riskieren, dabei erwischt zu werden, wie er sich über einen Mann lustig macht, der mit einer Motorsäge umgehen kann.

In der Küche fragt mich der Koch, ob ich froh bin, dass ich die Schule hinter mir habe. Ich sage Ja. Er ist ein verhutzelter alter Mann über siebzig: weiß die Schuhe, die Socken, die Hose, das Hemd und weiß die Schürze. Auch sein Haar ist weiß. Er ist schon betrunken. Wir haben nie einen nüchternen Koch eingestellt. Ohne jeden Dünkel sagt er, dass ein Mann die Arbeit braucht, um den Kopf unten zu halten. Er erzählt mir, er hat sein ganzes Arbeitsleben lang den Kopf unten gehalten. Er erzählt mir, dass er darauf geachtet hat, wo er ging. Und er fügt hinzu, dass harte Arbeit etwas ist, wo man ein bisschen Frieden findet. Ich höre zu, weil man mir beigebracht hat, alten Männern zuzuhören. Sein Atem stinkt nach Bier. Er ist der Einzige auf dem Anwesen, der früher aufsteht als ich, und seine Backwaren sind herrlich. Ich entschuldige mich und verschwinde durch die Speisekammer und hinaus in die Schatten, die immer noch am Bachufer kleben.

Ich überlege mir, welches Pferd ich heute Nachmittag reiten will, wenn ich nach dem Trail oben am Fishhawk Creek schaue. Ich schlage die Stiefelabsätze in die lose Erde der Uferböschung, steige hinunter in den Libby Creek und stelle mich hinein. Heute ist er ein klarer Wasserlauf, schnell, gerade stark genug, um die Kieselsteine aus Basalt und Quarz, manche nicht größer als meine Zähne, ins Kullern zu bringen. Letzte Woche war er angeschwollen vom abfließenden Wasser und vom Regen, und da hat er Felsen bewegt, so groß wie Fohlen. Die großen

Brocken mahlten wie ein beständiges Donnergrollen. Wir standen am Ufer und starrten in den braunen Wassersturm und hofften, dass er sich nicht aus seinem Bett winden möge. In den drei Tagen, seit es kühler wurde, ist er geschrumpft. Er wird wieder ansteigen und noch einen Monat Hochwasser haben, aber wenn es keinen schweren Regen gibt, ist die Gefahr vorbei.

Ich wate mit meinen neuen Stiefeln in den Bach, geradewegs ins Wasser. Ich finde eine Stelle, an der ich stehen kann, wo das Wasser bis auf wenige Zoll an den oberen Rand der Stiefel reicht. Ich ziehe die Hosenbeine hoch, um meine Füße anzustarren. Unter Wasser sehen sie größer aus. Von der Bewegung des Wassers an meinen überlebensgroßen Füßen wird mir schwindlig, und ich schaue hinauf in die Baumkronen. Ich spüre, wie das Wasser sich durch die Nähte arbeitet. Ich krümme und strecke die Füße, und das Wasser sickert durch die Nähte entlang der Sohlen. Ich habe das Gefühl, als könnte ich den gewachsten Zwirn singen hören. Meine Socken werden erst kalt, dann nass, und ich steige hinaus auf die rund geschliffenen Steine, die am Ufer liegen, und meine Füße sind ganz nass und taub. Wieder krümme und strecke ich sie und fühle, wie das Wasser sich an den Sohlen entlangarbeitet, und ich frage mich, ob ich wohl so gut wie Ted mit der Motorsäge umgehen kann, wenn ich ein alter Mann bin. Ich frage mich, ob ich es auch schaffen werde, junge Mädchen zum Lachen zu bringen. Noch gelingt mir das nicht. Ich frage mich, wie meine Schwester gelacht hätte.

Ich hatte eine Schwester. Sie wäre ein Jahr älter als ich, aber sie lebte nur wenige Monate. Eine Frühgeburt. Meine Mutter hat mir von ihr erzählt. Von ihren kleinen Händen. Blauen Augen. Roten Haaren. Sie hieß Cindy. Meine

Mutter hatte Probleme mit dem Kinderkriegen. Sie hatte vier Fehlgeburten, noch nachdem mein Bruder und ich angekommen waren, und wir waren auch schon zu früh dran, zu klein. Meine Mutter hat es aufgegeben; sie versucht nicht mehr, noch Kinder zu bekommen, sondern gibt sich mit uns zufrieden, mit denen, die am Leben geblieben sind. Meine Schwester war die einzige echte Chance, die meine Mutter hatte, eine Gefährtin zu bekommen. Eine zweite Frau in der Familie. Unsere Hunde und Katzen sind alle männlich. Unsere Pferde sind kastrierte Hengste. Ich denke an meine Schwester, wenn mein Herz ruhig ist, fast immer, wenn ich Wasser beobachte. Ich sehe meine Schwester als ein Lexikon angefüllt mit weiblichen Ratschlägen. Ich sehe meine Schwester als Tür zur anderen Hälfte der Welt. Ich wünschte, ich könnte ihren Namen rufen, und sie würde mir das Gesicht zuwenden und lächeln.

Die Sonne ist über den Bergkamm im Osten gestiegen, und das Morgenlicht steht und fällt zwischen den Bäumen wie weithin verstreuter gehauener Granit. Wyominglicht. Berglicht. Ich drücke die Zehen nach unten und wölbe die Füße gegen den Rist der Stiefel. Es ist die erste Woche im Juni. In Black Elks Buch habe ich gelesen, dass die Oglala Sioux diese Jahreszeit den »Mond des Fettmachens« nannten. Ich greife das straffe Fleisch an meinem Bauch. Ich bin voll mit Würstchen, Eiern, Brot, Kartoffeln. Ich fühle mich gewichtig, aufgetankt für den Tag. Ich schaue wieder auf meine Stiefel. Ich drücke mein Gewicht in sie hinunter.

Es wird kein bequemer Tag werden, aber das kümmert mich nicht. Ich werde diese Stiefel trocken laufen. Ich werde sie tragen, bis sie schrumpfen und sich tadellos um meine Füße schmiegen. Wenn sie heute Abend nicht trocken sind, werde ich in ihnen schlafen. Ich werde sie dazu überlisten, dass sie meine Füße haargenau nachahmen. Nur diesen einen Tag der Unbequemlichkeit für Stiefel, die mir passen werden, als hätte mein Blut darin gearbeitet und sie zum Leben erweckt. Eichhörnchen schnattern von den Fächerzweigen einer Douglastanne herunter, die sich über mir ausstrecken. Eins lässt einen Zapfen fallen, dann noch einen. Ein Rabe spaziert mir am Bachufer entgegen, legt den Kopf schräg, beobachtet mich. Ich schaue auf meine Stiefel hinunter. Wasser quillt aus ihren Nähten.

Es sind Reitstiefel, mit Reitabsätzen; das Oberleder ist leichter und so kunstvoll bestickt, das es aussieht wie eine steife Steppskulptur. Im Laden sahen sie gut aus, und an meinen Füßen sehen sie auch gut aus. Heute ist der Tag, an dem ich anfange sie zu besitzen, sie zuzurichten, sie einzureiten. Heute Morgen beim Anziehen waren sie sperrig wie Lineale. Sie fühlten sich an wie das, was sie sind: Stiefel aus der dicken, haarlosen Haut von Kühen. Daran habe ich gedacht, als ich diese Stiefel kaufte, und daran denke ich jetzt. Ich denke mir die Stiefel in ihre Teile zerlegt. Ich denke, dass ich Stiefel trage, die aus der Haut eines Tieres gemacht sind, das gezüchtet und gemästet und geschlachtet worden ist, damit ich etwas zu essen und anzuziehen habe. Ich schaue hinauf zu dem Eichhörnchengeschnatter. Ich krümme und strecke meine nassen Füße. Das Stiefelleder gibt kaum nach. Es kommt mir so starr vor wie die Hoffnungslosigkeit der Rinder. Ich schaue mir die Narbung genau an, studiere sie wie den Hautabdruck vom Widerwillen eines geschlachteten Tieres. Einen kurzen Augenblick lang erscheinen mir die Stiefel beinahe lebendig, nicht nur als Kleidungsstücke. Bei dem Gedanken durchzuckt mich jäher Schrecken. Ich denke daran, mich hinzusetzen und mir die Stiefel von den Füßen zu ziehen.

Der Rabe ist auf einen Steinblock gehüpft, so nah, dass ich ihn fast greifen kann. Seine Augen glitzern schwarz im Licht. Mir ist immer noch ein bisschen unheimlich bei dem Gedanken an das Tier, das für meine Fußbekleidung gestorben ist. Ich frage mich, ob diese neuen Stiefel die Erinnerung an einen Verrat bergen. Ich frage mich, ob dieser Verrat in mir hochsteigen wird, von den Füßen herauf. Ich mache einen Schritt. Meine Zehen schweben frei in den wassergefüllten Stiefelspitzen. Es macht ein schmatzendes Geräusch. Dann noch eins. Es kitzelt. Der Rabe spreizt die Flügel und weicht vor mir zurück. John wird bei den Corrals warten. Bis das Wasser den Weg durch die Nähte zurückfindet, bringt jeder Schritt mich zum Lächeln. Ich bin ein Junge. Gedanken an meine Schwester oder den Tod oder das Elend der Rinder kommen und gehen blitzartig in dem beständigen Entzücken, das mein junger Körper mich empfinden lässt. Ich lebe jeden Tag in weitgehender Zufriedenheit mit dem, was ich bin. Ich bin noch nicht auf den Gedanken gekommen, mir den Kopf darüber zu zerbrechen, wie ich zu vervollkommnen wäre. Es ist ein Trick der Kindheit, diese Zufriedenheit, die ich in jedem Augenblick finde. Aber ich werde hauptsächlich von Männern großgezogen. Ich weiß, es wird nicht so bleiben.

Im letzten Herbst hat meine Mutter sich am Rücken verletzt. Mein Vater, mein Bruder und ich und alle Männer, die wir haben, waren dabei, das Jagdlager abzubrechen, und hatten sie mit einem kranken Pferd allein gelassen, einem dick bemuskelten Apfelschimmel, den wir Steel nennen. Jeden Morgen band sie das Pferd kurz an eine Torangel und schwenkte das Tor zurück bis zu seiner Flanke, um es zwischen Tor und Corral einzuklemmen. Hinter seinem Arsch band sie das Ende des Tors fest an einen Zaunpfahl. Dann gab sie ihm zwischen den Zaunstangen hindurch eine Spritze mit einem Antibiotikum. Dem Pferd graute davor ebenso sehr wie ihr. Beide zitterten von dem Augenblick an, da sie ihm das Halfter anlegte, das graue Pferd und meine Mutter.

An dem Morgen, bevor wir aus den Bergen zurückkamen, fühlte Steel sich gesund genug, um sich zurückfallen zu lassen, den Halteriemen zu zerreißen und das Tor mit einem Tritt gegen meine Mutter zu schleudern, als sie ihm aus dem Weg gehen wollte. Sie lag im Bett, als wir abends nach Hause kamen. Sie trinkt nicht, aber mein Vater verordnete ihr ein Glas Whiskey gegen die Schmerzen. Ich saß auf einem Stuhl, den ich an ihr Bett gezogen hatte, während sie daran nippte. Ihre Augen verschleierten sich, während sie sprach, aber sie lächelte. Sie sei einsam gewesen, sagte sie. Sie bat mich, den Kopf zu ihr herunterzubeugen, und als ich es tat, rieb sie mit der Handfläche über meine Haarborsten. Sie sagte mir, dass sie mich liebte. Sie sagte mir, dass sie ihre beiden Jungen liebte. Als sie das Glas Whiskey ausgetrunken hatte, sagte sie mir, meine Seele habe Gott zugelächelt – zweimal. Ich fragte sie, woher sie das wusste. Sie bat mich, den Kopf noch einmal herunterzubeugen, und dann zeichnete sie mit der Fingerspitze Kreise auf meinen Schädel, rechts, vorn und hinten. »Wirbel«, sagte sie. »Dort entwirrt sich deine Seele ins Glück. Du hast zwei. Du hast eine glückliche Seele.« Sie ließ die Hand sinken, verschränkte die Finger auf dem

Bauch und starrte zur Decke. Sie hatte Tränen in den Augen. Ich hatte meine Mutter noch nie richtig weinen sehen. »Deine Schwester hatte auch zwei, genau wie deine«, sagte sie. Dann sah sie mich an und lächelte wieder. »Wirbel«, fügte sie hinzu.

Ich nehme den Hut ab und lege die flache Hand auf meinen Kopf. Ich taste nach den Wirbeln aus festerem Haar. Es gefällt mir, dass meine Mutter denkt, ich lächle Gott zu. Es gefällt mir, wenn sie meinen Kopf streichelt. Ich weiß nicht, dass ich in ein paar Jahren eine befangene Wildheit in mir spüren werde, dass mich die liebevollen Aufmerksamkeiten meiner Mutter verlegen machen werden. Dass ich mich eines Tages fragen werde, ob Gott es merkt, dass einer von uns in *seine* blaue und leere Luft lächelt.

John hat vier Pferde aufgezäumt und vor den Corrals an eine Stange gebunden. Es sind die letzten vier unbeschlagenen Pferde von der Winterweide. Im Frühjahr wird beschlagen, im Spätsommer noch einmal. Wir nehmen die Eisen ab, bevor wir sie im Oktober laufen lassen, und ihre Hufe werden lang und spalten sich und zerfransen. Ich werde ihm vorausarbeiten: trimmen und anfangen, die Hufe glatt zu schleifen. Es ist mein zweites Jahr mit John. Wenn ich ein Mann bin, werde ich ein Pferd beschlagen, wie John ein Pferd beschlägt. Mit demselben Werkzeug.

»Du hast nasse Füße.«

»Ja, Sir.«

»Pass auf, dass du nicht ausrutschst und unter eins von den Pferden gerätst. Wenn du einen Tritt kriegst, bist du nicht mehr zu gebrauchen.«

Ich schnalle mir die Chaps an. Ich nehme den Hut ab

und hänge ihn an einen Haken neben Johns. Er kauert unter dem Vorderfuß eines großen Falben und beäugt ein Eisen, um zu sehen, wie es passt. Ein halbes Dutzend Hufnägel stecken in seinem Mundwinkel. Er lässt den Fuß des Falben los und geht zum Amboss. Unsere Pferde werden kalt beschlagen; da ist nicht viel Spielraum für Fehler. Er stellt das Eisen mit den Schenkeln auf die Ecke des Ambosses und lässt den Hammer auf die Zehe herunterfahren. Einmal. Zweimal. Metall singt auf Metall. Er hält das Ding in Augenhöhe, späht daran entlang und sieht, dass der Schenkel sich gleichmäßig verbreitert hat, und kehrt zu dem Falben zurück. Er passt das Eisen wieder an und nimmt einen kleinen Klauenhammer aus der Beschlagkiste.

Er treibt einen Nagel durch den Zeh von Eisen und Huf. Er greift das vorstehende Nagelende mit der Klaue des Hammers und dreht die Klaue hin und her, bis der Nagel abbricht, fast auf einer Ebene mit der glänzenden Außenseite des Hufs. Das muss er mit jedem Nagel tun, und zwar schnell. Wenn der Falbe scheut und sein Bein losreißt, wird er das Nagelende durch Johns Hand oder durch die Innenseite des Oberschenkels ziehen. John setzt einen zweiten Nagel am Schenkel des Eisens an, treibt ihn durch den Huf und bricht das Ende ab. Er dreht sich um und schaut zu mir. »Gibt's hier was, was du noch nicht gesehen hast?«

»Ich glaube nicht.«

John hat Schweißperlen auf der Stirn. Der Schweiß tropft ihm von der Nasenspitze. »Wartest du, dass deine Füße trocknen?«

»Ich dachte gerade an Kühe.«

Er knickt wieder eine Nagelspitze ab und verteilt sein

Gewicht gleichmäßiger auf beide Hüften. »Wieso an Kühe?«, fragt er.

»An Leder.« Seine Chaps sind hell abgenutzt und an manchen Stellen rau. Innen sind sie dunkel wie Schatten. »Ich dachte gerade, dass es mal gelebt hat.«

John klatscht dem Falben die Hammerseite an die Rippen und sagt, er soll aufstehen. Das Pferd reißt den Kopf nach hinten über den Widerrist, spreizt die Hinterbeine und nimmt so sein Gewicht von Johns Rücken. John klemmt sich die Fessel fester zwischen die Knie und bringt das Nageln zu Ende. Er nimmt eine Feile aus dem Werkzeugkasten, feilt unter jeder abgebrochenen Nagelspitze eine Kerbe in den Huf und nimmt einen zigarettenschachtelgroßen Eisenblock aus dem Kasten. Er legt ihn auf die abgebrochenen Enden und hämmert die Nagelköpfe fester ein, biegt dabei die Enden herunter, bettet sie in die Kerben. Er lässt den Fuß zwischen seinen Beinen fallen und steht dann neben dem Falben, einen Arm über dessen Rücken drapiert. Er wischt sich mit dem freien Arm über das Gesicht und pustet eine Weile. Er sieht mich an, als erwarte er mehr von unserem Gespräch, aber ich weiß nicht, was ich noch sagen soll. Ich habe mich im Rhythmus seiner Arbeit verloren.

Er schüttelt den Kopf, tritt einen Schritt von dem Pferd zurück und klopft mit der Seite des Stiefels an die Fessel des Falben, und als das Pferd den Fuß hebt, hockt John sich nieder und legt ihn sich aufs Knie. Er klopft die Nagelspitzen flach, glättet sie mit einer Feile und fährt mit einer Raspel über die Hufkante, um alles zu entfernen, was ein bisschen übersteht. Er lässt den Fuß fallen, richtet sich auf, biegt den Rücken durch und schiebt den Werkzeugkasten zum linken Hinterfuß des Pferdes. Er fährt sich mit dem Daumen über beide Augenbrauen, um den Schweiß herauszudrücken, und dann zieht er ein Taschentuch aus der hinteren Hosentasche, schüttelt es aus und wischt sich durchs Gesicht. »Du bist ein gescheiter Junge«, sagt er. Er ist außer Atem. »Ich wette, wenn du dich bemühst, kannst du an Kühe denken und gleichzeitig arbeiten.«

»An Leder.«

»Einen Versuch wär's wert.« Er lächelt, dreht sich um und packt die Fessel des Falben und hebt behutsam das Hinterbein, schiebt sich dann nach hinten und nimmt den Huf aufwärts gewandt auf den Schoß.

Ich benutze nur ein Hufmesser, eine Zange mit langem Griff und eine Raspel. Ich nehme die Hufe nacheinander auf, mache sie sauber bis zum Strahl, schäle ab, was ich kann, schneide alle Wucherungen vom Huf und rasple ihn einigermaßen plan; ich forme den Huf zu einer übergroßen Version dessen, was John nach allem, was ich gelernt habe, erwartet. Die Zange ist nicht scharf, und die Hufe sind zäh. Ich packe jeden Griff mit einer Hand und presse sie zusammen, und dann wackle ich mit dem Werkzeug hin und her, bis es sich durchgebissen hat. Ein Biss nach dem andern, bis ich mich außen um jeden Huf herumgearbeitet habe, und die Pferde stützen sich schwer auf mich, denn ich bin klein und unerfahren.

Als der Vormittag halb um ist, sind unsere Hemden durchnässt, und ich fühle, wie Schweißperlen innen an meinen Schenkeln herunterlaufen. Die Fliegen sind da, Pferdefliegen, Rehfliegen, Nasenfliegen. Sie kreisen einzeln und in Schwärmen. Ich bin mit dem letzten Pferd fertig, einem Braunen, und ich trete zurück und sammle mein Werkzeug ein. Ich frage mich, ob es warm genug werden wird, um die Bäche steigen zu lassen. John schiebt die Werkzeugkiste zu dem Falben und spricht mit dem Pferd. Die anderen drei stehen angebunden, frisch beschlagen, und stampfen mit ihren neuen Eisen; die winterlangen Schwänze bearbeiten das Hinterteil, und ihr Fell zuckt hier und da fröstelnd, um die Fliegen zu verscheuchen. Ich greife den Schwanz des Falben, hake ein halbes Dutzend lange, gerade schwarze Haare um meinen Zeigefinger und ziehe daran. Ich lasse die Haare neben mir zu Boden fallen. So arbeite ich mich ein paar Mal um den Schwanz herum, ziehe die längeren Haare heraus, barbiere den Schwanz kürzer. John hat es gern, wenn der Schwanz eines Pferdes dicht über dem Sprunggelenk endet. Ich stopfe die Haare in Jutesäcke. Das meiste werden wir verkaufen, ein bisschen behalten wir, um daraus Hutbänder zu flechten.

»Ich werde für die Hinterfüße hier ein Paar Spezialeisen brauchen.« John hockt unter dem Hinterteil des Braunen und hält einen Fuß gerade vor sich. Ich bringe ihm die Hufeisen aus dem Werkzeugschuppen und hocke mich neben der Werkzeugkiste nieder, und er schiebt ein Eisen an den aufwärts gewandten Huf und dreht es.

»Steht ziemlich zeheneng, der kleine Scheißer, was?«

»Ja, das stimmt.«

»Das meiste kann ich ihm wegnehmen.« John steht auf und geht zum Amboss und hämmert das Eisen, hält es mit ausgestrecktem Arm ins Licht und späht und hämmert wieder. Dann geht er zurück zu dem Falben, und einen Moment lang stehen wir da und sehen zu, wie mein Hund ausgestreckt im Schatten liegt, an einem Hufspan kaut und mit dem Schwanz auf den Boden klopft. Er heißt Rock, und er hat den größten Teil der Hufspäne zu einem

Haufen neben seinem Kopf zusammengetragen. Rock ist ein vollkommen schwarzer Hund, und an heißen Tagen bleibt er im Schatten. Sein Speichel hat sich an den Schnauzenwinkeln zu Schaum verdickt, und seine Augen sind glasig vor lauter Konzentration.

»Schon mal gemacht?«

Ich hebe den Kopf und sehe John an. »Was?«

»Einen Pferdehuf gegessen.«

»Nein.« Auf diese Frage war ich nicht vorbereitet.

»Nicht mal dran geknabbert?«

»Nicht mal das.«

»Deinem Hund schmeckt's jedenfalls.«

»Der frisst auch Pferdescheiße.« Mein Argument erscheint mir vernünftig; schlüssig beschreibt es die Unterschiede zwischen dem, was Hunde und was Menschen essen.

»Aus Pferdescheiße macht man aber keinen Wackelpudding.« John hat sich wieder zur Arbeit gebückt. Ich beobachte, wie sein Rückgrat sich unter dem nassen Hemdstoff biegt und streckt.

»Wackelpudding wird aus Pferdehufen gemacht?«, frage ich. Ich will wissen, wie diese Behauptung sich anhört, wenn sie aus meinem Mund kommt. Ich weiß, dass es lächerlich klingen muss. Ich rechne damit, dass John lacht, aber das tut er nicht.

»Unter anderem. Gib mir noch zwei Nägel.«

»Zitronenwackelpudding?«

»Der Zitronengeschmack ist bloß Aroma.«

Ich schaue den Hund an und dann wieder John. »Das glaube ich dir nicht«, sage ich.

»Frag deine Mutter.«

»Woher soll sie das wissen?«

»Ich glaube, das weiß jeder außer dir. Hast du immer noch nasse Füße?«

»Ja.«

»Die Stiefel werden sich gut anfühlen, wenn du sie morgen anziehst.«

»Ich weiß.« Ich habe nichts dagegen, ein Junge zu sein, aber es stört mich, wenn man mich so behandelt.

John steht auf und lächelt. Er wirft den Hammer in die Kiste und wischt sich mit dem Ärmel seines Hemds übers Gesicht. »Ich dachte nur, es macht dir was aus, dass du nicht wusstest, was im Wackelpudding drin ist. Ich wollte dich aufmuntern. Ich dachte, eines Tages, wenn du damit fertig bist, über Leder nachzudenken, möchtest du dein Gebiet vielleicht erweitern.« Er macht große Augen und lächelt wieder. »Ein Junge wie du könnte 'ne Menge über Hufe und Hörner nachdenken.«

Beim Mittagessen sind wir elf Leute, und alle wissen, was in Wackelpudding drin ist. Sogar die Zimmermädchen, und die sind bloß ein paar Jahre älter als ich. Ich bin froh, dass mein Bruder noch draußen mit Ted beim Holzfällen ist. Wenn ihn keiner vor mir zu fassen kriegt, besteht die Chance, dass er noch nicht weiß, was die Zutaten für Gelatine sind. Es ist meine einzige, wenn auch geringe Chance, nicht allein als Dummkopf dazustehen.

Nach dem Mittagessen sattle ich den Falben und überquere auf der Kitty Creek Bridge den Shoshone River. Es ist eine Holzbrücke mit niedrigem Geländer, und ich lausche dem Klopfen der neuen Hufeisen auf den Bohlen. Die Echos unserer Schritte fallen hinunter auf den Fluss, breiten sich dort zu den Uferböschungen aus und steigen wieder zu uns herauf. Vom Ufer her winkt uns ein Angler zu.

Der Falbe läuft hinaus auf die unbefestigte Straße, die am Fluss entlangführt, etwa eine Meile weit bis zum Lager der Pfadfinder. Wir reiten durch Gehölz voller Schatten, breite flache Strecken voll Licht, stehende Pfützen und einen Kieferrnduft, der so scharf ist, dass er das Pferd zum Trab antreibt. Ich stehe in den Steigbügeln und stütze den rechten Handballen auf das Sattelhorn. Wir kommen an den Gebäuden des Pfadfinderlagers vorbei, und die Straße verengt sich zu einem schmalen Pfad. Ich lenke den Falben nordwärts, den Fishhawk Creek hinauf. Aus meinen Stiefeln ist das Wasser abgelaufen, und sie passen jetzt leicht in die Steigbügel. Das Oberleder ist getrocknet, und die Sohlen sind eindrucksvoll befleckt von Pferdescheiße und Erde. Ich beobachte sie beim Reiten. Ich glaube, dieses Jahr werde ich gut zurechtkommen. Wenn ich die Füße krümme und strecke, kann ich die Stiefel immer noch ein bisschen zum Quietschen bringen, aber man hört es fast nicht. Sie verlieren ihr Eigenleben. Ich bin dabei, sie einzureiten.

Neben dem Trail wächst ein Riff aus Beerensträuchern, die in ihrem neuen Laub dunkelgrün geworden sind. Ich frage mich, wie es wohl wäre, ein Pfadfinder zu sein. Die paar, die ich gesehen habe, schienen etwas verloren zu haben. Sie starrten mich schüchtern an, als ob sie ein Handbuch brauchten, um mich zu identifizieren. Wenn ich zu Pferde war, drückten sie sich seitwärts davon und scharten sich um den dicken Mann, der anscheinend immer bei ihnen war.

Als ich durch das Pfadfinderlager reite, sind der große Speisesaal und die Außengebäude noch verrammelt. Es ist zu früh im Sommer, und die Pfadfinder sind noch nicht hier. Mein Pferd geht langsamer, und ich sage ihm, ich nähme lieber eine Tracht Prügel in Kauf, als mir Abzeichen aufs Hemd nähen zu lassen.

Wir stöbern ein Waldhuhn auf, und der Falbe schnaubt und stolpert seitwärts zwischen Steine und Beerensträucher. Ich gebe ihm die Sporen und treibe ihn zurück auf den Trail, und er schiebt nervös das Hinterteil nach vorn, als ob wir soeben ein Bärenjunges gesehen hätten. Ich höre das Huhn hinter uns trommeln, bis das Rauschen des Fishhawk aus seinem Bett heraufkommt und die Vogelstimme übertönt.

Der Himmel ist klar, der Tag ist warm, aber noch nicht heiß geworden. Es ist ein guter Tag zum Reiten und zum Ledertrocknen. Meine Füße fühlen sich gut an.

Bei der ersten Querung hat der Bach sich in die Uferböschung gefressen, und sie ist weggebrochen; zurückgeblieben ist drei Meter tief und steil abfallende, bröckelnde Erde. Die Wurzeln mehrerer Fichten sind freigelegt und hängen schräg über dem Wasser. Gegenüber sieht die Uferböschung genauso schlecht aus. Ich treibe den Falben mühsam durch das gebrochene Holz und lasse ihn beinahe gegen einen Stamm laufen, über den er nicht springen will. Beim Hinüberklettern scheuert er sich hinten das Bein auf. Ich merke, wie seine Laune schlechter wird. Ich steige ab, um nachzusehen, dass er sich keinen Astsplitter in die Flanke oder ins Kniegelenk gebohrt hat, und finde nur abgeschürfte Haut. Ich führe ihn am Zügel, und wir schlängeln uns durch das Gehölz oberhalb des Baches; ich suche eine Querung und finde eine, eine halbe Meile weit oberhalb der zerstörten Furt. Auf dem Bachsaum aus rund geschliffenen Steinen steige ich wieder auf und lasse ihn saufen. Auf den Steinen am Bach ziehen wir hundert Yards stromauf, weil das östliche Ufer unterspült ist, und dann finde ich eine Rinne, die die Wapiti gemacht haben, um zum Wasser zu kommen. Ich lenke den Falben durch die Rinne hinauf, und er furzt und gräbt die Hufe ein, und dann sind wir aus dem Wasser, und ich habe es geschafft, mir die Stiefel nicht noch einmal nass zu machen.

Hundert Yards weiter oben stoßen wir wieder auf den eigentlichen Trail, und der Falbe fällt in einen schnelleren Schritt, schüttelt den Kopf, greift das Gebiss und ist ziemlich sauer, weil er allein mit einem Jungen hier draußen ist und sich durch das Dickicht und ein verstopftes Bachbett plagen muss.

Die nächsten beiden Querungen sehen nicht so aus, wie ich sie in Erinnerung habe, aber sie sind gangbar. Mehrmals hintereinander wird der Trail von Abbrüchen unterbrochen, wo das Ufersims erodiert ist, aber die werden sich bis zum Ende des Sommers wieder geglättet haben. Bis jetzt ist es nur eine Tagesarbeit, einen neuen Trail um die erste Querung herumzuschlagen. Ich nehme mir vor, noch drei oder vier Meilen weit das Bachbett hinaufzureiten und dann nach Hause zurückzukehren. Ich lasse den Falben den Nordhang eines Grates hinaufgehen, der unten in losem Geröll ausläuft. Als wir oben angekommen sind, beult der Trail sich nach Westen aus, schwenkt dann in einer steilwandigen Rinne wieder zurück, biegt noch einmal nach Westen und führt gleichmäßig hinunter und zurück zum Bach.

In dieser Rinne geschieht es, dass das Pferd mich mit einem Buckel in die Luft wirft und unter mir weggeht. Das ist ein Trick, den er anbringt, wenn er kann, und er ist ein Tier von der Sorte, die nur auf einen passenden Tag wartet – boshaft nur, nicht niederträchtig. Wenn ich ihn morgen früh füttere, wird er leise wiehern und mir mit dem Maul an die Brust stoßen. Heute wartet er, bis wir durch den steilen, trockenen Hohlweg hinabklettern. Er erwischt mich, als ich abgelenkt bin – abgelenkt, genau gesagt, durch die Betrachtung meines rechten Stiefels, während mein Gewicht sich auf seine rechte Schulter verlagert –, und er tritt vom Trail herunter, wirft den Kopf zur Seite und verdrückt sich nach links.

Als ich aufgehört habe zu rollen, habe ich reichlich Zeit, meine neuen Stiefel anzustarren. Ich blinzle sie angestrengt an, versuche meinen Blick zu verankern, versuche aus meinem Blick einen Strudel zu machen. Mein Kopf fühlt sich an, als wollte er abschwirren, aber ich glaube, mir tut nichts weh; ich bin nur durchgeschüttelt. Als das Kreiseln der Bäume nachlässt, lehne ich mich auf den Ellenbogen zurück und schließe die Augen. Dann strecke ich mich rücklings flach aus. Ich fühle nur einen allgemeinen dumpfen Schmerz. Hüften und Kreuz sind steif. Ich höre den leisen Widerhall der Huftritte des Falben; sie entfernen sich. Ich stelle mir vor, wie zufrieden er ist. Der Gedanke bringt mich zum Lächeln. Ich setze mich auf und ziehe die Knie an die Brust. Alles funktioniert. Als ich aufstehe, fühle ich mich nur allein, nicht verkrüppelt. Ich schnalle meine Chaps ab und hänge sie mir über die Schulter. Ich habe fünf Meilen zu Fuß zu gehen. Mit Chaps käme es mir vor wie zehn.

Ich finde die Spur des Falben auf dem Trail. Diese Seite der Kammhöhe ist nach Norden gewandt, der Boden ist noch feucht, und an einer Stelle ist er ausgerutscht. Wieder lächle ich. Der Mistkerl. Er wird schneller vorankommen als vorher, mit mir auf dem Rücken. Hundert Yards weiter unten finde ich einen abgerissenen Zaumzeugriemen und schlinge ihn mir um den Hals. Er hat nur noch einen, und ich hoffe, er wird drauftreten. Der Zügel hängt mir zu beiden Seiten am Hals herunter und über die Brust wie ein dünnes Pferdekleidungsstück. Er ist dicht an der Trense abgerissen. Heute Abend werde ich ihn reparieren. John wird mir zusehen und lächeln, vielleicht ein bisschen sticheln, und dann habe ich einen Zügel, der ein bisschen kürzer ist als der andere.

Beim Gehen behalte ich meine Stiefel im Auge. Sie sehen immer noch neu aus, und das ist nur einmal im Jahr erlaubt: ein neues Paar Stiefel kaufen. Den ganzen Tag (ganz gleich, was ich sonst getan habe – und tatsächlich bin ich genau deshalb abgeworfen worden) habe ich den glatten, unverschlissenen Spitzen dieser Stiefel dabei zugesehen, wie sie mich von Schritt zu Schritt getragen haben. Ihnen dabei zuzusehen, lässt mir bewusster werden, dass ich zu Fuß gehe, dass ich ein Junge bin, der kein Pferd unter sich hat.

Ich glaube, Gehen ist etwas anderes als Reiten. Ich bin anders mit der Erde verbunden, fühle bewusster, wie meine Knochen auf den Boden treffen, spüre die Oberfläche bewusster. Mein Atem geht scharf und kraftvoll. Ich glaube, wenn ich gehe, ist es, als spräche ich jedes Wort ins Ohr des Berges. Laut. Mir gefällt dieses Gefühl. Mir gefällt es auch, auf einem Pferd zu sitzen. Im Sattel ist es, als müsste ich durch eine halbe Tonne Tier atmen, um meine Lunge zu füllen. Mein Atem wird dann voller, heißer, das Atmen ausgedehnt, schläfrig, meditativ. Wenn ich älter bin, werde ich mir den Unterschied zwischen Gehen und Reiten als Unterschied zwischen einem Gebet und der Wirkung eines Gebets vorstellen. Zwei Raben halten Schritt mit mir; sie schwingen sich in kurzen Flugstrecken von Baum zu Baum und krächzen. Hier sind immer Raben. Ich weiß, dass ich in den Absaroka Mountains bin. Ich habe gelesen, dass das Wort *Absaroka* in der Sprache der Crow-Indianer »Rabe« bedeutet. Ich wende ihnen das Gesicht zu und sage laut: »Absaroka.« Der größere der beiden breitet die Flügel aus, lässt sich herab und steigt dann vor mir in eine Rottanne. Ich denke an meine Schwester. Ich frage mich, ob sie gesehen hat, wie der Falbe unter mir weggegangen ist. Ob es sie zum Lachen gebracht hat, ob sie jetzt lacht. Ich schließe die Augen und lausche, aber ich höre nur den Bach und die Rabensprache.

Der Trail führt den bewaldeten Hang hinunter, schmiegt sich an die Rundung von Erde und Fels und wendet sich in jeder Kehle in einem Maß, dem Tiere mühelos folgen können, sodass sie gelassen höher in die Luft steigen, ohne dass ihr Herz ihre Fettvorräte abpumpen muss. Ich biege in den Hohlweg ein, der vom Grat zum Bach hinunterreicht, sich verbreitert, überschüssiges Wasser vom Hang mit hinabnimmt. Das Gehölz wird dichter, und ich verliere mich in der Wiederholung meiner Bewegungen. Nur unbestimmt ist mir bewusst, dass am Anfang dieser Rinne keine Quelle entspringt, und das bedaure ich, denn ich bin durstig, aber als ich den tiefsten Teil durchquere – wo ich mir wahrhaftig einen Bach wünsche – und um die Ecke biege, da steht mitten auf dem Trail, nur anderthalb Schritt vor mir, eine Wapitikuh, und gerade als wir einander bemerkt haben, vollendet sie die Geburt ihres Kalbes. Es fällt auf den Trail, mir vor die Füße. Ihre Augen werden lebendig vor lauter Panik bei meinem Anblick, und sie federt auf den Hachsen nach hinten und springt dann in Deckung, und ich stehe da und starre ihr Kalb an, das da vor meinen neuen Stiefeln liegt, die jetzt mit ihrem Blut bespritzt sind.

Das Kalb besteht hauptsächlich aus Knochen und Haaren und bewegt sich ungelenk, ohne Geschmeidigkeit. Ich finde, es sieht aus wie eine blinde, ausgemergelte, kleinwüchsige Dänische Dogge. Es müht sich, aufzustehen, sich frei zu machen von den Verwicklungen der Nachgeburt, blutverschmiert, bestrickend durchscheinend und rubinrot und weiß im baumgedämpften Licht. Ich werfe einen Blick auf die Fährte der Kuh. Sie ist geradewegs bergauf geflohen. Der Hang ist nass. Ihre Afterklauen haben ihren Eindruck hinter den Hufspuren hinterlassen. Ich höre sie wiehern und dann bellen, nur einmal, und rasch verlasse ich den Trail und laufe den Berg hinunter, weg von diesem neuen Kalb. Dabei bete ich. Ich bete, dass die Kuh zurückkommt. Dass sie ihre milchgefüllten Zitzen darbieten wird. Ich bete, dass ich keinen Tod verschuldet haben möge. Ich bitte meine Schwester, mein Gebet zu hören. Ich bitte sie, es weiterzusagen.

Ich bleibe stehen, als ich außer Atem bin, und schaue zurück, den Berg hinauf. Ich sehe nur Bäume und die schrägen Strahlen der Nachmittagssonne, die sie voneinander trennen. Es ist so still, dass ich einen Moment lang denke, ich habe mir die Geburt des Wapiti nur eingebildet. Ich schließe die Augen. Auf die Rückseite der Lider ist das Bild dieses glatten neuen Dings eingeprägt, zugleich alltäglich und doch unsagbar privat. Ich weiß, dass ich etwas mit angesehen habe, was nur ganz wenige Jungen jemals erlebt haben. Ich weiß, dass es diesen Tag so sehr von anderen unterscheidet, als wäre jemand gestorben. Ich weiß, dass ich durch eine Tür, die vorübergehend offen stand, in einen tieferen Teil der Welt, in der ich lebe, eingetreten und wieder herausgekommen bin. Ich habe die blutbespritzten Stiefel, die es beweisen. Aber jenseits der Aufregung, jenseits dieses Augenblicks von unerwartetem Touristendasein weiß ich, dass ich nicht genug gesehen habe.

Ich knöpfe mein Hemd auf, knülle es zu einem Lappen zusammen und versuche, die Wapitiblutflecken von meinen neuen Stiefeln abzuwischen. Sie gehen nicht ab, sondern verwischen und verblassen und sehen bald aus wie ein Stück Leder, das man aus dem Hinterteil eines Appaloosa-Pferdes geschnitten hat, oder – denke ich und lächle dabei – wie die sommersprossigen Wangen eines rothaarigen Mädchens. Ich ziehe das Hemd wieder an, schlinge mir die Arme um den Brustkorb und flüstere: »Cynthia.« Und noch einmal. Ich stelle sie mir vor, im Bauch meiner Mutter zum Leben gebacken. Tot in der Welt. Lebendig in meinem Herzen, in diesem Wald, gleich auf der anderen Seite hinter irgendeiner verschlossenen Tür.

Ich brauche eine Stunde, um zu einer Stelle oberhalb des Kalbes zu kriechen, auf der windabgewandten Seite. Ich schmiege mich in den Mulch und warte ab. Die Kuh hat einen Bogen geschlagen und kommt jetzt Schritt für Schritt vorsichtig aus der Rinne. Sie geht, steht, geht weiter. Sie hat den Kopf gehoben und die Nüstern gebläht. Der ganze Körper hinter der Nase ist fluchtbereit angespannt. Das Kalb sitzt auf der linken Hüfte, die Schultern über den gestreckten Vorderläufen gespreizt. Es blinzelt und blökt ein bisschen, wenn es genug Atem findet. Die Kuh beschnuppert ihr Kalb und fängt an, die dünne Schicht der Nachgeburt wegzulecken. Sie hält inne, starrt ins Gehölz, erst nach rechts, dann nach links. Sie senkt den Kopf und stupst das Kalb mit der Nase auf die Beine, und ich rutsche auf dem Bauch weiter windabwärts – achte darauf, denselben Fehler nicht zweimal zu begehen – und gehe im Bogen bergab und nach Hause.

Ich renne durch alle drei Furten, um meine Stiefel so trocken zu halten, wie ich kann, damit sie zumindest nicht innen und außen ganz durchnässt sind, und es gelingt mir, nicht hinzufallen. Es ist fast dunkel, als ich beim Pfadfinderlager ankomme. Ich drücke ein Auge an den Spalt zwischen zwei Sperrholzplatten vor einem Speisesaalfenster, und drinnen ist es nur grau und still, und ich sehe Reihen von leeren Picknicktischen.

Die unbefestigte Straße ist härter als der Trail, und ich humple gegen eine Blase an, die sich an der Ferse meines linken Fußes bildet. Meine Hüften fangen an wehzutun. Das Licht ist weich und grün und schwindet schnell. Mein Magen wimmert, und meine Hände sind dick und fest in die Haut gepackt vom langen Herunterhängen.

Ich höre die Hufschläge, bevor ich die Pferde sehe, und dann huscht der Strahl einer Taschenlampe an meinem Körper herauf und über mein Gesicht. Ich mache einen Schritt nach vorn, aus dem Licht hinaus. Mein Vater sitzt auf dem Braunen, den er gern reitet. Das Pferd tänzelt seitwärts über die Straße und zerrt am Gebiss. John reitet neben ihm, und mein Bruder ist hinter den beiden.

»Bist du verletzt?«, fragt mein Vater.

»Nur eine Blase am Fuß. Und mein Stolz vielleicht.«

»Dein Pferd ist vor einer Stunde nach Hause gekommen.«

»Hatte es nur noch einen Zügel?«

»Ja«, sagt John.

»Du hast nasse Füße?«

»Mit denen ist alles in Ordnung.«

»Steig hinter deinem Bruder auf«, befiehlt mein Vater, und alle wenden ihr Pferd auf der Straße. »Deine Mutter kann erst schlafen, wenn wir alle wieder da sind.«

Mein Bruder schlenkert den linken Fuß aus dem Steigbügel, und ich schiebe meinen hinein und schwinge mich hinter den Sattel und rutsche hin und her, bis ich bequem auf den Satteltaschen sitze. Die Männer lassen ihre Pferde Brust an Brust antraben, vor uns.

»Hat er gebockt?«, fragt mein Bruder.

»So kann man's eigentlich nicht nennen.«

»Hast du ihn gezerrt?«

»Er hat sich weggeduckt und gebuckelt. Hat eine gute Stelle dafür gefunden. Auf dem Heimweg hat er auf den Zügel getreten.«

Mein Bruder nickt. »Hast du Hunger?«

»Schon seit Stunden.«

Die Männer lassen ihre Pferde zügig traben. Mein Bruder hält seinen Fuchs zurück. Er greift in die Jeansjacke und holt ein Sandwich in Pergamentpapier heraus. »Dachte ich mir«, sagt er. »Dad meinte, du könntest verletzt oder tot sein, aber ich wusste, du bist bloß hungrig.« Er reicht mir das Sandwich nach hinten.

»Was ist drauf?«

»Knochen, Hörner, Hufe und Haut.« Ich fühle, dass er grinsend den Kopf einzieht, aber er dreht sich nicht um.

»Schmeckt wie Schinken«, sage ich mit aller Zuversicht, die ich aufbringen kann.

»Ich schätze, du wirst es nie genau wissen.«

»Hat Mom es dir erzählt?«

»Ich hab ihr gesagt, ich wüsste es schon.«

»Und wusstest du's?«

»Ich glaube nicht.« Sein Pferd stolpert im Dunkeln und

wiehert. Die Hufeisen der anderen beiden Pferde schlagen Funken, dreißig Yards vor uns, am Boden. »Ich hab jedenfalls nicht vor, noch was davon zu essen«, sagt er. »Egal, wer es serviert.«

»Ich auch nicht«, sage ich. Und ich sage, mir ist es egal, was für Aroma sie reintun.

»Kau ein bisschen weiter hinten«, sagt er. »Ich will keine Krümel in den Kragen kriegen.«

Ich lehne mich zurück, und er lässt das Pferd traben. »Du dachtest nicht, dass ich tot bin?«, frage ich.

Er zieht sich den Hut fest ins Gesicht. »Da hätte ich doch das Sandwich nicht gemacht«, sagt er.

Als wir die Brücke über den Shoshone überqueren, fällt das Echo der Hufschläge hinab, sammelt sich in der Nacht über dem Wasser und verhallt stromabwärts. Ich knülle das Pergamentpapier zusammen und stecke es meinem Bruder hinten in den Jackenkragen. Ich gebe ihm einen Rippenstoß, und er juchzt und gibt seinem Pferd die Sporen, und der Fuchs macht einen Satz und tritt aus. »Du sorgst noch dafür, dass wir beide runterfliegen«, sagt er, aber ich habe die Arme um seinen Leib geschlungen und fühle, dass er lacht.

Fünfzehn Jahre später in New York, mit trockenen Schuhen in einem Restaurant im Village: Ein schlanker brauner Mann, der kürzlich aus Hardwar in Nordindien emigriert ist, starrt in die Linse, die anscheinend in meine Handfläche eingebettet ist, und dann in meine Augen und sagt mir dann, eine Schwester mit rotbraunen Haaren begleite jeden Schritt, den ich tue. Er ist Kellner und möchte, dass wir glauben, er sei auch ein Mystiker. Ich bin siebenundzwanzig. Ich bin nach New York gekommen, um ein neues Leben zu beginnen, meine eigene Geschichte zu überarbeiten. Ich bin nach New York gekommen, weil ich Entscheidungen getroffen habe, was für ein Mann ich sein will. Dazu muss ich den Jungen vergessen, der ich gewesen bin. Ich bin gekommen, um weniger provinziell zu werden.

Ich sage dem Handleser, dass ich keine Schwester habe. Dann wende ich mich meinen neuen Freunden am Tisch zu, zucke die Achseln, lache offen über den Mann. Ich sage ihm, es gibt nur mich und einen jüngeren Bruder. Ich sage ihm, mein Bruder lebt in Florida. Er hat dort sein Juraexamen gemacht. Der Mann lächelt. Er sagt, Familien verliert man nicht so leicht. Er sagt, meine Schwester begleitet mich, weil sie eine freundliche, loyale Seele ist, und weil sie es kann. Er beschreibt, wie mein Hund – der, den ich in Wyoming zurückgelassen habe – ganz allein im Kreis im Beifuß umherspringt und etwas jagt, das mehrere Schritte hinter seinem Schwanz herläuft. Er sagt, er weiß, dass ich den Hund habe spielen sehen. Er sagt, meine Schwester spielt mit dem Hund, um sich zu beschäftigen, wenn ich schon glücklich bin. Er sagt mir den Namen meines Hundes, buchstabiert den Namen, damit es kein Missverständnis gibt, und er nennt die genaue Rasse des Tieres. Er sagt, meine Schwester spiele auf diese Weise mit mir, aber ich sei zu steif geworden, um im Kreis herumzuhüpfen.

Er lässt meine Hand los und lehnt sich auf seinem Stuhl zurück. Sein Gesicht ist entspannt; er sieht müde aus. Seine Augen sind braun und sanft, und sie funkeln. Er sagt mir, mein Glück sei eine Aufgabe, die der Seele meiner Schwester zur Gewohnheit geworden ist. »Seit Jahrhunderten«, sagt er. Er schweigt und beugt sich vor. Er sagt mir, ihr Name sei Cindy. Er sagt es zweimal. Er sagt, meine Schwester sei jetzt bei mir, neben mir, neben diesem Tisch in einem New Yorker Restaurant, und sie tanze langsam in einem fleckigen Paar Cowgirl-Stiefel.

Ich schließe die Augen vor den plötzlich aufsteigenden Tränen. Ich bin wie meine Mutter: Ich weine nicht. Ich höre einen Raben krächzen. Ich rieche Beifuß und Fichten und lehmigen Boden. Ich höre das Knarren von Satteleder an seinem hölzernen Baum. Ich betrachte die Morgendämmerung eines richtigen Tages. Das Licht sieht kühn und klar aus – Ende Mai, Anfang Juni, denke ich. »Der Mond des Fettmachens«, sage ich laut.

Niemand fragt mich, warum.

Knochen

Das Messer muss schärfer sein, als John es in Erinnerung hat. Sicher nicht schärfer, als er es haben will, aber innige Vertrautheit bringt ein gewisses Maß an Langeweile, und Langeweile eine familiäre Gleichgültigkeit. Es ist ein Teil seiner Ausrüstung, und er achtet auf seine Ausrüstung. Jeden Abend schleift er die Klinge. Wie ein Vater die Hand eines Sohnes säubern würde. Mit der gleichen gelassenen Aufmerksamkeit.

John ist um die vierzig. Ich bin dreizehn. Wir beide arbeiten für meinen Vater auf der Crossed Sabers Ranch, aber wir sind weit weg von der Ranch. Wir sind weit weg von jeder Hilfe.

Wir sind im nordwestlichen Wyoming, am Westrand der Shoshone Wilderness. Am Grinnell Creek. Wir sind hier, um uns selbst zu helfen. Wir sind hergekommen, um dieses Wapiti zu töten. Sein Körper liegt zwischen uns.

John richtet sich auf und wendet sich von unserer Arbeit ab. Er scheint es nicht eilig zu haben. Zuerst glaube ich, er steht auf, um die Anspannung in seinem Rücken zu lösen. Ich rechne damit, dass er einen Schritt beiseite geht, schüttelnd eine Verkrampfung lockert. Wir haben gebückt gearbeitet, auf dem Hang eines Hügels, die Füße achtlos im Polster aus abgefallenen Kiefernnadeln und verrottendem Reisig. Er hat die Messerklinge vom Afterbereich des toten Hirsches bis zum Brustbein gezogen, und weil ihn das aus dem Gleichgewicht bringt, hat er sich mit der linken Hand vor dem Einschnitt abgestützt, auf dem Leib des Tieres. Ich stehe oberhalb von ihm. Ich halte das Bein des Tieres am Fesselgelenk umklammert und lehne mich mit meinem ganzen Gewicht bergauf, heble den Hirsch für den Schlachter auf, entblöße ihn zum Ausweiden. Der Geruch von Blut und Gedärm und Wildheit liegt in der Luft. Es ist Spätherbst.

Wir arbeiten für uns selbst. Dies ist unser Winterfleisch. Ich habe nicht aufgepasst.

John hält die linke Hand hoch, ausgestreckt vor dem Gesicht, wie ein Kurzsichtiger seine Zeitung hält. Er starrt die Hand an, als ob er das Ding nicht erkennt. Als wäre es ein Text, geschrieben in einer Sprache, die er nicht gelernt hat. Mein Blick folgt seinem gestreckten Arm.

Erst denke ich, er zeigt auf etwas, und schaue in die Tiefe des Waldes hinein und dann wieder zurück. Seine rechte Hand ist an seiner Seite herabgesunken. Sie hält immer noch den Messergriff, lose umfasst. Er hat die Ärmel für die Arbeit des Ausweidens über die Ellenbogen aufgerollt. Er will seine Kleidung vom Blut sauber halten. Seine Unterarme leuchten mondweiß im Halbdunkel. Ich bin verwirrt.

Ich schaue wieder zu der erhobenen Hand hinauf. Er dreht sie. Der kleinste Finger an der Hand hängt in einem unnatürlichen Winkel herab. Ich halte noch immer das Bein des Tieres fest, lehne mich noch immer gegen den Hügelhang. John dreht die Hand langsam mit ausgestrecktem Arm, betrachtet sie forschend, und dann verdunkelt sein Unterarm sich, leuchtend und glänzend, und sein Blut tropft herab wie ein karmesinroter Schatten. Genauso schnell. Genau wie farbiger Schatten in jähem Licht. Wir schauen beide zu, wie das Blut von seinem

Ellenbogen tropft. Wir schauen zu, wie es zu seinem Füßen ein Spritzmuster bildet.

»Jetzt guckst du wohl hin, verdammt«, sagt er. Ich höre keine Panik in seiner Stimme.

Einen Moment lang glaube ich, dass gar nichts passiert ist. Dass alles genauso ist wie vorher. Dass wir in Sicherheit sind. Und dann krümmt er die Hand, und ich sehe, wie das Fleisch die Lippen öffnet und grinst und wie der Knochen am Handballen hervorscheint, wie das Lächeln eines besiegten Boxers. Der Knochen, der so weiß leuchtet wie sein rechter Unterarm. »Würdest du jetzt den Fuß von dem Tier loslassen?«, fragt er. »Ich würde das hier gern verbinden, bevor ich kotze.«

Er hält mir das Messer hin, und ich nehme es. Der Stahl fühlt sich lebendig und tückisch an. Die Klinge leuchtet matt im schwindenden Licht.

»Ich bin nicht sauer, wenn du dich beeilst«, sagt er. Seine Stimme ist immer noch ruhig.

Er hält die Hand jetzt näher ans Gesicht. Er schnuppert daran und sieht mich an. Er hat die Beine gespreizt, die Füße auswärts gedreht, um Halt am Hang zu haben. »Blut riecht bei jedem nach Blut«, stellt er fest. Das ist alles.

Ich ziehe mein Hemd heraus und schneide den unteren Rand ab. Ganz herum. Rings um meine Taille. Der Stoff fällt herunter, als wäre er die ganze Zeit ein Kleidungsstück für sich gewesen. So scharf ist das Messer. Ich drücke den Rücken der Klinge an meinen Oberschenkel und klappe sie in den Griff. Ich schiebe das Messer in die Tasche meiner Jeans. Es fühlt sich heiß an, wach. Meine Hände zittern.

»Es ist viel schlimmer, als es aussieht«, sagt er. Er hält mir die verletzte Hand entgegen.

Er lächelt. Er hofft auf ein Lachen, aber ich habe zu viel Angst, um ihm eins zu schenken.

»Keine Sorge, Junge. Es ist bloß 'ne Männerhand. Versuch zu vergessen, dass es meine ist.«

Ich nicke, aber meine Hände zittern immer noch.

»Es muss jetzt passieren«, sagt er. Er hat jedes Wort einzeln ausgesprochen.

Ich nicke wieder. Ich binde die Lappen seiner Haut zusammen. Ich sehe, wie sie sich über dem Knochen schließen. Das Blut fließt, dunkel. Es hängt an seinen Fingern wie der Sabber eines alten, kranken Bullen. Ich arbeite schnell. Meine Hände werden glitschig, dann klebrig.

Meine Finger kleben aneinander. Die Luft wird kühler. Ich spucke aus, wenn ich spüre, dass die Wogen der Übelkeit aufsteigen.

»Fester drücken«, sagt er. »Und wickel's auch ein- oder zweimal um diesen Finger. Ich würde den kleinen Scheißer gern behalten.« Sein Gesicht hält noch immer das Lächeln fest, aber an den Rändern verliert es den Halt. »Sollte das hier mich nicht umbringen, will ich mir damit vielleicht noch in der Nase bohren, wenn ich alt bin.« Er weigert sich, meine Angst zu billigen, weigert sich, sie noch anzufachen. Ich werde ruhiger. Ich denke an meine Mutter. Meine Mutter ist Krankenschwester, aber sie ist nicht hier. Ich schaue hinauf in die Bäume, die über unseren Köpfen wachsen. Die grauen Dohlen, die Kernbeißer, die Elstern haben sich versammelt. Sie drängen sich von Ast zu Ast, begierig auf eine heiße Mahlzeit.

Ich trete zurück. Der Hemdenstoff ist schon feucht durchtränkt, aber das Blut an seinem Arm trocknet stellenweise und fängt an, im ersterbenden Licht rissig zu werden. »Wie fühlt es sich an?«

»Gibt ’ne gute Kruste auf deinem Verband.« Er hält die umwickelte Hand nach unten und umklammert das Handgelenk mit der gesunden Hand. Ich glaube, er will den Blutfluss ersticken. Die Adern wölben sich an seinem Hals und an seinen Unterarmen wie kleine, magentafarbene Gartenschlangen.

Er zieht eine Grimasse. »Hol die Taschenlampe aus meiner Satteltasche.« Seine Stimme sitzt jetzt weiter oben in seiner Brust. Es knistert, wenn er spricht.

»Wir können in einer halben Stunde im Camp sein«, sage ich zu ihm. Die Angst kehrt zurück.

Er räuspert sich. »Und in vierundzwanzig Stunden wahrscheinlich in Chicago.« Er schaut zu mir herauf. Das Fleisch an seinen Wangen, um die Augen, scheint geschrumpft zu sein, aber er hat sein Lächeln aufgefrischt. »In einer halben Stunde werde ich das Pochen aus diesem Ding bis in den Sack hinein spüren. Das Beil steckt bei der Lampe. Kopf hoch, du wirst jetzt lernen, wie man einen Hirsch ausweidet.« Ich habe mich immer noch nicht gerührt. »Es ist in Ordnung. Ich bin nicht tot. Das Tier muss heute Nacht auskühlen, sonst haben wir nichts als verdorbenes Fleisch. Morgen früh werden wir ihn vierteln.«

»Du musst genäht werden.«

»Hast du Medizin studiert, als ich mal nicht aufgepasst habe?«

»In der Stadt. Beim Arzt.« Noch mehr Vögel sind gekommen. Ihr Geschnatter klingt, als ob trockene Stöcke aneinander geschlagen würden.

»Ich wette, wenn du jetzt nicht losläufst und diese Lampe holst, kann ich dir mit meiner heilen Hand eine solche Kopfnuss geben, dass wir beide zum Arzt müssen.« Er scherzt jetzt nicht mehr. Es ist ihm egal, ob ich lache. Er ist ein gleichmütiger Mann, aber ich bin unter Männern aufgewachsen, und ich weiß, dass Frustration und Schmerz sich leicht in Wut verwandeln können.

John hält den Griff der Taschenlampe zwischen den Zähnen und richtet den Lichtstrahl zwischen die Hinterbeine des Tieres. Dahin, wo er mit der Arbeit angefangen hat. Wo der Unfall passiert ist. Ich nehme das Messer aus der Tasche. Ich hake den Daumennagel in die Kerbe an der Klinge und klappe es auf. Die Klinge ist fleckig und noch nass. John nimmt die Lampe aus dem Mund. »Hast du Angst, das Messer wird dich beißen?«

»Nein, Sir. Alles in Ordnung.«

»Dann mach dich an die Arbeit. Ich fühle mich nicht gerade entspannt.«

Als er die Taschenlampe wieder im Mund hat, klingen seine Anweisungen verzerrt, aber sie sind präzise. Er zieht mit seinem gesunden Arm. Sein Hemd ist durchgeschwitzt und klebt an Brust und Rücken. »Zieh den Rest von der Membran da heraus«, sagt er. »Und hack ein Stück höher. Pack in den Hals, und zieh die Luftröhre raus.« Der Haufen Eingeweide dampft in der kühler werdenden Luft. Er sieht dunkel und glänzend und Furcht erregend aus. John bewegt sich unter mir. Er greift auf die eine Seite des zersplitterten Brustbeins und zieht, und ich keile ein Stück Holz in den Brustraum, um die Rippen aufzuspreizen. Die ganze Sache dauert länger, als sie sollte, weil ich nur ein Junge bin. Ich trete von dem Kadaver zurück. Ich bin blutig bis an die Schultern und atme schwer. Johns Haar klebt verfilzt an der Stirn, und das Weiße in seinen Augen ist rot krakeliert. Seine Schultern hängen vom Hals nach vorn.

»Nimm die Leber und das Herz«, sagt er und wendet sich zu den Pferden um.

Die Organe sind glitschig wie Fische. Ich knie nieder, um die Hände darunter zu schieben, drücke sie dann an die Brust und folge ihm. Ich fühle ihre Wärme durch mein Hemd. Ich fühle, wie das Messer an meinem Schenkel auf und ab rutscht. Es fühlt sich an, als sei es nicht zufrieden. Es fühlt sich an, als dürste es nach Blut.

Im Lager reicht John mir seinen Zügel und geht in unser Zelt. »Ich mache Feuer.« Er dreht sich nicht um.

Unsere vier Packpferde stehen dicht zusammengedrängt in dem aus Knüppeln gebauten Corral. Sie schauen zu, wie ich meinem Reitpferd den Sattel abnehme und es anpflocke. Ich nehme ein paar Stangen herunter, und sie traben auf die Wiese hinaus, senken die Köpfe und fangen an zu grasen. Johns Pferd wälzt sich im schneebestäubten Gras, steht auf, schüttelt sich und geht zu den andern. Sie schnauben. Eine große, schlanke Fuchsstute hustet einmal. Sie lassen das Fell zucken und fegen mit den Schwänzen durch die Luft, als ob die Fliegen über sie herfielen, aber hier sind keine Fliegen. Ich nehme mir einen Augenblick Zeit, um dazustehen und mich im Rhythmus dieser kleinen Herde zu verlieren. Grasende Pferde sind ein friedlicher Anblick.

Im Zelt sitzt John mit gekreuzten Beinen auf seinem Schlafsack. Er ist grau im Gesicht, hält die Hand im Schoß und starrt sie an. Sein Hut liegt umgekehrt auf dem Boden neben seiner Tasche. Sein Haar ist dünn, und man sieht seine Kopfhaut in Furchen, weiß wie seine Zähne. Weiß wie der Schädel, der unter der Haut liegt. Er schaut zu mir hoch. Er versucht sein Gesicht zu entspannen, es von dem Schmerz zu befreien, aber wir wissen beide, dass er ihn empfindet. »Ich werde ein Nickerchen machen, wenn ich kann«, sagt er. »Weck mich, wenn das Abendessen fertig ist.«

Ich hole einen Eimer Wasser vom Bach. Der Mond scheint, und die Pferde werfen Schatten wie fette Fohlen, während sie weiter im tiefen Gras weiden. Ich wasche Herz und Leber und schneide beides in eine Pfanne auf dem stählernen Klappherd, den wir auf kurze Ausflüge mitnehmen. Neben dem Herd, im Stapel der Packkisten, haben wir eine Küche eingerichtet. Das Zelt hat anderthalb Meter hohe Seitenwände, und die Firststange kann ich nicht erreichen. John hat die Laterne angezündet; sie hängt zischend dort oben. Ich schneide Kartoffeln und Zwiebeln zu dem bratenden Fleisch, gebe zwei Löffel Speckfett dazu und streue einen Teelöffel Cayenne darüber.

Ich stehe über ihm, die Teller mit dem heißen Essen in der Hand. Er schläft; sein Kopf hängt über die Jacke, die er sich als Kopfkissen zusammengerollt hat, nach hinten. Sein Mund steht offen. Der Adamsapfel ragt aus seiner Kehle wie sein Kinn aus dem Gesicht. Beides ist von zwei Tage alten Bartstoppeln bedeckt. Seine Wange ist blutbeschmiert. Er ist ein schlanker Mann. An keiner Stelle spannen sich seine Kleider.

Sein Körper sieht nicht nach viel aus, aber es ist ein Körper, den ich kenne und dem ich vertraue. Wir haben zusammen im selben Bunkhouse gewohnt, zwei Sommer und zwei Herbste lang. Ich habe ihn betrunken gesehen, und ich habe ihn nackt gesehen, habe seine Wut und sein Lachen gespürt. Er hat mir ausführlich obszöne Witze erzählt, während wir im Bunkhouse auf der Toilette saßen. Es gibt dort keine Klotür. Es hat keine

Möglichkeit gegeben, sich vor dem andern einzuschließen. Ich kenne den nächtlichen Klang seiner Schritte auf einem Bretterboden, seinen Husten, den Rhythmus seines Atems bei der Arbeit, die Melodien der drei Lieder, die er pfeifen kann. Ich kenne seinen Geruch. Er riecht nach Zuhause.

Ich denke an den Trail, der hinaus zum Highway führt. Es sind bloß zehn Meilen. Ich könnte ihn schlafen lassen. Ich könnte das Pferd losbinden und in fünf Stunden mit Hilfe zurück sein. Mit noch einem Mann. Aber ich weiß, wenn ich ihn hier allein lasse, wird das die Familie verändern, die dieser Mann und ich bilden. Es wird ihm zeigen, dass ich kein Vertrauen zu mir selbst habe. Es wird ihm zeigen, dass ich seiner Anleitung nicht vertraue, die mir helfen soll, zu einem Mann heranzuwachsen.

»John«, sage ich, und er klappt den Mund zu, wacht aber nicht auf. »John«, wiederhole ich, und er öffnet die Augen. Er schaut mich an und lächelt und setzt sich in einer geschmeidigen Bewegung auf. Ich stelle ihm den Teller auf den Schoß. Er beugt sich über sein Essen, isst schnell. Die verletzte Hand ruht an seiner Seite. Sie sieht aus wie der zusammengerollte, eingewickelte Leichnam eines kleinen Tieres.

»Hast du heißes Wasser auf dem Herd?« Er spricht mit vollem Mund.

»Ja, Sir.«

Er nickt. Blickt nicht auf von seinem Teller.

Als er mit Essen fertig ist, helfe ich ihm, die Hand auszuwickeln. Wir sind vorsichtig.

Ich habe eine Emailleschüssel mit Seifenlauge vor uns auf den Boden gestellt, und die Spraydose mit violetter Pferdemedizin, die ich ihm bringen musste: ein starkes

Desinfektionsmittel, das brennt und tagelang die Haut verfärbt.

Er legt die Hand ins Wasser, die Handfläche aufwärts gewandt. Er atmet durch den Mund, gleichmäßig, konzentriert sich aufs Atmen. Es ist ein Schmerz, den ein Mann ertragen kann, aber auch ein Schmerz, der ihn auslaugt. Ich war einmal so unvorsichtig, hinter ein Fohlen zu geraten, und bekam einen Tritt vor die Brust. Ich glaube, ein solcher Schmerz ist es. Ein Pochen, das sich im Geist verhakt, wie Krallen sich ins Fleisch bohren. Es lässt nicht locker. Es hat keinen Sinn, sich zu wehren. Wenn man gegen den Schmerz ankämpft, bringt man ihn nur dazu, fester zuzupacken.

Das Wasser bedeckt sein Handgelenk. Er schließt die Augen, dreht den Kopf zur Seite und greift mit der gesunden Hand hinein, behutsam, als wäre da etwas auf dem Grund, das ihn in die Finger zwicken kann. Er arbeitet mit den Fingerkuppen an der verletzten Hand. Das Wasser trübt sich vom Blut. Er sieht nicht hin.

»Du hast vermutlich kein Aspirin eingepackt?«

»Ich habe überhaupt nicht gepackt«, sage ich.

»Oder Whiskey?«

»Nein, Sir.« Ich beobachte das Wasser, wie ein Zauberlehrling vielleicht einen Kristall beobachtet. Da sind nur die grellen Reflexe vom Laternenlicht, kein Hinweis auf unsere Zukunft.

Als er die Hand aus der Schüssel nimmt, dreht er das Ding herum, um es zu betrachten.

Der Handballen ist aufgedämpft, geschwollen, das Fleisch vom Knochen zurückgezogen. Der Finger hängt auf den Ballen herab, gehalten nur noch von einem Streifen aufgequollener Haut und einem weißlichen Knorpelband. Der Knochen ist auch da, wie eine Scherbe ragt er in einem schlimmen Winkel aus der Ebene der Handfläche. Die Hand scheint all ihr Blut in der Schüssel gelassen zu haben. Das Ding ist unnatürlich weiß und geschwollen und dampft in der Luft.

»Hast du das Unterhemd so aufgeschnitten, wie du es brauchst?«

»Ja.«

»Und du kannst es in einem Zug erledigen?«

»Ich glaube.«

»Ich habe keine Lust, x-mal anzufangen und aufzuhören.«

»Ich kann es«, sage ich zu ihm.

»Nimm das Handgelenk, damit du es drehen kannst, wenn es nötig ist.« Er schaut in den Schoß und hält die Hand zwischen uns höher. »Gut festhalten. Könnte sein, dass ich zurückzucke.«

»Was ist mit dem Knochen?«

»Alles«, sagt er.

Meine Finger sind nicht lang genug, um sein Handgelenk zu umfassen. Ich richte mich auf den Knien auf, damit ich dranbleiben kann, wenn er die Hand wegzieht. Ich halte die Dose mit dem Desinfektionsmittel in der anderen Hand. »Ich werd's dir nicht übel nehmen«, sagt er.

Er hebt rasch den Kopf, grinst und schaut wieder in seinen Schoß.

Als ich anfange zu sprühen, fühle ich, wie ein Schauder in ihn fährt, aufsteigt und im Bogen in meinen eigenen Arm dringt. Es ist, als wäre ein blankes Stromkabel auf uns beide gefallen. Als ich fertig bin, lasse ich die Dose fallen und packe sein Handgelenk mit beiden Händen, noch immer vor ihm auf den Knien. Die Vibrationen gehen weiter, und das Zischen der Sprühdose auch. Ich schaue zu der Dose hin, die weggerollt ist, und merke dann, dass es John ist, der das Geräusch macht.

Er schaut erst auf, als ich ihn mit den sauberen Stoffstreifen neu verbunden habe. Die Finger, die aus dem Verband herausgucken, sind indigoblau und zucken. Er zieht die Hand zurück und lässt sie in den Schoß sinken. Ich hocke mich auf die Fersen.

»Allmächtiger«, sagt er. Ein Ausdruck des Erstaunens liegt auf seinem Gesicht. In seinen Augen steht das Wasser, und eine Träne ist durch den verschmierten Blutfleck auf seiner Wange gelaufen. »Das ist keine Sache, für die man sich jeden Tag in die Schlange stellen würde. Hilf mir hoch.«

Er stemmt sich mit der gesunden Hand auf meine Schulter und steht auf. Er wankt ein bisschen, steht schwer atmend da, wartet, bis sein Gleichgewicht sich verteilt. Ich bekomme den Anblick seiner Knochen nicht aus dem Kopf. Er hat mir den Rücken zugewandt. Seine Kleider scheinen nur noch an seinen Knochen zu hängen. Die Anwesenheit von Knochen kommt mir realer vor als die rosige Farbe seiner Haut. Er nimmt eine Rolle Klopapier aus einer Packtasche, schlägt eine Zeltklappe zurück und geht halb hinaus. Ich höre, wie er die mondgebleichte Luft einsaugt, und noch einmal. »Ich glaube, ich hab die Scheißerei.« Mehr sagt er nicht. Er geht in die Nacht hinaus.

Als er zurückkommt, helfe ich ihm, die Stiefel aus- und ein sauberes Hemd anzuziehen.

Angezogen rutscht er in seinen Schlafsack, und die schlimme Hand lässt er draußen, oben bei seinem Kopf. »Vergiss die Lampe nicht«, sagt er.

»Nein.«

»Du hast es gut gemacht, Junge. Aber ich wünschte, wir hätten Whiskey dabei.« Das ist alles. Sein Atem geht in den Rhythmus des Schlafes über.

Ich schütte die Schüssel mit dem blutigen Wasser aus und spüle sie. Ich stochere den blutigen Verband mit einem Stock ins Feuer hinein und lege noch mehr Holz nach. Ich ziehe die Stiefel aus und setze mich auf meine Tasche. Ich kann die Filzpads der Pferde riechen, die wir als Bodenmatte genommen haben, kann ihr leichtes Federn spüren. Ich betrachte Johns schlafendes Gesicht. Er sieht älter aus, als er heute Morgen noch war. Älter als in dem Augenblick, als er das Gewehr gehoben und den Hirsch geschossen hat. Ich verliere den Glauben daran, dass irgendetwas sich allmählich verändert. Mir wird klar, dass es nur das Aufblitzen des Unfalls gibt und die flachen Zeiten danach, in denen wir unsere Kräfte für den nächsten sammeln dürfen.

Ich stehe auf und gieße den Rest heißes Wasser in die Schüssel. Ich stelle sie vor mich auf den Boden, lege einen unbenutzten Streifen von dem weißen Unterhemd und Johns Schleifstein dazu. Ich klappe das Messer auf und lege es ins Wasser. Ich greife ins Wasser und wische Blut und Haare davon ab. Ich hüte mich vor der Klinge. Ich nehme es heraus und trockne es mit dem Lappen ab. Es fängt das Licht ein. Es ist nur ein Messer. Ich lege den Stein auf meine überkreuzten Fußknöchel und mache mich an die Arbeit. Ich weiß, was zu tun ist.

Jeden Abend habe ich zugesehen, wie John auf dem Rand seiner Pritsche saß, vorgebeugt, Gesicht, Brust, Beine zu einer Schattenkurve gekrümmt. Das Messer unter der Lampe mit der einen Glühbirne, die auf der Sitzfläche des grünen Holzstuhls neben seinem Bett steht. Ich habe zugesehen, wie er den Stein eingeölt und die Klinge langsam über die Oberfläche gezogen hat, vom Heft bis zur Spitze. Wieder und wieder. Ich habe kein Öl, deshalb spucke ich auf den Stein. Ich schließe die Augen, um das Bunkhouse wieder klar zu sehen, und fange von neuem an. Das Messer singt sein Lied am Stein.

Es ist das Geräusch, das John mit dem Messer macht. Es ist das Geräusch von Haut an schlüpfriger Haut. Das Geräusch, mit dem sich die Arme eines Mannes in der Sonne an seiner Seite reiben. Eines hemdlosen Mannes, der sich über die Arbeit beugt. Beim Heuaufladen. Ein altes Geräusch. Das Geräusch, das Tiere am Ende eines Tages machen. Ein Seufzen. Wieder und wieder. Metronomisch. Ich mache eine Pause. Es gibt immer eine Pause dabei. Ich hebe die Klinge vom Stein, betrachte sie, drehe den Stein um, spucke wieder darauf.

Ich wende die Klinge, wie John sie wenden würde. Ich beuge mich tiefer über ihre Schneide. Ich denke daran, wie seine Augen und das Öl in seinem Haar zum Rand des Schattens streben, die weichen, gedämpften Grenzen des Lichts in der Hütte auf sich sammeln. Ich erinnere mich, dass er die Klinge an den feinen Haaren auf seinem Handgelenk prüft. Dass er die Haare von der kahlen Haut fortbläst. Dass er niemals ganz zufrieden ist. Ich barbiere mein Handgelenk.

Ich spüre seine Unzufriedenheit. Die Klinge sagt mir, dass sie noch nicht so weit ist. Ich bringe die Klinge zum Stein zurück, fahre darüber hin wie mit einer Sense. Die Klinge leuchtet im Licht der Laterne, rot, golden, spanisch orange, maulbeerfarben. Ich denke an seine Hände vor dem Unfall: braun, schwielig, rissig, unter den Nägeln

Halbmonde aus Bergerde, abgeschabtem Leder, den Schuppen von Pferden. Ich denke, dass meine Hände eines Tages aussehen werden wie seine. Ich brauche mein Leben nur mit der gleichen Aufmerksamkeit zu leben, mit dieser Gleichgültigkeit gegen Unfälle.

Ich habe sein Messer bei der Arbeit unter der Mittagssonne gesehen. Ich habe es Sattelgurte durchtrennen sehen, Hanf und Kiefernzweige, als wären sie so stofflos wie Wünsche. Ich habe es bei der Arbeit in der Welt gesehen. War Zeuge seiner Leichtigkeit. Ich hebe es näher an mein Gesicht. Ich prüfe es wieder. Es kratzt nicht über mein Handgelenk. Es wispert von seiner Zufriedenheit.

Ich halte es ins Licht. Ich sehe es in der Sonne: den kleinen, gebogenen, weißen Reflex, den es wirft, ein Ding, das so blank geworden ist, dass es die Hitze der Sonne widerspiegelt; und wenn man es unbewegt über den trockenen, geknickten Unterflaum des Grases hielte, könnte es ein Feuer entzünden, nur indem es die Kurve dieser reflektierten Hitze hineinwirft. Es fühlt sich heiß und gut an in meiner Hand.

Ich wische es sauber. Ich schiebe eine Kante meines Lappens in die Rille an seinem Griff und reinige auch sie, und dann klappe ich die Klinge ein. Ich wiege es in meiner Hand und reibe mit der Kuppe meines Daumens über die Glätte des Knochenbeschlags an seinem Griff. Ich lege es an das Kopfende von Johns Bett, auf eine Ecke des Filzpads, wo er es morgen früh finden wird. Ich stehe auf und ziehe mir die Jeans aus, rolle sie zusammen und stopfe sie unten in meinen Schlafsack, wo sie morgen früh warm sein wird, und dann klettere ich auf eine umgedrehte Packkiste und mache das Licht aus.

In der Dunkelheit fühle ich, wie meine Knochen, meine Wirbelsäule, sich durch den Daunenschlafsack strecken und den Knochen der Erde begegnen. John atmet gleichmäßig und tief. Er dreht sich im Schlaf nicht um.

Ich denke daran, in der Erde begraben zu sein. Im letzten Herbst, er war schon fortgeschritten, sind John und ich vom Mountain Creek weggeritten und in einen Blizzard geraten. Wir waren auf der Jagd gewesen. Wir brachten Fleisch nach Hause. Die Temperatur sank schneller, als wir vom Eagle Creek Pass herunterkommen konnten. Der Schnee rückte heran und wirbelte im Wind. Die Pferde traten steifbeinig auf, geduckt, mit gesenkten Köpfen, die Mäuler von gefrorenen Borsten umstachelt, Nüstern und Augen von Eis umrandet. Jeden Schritt spürte man bis in die Knochen. Jeder Schritt ließ die dünne Eisschicht zersplittern, die unsere Rücken und Schenkel bedeckte.

Am Fuße des Passes stieg John ab und zog das Beil aus seiner Satteltasche. Auf dem Boden lagen schon acht Zoll Schnee. Ich klemmte mir die Anbinderiemen unter den Arm. Meine Hände und Beine und Füße spürte ich nicht mehr. Meine Nasenflügel waren gefroren bis zum Ansatz meiner Nase. Ich war schläfrig und hatte Mühe, wach zu bleiben; der Schnee fiel so dicht, dass er die Welt wie ein Vorhang verhüllte, er drang in mich ein, kühlte mich aus, brannte an Stellen, die schon taub waren. Ich war nicht mehr sicher, dass ich im Sattel saß. Ich konnte den Kopf meines Pferdes nicht sehen. Ich schaute von meiner Hand weg zu den Zügeln, die in einer Kurve abwärts führten und in dem beißenden weißen Nebel abzubrechen schienen.

Mein Pferd tat einen Schritt, noch einen, blieb stehen. Mir war, als sagte jemand, ich solle absteigen, und ich versuchte es. Ich nahm mir vor, den Steigbügel vom Fuß zu schleudern, das Bein über den Sattelrand zu schwingen, hinunterzusteigen, aber mein Körper gehorchte nicht. Johns Hut erschien an meiner Hüfte. Er packte meine Jacke bei der Schulter und zog mich vom Pferd. Er schleifte mich durch den Schnee und lehnte mich an einen Baumstamm. Das weiß ich heute; damals wusste ich es nicht. Ich wusste nur, dass ich nicht mehr im Wind und Schneetreiben war. Er führte die Pferde hinter mir herein, eins nach dem andern, und gesattelt standen sie da, ausgefächert im Halbkreis, mir gegenüber: zwei Reitpferde, vier Packpferde. Ich sah sie deutlich. Ich sah, wie ihr Atem aufstieg und in der Luft hing.

John zwängte sich zwischen zwei Pferden hindurch und blieb vor mir stehen. Die Pferde dampften, und der Dampf vernebelte den Abstand zwischen uns. »Graben«, sagte er, aber ich wusste nicht, was er meinte. »Graben«, wiederholte er und gab mir einen sanften Klaps, und ich konzentrierte den Blick auf sein Gesicht. Seine Augenbrauen starrten von Reif. »Graben«, sagte er und lächelte.

Wir knieten nebeneinander und gruben mit den Händen. Es war keine Erde da, nur jahrzehntealte Schichten von braunen Nadeln. Die Arbeit wärmte mich. Ich schaute nach rechts und links, während ich grub. Über meinem Kopf war der dicke, borkige Stamm des Baumes. Das Beil steckte darin. Ich konnte das Harz riechen. Ich erkannte eine Rottanne. Ihre Äste wuchsen ringsherum und spreizten sich wie ein Rock zwanzig Fuß weit in alle Richtungen. John war in diesen alten Baumkegel eingedrungen. Er hatte eine Höhle freigehackt und mich und die Pferde durch eine Lücke zwischen den nadeligen Zweigen hineingeführt.

Wir hoben einen flachen Graben aus, legten uns nebeneinander hinein und deckten uns mit einem Haufen Mulch zu. Mit Kopf und Schultern ruhten wir an dem Baum. Ich spürte, wie meine Hüfte in der Kerbe über Johns Hüfte saß und wie unsere Beine der Länge nach im Boden ausgestreckt waren. Wir wärmten uns gegenseitig, während wir dösten. Die Pferde wärmten die Umgebung. Sie ließen die Köpfe hängen und schlossen die Augen. Ich hörte den Sturm. Ich hörte, wie ein Pferd auf dem Gebiss kaute. Ich spürte, wie die Wurzeln des Baumes sich unter mir ausbreiteten, voller Saft, im Winter so hart wie Edelsteinadern. Ich spürte die gerundeten Felsgelenke, in die der Baum hineingewachsen war. Ich spürte, wie der Fels heraufstieg und meine Knochen begrüßte. Ich fragte mich, ob dieses Tal ein Skelett hatte, eine Bewehrung aus Stein, die mich am Muster und Pulsschlag meiner Knochen erkannte. Ich fragte mich, ob mein Tod die Erde traurig machen konnte, ob meine Zufriedenheit ihr Ruhe brachte. Und ich schlief.

John weckte mich nach Mitternacht, und wir gruben uns aus und traten hinaus in die Nacht. Der Mond war aufgegangen. Der Himmel war klar und kalt, aber windstill. Wir führten die Pferde aus unserem Unterschlupf heraus. Sie schnaubten und scharrten mit den Hufen in der anderthalb Fuß hohen Schneedecke. Wir stiegen auf. Wir waren ausgeruht – wir alle. Die Pferde schwenkten im Gehen die Köpfe, und Leder und Packgurte knarrten. Wir dachten ans Essen. Wir zogen über die mondsüchtig weiße Landschaft, als glitten wir auf Schlittschuhen über eine bepuderte Glühbirne. So mühelos. Wir waren dankbar für unseren Hunger.

Ich höre die Pferde auf der Wiese vor dem Zelt. Ich fühle, wie ihre Schritte den Boden erschüttern. John atmet regelmäßig. Es ist zu dunkel, um ihn zu sehen. Die Kohlen verrutschen und puffen im Herd. Ich bin da, wo ich sein will. Ich bin bei einem Mann, dem meine Sicherheit am Herzen liegt. Ich bin mit den Pferden zusammen, und ich schmiege mich an die Erde.

Wieder denke ich an unseren Unterschlupf im Leib des großen Baumes: grün, smaragden, braun, schwarz und ein einzelner dünner weißer Strich, wo der Schnee hereingeweht war. Ich denke an die Wand voller Bücherregale in der Hütte, in der meine Mutter und mein Vater wohnen. Die Buchrücken sehen aus wie das Wrack eines Regenbogens. Es sind tausende. Mein Vater liest. Mein Vater fordert meinen Bruder und mich auf, mit ihm über das zu reden, was wir lesen.

In der ganzen Versammlung von Büchern gibt es nur ein halbes Regal mit Büchern, in denen Bilder sind. Es sind Bücher über Maler und die Orte, an denen die Maler gelebt haben. Es sind Reproduktionen ihrer Werke darin. Mein Lieblingsbuch handelt von einem Mann namens Bernini. Er war Bildhauer, aber es gibt keine Bilder von seinen Händen. Ich glaube, er muss die Hände eines Arbeiters gehabt haben. Wenn ich mir die Bilder des Marmors anschaue, an dem er gearbeitet hat, stelle ich mir seine Hände auf dem Stein vor, wie sie den Stein ins Leben locken.

»Der Mann verstand etwas von Pferden«, hat mein Vater gesagt. »Und vom Schmerz. Sieh hier. Sieh dir die Gesichter an, die er gemacht hat.«

Ich verwahre das Buch auf einem Bord über meinem Bett in der Hütte, in der ich im Winter mit meinem Bruder wohne. Im Winter verliert sich meine Phantasie an die Kälte und die Dunkelheit. Im Winter fühle ich mich gefroren, fern der Erde. Ich benutze das Buch als Kompass. Das Bernini-Buch hält mich zusammen; es gibt meinen Träumen den festen Geruch von Stein.

Meine Lieblingsbilder zeigen einen Springbrunnen auf der Piazza Navona. Es ist der Vierströmebrunnen. Dort sieht man Menschen aus Stein. Pferde aus Stein. Steinkakteen, Steinschlangen, einen steinernen Löwen. Es sind Riesen da. Ihre Körper sind poliert aus den Knochen der Erde. Ich starre die Gesichter der Männer an. In ihren Mienen liegt der Schmerz ihrer Erschaffung. Ich schaue die Bilder an, bis sie verschwimmen. Ich reibe mit dem Daumen über die Seite, um sie wieder klar werden zu lassen. Es liegt Angst in den Gesichtern der Steinmänner, aber ich glaube nicht, dass sie sich vor ihrer Natur fürchten. Ich glaube nicht, dass sie sich vor ihren Stämmen fürchten. Mir scheint einfach, dass die Erinnerung an ihre Erschaffung noch frisch im Stein sitzt. Ich frage mich, ob Adam anfangs Stein war. Ob Eva die Beseelung einer einzelnen Marmorrippe war. Ich denke an den Schmerz der Geburt. Entspringen wir alle der Erde? Und dann sind da die Pferde.

Ich möchte gern glauben, dass die Pferde nur Augenblicke vor uns erschaffen wurden. Ich möchte gern glauben, dass sie schnaubend aus der Erde sprangen und den Menschen aus der Phantasie Gottes hoben. Ich halte meine Hand vor die Buchseite. Der Marmor ist weiß wie Knochen. Ich schließe die Augen und bete, dass mir, wenn ich ein Mann bin, wenigstens für Augenblicke eine Schönheit gewährt wird, die so sauber reflektiert wie polierter Stein. Und ich bete um eine Herde, die Augen hat, mich zu erleben.

Am Morgen ziehe ich mich im Schlafsack an und rolle mich dann hinaus, um die Stiefel anzuziehen. Über Nacht sind sie steif geworden, und ich stehe vor dem Zelt und stampfe mit den Füßen, bis das Leder sich lockert und warm wird. John schläft noch, unbewegt und in der gleichen Stellung, in der er sich hingelegt hat. Er murmelt leise vor sich hin.

Das Wiesengras ist gefroren; es bricht unter meinen Füßen. Ich halftere mein Sattelpferd und nestle an der Schnalle, an der ich das Anpflockseil befestigt habe. Der Verschluss ist dick von der Kälte, das Metall in der Nacht dicht geschrumpft. Ich bin froh über mein geduldiges Pferd. Die Sonne ist noch nicht aufgegangen, und das Licht ist matt. Ich rolle das Seil zusammen, binde das Pferd lang an und werfe ihm die letzten Heuballen hin, die wir mitgebracht haben.

Im Zelt tröpfle ich Lampensprit auf ein Stück Anmachholz und zünde ein Feuer an. Ich bin leise und mache weniger Geräusche als John mit seinem Gemurmel. Der Riegel am Herdkasten quietscht leise, aber es ist ein alter Herd, und die meisten Geräusche sind längst verschlissen. Ich habe die Kaffeekanne mit Wasser gefüllt hinten auf dem Herd stehen lassen. Jetzt schütte ich den Kaffee hinein und lege den Deckel wieder auf.

Ich sattle das Pferd, ziehe einen Handschuh aus und halte das Gebiss in der Hand, um es zu wärmen. Der Reif schmilzt und tropft mir aus der Handfläche. Ein paar Sterne halten sich noch am Himmel fest. Wolken sind keine da. Das Wetter wird uns den Tag nicht schwerer machen, als es sein muss.

Ich finde die Pferde zusammen auf einem kleinen Stück Grün am Bach, ungefähr eine Meile weit von unserem

Lagerplatz stromaufwärts. Sie sind faul, nachdem sie die Nacht gegrast haben, aber als ich um sie herumgehe, um sie aufzuscheuchen und zurückzutreiben, fangen sie an zu laufen, und zwei machen Bocksprünge, spielerisch und um sich zu wärmen. Der Lärm, den sie in Bruch und Unterholz machen, hallt durch die stille Luft. Noch eine Stunde, und sie wären losgezogen und schwer zu finden gewesen.

Als ich sie im Corral habe, kreisen sie umeinander wie Kneipenrowdys, bevor sie sich schließlich beruhigen, schnaufen und den gefrorenen Boden anpusten. Und dann hören sie alle zusammen auf und starren hinauf zu den Bäumen. Ihre Ohren sind aufgestellt. Ich lausche mit ihnen, aber ich höre nichts.

John ist auf und steht vor dem Herd. Er hat es irgendwie geschafft, sich die Stiefel anzuziehen, und hält die Jacke der Wärme entgegen. Ich frage ihn, wie er sich fühlt. Er schnaubt. »Wie Katzenscheiße riecht«, sagt er. Sein Hemdärmel spannt sich um den Unterarm. So weit ist die Schwellung der Hand hinaufgezogen. »Hilf mir beim Anziehen«, sagt er und schüttelt mir die Jacke entgegen. Ich stelle eine Packkiste umgekehrt neben den Herd, und er setzt sich hin, und ich schlage die sechs Eier, die wir noch haben, in die Pfanne. Dann gieße ich ihm einen Becher Kaffee ein.

»Ich wünschte, ich hätte dran gedacht, einen Adrenalinrevolver einzustecken«, sagt er. »Ich würde mir die Mündung an den Kopf setzen und sechsmal abdrücken.« John versucht, über den Rand seines Bechers zu lächeln, und zuckt zusammen. »Sieh zu, dass ich dir heute nicht Leid tue«, sagt er und lässt den Becher sinken. »Das würde uns beiden nicht helfen.«

»Nein, Sir, das wohl nicht.«

»Wir zerlegen den Hirsch nach dem Frühstück und lassen den Herd abkühlen. Das Lager abzubrechen wird nicht so lange dauern, wie du denkst.«

»Ich habe nicht gedacht, dass es lange dauern wird.«

»Na, wird's auch nicht.«

»Soll ich noch mal einen Blick auf deine Hand werfen?«

»Hab ich schon getan. War nicht schwer zu finden.«

Vorm Frühstück muss er wieder scheißen, und ich habe sein Pferd gesattelt, als er aus dem Unterholz kommt. Er hatte die Packpferde gesattelt, während ich das Geschirr abspülte und die Kohlen aus dem Herd kratzte. Ich habe einmal hinausgeschaut und gesehen, wie er das Brustblatt festschnallte; er arbeitet mit der gesunden Hand und den Zähnen. »Du brauchst nicht alles allein zu machen«, sagt er und stopft das Toilettenpapier in die Satteltasche.

»Hab ich nicht vor«, antworte ich.

»Es ist zu viel«, sagt er, und er steigt müheloser auf, als ich erwartet habe, rutscht auf dem Sattel hin und her und wendet seinen großen Wallach dann ins Gehölz. Wir folgen der Andeutung eines Wildwechsels im niedergetretenen Reisig und steigen den Hang hinauf, der sich steil vom Talboden erhebt. Die Pferde bohren die Zehen in den Boden; die Hinterhand ist angespannt, die Muskeln treten streifig und heiß hervor. Das Fell glitzert im Morgengrauen. Ich greife eine Hand voll von der Mähne meines Pferdes und ziehe mich nach vorn über seinen Hals, um mein Gewicht von seinen Nieren zu nehmen. Wir machen Pause, um die Pferde verschnaufen zu lassen. Der Boden ist gefroren und bietet wenig Halt.

Der Hirschkadaver ist steif, und das Fleisch lässt sich

schneiden, als wäre es im Laden gekauft, als käme es frostig und dick aus der begehbaren Kühlung. John arbeitet mit dem gesunden Arm, und wir wechseln uns mit dem Beil ab. Wir stopfen die Viertel in Fleischsäcke und dann in Tuchtaschen; die Schenkel ragen heraus, enden an den Kniegelenken. Rücken und Halsfleisch kommen in Sack und Toppack nach oben zwischen die gekreuzten Hölzer des Tragegestells. Die Packkisten müssen wir einzeln zusammen hochheben, und dann halte ich sie im Gleichgewicht, drücke sie an die Seite des Packpferdes, während John die Lederriemen über die Holzkreuze wirft und gleichmäßig zurechtzurrt.

»Liegt dir was an dem Geweih?«

»Ich glaube nicht«, sage ich. Ich schaue hinunter auf den Kopf des Hirsches. Es ist ein junger Vierender, und die Sprossen sind klein und unregelmäßig. Das Gras war diesen Sommer nicht gut; die Wolken sind hoch und trocken am Himmel dahingezogen, holpernd nach Osten. Nichts ist größer geworden, als es musste. Ich werde den Kopf hier lassen. Der Haufen Eingeweide ist über Nacht gedunkelt, ist verstreut worden, und Vögel haben den Darm aufgerissen. Ein wenig Abfall haben wir auch liegen lassen, Teile des Brustkorbes, die vier Läufe von den Hufen bis zu den Kniegelenken, wo wir sie abgehackt haben. Der Schnee ist zertreten und blutbefleckt.

John reicht mir sein Messer. »Schneid die Grandeln raus. Es ist schön, wenn man sie hat. Sie werden dir helfen, dich daran zu erinnern, dass dieser hübsche Halunke nicht immer bloß ein Abendessen war.«

Ich knie am Kopf nieder. Das Hirschauge, das mich anschauen würde, ist von den Vögeln herausgehackt worden. Wenn es heute warm genug wird, füllt die

Augenhöhle sich mit Ameisen und Fliegen. Die Lippe ist schwarz und zu einem Grinsen hochgekräuselt. Ich schneide sie weg. Das Messer geht hindurch wie durch Knorpel. Mit der Spitze der Klinge heble ich den elfenbeinernen Zahn heraus und drehe den Kopf um. Das Auge auf der Unterseite ist noch ganz und glasig wie ein großer, stumpfer Saphir. Ich habe schon öfter die Grandeln aus einem Hirschmaul geraubt, aber jetzt frage ich mich zum ersten Mal, warum es nur zwei sind – warum nicht das ganze Gebiss aus Elfenbein ist. »Kleine Stoßzähne«, denke ich. Ich frage mich, wie diese Hirsche vor einer Million Jahren ausgesehen haben mögen. Ich glaube, ich werde versuchen, in einem der Bücher meines Vaters die Antwort zu finden, wenn wir zu Hause sind. Waren sie Säbelzahngrasfresser? Entwickeln wir uns mit der Zeit alle weg von unseren Gewohnheiten?

»Du hast gestern Abend damit gute Arbeit gemacht.«

»Womit?«, frage ich ihn.

»Mit dem Messer. Die Schneide ist richtig.«

»Du hast es ausprobiert?«

»Als du heute Morgen draußen warst, um die Pferde zusammenzutreiben.«

Ich schabe Haut und Zahnfleisch von den Zahnwurzeln ab. »Ich war noch nicht müde«, sage ich. »Und ich höre gern das Geräusch, das es am Stein macht.«

»Ich auch«, sagt er.

Nach einer halben Stunde sind wir wieder im Lager. John ruht sich aus, während ich einpacke: Küche, Laterne, Axt, Bocksäge und Anbindestricke kommen in die Packkisten. Mit dem Zeitungspapier, in das die Lebensmittelkonserven eingepackt waren, haben wir Feuer gemacht. Bratpfanne und lose Utensilien polstere ich jetzt mit unseren schmutzigen Kleidern. Wir ziehen die Heringe heraus, lassen das vordere Dreiecksgestänge herunter und ziehen das Zelt von der Firststange ab. Zusammengefaltet ist es ein Viereck, das ich kaum mit den Armen umschließen kann, aber das Gewicht halte ich aus. John hilft mir, es oben auf das Packgestell zu schieben. Dann stellen wir uns rechts und links neben das Pferd und ziehen die Packplane zurecht. Ich achte darauf, dass die Packstricke nicht durchhängen, und John bindet mit der gesunden Hand die Diamantknoten. Ich hätte auf einem Baumstumpf stehen müssen, um so hoch zu reichen, dass ich die Stricke ganz oben auf den Packen durchfädeln und stramm ziehen könnte. Ich bin nicht groß genug, um die Arbeit allein zu übernehmen.

Es ist schon Vormittag, als wir fertig sind. Der Tag wird wärmer. Wir sitzen auf einem umgestürzten Stamm in der Sonne und essen die Sandwiches, die ich aus den Resten der gebratenen Innereien und ein paar dicken Zwiebelscheiben gemacht habe. Der Schnee bleibt nur im Schatten liegen und macht ihn hell. Wenn ich blinzle, nimmt die Landschaft das seltsame Aussehen eines Fotonegativs an. Ein Eichhörnchen flitzt in mehrfach unterbrochenen Sprints den Stamm herunter. Es ist wachsam, bereit zum Rückzug. Ich reiße ein Stück Brotkruste ab, und es setzt sich aufrecht hin und hält die Kruste in den Vorderpfoten. Der Schwanz zuckt, während es frisst, und dann ist es oben auf einem Baum und starrt finster herab.

John steht auf, und ich helfe ihm, die Jacke auszuziehen. »Was meinst du, möchtest du jetzt hier verschwinden?«, fragt er.

Ich rolle die Jacke zusammen und binde sie hinter seinem Sattel fest. »Ja, Sir, das möchte ich allerdings.«

»So gut hab ich mich den ganzen Tag nicht gefühlt.« Er füllt sich mit Luft, aber als er sich entspannt, ist er kleiner, als er sonst aussieht. Schultern und Brust sind zusammengesunken, ausgehöhlt. Der linke Arm ist bis an die Achsel geschwollen und hängt an seiner Seite wie ein blutiger Knüppel.

Wir binden die Packpferde aneinander, und ich führe sie. »Ich will nicht riskieren, dass was in Trümmer geht«, sagt John. »Und mir ist auch nicht danach, zu versuchen, bei diesem Haufen vorneweg zu reiten. Es geht nur bergab.« Die Pferde wissen, dass es nach Hause geht, und bilden ohne Bosheit eine Reihe.

Er reitet vor mir und spornt seinen rauchfarbenen Wallach zu einem zügigen Schritt. Er scheint aus dem Gleichgewicht zu sein, hält die Zügel in der rechten Hand. Der linke Arm hängt eingeknickt im Schoß, und gelegentlich hebt er ihn gerade über den Kopf, ohne sich umzudrehen.

Der Trail überquert mehrmals den Bach. Das Bachbett ist eng, die Böschung steil. Die Packpferde maulen, treten vom Sockel auf den instabilen Grund des Baches hinunter, lassen sich langsam zum Ende ihrer Arbeit hinab. Ich passe auf, dass die Packen nicht verrutschen, dass sich nichts verheddert, dass sie gleichmäßigen Abstand halten und ein Tempo gehen, bei dem keines ausrutscht und zurückfällt. Stählerne Eisen klappern auf losem Gestein. Wir nähern uns dem Geschnatter von Eichhörnchen und reiten hindurch. Raben, groß wie Totems, beobachten uns von abgestorbenen Ästen herunter; die Sonne spielt auf dem Ölglanz ihrer glatten schwarzen Federn, ihre Augen sind schwarze Perlen. Überall riecht es nach Kiefern, aber am Bach nimmt man auch den leichteren Duft der Espen wahr.

Als wir den Bachlauf überqueren, drängt es die Pferde so sehr nach Hause, dass sie nicht saufen wollen. Ihre Vorderhufe treiben das Wasser vor ihnen fächerförmig in die Höhe und auf die Ärsche der Pferde, denen sie folgen. Sie sind bis an die Bäuche hinauf nass und tropfen immer noch, als wir in die Corrals reiten. Mein Vater ist am Sattelschuppen, als wir hereinkommen. Er hat gesehen, wie John auf seinem Pferd sitzt, bevor er die Hand gesehen hat.

»Hast du dich angeschossen oder dich von irgendwas beißen lassen?«, fragt er.

»Ich hab mir das Messer durch die Hand gezogen.« John schlingt seinen Zügel um eine Anbindestange vor der Veranda des Sattelschuppens.

»Schlimm genug, um in die Stadt zu fahren?«

»Ich glaube ja.«

»Ich bringe dich, sobald wir ausgepackt haben.«

»Ich kann selbst fahren, wenn du den Jungen mitschickst.«

Mein Vater tut einen Schritt auf John zu. »Fahr besser sofort«, schlägt er vor. »Hier ist nicht viel zu tun. Du siehst aus, als ob's auf eine Stunde ankommen könnte.«

»Könnte sein«, räumt John ein. Die beiden Männer schauen einander nur einen Moment lang an. John nickt. Es fällt ihm schwer, auf die Gelegenheit zu verzichten, seine Arbeit zu Ende zu bringen. »Ich wollte nur was trinken.« Er schaut zum Bunkhouse hinüber.

»Habt ihr eine Kuh geschossen?«

»Einen Hirsch. Der Junge wollte das Geweih nicht.«

»Nimm den Laster, wenn du fertig bist.«

John kommt mit einer Flasche Whiskey vom Bunkhouse zurück, als ich gerade erst meinem eigenen Reitpferd den Sattel abgenommen habe. Mein Vater reiht die Packtaschen vor der Veranda auf. Er hat zwei Packpferde in den runden Corral getrieben, und sie wälzen sich und furzen.

»Wenn es schlimmer ist, als du dachtest, soll der Junge von der Stadt aus anrufen.«

»Mir wird schon nichts fehlen.«

»Wenn doch, der Junge kennt die Nummer.« Mein Vater hebt eine Packtasche von einem Pferd und trägt sie zur Veranda.

Ich halte die Flasche zwischen den Beinen und lehne mich über den Sitz, um zu lenken, wenn John schalten muss. Das Wetter hat sich gehalten; der Tag ist wolkenlos und warm, und wir drehen die Fenster herunter. Die Luft ist mild. Die Windschutzscheibe ist bekleckert mit den zerschmetterten Leichen von Insekten.

»Wenn wir in der Stadt sind, willst du dann mit reinkommen und zugucken?«

»Ich mag keine Ärzte«, sage ich.

»Ich mag sie auch nicht.« Er schüttelt den Kopf.

Ich reiche ihm die Flasche und greife ins Steuer. Wenn er trinkt, tröpfelt der Whiskey ihm aus dem Mundwinkel und befleckt ihm das Hemd. Er reicht die Flasche zurück, ohne herzusehen. Ich klemme sie mir wieder zwischen die Beine und schraube den Deckel zu. John fängt an zu pfeifen. Seine Wangen und sein Hals sind hohl; die Augen unter den Brauen sind tief eingesunken. Seine Nase ragt scharf ins helle Licht. Man könnte sich leicht vorstellen, dass er seit einer Woche nichts mehr gegessen hat. Im Fahrerhaus riecht es nach Blut, Whiskey, Pferd, Schweiß und dem blauen Desinfektionsmittel. Ich drehe mein Fenster noch ein Stück herunter und schaue zum Fluss.

Die Espen sind gelb glühende Kleckse in der verblassenden Landschaft. Die Augen tränen mir in ihrem Gleißen, und auf Brust, Gesicht und Armen prickelt es wie Feuer.

John klopft mit dem Zeigefinger auf das Lenkrad, klopft den Takt zu dem Lied, das er pfeift. Sein linker Ellenbogen ist in die Armlehne verhakt, und die verletzte Hand liegt zusammengekrümmt in seinem Schoß. Es fällt mir schwer, mich daran zu erinnern, wie die Hand gestern Abend aussah, im Schein der Laterne, als der Knochen milchig und glatt geworden war. Ihre Finger sind im Laufe des Tages schmutzig geworden, dicker. Er hält sie still. Die Hand scheint ihm gar nicht zu gehören. Sie erinnert mich – wie gestern Abend, als er vor dem Essen ein bisschen geschlafen hat – an ein selbständiges Tier. Ich stelle mir vor, dass wir nur ein kleines, verletztes Tier in die Stadt bringen, zum Tierarzt.

Ich fühle mich wacklig und schließe die Augen, und ich sehe Gräber. Das Bild erschreckt mich nicht. Es ist nicht das erste Mal, dass ich sie sehe. Ich habe schon öfter von Gräbern geträumt. Gräber, Schicht um Schicht übereinander. Die Erde aufgeschnitten, und die Formationen unterschiedlich gefärbt in den einzelnen Stadien der Verwesung von oben nach unten, und die ganze Last presst die ersten, untersten Toten schließlich zu Stein. Ich rutsche auf dem Sitz hin und her, halte aber die Augen geschlossen. Ich denke an die Millionen Knochen, die der Erde zugefallen sind – ein Hagel von Knochen, der in die Erde schmilzt und sie nährt. Ich frage mich, ob die Knochen eines Mädchens anders sind als die eines Spielers. Ob unterschiedliche Knochen zu unterschiedlichen Steinen zusammengepresst werden – zu Edelsteinen.

Ich denke, dass ich nichts über die Einzigartigkeit von

Knochen weiß. Ich habe sie vom Boden aufgehoben und in der Hand gehalten und wusste nicht, ob es die Knochen eines großen Hundes waren, eines Rehs oder eines Menschen. In einem der Bücher meines Vaters habe ich gelesen, dass es Heilige gibt, deren Leichen nicht zerfallen, wenn sie tot sind. Es gibt nicht viele davon, aber einige. Ich frage mich, ob ihre Knochen feucht bleiben, blutgefüllt, ob sie leuchten wie die elfenbeinernen Zähne in meiner Tasche und ob sie sich dem Druck des Himmels entgegenwölben, statt zu fallen. Ich öffne die Augen und blinzle in Sonnenlicht und Espengleißen. Mein Hemdärmel ist über das Handgelenk hochgerutscht. Meine Haut sieht weiß wie Marmor aus.

»Ich wette, ich werde den Finger behalten.« John wendet den Blick nicht von der Straße.

»Ich auch«, sage ich zu ihm. Ich reiche ihm die Flasche und nehme das Steuer in die Hand, und als er getrunken hat, pfeift er weiter.

Die Schule von Wapiti

In der Sprache der Shawnee ist *Wapiti* ein Wort, das weißer oder heller Hirsch bedeutet. Im weißen Amerika nennen wir so unseren Hirsch, wenn wir bemüht sind, uns erlesen oder regional geheimnisvoll auszudrücken. In Wyoming ist »Wapiti« der Name für ein Tal, das sich fünfzig Meilen weit allmählich ansteigend erstreckt, von Cody bis zum Osttor des Yellowstone Parks. Ich bin im Wapiti Valley aufgewachsen. Wenn ich das Wort höre oder laut »Wapiti« sage, ist es der Ort, der mir vor Augen tritt, nicht das Tier – beinahe 1,2 Millionen Hektar uneingezäunten Landes.

Ich erinnere mich an die von Beifuß bewachsenen Hügel und weiten Wiesen, die in der Augusthitze ausbleichen. Das Grasland verblasst unter der schwächer werdenden Herbstsonne am meist wolkenlosen Himmel zu den Gelbbraun- und Umbrafarben eines Hirschfells. Und dann erinnere ich mich an den Schnee im November, der das Tal auf die einfachen Schattierungen von Weiß und Immergrün beschränkte. Der Frühling war braun, der Herbst ein helleres Braun. Richtig grün war das Tal nur Ende Mai und dann den ganzen Juni und Juli hindurch. Der Sommer war kurz, nie üppig. Nie lang genug, um langweilig zu werden.

In den sechziger Jahren gab es im Tal vielleicht zwei Dutzend Rinder- und Ferienranches. Die Sommertage waren heiß. Nachmittags schwoll der Himmel von Kumuluswolken, die von den Absarokas aufstiegen, und dann standen wir in den Scheunen oder saßen in unseren Pick-ups, um die plötzlichen Hagel- und Regenschauer abzuwarten. Die Nächte waren kühl. Für Tau war selten genug Feuchtigkeit in der Morgenluft. Die längeren Tage, die uns die Sonne schenkte, nutzten wir zur Arbeit. Die Rinderrancher rackerten sich ab auf ihren Alfalfafeldern, mit der Bullenmast und der Pflege der trächtigen Kühe. Den Winter verbrachten sie mit Fütterung und allerlei Reparaturen, und die Januar- und Februarnächte, in denen die Temperaturen bei minus zwanzig Grad lagen, durchwachten sie im Laternenlicht der Kälberställe und kümmerten sich um die blökenden Färsen. Amerika war noch nicht so reich, dass die Küstenbevölkerung das Hinterland aufkaufte und es in einen Flickenteppich von Zweitwohnsitzen aufteilte. Die Rancher von Wapiti bearbeiteten ihr Land, sie verkauften es nicht. Es war ein Leben, das den Körper schlank und das Gesicht faltig machte, und es machte zufrieden. Wir kannten unsere Nachbarn. Wir feierten und wir trauerten zusammen. Die Kinder wuchsen auf, als hätte das Tal sie zum Leben erweckt und würde sie behalten. Als ich ein Junge war, lebte ich an einem Ort, der in mir seine Zukunft sah.

Die untere Hälfte des Tales war aus privatem und staatlichem Land zusammengestückelt. Die obere Hälfte, die in den Yellowstone hineinragte, war der Shoshone National Forest. Meine Familie wohnte im National Forest. Wir hatten die Crossed Sabers Ranch von der Bundesregierung gepachtet, auf neunundneunzig Jahre. Unseren Lebensunterhalt verdienten wir damit, dass wir Sommergäste beherbergten und mit ihnen Gepäckritte und Angelausflüge in die Absaroka Wilderness unternahmen. Im Frühling und Herbst kamen dann die Jäger zu uns. Der Lebensunterhalt war kärglich: Trotz einer Speisekammer voll Konserven und einer Gefriertruhe voll Wild ging mein Vater in manchen Wintern nach Cody und arbeitete bei einer Vermessungsfirma, um uns durchzubringen.

Meine Mutter blieb das ganze Jahr über auf der Ranch. Sie machte die Buchhaltung, nahm Reservierungen für den nächsten Sommer entgegen, wienerte die Gästehütten, reparierte die Einrichtung, ölte die Geräte, nähte Vorhänge, schuf ein Zuhause, sorgte dafür, dass mein Bruder und ich zur Schule gingen.

Die Schule von Wapiti war in einem dunklen, flachen Braun gestrichen, braun wie das Auge des Hirschs, und sie war mehr als bloß eine Zwergschule. Sie lag fünf Meilen vom National Forest entfernt, zwanzig Meilen von unserer Lodge, und sie hatte ein geräumiges, gut beleuchtetes Klassenzimmer mit einer Reihe von Fenstern, durch die man im Osten das Wapiti Post Office und in weiter Ferne die Rattlesnake Mountains sehen konnte, ein kleineres Zimmer, Jungen- und Mädchentoiletten, eine Garderobenkammer und einen Keller. Sie wirkte eher wie das erste Haus, das vielleicht ein junges Ehepaar bewohnt. Den Keller benutzte man als Lager für ausrangierte Bücher, zerbrochene Pulte, Reste von Baumaterial und allerlei überflüssige Habseligkeiten, die unsere Lehrer nicht dem Wetter aussetzen wollten. Die Schüler durften nicht in den Keller, aber wir alle waren wenigstens einmal drin, um zu gucken – wir kamen ja überallhin.

Das Haus stammt aus dem Jahr 1911. Im Eingang

hängt ein Bild mit den fünf kleinen Kindern, die 1910 hier zur Schule gingen. Sie stehen vor einem Zelt.

Wir hatten zwei Lehrer. Schlanke, glatt rasierte Männer, Ende zwanzig alle beide. Sie waren findig, ehrlich, an die Arbeit im Freien gewöhnt, einfallsreich in ihren Methoden, uns zu unterrichten und Disziplin zu halten. Von uns allen wurde erwartet, dass wir mitarbeiteten. Die älteren Kinder halfen mit, die kleineren zu unterrichten. Alle unsere Pulte waren zusammen im größten Zimmer aufgereiht.

Als mein Bruder und ich die Schule besuchten, beherbergte sie die Klassen eins bis neun, und die Schülerzahl war auf achtzehn angewachsen. Zu meiner Klasse gehörten vier Schüler. Manche Klassen waren nicht vertreten, andere hatten nur einen Schüler. Die Einteilung auf einer Kurve war hier nicht eben funktional.

Ich habe einen Abzug von dem Schwarzweißfoto aus jenem Jahr, als wir achtzehn Schüler waren: 1964. Das war die Rekordbesetzung. Unsere Lehrer, Mr. Hedrick und Mr. Dansby, stehen aufrecht ganz hinten auf diesem Foto, und sie überragen uns andere mit Kopf und Schultern. Sie tragen Jackett und Schlips. Ihr Haar ist kurz geschnitten. Mr. Dansby schaut direkt in die Kamera, Mr. Hedrick über die Köpfe seiner Schüler hinweg nach unten. Wir stehen in zwei Reihen, die Größeren hinten, und die fünf kleinsten Kinder sitzen ganz vorn auf einer Bank. Die Mädchen tragen schlichte Baumwollkleider. Linda Schmitt hat eine Haarspange, Kass und Shawn Sidwell haben Brillen auf, die seitlich spitz zulaufen. Alle Jungen tragen Jeans. Die meisten Jungen haben karierte Hemden an, die mit Druckknöpfen statt mit normalen Knöpfen verschlossen werden. Mein Bruder und Brian Sidwell haben weiße Hemden an. Pete Krone hat eine Westernschleife, deren Schmuckverschluss fest an den Hals gezogen ist. Sechs der zehn Jungen tragen einen Bürstenhaarschnitt. Wir andern vier haben die Haare einen oder zwei Zoll länger wachsen lassen. Mein Haar ist glatt zu einem Scheitel gekämmt. Ich war in diesem Jahr darauf aus, meine Wirbel zu zähmen. Jeden Abend vor dem Schlafengehen machte ich mir die Haare nass, kämmte mir einen Scheitel und setzte mir ein Haarnetz auf, das ich aus dem zusammengeknoteten Oberschenkel eines Strumpfes gemacht hatte, den meine Mutter weggeworfen hatte. Wir lächeln alle, Jeff und Bruce Keller richtig breit. Das Bild muss unmittelbar vor der Pause aufgenommen worden sein.

Unser Schulhof war einmal eine Heuwiese gewesen. Die Maschine aus Kinderfüßen mehrerer Generationen hatte ihn unfruchtbar fest gestampft. Er war zu allen Seiten eingezäunt und präsentierte sich je nach Jahreszeit als einfaches Stück Erde, als gefrorene Erde oder Schlamm. Es gab eine Schaukel und einen Basketballkorb. Basketball war meist wenig populär, weil man auf einem steinigen Hang nicht sicher dribbeln kann. Viele von uns verbrachten die Pausen damit, durch die einzelne Reihe von Kiefern und Pappeln zu klettern, die auf der Westseite des Schulhauses einen Windschutz bildete. Zwischen die Bäume schmiegte sich auch der Propangastank. Viele unserer Pausen verbrachten wir sitzend auf diesem Gastank. Wir dachten uns Lügen aus, flirteten, juxten und erfanden Geschichten über die Männer und Frauen, die wir zu werden glaubten. Alle saßen rittlings auf dem Tank wie auf einem furchtbar fetten Pferd ohne Widerrist. Die meisten von uns kannten nur drei Arten des Sitzens: rittlings, auf der obersten Stange eines Zauns oder hockend. Es gab einen Jungen, an dessen Namen ich mich nicht erinnere. Es war sein erstes Jahr an der Schule, und seine Familie zog in der Mitte des Schuljahres aus dem Tal weg. Er war ein Jahr älter als ich und verbrachte die fünfzig Minuten Mittagspause in der Hocke. Er schlurfte an den Rand unseres Spielfelds, wenn wir Wer-hat-Angst-vorm-schwarzen-Mann, Fangen oder Prellball spielten, und klappte zu einer natürlichen Hockstellung zusammen: eine Art kontrollierter Kollaps. Ich glaube, seine Familie ist oft umgezogen. Für ihn brachte diese Haltung seinen langen und praktisch fettlosen Körper in ein exaktes Gleichgewicht. Seine Knie passten haargenau in seine Achseln, und sein Hintern war ein präzises Gegengewicht für Schultern und Kopf. Er aß seinen Lunch in der Hocke, und wenn er etwas sagte, sagte er es aus der Hocke. Niemand machte sich über ihn lustig. Er war einer von uns, und er war größer als wir alle. Ich stelle ihn mir oft als Mann vor, als Buchhalter oder Versicherungsstatistiker, wie er in der Ecke seines Büros hockt und sich durch einen Stapel Arbeit pflügt, der sich zwischen seinen Knöcheln türmt. Er war ein netter Junge, und ich stelle mir vor, dass er ein netter Mann geworden ist.

Ein beifußgesprenkeltes Bollwerk senkte sich im Norden unseres Spielplatzes ein paar hundert Yards tief zum nördlichen Arm des Shoshone River hinab. Auf der anderen Seite des Flusses stieg das Land in einer Reihe von buckligen Hügeln und monolithischen Felsformationen wieder an – ein Stück Privatgelände und westlich davon Staatsbesitz. Die Hügel endeten am Fuße des Jim Mountain. Die Südflanke dieses Berges erschien mir immer wie die plumpe, abgerundete, übergroße Nachäffung einer

Maya-Pyramide, die ich einmal auf einem Foto gesehen hatte, wie etwas, das man von der Halbinsel Yucatán heraufgeschafft und dann unter den Schneestürmen des Nordens hatte verfallen lassen. Der Berg ragte mehr als zehntausend Fuß in die Höhe: Streifen senkrechter Palisaden, bewaldete Terrassen zwischen sich verjüngenden Felsschichten, der Gipfel eine nackte Kuppe mit hunderten von Hektar Wiese. Im Nordwesten konnten wir die kahl aufstrebenden Felsklippen zweier noch höherer Gipfel sehen, beide über zwölftausend Fuß hoch. Wenn die Winterstürme aufzogen, griffen diese Gipfel in den Himmel hinauf, hakten sich in den grauen Bauch einer Schneewolke, hielten sie fest und leerten sie über den Hochtälern aus.

Vor der Veranda des Schulhauses, an der Südseite, reichte ein kleiner Kiesparkplatz bis an die zweispurige Landstraße von Cody nach Yellowstone. An der Südseite der Landstraße stieg das beifuß- und grasbewachsene Land so steil an, dass die Hügel uns den Blick auf den Table Mountain versperrten. Wir waren eine Talschule. Die Familien der Schüler wohnten am nördlichen Arm des Shoshone River. Wir alle kannten die Namen seiner Zuflüsse, wie wir die Namen unserer Familien kannten. Wenn ein Kind das andere fragte, wo es wohnte, lautete die Antwort etwa: »White Creek.« Oder Breteche, Big, Nameit, Moss, Newton, Eagle, Green, Half Mile, Pagoda, Goff, Libby, Grinnell, Gunbarrel, Fishhawk, Trout, Jim, Rattlesnake.

Wir alle brachten unseren Lunch mit in die Schule. Er war in braunen Tüten oder in Henkelmännern aus schwarzem Blech verpackt. An Plastikfolie kann ich mich kaum erinnern. Es gab eine Menge Pergamentpapier und

Alufolie, die die meisten sauber abkratzen, zusammenfalten und der Mutter zurückbringen mussten. Die meisten dieser Mütter waren während der Wirtschaftskrise Teenager gewesen, und sie gedachten ihren Kindern nicht zu erlauben, eine zweite auszulösen.

Ich war immer davon überzeugt, dass ein Lunchpaket ein Barometer für die Familie eines Kindes ist. Schau in einen Henkelmann, und du kennst die Familie. Sind die Eltern kreativ oder langweilig? Praktisch oder innovativ? Faul, arm, lieblos? Die meisten unserer Mütter waren liebevoll. Die meisten fanden, Mortadella sei Bestandteil einer ausgewogenen Ernährung, aber die meisten hielten Mortadella auch für Luxus. Die übliche Kost bestand aus einem Apfel, einem Sandwich, vielleicht einem Schokoriegel. Ich habe Süßkartoffelsandwiches gesehen. Einmal, im Frühherbst, ein Sandwich mit Mayonnaise und Zucchinischeiben. Eine Menge Hirsch-, Reh-, Bergschaf- und Elchfleischsandwiches. Zweimal ein Pastinakensandwich. Nichts blieb ungegessen.

Diese Wapiti-Lunchpakete waren es, die mir ein fast religiöses Vertrauen in die freie Marktwirtschaft eingeflößt haben. Was dem einen Jungen Müll war, galt dem andern als Manna. Im Herbst und gegen Ende des Frühlings bekamen mein Bruder und ich unsere Lunchpakete von einem Koch, der den Speiseraum bei uns in der Lodge bediente. Er war ein erschöpfter, alkoholkranker Junggeselle, und er verschaffte uns zwei von Eiersandwiches gekennzeichnete Jahreszeiten. Das Brot war selbst gebacken, aber die Eier waren nie durchgebraten und das Eigelb infolgedessen immer flüssig. Wenn wir das Butterbrotpapier abschälten, fanden wir einen grau-gelben, faustgroßen Klumpen aus Teig, erstarrtem Speckfett und

Eigelb. Wir sahen eine Sauerei. Aber die Krone-Jungs sahen eine Delikatesse. Sie machten große Augen, wenn wir unsere Sandwichklumpen in die Sonne hielten. Ihre Nasenflügel weiteten sich. Nicht jeden Tag, aber an den meisten Tagen. Ich habe keine Erklärung dafür. Ihr Vater war der Ranger für unseren Bezirk, ein anständiger Mann mit einem anständigen Geschmack, und ihre Mutter eine fröhliche Frau und eine der besten Köchinnen im Tal. Vielleicht aßen sie zu gut? Oder war Petes und Kips Vorliebe für Eiersandwiches einfach ein Beispiel für Barmherzigkeit? Uns war es egal. Wir tauschten die Dinger gegen Kekse, Kuchen und Toffeestücke, und alle gingen satt und glücklich davon.

Aus dem National Forest kamen drei von uns zur Schule: Mein Bruder und ich und Linda Schmitt. Linda wohnte eine Meile flussabwärts am Goff Creek. Die Krone-Jungs wohnten auch im Forest, aber die Rangerstation lag nah genug am Privatland, dass die Eltern sie jeden Tag an die Grenze fuhren. Um vom Schulbus mitgenommen zu werden, musste man das Gelände des National Forest verlassen. Kip, Linda und ich waren in derselben Klasse. Wir waren zwölf Jahre alt. Mein Bruder und Pete waren ein Jahr jünger. Am Trail Shop trafen wir uns mit den Krone-Brüdern und warteten auf den Schulbus. Lindas und unsere Eltern wechselten sich wochenweise ab, uns drei zu fahren. Wir fünf warteten dann zusammen an der Landstraße neben dem Briefkasten am Trail Shop. Wir warfen Steine und erzählten uns Witze. Wenn ein rauer Wind ging, quetschten wir uns abwechselnd in das Paketabteil unter dem Briefkasten. Es war ein kubikmetergroßer Würfel mit einer kleinen Tür, alles aus roh gesägtem Kiefernholz. Drei von uns konnten sich gleichzeitig in das Ding hineinzwängen. Es war aufregender im Paketabteil, wenn Linda sich mit hineinzwängte.

Linda Schmitt war das einzige Mädchen im oberen Tal, und ich war verliebt in sie. Sie hatte dunkle Haare, samtene Augen von der Farbe ihrer Haare und ein Lächeln, das Nachsicht andeutete. Ich war nur ein Junge, aber clever genug, um zu wissen, dass ich mir eine barmherzige Freundin suchen sollte. Tatsächlich habe ich Linda geliebt, wenn ich an der Reihe war. Sie die ganze Zeit zu lieben wäre zu anstrengend gewesen. Die Liebe brachte die Pflicht zur Ritterlichkeit mit sich, depressive Befangenheit und Verstopfung. Mein Bruder und ich wechselten uns damit ab, Linda zu lieben – einen Monat er, einen Monat ich. Wir kamen nicht oft in die Stadt, und wir waren das Teilen gewöhnt. Ich glaube nicht, dass Linda es je gemerkt hat.

Es gab zwei Sorten Fahrten von der Lodge zum Trail Shop, und beide hatten ihre Verlockungen. Da gab es die unverliebten Fahrten, die ich auf dem Rücksitz mit der Nase am Fenster verbrachte, wo ich das Tal betrachtete. Das war wie eine Fahrt durch ein früheres Jahrhundert. Einmal habe ich mehr als vierhundert Hirsche gezählt. Die Bullen rannten neben dem Auto her, den Kopf zurückgelegt, das Geweih auf dem Rücken ausgebreitet. Es war nichts Ungewöhnliches, einen vom Winter getöteten Hirsch dicht neben der Straße zu sehen; wir hielten dann an und sahen zu, wie die Kojoten sich heranduckten und zuschnappten und den frischen, erstarrenden Leichnam schüttelten. Raben und Adler wanderten über den Kadaver, breiteten die Flügel aus, stachen mit blutigen Schnäbeln in das Fleisch. Ein ganzer Fleck von Elstern schnatterte aus sicherer Entfernung und begnügte sich mit Brosamen. Die unverliebten Fahrten schienen überhaupt keine Zeit zu beanspruchen. Wir sahen auch Otter, Luchse, Rehe, Bergschafe und Elche, und ich erinnere mich, wie ich mich dann fühlte, wenn ich am Trail Shop abgesetzt wurde: ein unerschütterliches Gefühl der Befriedigung und Frische, entspannt.

Auf den verliebten Fahrten saß ich steif auf dem Rücksitz, an Linda gedrückt. Ich beobachtete die Zartheit ihrer dünnen Finger, die ihre Knie umfassten. Das Auto war immer überheizt, und es schien erfüllt vom Duft ihrer Seife und ihres Shampoos. Für ein dünnes Mädchen schien Linda eine Menge Wärme abzustrahlen. Ich erinnere mich an das Gesicht ihres Vaters oder meiner Mutter, eingerahmt vom Rückspiegel, wie es mich beim Zappeln beobachtete.

In Wahrheit habe ich mich, glaube ich, niemals wirklich an Linda *gedrückt.* Ich denke, vielleicht haben unsere Knie sich berührt. Aber wenn man zwölf ist und wenn die einzigen Frauen, die man außer seiner Mutter je ohne ihre Oberbekleidung gesehen hat, die Wäschemodelle in einem Katalog von *Montgomery Ward* sind, dann weckt eine Knieberührung volle Aufmerksamkeit. Die Frauen im Tal trugen im Sommer Jeans und Blusen. Oder lange Kleider. Nach Sonnenuntergang zogen sie einen Pullover oder eine Strickjacke an, oder sie gingen ins Haus. T-Shirts wurden von den Männern unter ihren Arbeitshemden getragen. Wir waren in Wyoming, und wir wohnten in siebentausend Fuß Höhe. Den Rest des Jahres packten Mädchen und Frauen sich in Schichten von warmer Unterwäsche, Woll- und Daunenjacken. Der Anblick eines Frauenkörpers ruhte großenteils unbestätigt in meiner Phantasie. Auf den verliebten Fahrten plagte ich mich damit, mir vorzustellen, wie Linda Schmitt wohl nackt aussehen würde. Ich bemühte mich, mir nicht ansehen zu lassen, wie ich mich plagte. Ich hatte keine Schwester, und deshalb nehme ich an, dass mein Gesichtsausdruck die ungenaue Nebelhaftigkeit meiner Vorstellungen widerspiegelte. Wenn ich in den Rückspiegel schaute und meiner Mutter in die Augen sah, dann lächelte ich, als wäre mir bloß ein bisschen schlecht vom Autofahren, und mir wurde fast wirklich schlecht von der Erkenntnis, dass ich niemandem etwas vormachen konnte.

Ich ertrug meine Liebe zu Linda, wenn ich an der Reihe war. Ich schulterte diese Liebe jeden zweiten Monat, von dem Augenblick an, wo wir beide zusammen in das Auto gesetzt wurden, bis zu unserer Freilassung am Trail Shop. Sie hatte meine Liebe verdient. Ich kannte sie, seit ihre Eltern in das Tal gezogen waren. Sie wohnte nur eine Meile weit weg am Goff Creek.

Aber Candy Dohse war das Mädchen, das mich nachts wach hielt. Jede Nacht. Sie erschien mir exotischer als Linda, exotischer als die Fotomodelle im Versandhauskatalog von *Montgomery Ward.* Sie wohnte im unteren Tal.

Ich beobachtete jeden Tag die Uhr und wartete auf die Pause. Ich lief schnell aus der Klasse, damit ich sehen konnte, wie sie ins Sonnenlicht heraustrat. Sie hatte glattes rotes Haar, dicht unter den Ohren gerade abgeschnitten, und wenn die Sonne auf ihr Haar schien, dann blieb sie dort und hielt sich darin. Ich war der einzige Junge mit blonden Haaren. Es war klar, dass wir füreinander bestimmt waren, die beiden Einzigen, die von der dunkelhaarigen Herde abstachen. September und Oktober 1964 verbrachte ich damit, mich von den Spielen und auch von den Jungen, mit denen ich zum Tratschen zusammenstand, abzusondern, nur um zu sehen, wie Candy sich in der Sonne bewegte. Ich lehnte mich ans Schulhaus oder an den Zaun und tat, als wäre ich außer Atem oder müsste einen Stein betrachten, und aus den Augenwinkeln beobachtete ich sie. Wenn sie mit mir sprach, löste ich mich auf und geriet in einen Zustand umfassender Dämlichkeit; in meinem Kopf drehte sich alles, mein Mund klappte auf, und wenn ich bemerkte, dass er offen stand, versuchte ich, ihn zu einem Lächeln zu formen. Und dann sah ich zu, wie sie davonging und den Kopf mit den roten Haaren schüttelte.

Es war nicht schwer, in Candy verliebt zu sein. Sie war ein Mädchen, das gelassen in seinem Körper lebte. Sie bewegte sich fließend, zielstrebig. Sie war eins jener seltenen Kinder, die so etwas wie Selbstvertrauen und Energie verströmen. Sie war ein eindrucksvoller Wildfang. Sie konnte schneller rennen als die meisten und warf einen Ball genauso weit wie ich. Sie schaute die Dinge nicht von der Seite an; wenn sie dich anschaute, schaute sie dich *direkt* an. Wenn sie lächelte, spürte man die Kraft ihres Glücks. Und dann ihre Sommersprossen. Ihr Gesicht war übersät davon. Ihre Arme waren gesprenkelt bis herunter zu den Handrücken. Ich stellte mir vor, dass auch ihre Schultern gesprenkelt waren. Ich stellte mir jeden Quadratzoll ihres Körpers sommersprossig vor. Und weil ich ein halsstarriger Junge von wildem Optimismus war, stellte ich mir vor, dass sie meine Freundin werden würde.

Kurz vor Thanksgiving besuchte ihr Vater meinen, und Candy kam mit. Ich hatte in diesem Sommer drei Dollar gespart und in einem der Touristenläden in der Stadt einen unechten Türkis an einer unechten Silberkette für sie gekauft. Es kam mir nicht darauf an, dass diese Kette nicht kostbar war. Mehr als drei Dollar hatte ich nicht. Um meinen Bruder davon fern zu halten, hatte ich die Kette in die Polsterung eines Sessels in unserer Hütte gestopft. Der Stoff an einer der Armlehnen hatte einen Riss und bot ein gutes Versteck. Als Candy mit ihrem Vater zu Besuch kam, fragte ich sie, ob sie sehen wollte, wo ich wohnte. Warum nicht, sagte sie. Das war die Gelegenheit, auf die ich gewartet hatte. Es war Zeit, ihr meine Liebe zu erklären. Die Kette war seit dem Labor Day in ihrem Versteck, seit fast drei Monaten also.

Sie schien die Hütte auszufüllen, als wir drinnen waren. Es sah alles kleiner und schäbiger aus als noch am Morgen. Da standen die beiden Betten. Auf jedem lag ein wirrer Haufen Steppdecken. Da war ein Schreibtisch, ein Stuhl, zwei Kommoden, der verschlissene Sessel. Da war ein Spiegel. Ich trat beiseite, damit ich nicht unter meinem Spiegelbild zu leiden hatte. Im Bad war das Wasser aus den Leitungen abgelassen, damit es nicht gefrieren konnte. Die Badezimmertür war geschlossen. Eine kleine, kastenförmige Propangasheizung brummte in einer Ecke. Alles, was sie je zu heizen schien, war ihre eigene Abluftröhre. Die Hütte war ein Fachwerkbau, und sie stand auf Pfählen, um die Hanglage auszugleichen – ein ungeschützter, nicht isolierter Holzkasten. Mein Bruder und ich konnten abends unsere Stiefel ausziehen und sie unmittelbar vor die Heizung stellen, und morgens war immer noch ein Keil aus ungeschmolzenem Schnee zwischen Absatz und Sohle. Candy schlang die Arme um sich und lächelte verkniffen. »Man sieht seinen Atem«, stellte sie fest.

Ich nickte. »Ich hab was für dich«, sagte ich. Mir war ein bisschen flau und heiß. Ich schaute zur Heizung hinüber und rechnete damit, sie rot glühend zu sehen. Mein Gesicht schien zu pulsieren.

»Wo?«

»Da.« Ich deutete auf den Sessel.

Sie nickte. Vermutlich erwartete sie nicht viel von Jungen.

Ich wühlte meine Hand durch den Riss im Bezug. Ich tastete in der Polsterung umher. Die Kette war verschwunden. Ich lächelte Candy an. Sie stampfte mit den Füßen und wippte in den Knien, um die Kälte aus den Beinen zu vertreiben. Sie hielt sich immer noch umschlungen. Ich zog meine Jeansjacke aus und schlängelte die Hand tiefer in den Sessel, tastete nach der Kette, lächelte, kämpfte gegen die Panik. Ich fühlte, wie die Röte in den Hals hinabsank und sich auf den Schultern ausbreitete. Ich kniete neben dem Sessel nieder und bohrte den Arm immer tiefer hinein. Stand dann wieder auf, um den ganzen Arm in das Ding hineinzubekommen. Ich berührte die Sprungfedern. Sie waren kalt. Ich lächelte immer weiter. Ich grub mit meiner Hand endlose Tunnel durch das Innere des ganzen Sessels. Ich dachte mir, wenn ich die Kette jetzt nicht fände, würde ich höchstwahrscheinlich anfangen zu weinen. »Es ist hier drin«, sagte ich. Meine Stimme brach, während meine Hoffnung schwand.

Candy behielt ihr Lächeln. Sie biss sich auf die Unterlippe. Ich glaube, sie versuchte, nicht zu lachen.

Und dann hatte ich sie. Nur das Ende der Kette, um die Fingerspitze geschlungen. Ich zupfte daran, zog sie Zoll um Zoll in meine Hand, schloss die Faust darum und stand auf. Kleine Knäuel aus der Polsterung sprenkelten den Ärmel meines Flanellhemds. Ich ging auf Candy zu.

Ich streckte den Arm aus und öffnete die Faust. Wir beide schauten in meine flache Hand.

»Was ist das?«

»Sie ist für dich.«

»Warum war sie in dem Sessel?«

»Weil ich sie da versteckt habe.«

»Mit Erfolg«, sagte sie, und dann lächelte sie und hielt sie genau zwischen uns in die Höhe. Der Stein drehte sich am Ende der Kette. Er sah prachtvoll aus, größer als in meiner Erinnerung.

Sie streifte sich die Kette über den Kopf, ging zum Spiegel und betrachtete sich damit. Sie berührte den Stein, zog dann die Jacke von der Brust und ließ die Kette hineinfallen. »Sie ist schön«, sagte sie. Sie trat auf mich zu und ließ sich von mir küssen. Einen kurzen Augenblick lang war mir, als wäre der Boden der Hütte verschwunden und ich fiele, wäre mitten im Fallen, und ich streckte die Hand aus, um mich zu stützen. Wir lachten beide. »Sie hat drei Dollar gekostet«, sagte ich.

Wir gingen hinaus und blieben am Bach stehen. Er war gefroren und an manchen Stellen aufgebrochen, und über dem Eis war das Wasser erneut gefroren; das Ganze war jetzt ein massiver Eisfluss, zwei Fuß dick. Wir rannten abwechselnd auf dem Eis entlang, schlitterten auf unseren Stiefelsohlen und fielen hin, und die ganze Zeit war jedem von uns sehr bewusst, wo der andere war. Ich versuchte nicht, anzugeben. Ich war bloß froh, dass ich die Kette aus dem Sessel gekriegt hatte.

Als ihr Vater sie rief, um nach Hause zu fahren, verließen wir den Bach, und sie stieg zu ihm in den Pick-up und schaute auf die Bodenmatte. Sie blickte nicht auf, als sie losfuhren. Sie winkte nicht, sie lächelte nicht.

Mein Vater fragte, ob ich Spaß gehabt hätte. Ich sagte, es sei okay, und ging zurück zu meiner Hütte, und dort zog ich einen Stuhl vor die Heizung und hielt die Hände über das Gitter. Das Metall tickte, aber besonders warm war es nicht.

Am nächsten Morgen erwachte ich von Angst ergriffen. Ich lag unter meinen Steppdecken, spürte ihr Gewicht und war mir bewusst, wie schmächtig und unbedeutend ich war. Ich berührte meine Lippen. Sie waren kalt. Wenn ich die Augen schloss und an Candy dachte, erschien mir ihr Bild verschwommen, als wären wir draußen in einem schweren Schneesturm.

Auf dem Schulhof hielten wir uns voneinander fern. Wir kletterten nicht gleichzeitig auf den Propangastank. Unsere Blicke trafen sich nicht. Ich bereute, dass ich ihr die Kette geschenkt hatte. Ich bereute, dass sie mir den Kuss geschenkt hatte. Jeder war in der Welt des anderen zu groß geworden, und das drückte uns beide hinunter in eine jähe Schüchternheit, und so blieb es zwischen uns.

In der zweiten Dezemberwoche erreichte mein Elend eine kritische Stufe. Ich passte auf, ob Candy die Kette trug, aber wenn sie es tat, behielt sie sie unter dem Hemd. Ich hatte das verzweifelte Bedürfnis, die Anspannung zu durchbrechen. Ich nahm meinen Bruder beim Arm und führte ihn in eine Ecke des Schulhofes. Ich sagte ihm, dass er Linda das ganze Jahr lieben könne. Er war jünger als ich. Ich fand, dass er mir gehorchen musste. Ich erzählte ihm, dass ich in Candy verliebt war. Ich sprach es laut aus.

»Na, das wird dir aber ’ne Menge nützen«, sagte er, und er verzog doch tatsächlich höhnisch den Mund.

Ich fragte ihn, was zum Teufel er damit sagen wollte.

Er ging weg, und ich folgte ihm. Er blieb stehen und

drehte sich um. Sein Gesicht war ernst. »Sie weiß doch gar nicht, dass du existierst. Ebenso gut könntest du auf dem Mond leben.« Er seufzte und gab mir auf diese Weise zu verstehen, dass es ihn schmerzte, etwas so Offenkundiges auszusprechen. Peinlich. Er schaute mir ins Gesicht. »Sie weiß nicht mal, dass du dieselbe Luft atmest wie sie.« Angewidert schaute er weg, sah mich dann wieder an.

»Ich habe ihr eine Kette gekauft«, sagte ich.

»Wie teuer?«

»Drei Dollar.«

Sein Gesicht zerfiel vor Mitleid. Er wölbte die Hände und blies hinein. Er blinzelte hinauf in die matte Sonne, senkte den Kopf dann wieder und beobachtete Candy. Sie war in einer Ecke des Spielplatzes und baute mit Kass und Shawn Sidwell einen Schneemann. »Du hättest sechs ausgeben sollen«, sagte er, und dann ging er hinüber zu den Mädchen und half ihnen, die Schneekugel zu rollen, gegen die sie sich stemmten.

Es lag auf der Hand. Ich war nicht ungeliebt, ich war nur zu knauserig gewesen. Ich hatte mich nicht genug angestrengt. Es war eine geschäftige Welt; mickrige Gesten wurden übersehen. Ich beschloss, meine Absichten kundzutun. Ich beschloss, sie alle wissen zu lassen, dass Candy Dohse meine einzige, meine wahre Liebe sei. In der nächsten Pause, mit Liebe im Herzen, drückte ich einen Stein in die Mitte eines Schneeballs und schleuderte ihn in ihre Richtung. Sie war das Werfer-Ass auf ihrer Seite der Schlacht und hatte eine ganze Batterie Schneebälle vor sich auf der Zaunstange aufgereiht, von wo sie sie verschoss wie ein Maschinengewehr. Unter ihrem Sperrfeuer zerbrachen die Reihen unseres Teams. Sie drehte sich um und wollte den letzten Ball werfen, und ich traf sie über dem rechten Auge, als sie ihren Durchschwung vollendete. Das stoppte sie. Tatsächlich stoppte es jedes Kind auf dem Spielplatz. Alle Arme sanken herab. Kip Krone bewegte sich rückwärts auf den Propangastank zu; ohne Zweifel wollte er in Deckung gehen. Die vier Sidwell-Kids scharten sich als Familie zusammen. Alle ließen die Schneebälle fallen. Mein Bruder sah mich an, als rechne er damit, Einzelkind zu werden. Mein Ziel war erreicht.

Candy schüttelte den Kopf, betupfte mit dem Handballen die Stirn und presste ihn dann gegen die blutige Beule, die dort anschwoll. Sie weinte nicht. Ihr Blick suchte unsere Seite des Spielfelds nach jemandem ab, der ebenso schockiert wäre wie sie. Dieser Jemand war ich. Ich zitterte, gefangen zwischen Hysterie und Gelächter. Unfälle hatte ich immer schon komisch gefunden. Ich war gepackt von der Anstrengung, beide Enden eines unglückseligen emotionalen Spannungsbogens niederzudrücken. Das führte dazu, dass ein allgemeines – mit anderen Worten: sichtbares – Zittern durch meinen Körper ging.

Sie reagierte sofort. Offenbar war sie kein Mädchen, das eine Misshandlung als Hinweis auf innige Vertraulichkeit betrachtete.

Sie rannte quer über den ganzen Spielplatz in vollem Galopp auf mich zu. Ich erinnere mich an ihre Attacke, als hätte sie in Zeitlupe stattgefunden. Ich hatte nicht genug Verstand, um den Rückzug anzutreten. Ich war verliebt. Ihr rechter Arm hing von der Schulter gerade herunter, die rechte Hand war zur Faust geballt. Sie hatte ihre Fäustlinge ausgezogen, um Schneebälle zu machen. Sie drosselte ihr Tempo nicht, als sie an mir vorbeirannte, sie riss bloß die rechte Faust hoch und schlug sie mir unters Kinn, wie jemand, der im Endspurt eines Wettlaufs mit den Armen pumpt. Mein Bruder erzählte, sie habe erst angehalten, als sie zehn Schritt weit hinter der Stelle war, wo ihr Kinnhaken mich vom Boden gehoben hatte. Er erzählte auch, sie habe gebremst und sich umgedreht, ehe ich auf dem Rücken gelandet war.

Es war die Jahreszeit des gefrorenen Bodens. Ich erinnere mich nicht mehr, wie ich ins Schulhaus geführt wurde. Aber ich erinnere mich, dass ich mit Mr. Hedrick in der Mantelkammer saß, als mein Blick sich wieder klärte. Die Tür war geschlossen. Er saß auf einer kleinen Bank, auf die wir uns sonst hockten, um uns aus unseren Galoschen zu kämpfen. Unsere Mäntel hingen über seinen Schultern. Dunkel erinnere ich mich, dass ich einen Augenblick lang dachte, er sei der Engel des Todes.

Mr. Hedrick war groß. Er hatte bei *Notre Dame* Football gespielt. Bevor er ins Tal gekommen war, hatten Talentscouts ihn für den Profi-Football anwerben wollen. Die *Raiders* hatten ihm ein Angebot gemacht. Ich weiß nicht, für welche Position, aber heute würde ich vermuten, entweder als Linebacker oder als Tight End.

»Alles okay?«, fragte er.

»Ja, Sir«, antwortete ich, aber ich war nicht sicher.

Ich glaube, Mr. Hedrick muss etwas an der Schilddrüse gehabt haben, denn seine Augen saßen größer in seinem Gesicht, als sie hätten sein dürfen.

Ich versuchte die Sache wieder gutzumachen. »Ist Candy okay?«

»Sie ist aufgebracht.«

»Das habe ich schon mitgekriegt.«

»Man sieht's dir an.«

»Muss sie genäht werden?«

»Sie hat ein Pflaster bekommen. Kopfverletzungen bluten einfach stark, ich weiß auch nicht, warum.«

»Warum was?«

»Warum das viele Blut. In unserem Gehirn ist praktisch gar keins, verglichen mit dem Oberschenkel beispielsweise.«

»Ja, Sir.« Mr. Hedrick war ein nachdenklicher Mann, aber jetzt konnte ich ihm nicht folgen. Ich war auf eine Tracht Prügel gefasst.

»Bist du stolz auf das, was du getan hast?«

»Nein, Sir.«

»Hast du Candy gern?«

»Sehr gern.«

»Was glaubst du, was Mrs. Hedrick tun würde, wenn ich ihr einen Stein an den Kopf werfen würde?«

»Mit Absicht?«

»Ich werfe nicht aus Versehen mit Steinen auf Leute.«

»Sich von Ihnen scheiden lassen?«

»Ich glaube, so weit würde sie nicht gehen.«

»Ich glaube nicht, dass sie Ihnen einen Kinnhaken geben würde. Sie sind größer als Ihre Frau. Ich bin ungefähr genauso groß wie Candy.«

»Ich glaube, wir sind vom Thema abgekommen.«

»Ja, Sir.«

»Glaubst du, du solltest eine Tracht Prügel bekommen?« Ich konnte es nicht ausstehen, wenn Erwachsene versuchten, einen an der eigenen Bestrafung zu beteiligen. Meistens stand ihr Entschluss dann sowieso schon fest, aber ich kannte Mr. Hedrick nicht gut genug, um zu wissen, welche Richtung er einschlagen würde.

»Nein, Sir«, sagte ich.

»Hast du schon mal etwas getan, wofür du deiner Meinung nach eine Tracht Prügel bekommen solltest?« Das war eine Fangfrage. Die Antwort würde erkennen lassen, ob ich ein braver oder ein böser Junge war.

Ich sagte: »Ja, Sir.«

Mr. Hedrick schaute auf seine Hände. Er hatte große Hände. Er nickte. Panik durchfuhr mich wie ein Stich. Es bestand die Möglichkeit, dass er mich für meine gesammelten Verbrechen bestrafen würde.

»Tut es dir Leid?«

»Es tut mir sehr Leid.«

Er sah zu mir auf. Er schaute mir eindringlich ins Gesicht. Noch immer hatte er seine Karten nicht auf den Tisch gelegt.

»Geh und sag Candy, dass es dir Leid tut.«

Ich stand auf, noch immer ein bisschen benommen.

»Ich wäre dir außerdem dankbar, wenn du den Rest des Tages weiterhin ein ernstes Gesicht machen wolltest. Das wäre gut für die allgemeine Moral. Ich möchte nicht, dass so etwas noch mal passiert.«

»Das kann ich tun.«

»Und du bist sicher, dass alles okay ist?«

»Ich glaube schon.«

»Sie hat dich k. o. gehauen, was?«

»Ja, Sir, das hat sie.«

»Ich glaube, wenn sie meint, sie muss es noch mal tun, solltest du das zulassen.«

»Ins Gesicht?«

»Ich rede mit ihr.«

»Danke, Mr. Hedrick.«

»Zurück in die Klasse.«

Candy saß allein ganz hinten im Klassenzimmer und

starrte in ihr Mathebuch. Ich ging den ganzen Gang hinunter und wusste, dass alle anderen Kinder mich beobachteten. Ich versuchte so zu tun, als müsste ich hinken. Candy blickte nicht von ihrem Buch auf. Ich blieb einen Augenblick lang füßescharrend vor ihrem Pult stehen. Mr. Hedricks sah uns zu. Ich bemühte mich, meine Aufmerksamkeit auf Candy zu konzentrieren. Ich hoffte, dass ich das Muster der Sommersprossen auf ihrer Stirn nicht zerstört hatte.

»Es tut mir Leid«, sagte ich.

Sie hob den Kopf. Ihre Augen loderten. »Du siehst nicht so aus.«

»Aber es stimmt.«

»Hat Mr. Hedrick dich damit beauftragt?«

»Ich hätte auch so gesagt, dass es mir Leid tut.« Die Situation war verzweifelt. »Ich liebe dich«, flüsterte ich. Kip Krone lehnte sich in seiner Bank nach hinten.

»Damit hör lieber auf.« Mehr sagte sie nicht. Sie sagte mir, ich solle aufhören sie zu lieben, und schaute wieder in ihr Mathebuch. Ich trat einen Schritt zurück. Ich bewunderte sie, weil sie den Schmerz nicht hochspielte. Die meisten Mädchen hätten an dem Pflaster herumgefingert, wären vielleicht ein bisschen zusammengezuckt. Ich sagte noch einmal, dass ich sie liebte, und sie klappte ihr Buch zu und drehte sich auf ihrem Stuhl herum. Ich sah etwas Silbernes im Kragen ihres Flanellhemds blitzen. Sie trug die Kette.

»Ich hoffe, du stirbst«, sagte sie.

Ich lächelte. Wir waren Kinder, die mit Reitunfällen, Grizzlybären, Hochwasser und Blizzards aufwuchsen. Sie hatte nicht gesagt, *wie* ich sterben sollte. Ich fühlte mich halb freigesprochen.

Ich schaute zu Mr. Hedrick nach vorn. Er zuckte die Achseln.

Auf der Fahrt nach Hause setzte mein Bruder sich weg von mir. Linda saß vorn neben ihrem Vater. Ich dachte an Candy. Ich war sicher, dass sie mich noch liebte; dies war nur ein Rückschlag. Ich hob die Hand an mein Kinn. Es tat noch immer weh.

Ich starrte aus dem Autofenster. Die Wolken hingen tief und waren von dem gleichen stumpfen Weiß wie der frisch gefallene Schnee. Das gab der Landschaft etwas Tristes, Gedämpftes. Ich dachte an den Rest des Nachmittags, nachdem Candy gehofft hatte, ich würde sterben, und ich zu meiner Bank zurückgegangen war und mich hingesetzt und auf meine Hände gestarrt hatte. Es war offensichtlich, dass ein paar der Jungen es bewunderten, wie ich Candys Kinnhaken eingesteckt hatte und gleich wieder aufgestanden war, aber sagen würden sie das nicht. Kip Krone zog zumindest die Brauen hoch, schüttelte den Kopf und lächelte mich an. Die kleineren Kinder tuschelten und warfen mir Blicke zu, als wäre ich etwas Wildes, potenziell Gefährliches. Alle Mädchen betrachteten mich mit Abscheu, starrten mich an als das, was ich war: ein kläglicher Fall von schief gelaufener Pubertät.

Es dämmerte. Man konnte nicht mehr erkennen, wo der Schnee aufhörte und die graue Luft anfing.

Als mein Bruder und ich an der Landstraße unterhalb der Lodge abgesetzt wurden, starrte Linda Schmitt mich nur ausdruckslos an, als wäre ich ein lästiger kleiner Hund, den man hinausließ, damit er sein Geschäft machen konnte. Mit Linda würde es keine verliebten Fahrten auf dem Rücksitz mehr geben. Sie lächelte meinem Bruder mit echtem Mitleid zu.

Das Auto der Schmitts wurde von Schneegestöber und flachem Dämmerlicht verschluckt. Mein Bruder und ich standen am Straßenrand. Wir hörten, wie die Reifen in den harten Schnee auf der zweispurigen Straße bissen, aber das Auto konnten wir nicht mehr sehen. Wir wandten uns ab und gingen in zwei separaten Reifenspuren zur Lodge hinauf.

»Ich glaube, eine Sechs-Dollar-Kette hilft jetzt auch nichts mehr«, sagte er.

Ich nickte, und den Rest des Weges gingen wir schweigend.

Soweit ich es sah, hatte ich nur drei wirkliche Versuche, meinen rechtmäßigen Platz als Oberklassemann in der Vielfalt der Jahrgänge wieder einzunehmen. Ich gelobte mir, hemmungslos zu leben. Schmach mochte meine Bestimmung sein, doch ich würde schwelgen in jeder Feier, zu der sich Gelegenheit bot.

Manche Schulen stumpfen ihre Schüler mit Veranstaltungen ab: Versammlungen, Gastredner, ein fahrender Zauberer. Wir litten nicht an solcher Völlerei. In der Schule von Wapiti gab es die Weihnachtsfeier, die Frühjahrsauktion und das Landschulsportfest, das kurz vor den Sommerferien veranstaltet wurde. Ich gedachte Candy bis zum Sommer für mich zu gewinnen. Ich gedachte mich in diesen drei Veranstaltungen vorteilhaft zu präsentieren.

Zwischen Thanksgiving und unserer Entlassung in die Weihnachtsferien probten wir für die Weihnachtsfeier. In den vergangenen Jahren hatte es Weihnachtslieder gegeben, Gedichtlesungen, ein Theaterstück, das krampfhaft bemüht war, etwas mit Christentum zu tun zu haben, und meterweise Gazestoff, der für die Herstellung eines Dutzends Engelsflügel verwandt wurde. Heute sehe ich die Weihnachtsfeier als eine Art Taufe: Wenn man sie überlebte, konnte man auch die betäubende Kälte und Dunkelheit der nächsten drei Monate überleben. Das ganze Tal nahm teil: Sämtliche Eltern, Verwandte, ehemalige Schüler, kinderlose Ehepaare, alte, unverheiratete Cowboys, deren Trucks es vielleicht nicht mehr nach Cody zurück schaffen würden. Fernsehempfang gab es kaum. Wir waren Leute, die selbst magerste Unterhaltung entbehren mussten.

Das Weihnachten, bei dem ich in der siebten Klasse war, brachte einen Knalleffekt: Bill Waller. Bill war für kurze Zeit Besitzer von Nameit Creek Lodge gewesen, und er interessierte sich für die Rituale der amerikanischen Urbewohner. Außerdem war er Trainer gewesen. So trainierte er uns in den Feinheiten des Schlangentanzes. Es störte uns nicht, dass er mehrere indianische Traditionen zu einem einzigen Spektakel zusammenflocht; damals konnte das keiner von uns unterscheiden. Wir waren nur lauter weiße Kids, die sich zu Tode langweilten, wenn sie daran dachten, »Stille Nacht« zu singen und Elfen zu spielen, oder die Heiligen Drei Könige, oder einen Trupp verschwitzter Boten von Gott.

Bill Waller führte sich auf der Stelle als geradezu übernatürliche Erscheinung ein, indem er alle zehn Jungen versammelte und auf den Händen vor uns hin und her ging, während er sich vorstellte. Er war ein alter Mann, schon über fünfzig. Wir waren beeindruckt. Es war, als ginge man zum Zirkus, ohne dass man von zu Hause weglaufen musste. Wir wären Bill Waller überallhin gefolgt.

Als ich meiner Mutter vom weihnachtlichen Schlangentanz erzählte, meinte sie, wie es sich anhörte, wäre es genau das Richtige für einen Jungen, der einem Mädchen einen Stein an den Kopf wirft. Aber obwohl sie murrte, machte sie für meinen Bruder und mich Lendenschurze und Mokassins aus Cord.

Am großen Abend tanzten wir unter den Augen unserer Familien und Freunde in einer Reihe auf die zusammengezimmerte Bühne, hopsten und drehten und wanden uns in einem ungefähren Kreis, nackt bis auf die Lendenschurze aus Jeans- oder Cordstoff, die unsere Boxershorts umflatterten, schwenkten Gummischlangen über unseren Köpfen und johlten. Ich verspürte das dringende Bedürfnis nach einem anhaltenden Geheul.

Unsere Beine, Oberkörper und Gesichter waren mit Blitzen bemalt, mit Handabdrücken, geometrischen Mustern, Strichpferden und den Umrissen von Pick-ups. Bill Waller hatte die Schlangen und einen Satz Wasserfarben geliefert. Ich weiß nicht mehr, ob er uns auch mit den schwarzen Zöpfen ausgestattet hatte, aber wir hatten sie, und sie flogen uns vom Kopf, und wir tanzten auf ihnen herum. Bethlehem war das nicht. Es war Wapiti. Ich war so begeistert, dass ich beinahe Kip Krone rückwärts in die Weihnachtskrippe gestoßen hätte. Das Publikum spendete uns stehenden Applaus. Candy Dohse war engelhaft und unbeeindruckt. Ich konnte sie nicht dabei ertappen, dass sie mich anschaute. Nicht ein einziges Mal.

Januar und Februar verliefen trostlos. Die Krone-Jungs und Jeff und Bruce Keller ließen sich für kurze Zeit mit mir sehen. Meinem Bruder blieb nichts anderes übrig. Sämtliche Mädchen hielten respektvoll Abstand.

Die Frühjahrsauktion fand im März in der Schule statt, und zwar unter der Schirmherrschaft des *Wapiti Women's Club*, der damit seinen Stipendienfonds für ehemalige Schüler von Wapiti finanzierte. Die Bewohner des Tales waren um diese Zeit von der Starre des Winters niedergedrückt und lechzten nach einem Ereignis. Jede Familie brachte mindestens ein heißes Gericht und ein Dutzend Kekse sowie die Erzeugnisse ihres winterlichen Einsiedlerlebens mit, um sie für die Auktion zu stiften. Eingemachte Gurken, Wurzeln, Pökelfleisch, Marmelade. Gläser mit Honig, Brote, Makramee. Alle möglichen Backwaren. Pflanzen. Aus Treibholz geschnitzte Vögel. Buchstützen aus zusammengeschweißten Hufeisen. Amateur-Landschaftsbilder. Geflochtenes Zaumzeug. Und das große Stück: die Flickendecke, die der Wapiti Women's Club gemacht hatte. Jedes Quadrat war von einer anderen Frau hergestellt, gesteppt worden war das Ganze gemeinsam, und die Decke war so heiß begehrt, dass die Tombolalose innerhalb weniger Wochen vergriffen waren. Fast jede Frau im Tal gehörte dem Club an – die jung verheirateten, die verwitweten, die ledigen. Die Steppdecke war ihr Geschenk an die Gemeinde.

Die Leute boten wie wild – um anzugeben, um jemandem den Hof zu machen, um den Stipendienfonds zu stärken oder ganz einfach, weil sie es sich leisten konnten. Nachbarn gaben das bisschen Geld, das sie hatten, für die Handwerkskunst ihrer Nachbarn aus, sodass jedes Jahr eins der Kinder aus dem Tal in den Genuss einer erweiterten Bildung kommen konnte. Es gab Stipendien für ein vierjähriges Collegestudium und Stipendien für Fachhochschulen.

Auf dem Fluss brach das Eis. Es war eine Party, die

niemand versäumte. Ich erinnere mich, dass Glenn Fales der Auktionator war. Ihm gehörte die Rimrock Ranch. In seiner Stimme lag ein Maß an Bedrohlichkeit, das die Bieter veranlasste, sehr aufrecht zu sitzen. Ich hatte zehn Dollar gespart. Ich kaufte einen Kuchen und einen kunstvollen Wandbehang, eine Flecht- und Makramee-Arbeit aus einem aufgezwirbelten, dicken Stück Hanfseil. Blaue Holzperlen waren auch darin. Candy Dohse sagte zu mir, sie würde ihn nicht mal in der Scheune aufhängen.

Die Hirsche, Rehe und Bergschafe, die den Winter überstanden hatten und auf das grüne Gras warteten, ernährten sich von Sprösslingen und starben in den schweren Frühjahrsschneestürmen im April. Ich sah ihren Tod ohne Mitleid; mein Saft war gestiegen und vertrocknet.

Am Ende des Schuljahres wurden wir mit dem Bus nach Cody gefahren, wo auf dem Footballfeld und in der Turnhalle der High School das Landschulsportfest stattfand – alles in allem vielleicht fünfzig ansonsten ganz tüchtige Landkinder, die im kultivierten Glanz der städtischen Szenerie täppisch mit den Füßen scharrten. Cody war eine Stadt mit fast viertausend Einwohnern. Es besaß eine Asphaltbahn, es gab Tribünen, und wir fühlten uns wie Zigeuner, die zu einer raren Mahlzeit in die Küche eines Herrenhauses geführt wurden.

Den Winter hindurch fuhren meine Eltern mit meinem Bruder und mir einmal im Monat in die Stadt. Wir kauften Lebensmittel und Haushaltswaren ein. Wir aßen im *Irma Hotel*, und dann gingen meine Mutter, mein Bruder und ich ins Kino, während mein Vater auf der anderen Straßenseite in der *Irma Bar* auf uns wartete und mit seinen Freunden die neuesten Nachrichten austauschte.

Aber das Frühjahrssportfest war mehr als ein Ausflug in die Stadt; es war eine frivole Veranstaltung. Es gab keine Aufträge zu erledigen. Die *Dairy-Queen*-Eisdiele war offen, und es gab Gelegenheit zum Heldentum. Wir trainierten hart. Vor dem Sportfest verbrachten die Schüler von Wapiti zwei ganze Wochen lang die Pausen damit, die Viertelmeile von der Schule bis zum Postamt zu rennen. Wir alle. Wir stellten uns auf dem Kiesparkplatz vor der Schule auf und sprinteten am kiesbestreuten Straßenrand der zweispurigen Landstraße entlang. Kip Krone und ich rannten zusammen. Wenn wir bei der Post angekommen waren, tänzelten wir auf der Stelle, bis wir wieder zu Atem kamen, und dann rannten wir zurück zur Schule. Niemand gab uns zu verstehen, dass wir für unsere Alma Mater antreten sollten; es herrschte ein kompletter Mangel an Teamgeist: Wir kamen um des individuellen Ruhmes willen. Wir kamen zum Eisessen. Wir kamen, weil es ein Ausflug in die Stadt war und weil es Frühling war.

Meine Uniform bestand aus einem weißen T-Shirt von meinem Vater – die Ärmel hingen mir bis über die Ellenbogen, und der Saum reichte mir bis zu den Knien –, einer Alltagsjeans und schwarzen, hohen Turnschuhen. Manche Kinder rannten auch in ihren Cowboystiefeln. Es gab Hochsprung, den Viertelmeilenlauf, mehrere Kurzstreckenläufe und ein Basketballwerfen. Unsere Eltern standen auf der Holztribüne und schrien sich heiser. Mein Bruder gewann eine Schleife im Viertelmeilenlauf. Ich ging beim Fünfzig- und Hundert-Yard-Sprint als Letzter durchs Ziel, gewann aber eine Schleife im Basketballwerfen; ich versenkte acht von zehn Bällen. Ich war klein, aber die Abwesenheit jeglicher Hoffnung war Zen für mich. Ich warf ohne jede Erwartung. Ich warf, um die Sache hinter mich zu bringen und im Schatten zu sitzen und ein Eis zu essen, getaucht in Schokolade, die zu einer Glasur gefroren war. Ich versuchte gar nicht erst, meine Schleife Candy anzubieten; stattdessen steckte ich sie mir an die Schulter meines geborgten T-Shirts, wo jedes Lüftchen sie mir ins Gesicht wehte. Die Schande hatte sich verlaufen. Meine Mutter schreckte nicht mehr zurück, wenn ich sie umarmte. Auf der Busfahrt in die Stadt hatte Linda Schmitt mich angelächelt, schüchtern nur, aber es war ihr egal, wer sie dabei sah. Das Schuljahr ging zu Ende. Die Bäume schlugen aus. In einer Woche würden wir die Pferde von der Winterweide holen, und die ersten Gäste würden in der Lodge eintreffen.

Im nächsten Herbst besuchte ich die achte Klasse in Cody. Ich wohnte im Keller bei Lillian Hackett. Sie war eine Witwe mit zwei Töchtern, die bald mit der High School fertig waren. Um meinen Beitrag zur Miete zu leisten, schaufelte ich den Schnee von den Gehwegen, nahm Gelegenheitsjobs an und zog Pferden die Hufeisen ab.

Jedes zweite Wochenende fuhr ich per Anhalter nach Hause. Weihnachten erzählte mein Bruder mir, dass er in Linda Schmitt verliebt sei. Fulltime.

Letzte Woche habe ich Linda Schmitts Mutter angerufen und erfahren, dass Linda Filialleiterin der Norwest Bank ist, in Billings, Montana. Ihre Mutter hat mir erzählt, sie ist verheiratet und hat einen achtzehnjährigen Sohn. Ich habe meinem Bruder die Neuigkeit erzählt, und er hat gemeint, er wünschte, er brauchte ein Darlehen. Wir haben uns beide vorgenommen, sie zu besuchen, wenn wir das nächste Mal in Billings sind.

Kip Krone führt eine Ranch außerhalb von Pavillion und bekämpft im Sommer Waldbrände. Sein Bruder Pete hat sich mit seinem Pick-up auf den Steinen am Ufer des Greybull River überschlagen und ist dabei ums Leben gekommen, 1979.

Die Sidwell-Kids habe ich aus den Augen verloren, und Jeff und Bruce Keller auch. Meine Frau hat Montana und Wyoming im Internet nach Bill Dansbys Telefonnummer abgesucht und nichts gefunden. Gene Hedrick ist 1982 an einem Herzinfarkt gestorben, mit gerade mal sechsundvierzig Jahren. Manchmal sehe ich seine Witwe beim Aktzeichnen in einem College in der Nähe. Sie hat mir erzählt, dass eine ihrer Töchter hinter der Lodge, in der sie wohnten, in den Wald gegangen ist, um Genes Asche zu verstreuen. Sie sagt, ein Schwarzbär habe die Tochter auf einen Baum getrieben, und sie habe den Nachmittag auf diesem Baum verbracht. Und sie hat mir erzählt, dass ein Bär Genes Talisman war. Wir lächelten. Wir erinnerten uns daran, was für ein guter, grundsolider Mann er gewesen ist.

Candy Dohse habe ich letzte Woche auch angerufen. Sie ist Deputy Marshal in San Diego County, hat zwei Kinder und eine Enkelin. Sie hat mich gefragt, ob ich mich an die Tanzveranstaltungen auf der Tenne am *Lazy KC* erinnerte. Sie hat mich gefragt, ob ich noch wüsste, wie sie bei der Weihnachtsfeier die Maria gespielt habe. Sie hat mich gefragt, ob ich mich noch an die Kette erinnern könnte, die ich ihr geschenkt hätte. Ob ich noch wüsste, wo ich sie versteckt hatte. Sie hat sie noch, hat sie gesagt. Sie verwahrt sie in einem kleinen Holzkasten, den Kass

Sidwell ihr geschenkt hat. Eingeschnitzt in den Deckel des Kastens ist das Wort WAPITI.

Ich betrachte sie heute, sie alle, als meine Familie. Und wenn ich nachts aufwache und Angst habe um das Land oder wegen der Entscheidungen, die ich für mich treffen muss, dann höre ich ihre Namen, und sie sind wie die Namen der Bäche, die den Fluss speisen: Keller, Fales, Ballings, Rumsey, Royal, Gibbs, Morris, Coe, Wilson, Lewis, McClelland, Kinder, Petty, Dahlem, Hall, Schmitt, Garlow, Selby, Sidwell, Legg, Stonehouse, Fell, Sauerwein und Sowerwine, Van Wagoner, King, Dohse und die, die vor ihnen kamen. Ihre Namen fließen von den Absarokas herunter, zum Fluss, zum Shoshone, und flüstern den Namen Wapiti.

Der Zirkusdirektor

Du weißt, wie alt ich bin?«

»Ist mir egal«, sage ich, aber das ist gelogen. Jeder Cowboy im Bunkhouse fragt sich, wie alt der alte Mann sein mag. Er ist Meister im Betrunkensein. Ein Muster an Pflichtvergessenheit. Geachtet wegen seines unbeirrbaren Niedergangs. Die Männer mittleren Alters, John und Gordon und Phil, drehen regelmäßig zu Besäufnissen ab, die drei oder vier Tage dauern, aber zwischen diesen Attacken gönnen sie sich einen Monat Ruhe. Die Konsequenz des Alten macht sie mutig. Wenn er seine schlechten Gewohnheiten überlebt hat, so denken sie übereinstimmend, haben sie immer noch Hoffnung, alt zu werden. Wenn sie ihr Leben mit dem des Kochs vergleichen, fühlen sie sich gesund, geradezu tugendhaft.

Aber ich bin jung und hänge an der Vorstellung, dass ich Erfolg haben könnte mit meinem Leben. Ich fürchte den alten Mann, wie ich den Blitz fürchte. Irgendwie ist er durch die Ritzen gerutscht. Ich fürchte, wenn sein Glück am Ende ist, werden alle um ihn herum niedergestreckt werden. Oder auch nicht. Was ich noch mehr fürchte, ist die Möglichkeit, dass er einfach älter werden und sterben wird. Dass es keine Gerechtigkeit gibt. Dass meinem Leben etwas fehlen könnte, wenn ihm die Lehren der Strafe fehlen. Ich fange an, mich nach Verbrechen zu sehnen, die Strafe verdienen. Ich habe angefangen zu zittern, wenn ich mit Mädchen zusammenkomme. Mein Herz verliert sich in Phantasien, meine Gedanken werden undenkbar. Ich bin nicht so unempfindsam, dass ich meine aufkeimende Sucht nach Haut nicht bemerke. Nach Sünde. Ich fürchte den alten Mann, weil mir Einhalt geboten werden muss und er doch immer noch rüstig ist.

»Ich bin vielleicht alt, aber kränken kann man mich immer noch.«

»Tut mir Leid«, sage ich, aber ich drehe mich nicht um. Ich presse den Handballen auf mein Sattelhorn, stelle mich in den Steigbügeln auf und drücke den Rücken durch. Der alte Mann reitet hinter mir, und ich will nicht, dass er mein Gesicht sieht. Ich opfere die Chance, zu erfahren, wie alt er ist, bevor ich ihm die Freude einer Unterhaltung mache.

Dabei ist es mir überhaupt nicht egal, wie alt er ist, und es tut mir auch nicht Leid, wenn ich ihn gekränkt habe. Zwei Lügen. Ich entwickle mich nicht nur zu einem Perversen, sondern auch zu einem Lügner. Ich ziehe die Knie unterhalb der Sattelwölbung hoch, krümme mich tief über das Horn, richte mich dann wieder in den Steigbügeln auf und strecke mich. Ich versuche, die Lügen durch Krümmen und Strecken von meinem Skelett fern zu halten. Meine Mutter hat mir erzählt, dass Lügen in die Gelenke zwischen den Knochen eines Jungen eindringen. Sie hat gesagt, sie sehen aus wie versteinerte Pfirsichkerne, nur viel kleiner, und sie sammeln sich dort an wie Samenkörner. Sie hat gesagt, Lügen sind die Hauptursache für Arthritis. Lügner werden früh und unter Schmerzen zu Krüppeln. Bevor meine Mutter die Aufgabe übernommen hat, für meine persönliche Aufklärung zu sorgen, war sie Krankenschwester. Ich hänge in einer absteigenden Spirale fest. Jeden Tag denke ich an

Mädchen, und zwar in einer Weise, die das Lügen notwendig macht.

»Ich bin so verdammt alt, dass ich nicht mehr jeden Quatsch glaube«, sagt er. »So alt bin ich.« Er versucht zu lachen, ein ersticktes Gackern, und der Versuch löst einen Hustenanfall aus. Er hustet, bis er einen Mund voll Altmännerschleim heraufkrächzt und den ganzen Fladen über die linke Schulter spuckt, und dann wischt er sich Mund und Kinn am Jackenärmel ab. »Wie weit sind wir vorangekommen?«, fragt er.

»Ungefähr eine Viertelmeile seit unserem letzten Halt«, sage ich.

»Das Alter wird deine neunmalkluge Klappe schon zum Schweigen bringen«, sagt er. »Klugschwätzer, du.«

»Dann benutze ich sie doch besser, solange ich jung bin.« Wolkenmassen drängen von Yellowstone heran, die Bäuche dunkel von Nässe, und die Temperatur ist gefallen. Der Tag kann so oder so weitergehen. In Wyoming sagt man: Wenn dir das Wetter nicht gefällt, kannst du fünf Minuten warten oder fünf Meilen reisen. Ein nutzloser Aphorismus, wenn man im Frühherbst in einen Blizzard gerät.

»Das ist nicht das Einzige, was du besser benutzen solltest.« Er gibt sich nicht einmal Mühe, die Zote in seiner Antwort zu verhüllen.

»Auf diesem Hang gibt's keinen guten Platz zum Sitzen«, sage ich. »Wir halten unter den Bäumen.« Ich drehe mich im Sattel um und lächle. Schlimmer als eine Unterhaltung wäre es, wenn ich mir das Sexgeschwätz des Alten anhören müsste. »Wir haben jetzt ungefähr sieben Meilen«, füge ich hinzu. Ich schaue ihm ins Gesicht und versuche, so ungerührt auszusehen wie das Wasser in einem

Eimer. Er hüpft gegen den Rhythmus seines Pferdes an wie ein kleiner, ausgedörrter Schimpanse.

Der Gedanke, dass dieser alte Mann irgendwann einmal eine Frau angerührt haben soll, die er nicht vorher fesseln musste, wirkt wie eine Schlange, die man mir in den Hemdkragen stopft. Wenn ich mir seine Hände auf einer einzigen Frau vorstelle – und sein Gemäre über Frauen ist präzise –, werden mir alle Frauen verdächtig, und meine Phantasien werden so ranzig wie der Whiskey, den er schluckt. Was die Mädchen in meiner Vorstellung angeht, ist es mir lieber, sie wissen nichts von torkelnden alten Säufern. Es ist mir lieber, sie kennen nur mich.

Im Wald binde ich seinen Zügel in Kopfhöhe an den Ast einer Drehkiefer und kauere mich unter seinem linken Steigbügel auf allen vieren nieder. Er rutscht zappelnd seitwärts über seinen Sattel, steigt mir mitten auf den Rücken und dann auf den Boden. Er ist so zerbrechlich und leicht wie ein großer, federloser Vogel – eigentlich eher Vogel als Affe, denke ich. Ich stütze ihn, als er zu einem Baumstamm schlurft. Er setzt sich hin, verzieht das Gesicht und stöhnt, während er sich die Schenkel reibt. Sein Gesicht ist rot von der Anstrengung. Ich gehe zu seiner Satteltasche und hole eine Flasche *Walker's Deluxe* heraus. Den alten Mann ins Jagdcamp zu schaffen erfordert zwei Flaschen.

Mein Bruder hat gewettet, dass der Alte achtzig ist. Ich habe gesagt, ich könnte mir vorstellen, dass er hundert ist. Wie die Cowboys im mittleren Alter, mit denen ich zusammenarbeite, hoffe ich, dass er ein Rekordalter hat. Dass er so uralt ist, wünsche ich mir nur aus einem Grund: weil ich wünschte, er wäre tot. Wenn er alt genug ist, kann ich mir vorstellen, dass er ein erfülltes Leben gehabt hat.

Das erleichtert mein Gewissen. Mag sein, dass ich ein Lügner bin, und verkommen dazu, aber ich bin immer noch fähig, Gewissensbisse zu empfinden. Meine Mutter hat mir nicht gesagt, was Gewissensbisse anrichten können. In diesem Frühjahr hat mein Vater mir den Auftrag gegeben, einen verstopften Sickertank auszuschöpfen. Nach dieser Arbeit hatte ich wochenlang Verstopfung, und der Appetit war mir für einen Monat vergangen, aber mit Freuden würde ich mein Leben lang in Hüftstiefeln Scheiße schöpfen, wenn dieses Geschäft bedeutete, dass ich nicht den Babysitter für den alten Koch spielen müsste, um ihn ins Camp zu begleiten. Es ist jetzt das zweite Mal in drei Jahren. Ich betrachte diesen Auftrag als ein Anzeichen meiner Unfähigkeit.

Er trinkt einen Schluck aus der Flasche, stellt sie zwischen seinen Beinen auf den Boden und zündet sich eine Zigarette an. »Ich bin vierundsiebzig«, sagt er. Er ist immer noch außer Atem.

»Da werden aber ein paar Leute enttäuscht sein«, antworte ich, und ich bemühe mich, mir meine eigene Enttäuschung nicht anmerken zu lassen. Vierundsiebzig ist nicht alt genug, um mich aus den Fängen meines schuldbewussten Gewissens zu befreien.

»Ich hoffe, ich werde noch viel älter.« Er hat den Kopf nach hinten gelegt und atmet den Zigarettenrauch in kleinen Ringen über sein Gesicht. Der Whiskey tut sein magisches Werk. Der Adamsapfel hüpft wie ein dritter Ellenbogen in der Kehle des alten Mannes. Seine Haut ist wieder weiß wie gemahlenes Mehl, aber fleckig. An manchen Stellen sieht er aus, als ob er anfängt zu rosten. Seine Wangen und seine Brust sind eingefallen. Er hat keinen Arsch, kein Kinn, keine Ohrläppchen. Ich versuche mir vorzustellen, wie er ausgesehen haben muss, als er noch nicht bloß Haut und Knochen war, aber da senkt er den Kopf wieder und grinst. Vorn in seinem Mund sind nur noch vier Zähne. »Ich war nicht immer Koch«, sagt er.

»Was warst du vorher?« Ich frage mich, wie ein richtiger Albatros, ein alter, wohl aussieht.

»Ich hatte einen Zirkus.«

»Mit Vögeln?«

»Keine Vögel. Ein Elefant, zwei Großkatzen, ein paar Pferde. Eine der Trapezfrauen hatte eine Schlange. Sie war Nymphomanin.« Er senkt den Kopf, spuckt neben die Flasche, kratzt sich an der Wange, gluckst. Seine Wangen sind immer von einem Pelz aus weißen Stoppeln bedeckt. Auch sein Nasenrücken und die oberen Ränder seiner Ohren. Seine Augen sind vernebelt und tränen, aber er sieht nicht aus, als ob er lügt. Bei all seinen Gebrechen leidet er doch nicht an Arthritis. »Willst du was von der Trapezfrau hören?«

»Nein, Sir.«

»Weißt du, was eine Nymphomanin ist?«

»Ich versuche, nicht darüber nachzudenken.«

»Wie alt bist du?«

»Vierzehn.«

»Wahrscheinlich denkst du über nichts anderes nach. Ich war auch mal vierzehn.«

»Ich mag aber keine Schlangen«, sage ich. Es ist ein verzweifelter Versuch, die Unterhaltung aus dem Gleis zu bringen.

»Sie hat gegessen, geschlafen und geschissen mit diesem dicken Mistvieh um den Hals. Das Saustück hat mehr von ihren Titten zu sehen gekriegt als wir andern zusammen.«

»Ich lasse die Pferde öfter Halt machen, wenn wir über was anderes reden können.«

Er lässt die Flasche vom Mund sinken und blinzelt in meine Richtung. Dann lächelt er. Er kneift ein Auge zu und späht in den Flaschenhals, als erlebe er dort ein vergangenes Ereignis mit. »Eine Schlange kann eigentlich selber überhaupt keine echte Wärme hervorbringen. Darüber kannst du mal nachdenken.«

»Ich denke gerade darüber nach.«

»Wenn du einen Zirkus besitzt, hast du ein ausgesprochen unterhaltsames Leben. Ungefähr einen Monat lang hatte ich 'ne Hundenummer, aber eine von den großen Katzen hat sich losgerissen, und damit war die Sache erledigt.«

Er nimmt noch einen Schluck aus der Flasche und rappelt sich mühsam hoch. Ich verstaue den Whiskey und kauere mich neben seinem Pferd nieder. Er steigt mir seufzend auf den Rücken und krallt sich an seinem Sattel hoch. Er rückt sich zurecht, furzt und grinst. Der Schnaps scheint ihm neues Leben einzuflößen. Jetzt wird er wieder eine Viertelmeile schaffen, vielleicht auch eine halbe, aber bis zum Camp sind es siebenundzwanzig. Vor zwei Jahren haben wir einundachtzig Pausen gemacht. Es ist die schlimmste Art des Reisens, die ich mir vorstellen kann. Um vier Uhr morgens brechen wir auf, und für mich ist es ein Wunder, wenn wir es schaffen, ehe es dunkel wird. Mit den Packpferden ist es ein Siebenstundenritt, wenn kein Unfall passiert. Dies war jetzt schon das vierundzwanzigste Mal, dass der Alte Halt machen musste, und wir sind noch keine sieben Meilen weit den Eagle Creek hinaufgeritten. Das Reiten mit ihm ist nichts weiter als ein einziger, lang gezogener Unfall.

Als ich wieder im Sattel sitze, packt mich die jähe Angst, die zwei Flaschen könnten dieses Jahr nicht reichen. Ich habe den alten Mann gesehen, bevor er morgens seinen ersten Drink bekommen hat, und der Unterschied zwischen dem alten Mann, der betrunken ist, und dem alten Mann, der sich betrinkt, ist der zwischen einer Hauskatze und einem Vielfraß. Die Pferde sind schon ganz nervös, aber wenigstens klart der Himmel auf.

Überall in der Küche und in der Speisekammer in der Lodge ist Whiskey versteckt. In Mehlfässern und hinter Konserven, und Flaschen klappern hinten in den Besteckschubladen. Er hat eine Flasche in Sackleinen eingewickelt und im Hackfleisch im Kühlraum vergraben. Meine Mutter hat eine in einem leeren Milchkarton im Kühlschrank gefunden. Jede Woche schleppe ich zwei Jutesäcke mit leeren Bierdosen aus seiner Hütte. Bier ist nahrhaft, behauptet er. Wie Vitamine. »Ich kriege Blähungen davon«, sagt er, »aber das ist ein geringer Preis für meine Gesundheit.«

Mein Vater packt vier Kisten Bourbon ein, um den alten Mann über die dreißig Tage im Jagdcamp zu bringen. Ich versuche mir vorzustellen, wie er den Winter übersteht. Im Sommer und im Herbst kann er bei uns essen und wohnen, aber er nimmt nie etwas mit. Er gibt seinen ganzen Lohn für Schnaps aus.

»Ist der Pfad um den Sumpf noch da, den sie angelegt haben?«

»Ja, Sir.« Wir arbeiten uns einen Hang hinunter in das Flusstal. Unsere Pferde treten Schieferscheiben los, und die Scherben rutschen ins Holz unter uns. Es hört sich an, als hätten wir eine Wapiti-Herde aus ihren Tagesbetten verscheucht.

»Bist du sicher?«

»Vor einem Monat war er noch da.«

»Er könnte weggespült worden sein.«

»Könnte.«

»So ein Sumpf ist verdammt noch mal kein Spaß.«

»Ich war dabei«, erinnere ich ihn.

»Aber nicht drin.«

»Ich hab mich mit Schlamm voll geschmiert, als ich dich rausgezogen hab.«

»Dass wir bloß nicht in diesen verdammten Sumpf reinreiten müssen.«

Das erste Jahr, in dem ich den alten Mann ins Camp eskortiert habe, war das schlimmste. Der Trail führte damals durch ein Stück stehendes Sumpfgewässer am Rand der Eagle-Creek-Wiesen. Sein Pferd war ausgerutscht und getaumelt, und der alte Mann war einfach in den Matsch geflogen. Bevor ich ein Seil um ihn schlingen konnte, hatte er in Schleim und Modder herumgestrampelt und war dermaßen in Panik geraten, dass er schließlich aufgehört hatte zu fluchen und in ein unentwegtes Winseln verfallen war. Es war nervenzerfetzend. Mein Vater bezahlte mich nicht dafür, dass ich ihm einen toten Koch ins Camp lieferte. Ich kratzte den alten Mann sauber, so gut ich konnte, und füllte meinen Hut mit Quellwasser, damit er sich Hände und Gesicht waschen konnte, aber er blieb so glitschig, dass er kaum auf seinem Pferd sitzen konnte, er stank entsetzlich und beklagte sich auf dem ganzen restlichen Weg unablässig. Trotzdem waren zwei Flaschen in dem Jahr genug, und inzwischen hat der Forest Service einen Pfad um den Sumpf herum geschlagen. Bestimmt, denke ich, sind zwei Flaschen auch dieses Jahr genug.

»Ich bin ein höllisch guter Koch«, sagt er.

»Das weiß ich.« Wir haben wieder drei Meilen geschafft und nur neunmal Halt gemacht. Die Pferde sind am Rand eines Gehölzes angebunden. Der Alte sitzt auf der runden Kuppe eines Felsens, und ich hocke neben ihm. Der Boden fällt zum Bach hin ab und endet im Gewirr der kopfgroßen Steine.

»Es ist wichtig, dass man irgendetwas gut kann.«

»Ja, Sir.«

»Wenn man nichts gut kann und säuft, ist man ein Penner.«

»Du machst den besten Strudel, den ich je gegessen habe.«

»Ich schätze, die Konditorei könnte man als meine Spezialität bezeichnen.«

»Deine Pasteten und Torten mag ich auch.«

»Trockene Haut. Das ist mein Geheimnis. Ich bin geboren für den Umgang mit Backfett. Ein Mann mit fettiger Haut kriegt nie so dünne Krusten hin. Das ist Tatsache. Einige von uns sind einfach zum Backen geboren. Bei Frauen geht die Gleichung kaum jemals auf. Haben einen zu hohen Fettgehalt. Es quillt ihnen geradezu aus den Poren, Gott segne sie.«

Er nimmt einen Schluck aus der Flasche und reißt seine zweite Packung Zigaretten auf.

»Komisch, dass du trotzdem immer die Arschkarte ziehst.«

Ich schaue zu ihm hoch, und er bläst mir den Rauch direkt ins Gesicht.

»Ich war nicht immer ein Säufer«, sagt er. »Ich war früher ein guter Beobachter. Die Fähigkeit habe ich noch immer, wenn es mir passt, sie einzusetzen. Mir scheint, es war dein kleiner Bruder, der letztes Jahr mit mir hier reingeritten ist.«

»Ich hatte zu tun. Ich habe Feriengäste abgeholt. Jäger.«

»Diese fetten Ärsche aus Florida?«

»Das waren Ärzte.«

»Dann hätten sie sich gegenseitig flaschenweise Diätpillen verschreiben sollen, das hätten sie. Hat dein Dad von ihnen Beschwerden zu hören gekriegt?«

»Das brauchte er gar nicht.«

»Bist du wegen der Sache wieder zu mir degradiert worden?«

»Vermutlich.«

»Na, sag mal, du hast doch niemanden umgebracht.«

»Aber beinahe.«

»Ich habe bloß noch gesehen, wie sie dich im Küchenzelt festgehalten und dir den Kopf genäht haben. Wenn du keine Glatze kriegst, brauchst du nie zuzugeben, dass du diese Narbe hast.«

»Mein Scheitel ist ein bisschen krumm.«

»Ist mir nie aufgefallen.« Der alte Mann lächelt, und er sieht nicht mehr ganz so aus wie eine Vogelscheuche. Seine Hände zittern beim Rauchen, und ich frage mich, ob es ihm wohl schwer fällt, den Zügel zu halten.

Ich stemme ihn aufs Pferd, und auf den nächsten Meilen erzähle ich ihm, wie stark es regnete, als ich zusammen mit den Jägern die Lodge verließ. Ich erzähle, wie ich dem kleinsten Doktor nach einer Meile meine Chaps lieh und mir selbst eine gummibeschichtete Regenhose aus der Satteltasche wühlte. Es war eine Männerhose, und der Hosenbund reichte mir bis über die Brustwarzen. Ich hatte mir die Hosenträger um den Hals geschlungen, damit sie an Ort und Stelle blieb, aber sie knüllte sich unter meinem Hintern und an den Knien zusammen.

»Hat sie dich trocken gehalten?«

»Nasse Füße hab ich gekriegt.«

»Trocken bleiben, das ist das A und O. Welches Pferd hast du geritten?«

Ich erzähle dem alten Mann, dass ich einen schlangenhaften Vierjährigen geritten habe, der ebenso oft seitwärts tänzelte, wie er geradeaus ging. Er war ein braun-weißer Schecke mit schwarzem Schwanz, und schon an trockenen Tagen und mit Chaps, die passten, war es ein Kunststück, in den Sattel und wieder herunterzukommen. Zweimal hatte er versucht, mich zu beißen. Einmal hatte er mit dem Vorderhuf nach mir geschlagen. Die Ärzte hielten es für Theater. Bei jedem Halt versammelten sie sich und lachten darüber, wie ich versuchte, auf mein Pferd und wieder herunterzukommen.

»Haben sie auch so oft Halt gemacht wie ich?«

»Nicht ganz so oft. Aber fast. Sie waren viel jünger.«

»War das das Pferd, das dein Dad an die Rodeo-Firma in der Stadt verkauft hat?«

»Ja.«

»Ich wette, du bist stolz, dass du ihn überlebt hast.«

»Ich bin froh, dass ich ihn nicht mehr reiten muss.«

Ich erzähle dem alten Mann, dass es schneite, als wir über den Pass kamen. Drei Stunden später waren wir noch eine Meile vom Camp entfernt, aber der Schnee lag einen Fuß hoch auf dem Boden. Die Ärzte gingen in einer Reihe hintereinander und führten ihre Pferde am Zügel. Der Arsch brannte ihnen so sehr, dass sie einmal pro Meile ab- oder wieder aufstiegen. Der kleinste Doktor blieb stehen, um wieder aufzusteigen. Mein Pferd tänzelte vor ihm hin und her. Es schneite so heftig, dass ich ihn kaum noch sehen konnte.

Ich erzähle dem alten Mann, dass der Arzt vermutlich keine Kraft mehr in den Beinen hatte, weil er das eine nicht mehr ganz über den Sattelrand schwingen konnte, mit dem Fuß in dem Gurt hängen blieb, an dem seine Gewehrhülle hing, und das Ding lostrat. Der Gewehrkolben bohrte sich in die Flanke des Tiers.

»Gut, dass du Ärzte transportiert hast und nicht Anwälte«, sagt der alte Mann. Er hat die zweite Flasche Bourbon halb leer getrunken. Es gibt eine Art Fenster bei den Trinkgewohnheiten des alten Mannes. Wenn das Fenster offen ist, fühlt er sich körperlich gut, und er grinst beim Reden. Ich weiß, dass das Fenster sich schließen wird, bevor wir das Camp erreichen.

Ich erzähle ihm, dass der Arzt nicht mal erschrocken aussah, als sein Pferd durchging und an mir vorbeigaloppierte. Beide Zügel flatterten rechts und links vom Maul des Pferdes. Das Tier verdrehte die Augen, und man sah fast nur noch das Weiße. Die Gewehrhülle war am vorderen D-Ring befestigt, und bei jedem Satz prallte sie dem Pferd gegen die Flanke. Der Doktor krallte sich mit beiden Händen am Sattelhorn fest und ritt erstaunlicherweise auf dem Sattel kniend. Er sah aus wie ein tollkühner Jockey. Ich gab meinem Pferd die Sporen und ritt hinterher, um sie im Schnee nicht aus den Augen zu verlieren. Und dann kriegte der Doktor Schlagseite. Nach rechts. Ein paar Sekunden lang klammerte er sich noch an die Flanke seines Pferdes, wie es vielleicht ein dickes Eichhörnchen getan hätte, aber dann verlor er den Halt, streckte sich aus und schoss wie ein Torpedo in den Schnee. Ich zügelte mein Pferd, aber ich hatte ihn verloren. Dann tauchte er wieder auf. Explosionsartig brach er an die Oberfläche, nachdem er mehr als sechs Meter weit unter der Schneeschicht entlanggerutscht war. Einer seiner Kollegen hat die Strecke tatsächlich ausgemessen. Bei der Rutschpartie hatte er sich die rechte Schulter schlimm geprellt, und von diesem Moment an hatte ich es mit einer Meuterei zu tun. Die Männer saßen im Schnee und weigerten sich weiterzugehen. Sie sahen aus, als ob sie gleich weinen würden.

»Ich glaube, wenn ich kein Koch wäre, dann wäre ich vielleicht gern Gynäkologe geworden.«

»Wie bitte?«

»Vielleicht waren alle diese Ärzte Gynäkologen.« Ich drehe mich nach dem Alten um. Sein Kopf ist nach vorn gesunken, und ich kann ihn kaum hören. Seine Schädeldecke ist ebenso fleckig wie seine Handrücken. Er blickt zu mir auf und lächelt. »Wenn sie Gynäkologen waren, dann waren sie vielleicht eher bereit zu sterben als durchschnittliche Männer. Vielleicht hatten sie alles gesehen und wollten jetzt nur noch friedlich in den Bergen sterben.«

»Sie waren nicht nach Wyoming gekommen, um zu sterben«, antworte ich. »Sie waren gekommen, um Hirsche zu jagen.« Ich fühle Panik. Es besteht offensichtlich eine sehr reale Chance, dass der alte Mann und ich ähnliche Ambitionen hegen.

»Entschuldigung«, räumt er ein.

»Ich dachte, du hörst mir zu.« Ich versuche, gekränkt zu klingen.

»Hab ich getan, aber manchmal schweife ich ab. Soll nicht wieder vorkommen.«

Ich erzähle dem alten Mann, wie ich das weggelaufene Pferd wieder einfing und zu den Ärzten zurückbrachte.

Ich erzähle ihm, dass ich den Ärzten sagte, wir würden wahrscheinlich sterben, wenn wir hier draußen im Schnee blieben. Ich erzähle ihm, dass die Ärzte mir antworteten, sie würden lieber auf ihren eigenen Füßen sterben. Sie hätten dafür bezahlt, hier auf die Jagd zu gehen, nicht dafür, Wildpferde zu reiten. Und dann erzähle ich ihm, dass meine Hosenträger abrissen, als ich von dem Schecken stieg, und dass die Schneehose herunterrutschte und ich mich mit den Knien darin verhedderte. Ich schildere, wie ich ins Taumeln kam und vornüber kippte, und wie mein Pferd erschrak und auf mich sprang.

»Und so hast du dir den Kopf aufgeschlagen?«

»Er hat draufgetreten.«

Der Alte war im Camp, als ich ankam. Ich ging zu Fuß, führte alle fünf Pferde am Zügel und trug die vier Gewehre der Ärzte. Sie kamen im Gänsemarsch hinter mir her. Nasse, unglückliche Männer.

»Dein Dad hat gesagt, es war so dunkel, dass man dich kaum noch hätte sehen können, wenn du nicht voll Blut gewesen wärst. Das bisschen Licht, das noch da war, hat sich darin gefangen.«

»Das war nicht alles, was er gesagt hat.«

»Er wird dir noch eine Chance geben.«

»Das denke ich auch. Oder ich bin irgendwann groß genug, um von zu Hause wegzugehen.«

Oben auf dem Eagle-Creek-Pass machen wir Halt. Es ist Spätnachmittag, und es geht kein Wind. Der Himmel ist wolkenlos und wässrig blau. Ich angle mein Notsandwich aus der Satteltasche, und der Alte und ich finden simsartige Sitzplätze in der eingebrochenen Böschung. Nach Norden geht unser Blick zwanzig Meilen weit bis zum oberen Ende des Mormon Creek.

»Hast du keinen Hunger?«, frage ich.

»Vor einer Weile hatte ich welchen, aber ich bin drüber weg.«

»Ich habe ein Snickers.«

»Eine Frage der Wirtschaftlichkeit.« Er lächelt. Das Fenster ist noch offen. »Hat keinen Sinn, sich einen Dreißig-Dollar-Suff mit Junkfood für fünfundzwanzig Cent zu versauen.«

»Du siehst nicht betrunken aus.«

»Ich bin's aber.«

»Ich schätze, das kannst du besser beurteilen als ich.«

»Ich kriege hier mehr Sauerstoff als sonst. Ich kann mir ja nicht mal 'ne Zigarette anzünden, wenn ich reite. Damit könnte es was zu tun haben.«

Der alte Mann verlagert sein Gewicht auf dem Felsensims, nimmt noch einen Schluck aus der Flasche und reicht sie mir.

»Lieber nicht.«

»Hast du Angst, dein Alter könnte was riechen?«

»Ja.«

»Hast du Kaugummi?«

»Juicy Fruit.«

»Das reicht schon.«

Es wird eine weitere Lüge zur Folge haben, falls man mich fragt, aber ich nehme die Flasche an, schraube sie auf, öffne den Druckknopf an meinem Handgelenk, sodass der Hemdärmel an meinem Ellenbogen herunterhängt wie ein Lappen, und wische den Flaschenrand ab.

»Ich hab nichts Ansteckendes«, sagt er.

»Das kann man nie wissen.«

»Herrgott, sieh mich doch an. Eine Erkältung wäre

vermutlich mein Tod. Wenn du dich nicht traust, gib sie mir einfach zurück.«

Ich nehme einen schüchternen Schluck und versuche, den Whiskey im Mund zu behalten, aber mein Zahnfleisch fängt an zu brennen, und deshalb schlucke ich schnell und reiche ihm die Flasche zurück, um die Hände frei zu haben. Ich halte es für möglich, dass ich aufstehen und umherhüpfen muss. Als nichts passiert, bin ich ein bisschen enttäuscht.

»Wie war's?«

»Nicht so schlimm, wie ich dachte.«

»Fühlst du dich jetzt anders?«

»Wärmer vielleicht.«

»Kann dir nur gut tun, solange du isst, während du trinkst. Die Franzosen sind der wandelnde Beweis dafür. Du brauchst dir keine Sorgen zu machen. Ich hab ein Auge auf dich gehabt. Du bist ein guter Esser.«

Ein Murmeltier watschelt links von uns auf ein Steinsims. Es hüpft auf den Vorderpfoten auf und ab. Sein Kopf dreht sich hin und her. Es sieht nervös aus, als ob es sich einer Mutprobe aussetzt. In den satten Brauntönen seines Fells fängt sich die Sonne.

Ich denke an ein dunkelhaariges Mädchen in meinem Geschichtskurs.

»Meinst du, die Sache mit den Ärzten war meine Schuld?«

»Wenn ich Franzose gewesen wäre«, sagte der alte Mann, »dann ginge es mir heute wahrscheinlich besser. Hab vor zwanzig Jahren den Appetit verloren. Danach hat der Schnaps sich erst richtig ausgewirkt bei mir.«

Das Murmeltier sitzt da und zirpt und pfeift und zuckt

mit dem Schwanz. Seine Nagezähne blitzen gelb in dem dunklen Gesicht.

»Wenn ich die Regenhose nicht angezogen hätte, wäre ich nass geworden, aber vielleicht hätte er nicht auf mich draufgetreten.«

»Du hast nicht das Geringste falsch gemacht, verdammt«, sagt er. Er dreht sich zu mir um. Seine Augen sind eingefallen und blutunterlaufen. »Wenn du mein Bengel wärst, hätte ich dir einen Orden gegeben, weil du die Typen in dem Schneesturm nicht verloren hast.«

»Danke, dass du das sagst.«

»Ich bin nicht sicher, ob es Orden für so was gibt. Aber man hätte eine Ehrenurkunde tippen lassen können.«

»Hattest du mal Kinder?«

»Natürlich. Einen Jungen und ein Mädchen.«

Der Alte beugt sich nach vorn und wühlt seine Brieftasche hinten aus der Hose. Er braucht ein Weilchen, aber dann hat er ein Bild gefunden und reicht es mir. »Das ist das Mädchen«, sagt er.

Das Bild ist verblichen und ausgefranst am Rand, wo es sich im Knick der Brieftasche scheuert. Das Mädchen ist ungefähr zwanzig. Sie hat einen blauen Bikini an und lehnt breit lächelnd an einer Palme. Sie sieht nicht aus wie irgendjemandes Tochter.

»Sieht gut aus, oder?«

»Ja, Sir.«

»Hab auch einen Jungen, aber ich hab das Bild verloren. Ein gottverdammtes Genie, das ist er.« Er schnippt seine Zigarette zu dem Murmeltier hinüber, und das Tier huscht zurück in den Schatten unter einem Überhang. Ich schaue zwischen dem Bild und dem alten Mann hin und her, um zu sehen, ob das Mädchen seine Augen hat, oder sein Kinn oder seine Stirn. »Konnte mit dem Jungen geistig nicht Schritt halten. Musste ihn wegschicken, auf eine Schule. Mit sechzehn war er mit dem College fertig. Wie alt bist du, hast du gesagt?«

»Vierzehn.« Auf der Rückseite des Fotos von seiner Tochter ist eine Palme. Der Stamm sieht aus wie der Körper einer nackten Frau. Unter dem Baum steht: GIRLS IM SÜDPAZIFIK. »Und was macht dein Junge?« Eigentlich ist es mir egal, was sein Sohn macht, aber ich habe noch keine Lust, das Bild zurückzugeben.

»Er führt den Zirkus.«

»Arbeitet die Schlangendame für ihn?«

»Die ist tot. In welche Klasse gehst du?«

»In die neunte.«

»Ich hab's nicht so gemeint, als ich damit angegeben hab, dass mein Sohn mit sechzehn seinen College-Abschluss gemacht hat.«

»Das ist schon okay.«

Er hält mir die Flasche hin. »Willst du noch ein Schlückchen?«

»Ich glaube, eins war genug.«

Er nimmt einen Schluck und guckt nach, ob das Murmeltier wieder in die Sonne herausgekommen ist. »Jedenfalls, Genie ist was, womit man geboren ist.«

»Ich bin's vermutlich nicht.«

»Die meisten von uns sind es nicht.«

Ich reiche ihm das Bild seiner Tochter zurück, und er blinzelt es einen Moment lang an und steckt es dann wieder in seine Brieftasche. Er starrt zum Himmel und zieht die Lippen runzlig zusammen, um an seinen Zähnen zu saugen. »In zwei Stunden ist es dunkel«, sagt er. »Ohne Mond wird's so finster wie im Bauch eines Bären.«

»Deine Frau muss hübsch gewesen sein.«

»Hinreißend war sie. Um einiges hübscher als das Mädchen da.«

»Hast du ein Bild von ihr, das ich mal sehen kann?«

»Nur von dem Mädchen. Ich würd's dir 'ne Weile leihen, aber es ist das einzige, das ich habe.«

»Verstehe ich.«

»Wenn du dieses Leben in den Bergen jemals satt haben solltest, könntest du auf einem Dampfer anheuern. Dich mal in der Welt umsehen. Da draußen gibt's Frauen, die kein Genie brauchen. Könnte sein, dass du ein rundes Dutzend findest, die dich sogar ganz niedlich finden.«

»Das wären aber viele.«

»Es gibt mehr Frauen auf der Welt als Männer. Kannst 'ne lokale Zählung machen, wenn du mir nicht glaubst.«

»Ich glaube dir.« Der Alte beugt sich vor, um auszuspucken, und fällt vornüber auf den Boden. Ich beobachte es nur aus dem Augenwinkel, aber er sieht dabei aus, wie eine Grille aussehen könnte, wenn sie versucht, einen Salto zu machen. »Alles okay?«

Er setzt sich auf. »Hoppla. Hab ich Whiskey verschüttet?«

»Der Deckel ist drauf.«

»Glück gehabt. Hilf mir lieber hoch. Wir haben nicht so viel Bourbon mitgenommen, dass ich die ganze Nacht draußen unterwegs sein könnte.«

Ich knie nieder, schiebe ihm eine Schulter unter die Achsel und stemme ihn auf die Füße. Er klammert sich an die Sattelgurte, während ich mich auf alle viere niederlasse, damit er den Fuß in den Steigbügel bringt. Als er das Bein hinten über die Sattelkante zieht, hustet und furzt er gleichzeitig. »Verzeihung«, sagt er.

Ich schwinge mich auf mein Pferd. Ich schaue nach der Sonne, um zu sehen, wie viel Tageslicht uns noch bleibt.

»Wir sollten uns beeilen«, sagt er. »Ich merke, dass meine gute Laune vergeht.«

Auftrag für einen Jungen

Dein Pferd hat sich am Draht geschnitten.« Mein Vater ist mit einem Vier-Pferde-Trailer an die Corrals gefahren. Es ist seine zweite und letzte Ladung. Die restlichen Pferde sind auf der Winterweide geblieben. Der Schnee liegt noch immer in schmutzigen, buckligen Wehen rings um die Gebäude und unter den Bäumen. Das Gras fängt gerade erst an, sich durch den grau verschmierten Schleier aus Schimmel heraufzuarbeiten, der sich unter der winterlichen Schneedecke ausgebreitet hat. Unsere Weidelizenz von der Forstbehörde gilt erst in ein paar Wochen, also müssen wir alle Pferde, die wir jetzt hier haben, mit Heu füttern. Und Heu ist teuer.

»Mein Pferd?«

»Hast du so viele, dass du dich nicht erinnern kannst?«

»Sie gehören alle dir.«

Er geht zum Heck des Trailers. Seine Hand liegt an der Klappe, als er sich umdreht. Er sieht müde und hungrig aus. »Das Pferd, das du den letzten Sommer und den Herbst hindurch geritten hast.«

»Socks?«

»Ich glaube, es wäre ein bisschen viel verlangt, jeden Tag deines Lebens ein bestimmtes Tier reiten zu wollen.«

Er schwingt die Heckklappe des Trailers auf und führt einen großen Fuchswallach rückwärts heraus. Er gibt mir den Halfterriemen, steigt wieder in den Trailer und schickt einen Rappen heraus, den wir Bird nennen.

»Lass Bird nicht an dir vorbei«, ruft er von drinnen.

»Ein bisschen am Draht geschnitten oder schlimm?« Bird schleift seinen Anbinderiemen hinter sich her; er hält den Kopf schräg und achtet darauf, dass er nicht auf das Ding tritt. Ich hebe den Riemen auf.

Mein Vater führt das dritte Pferd aus dem Trailer. Am Wochenende kommen Jäger zur Frühlings-Bärenjagd, und wir brauchen gerade so viele Tiere, um uns ins Jagdgelände und zurück zu bringen.

»Ich würde sagen, er hat versucht, sich den Huf abzuschneiden.« Ich folge dem Pferd, das er führt, und bringe die beiden andern mit.

»Womit?« Ich weiß, dass es darauf im Grunde nicht ankommt.

»An einem Zauntor aus Draht. Irgendein Arschloch hat es offen auf dem Boden liegen lassen, und Socks ist hineingetreten. Ich habe ihn gefunden, als ich die andern hier zusammentreiben wollte. Er hat sich aus dem Tor befreien können, aber da war es schon passiert.«

»Ist er beim Tierarzt?«

»Das Bein ist brandig.« Er bleibt im Corral stehen. Er lässt sein Pferd hineinlaufen und sieht sich nach mir um. Dabei schlingt er das Anbindeseil über das Kopfgestell. »Ich hoffe, du bist bloß schwerhörig geworden. Als ich heute Morgen losgefahren bin, warst du noch viel gescheiter.«

»Hast du ihn erschossen?«

Er nimmt mir die beiden anderen Pferde ab. Sein Hut sitzt tief in der Stirn. Ich kann seine Augen nicht genau sehen. Er spricht leise. »Er ist im Hänger«, sagt er.

Als ich in den Trailer steige, kann ich es riechen. Es ist der Geruch von etwas, das in der Sonne gestorben ist. Ein hoffnungsloser Geruch, der mich an überfahrene Rehe und Hirsche erinnert – an Fliegen, an zurückgezogenes Zahnfleisch über gelben Zähnen. Er wiehert leise, und ich gehe zu seinem Kopf. Er ist ausgemergelt. Sein Winterfell löst sich in großen, ungleichmäßigen Placken. Ich streiche mit der Hand über seine Flanke, und meine Finger spüren den Rippen seines Brustkorbs nach. Zweige von trockenem Kraut haben sich in Schwanz und Mähne verheddert. Ich mache seinen Anbinderiemen los und führe ihn aus dem Trailer. Jedes Mal wenn er den rechten Fuß aufsetzt, kippt seine Schulter ab, als hätte er in ein Loch getreten. Draußen vor dem Trailer zündet mein Vater sich eine Zigarette an.

»Bring ihn zu den andern und schütte ihnen ein bisschen Hafer hin.«

»Warum?«

»Weil ich es sage.«

»Aber davon wird er nicht gesund.«

Der Zigarettenrauch steigt auf und bleibt unter der Hutkrempe meines Vaters hängen. »Nein«, sagt er, »davon wird er nicht gesund.«

Draußen vor dem Trailer ist es heller. Ich kann sehen, dass Socks' Bein stark geschwollen ist. Seine Fessel ist so dick, wie der Unterarm sein müsste, und sie ist schwarz und blutverkrustet. Wenn er einen Schritt macht, klappt die Ferse lose herunter und schlappt dann wieder an die Fessel hinauf. Man hört ein schmatzendes Geräusch und dann ein Klicken.

Mein Vater lässt die Zigarette beim Sprechen im Mundwinkel. Er verriegelt den Trailer. »Ich würde viel dafür geben, wenn ich den Dreckskerl in die Finger kriegen könnte, der es so eilig hatte, dass er ein Tor nicht wieder zumachen konnte.«

»Mir ist nicht gut.«

»Dir wird noch viel schlechter werden.«

Er wirft die Zigarette vor seine Stiefelspitze und reibt sie methodisch aus. Er blickt nicht auf, als er sagt: »Ich muss morgen in die Stadt, sonst würde ich dich nicht bitten.«

»Ich habe Schule.«

»Wenn du glaubst, du musst in die Schule, kann deine Mutter dich nach dem Mittagessen ins Tal fahren.«

Jetzt schaut mein Vater mich doch an. Er zieht ein Paar gelbe Stoffhandschuhe an.

»Du hättest ihn in der Stadt erschießen können«, sage ich. »Wenn du keine Waffe hattest, hättest du eine borgen können.« Ein Knoten von Panik steigt in meiner Brust herauf wie ein kleines, eben erwachtes Tier, das sich aus dem Winterschlaf heraufkrallt.

»Ich will ihn als Köder.«

»Als Bärenköder?«

»Wir haben nicht so viel Geld, dass wir ein brauchbares Pferd schlachten könnten. Alle andern werden bis zum Herbst durchkommen. Sieht doch irgendwie so aus, als ob Socks sich freiwillig gemeldet hätte, findest du nicht?«

Nein, das finde ich nicht, aber ich gehöre zur Familie, und dies gehört zu unserer Arbeit. Ich bin fünfzehn. Alt genug, um gefragt zu werden. Wir nehmen Pferde als Köder für die Bären, lassen ihre Kadaver reifen und hoffen, dass sie den ansonsten eher unsichtbaren Grizzly anlocken. Unsere Jäger feuern aus der Deckung auf den Bären, der von dem toten Pferd frisst.

Ich stehe da und starre auf die Stiefel meines Vaters. Sie sind so verschlissen, dass sie dieselbe Farbe haben wie der Boden. Socks greift den Kragen meiner Jeansjacke mit den Lippen. Sein Atem ist warm und feucht an meinem Hals. Es ist das erste Mal, dass ich gezwungen bin, mir eine Meinung über die Jagd zu bilden. Die Pferde, die wir in der Vergangenheit als Köder genommen haben, waren altersschwach, zahnlos, bereit zum Sterben. Noch nie habe ich Trauer mit dem Geschäft unserer Familie verbinden müssen.

»Wo?« Ich blicke nicht auf.

»Die kleine Wiese oben am Kitty Creek. Wo wir im Frühling vor zwei Jahren den großen Grizzly geschossen haben. Das ist nicht weit; man muss über keinen Bach. Wenn er morgen früh noch lebt, kriegst du ihn vielleicht dorthin.«

Ich nicke. Ich bin nicht sicher, dass es für meinen Vater noch hell genug ist, um meine Kopfbewegung zu sehen.

»Es tut mir Leid«, sagt er. »Hast du zu Abend gegessen?«

»Hirschbraten.«

»Hat deine Mutter Nachtisch gemacht?«

»Nur Dosenbirnen.«

»Bitte deinen Bruder um Hilfe, wenn du glaubst, dass du welche brauchst.«

»Ich komme schon zurecht.«

»Es wird nicht das Schwerste sein, was du jemals tun musst. Glaubst du mir das?«

»Noch nicht.«

»Wir sehen uns morgen.«

Ich höre, wie seine Schritte leiser werden, als er von mir weggeht. Es ist jetzt dunkel genug, dass ich seine Umrisse nicht mehr erkennen kann. Aber ich kann spüren, wie seine Wärme vergeht. Es ist, als würde die Nacht um fünf Grad kälter. Ich bringe Socks in den runden Corral, abseits der anderen Pferde, fülle eine Kaffeedose randvoll mit Hafer und schütte die Körner in seinen Trog, vergewissere mich, dass er frisches Wasser hat. Eine Zeit lang stehe ich im Dunkeln herum und höre ihm beim Kauen zu – ein stumpfes, rhythmisches Raspeln, wie von Packratten, die sich im Heuschober abrackern. Und eine einzelne Eule heult in Abständen, gut ausgeruht, und beobachtet uns mit großen Nachtaugen.

Als ich an der Hütte meiner Eltern vorbeigehe, kann ich meinen Vater beim Abendessen sitzen sehen. Er hat immer noch sein Halstuch um. Sein Haar ist so kurz, dass er sich nicht hat kämmen müssen; die Ärmel sind über die Ellenbogen hochgekrempelt, und in den braunen Haaren auf seinen weißen Unterarmen fängt sich das Licht. Meine Mutter sitzt ihm gegenüber am Tisch. Sie trinkt Kaffee aus einem Becher, den mein Bruder ihr in einem Schulprojekt getöpfert hat, und sie nickt, während mein Vater spricht. Sie zieht eine Grimasse. Um die beiden weiter zu beobachten, trete ich aus dem Lichtschein, der aus dem Fenster fällt. Ihr Gespräch ist mir verschlossen; ich höre ihre Worte nicht. Den Bach kann ich hören, und die Kiefernnadeln unter meinen Stiefeln, wenn ich mein Gewicht verlagere. Die Luft wird wärmer und verliert den Winter. Sie schmeckt nach Kiefer und Beifuß. Ich rieche den Saft, der in den Espen aufsteigt. Ich warte, bis mein Vater mit dem Essen fertig ist, und gehe dann weiter in die Nacht, zu der Hütte, in der ich mit meinem Bruder wohne.

»Wie heißt die Hauptstadt von Rumänien?«, fragt er.

»Weiß ich nicht.«

Mein Bruder sitzt an einem Schreibtisch vor der Gasheizung in unserer Hütte. Wir haben nur dieses eine Zimmer mit einem wandschrankgroßen Bad, das wir im Winter absperren. Die Leitungen liegen über der Erde, und die Rohre frieren ein, wenn wir das Wasser nicht ablassen. Meine Eltern bewohnen eine etwas größere Hütte ein Stück weiter unten am Bach. Dort befindet sich ein Brunnenschacht unter dem Küchenboden, und in ihrem Badezimmer kann man das ganze Jahr über fließendes Wasser haben. Wir benutzen ihre Badewanne und ihre Toilette. Das sorgt für eine regelmäßige Verdauung. Wenn wir pinkeln müssen, pinkeln wir über das Geländer unserer eigenen Hütte und malen Muster in die Schneewehen.

»Bukarest?« Mein Bruder hat die Antwort immer noch nicht.

»Ich sage doch, ich weiß es nicht.«

»Es ist aber wichtig.«

Er ist dreizehn, anderthalb Jahre jünger als ich und viel gescheiter. Er sitzt über einer Hausarbeit, die er am nächsten Tag abgeben muss. Wir haben kein Fernsehen und können nur einen Country-and-Western-Sender im Radio empfangen – KOMA in Oklahoma City –, aber dazu müssen wir bis nach Mitternacht aufbleiben und die Antenne mit Fähnchen aus Alufolie behängen, und einer von uns muss neben dem Radio stehen und die Spitze der Antenne anfassen. Wir lesen, denn mein Vater besitzt Bücher, tausende. Wir sind keine Familie, die in Ferien fährt. Wir sind eine Familie, die einmal im Monat zum Einkaufen die neunzig Meilen in die Stadt und zurück fährt. Mein Bruder und ich benutzen Bücher, wenn wir Wyoming verlassen wollen. Wir verschleißen alle drei

Jahre einen Atlas. Ich setze mich auf mein Bett und klappe das große, rechteckige Buch mit den Karten auf dem Schoß auf.

»Bukarest«, sage ich.

Mein Bruder blickt auf und lächelt. Seine Augen sagen mir, dass wir eines Tages dort hinfahren werden. Nach Rumänien. Wir beide, wenn wir Männer sind. Er zwinkert. Er hat Augen, die fähig sind, uns überall auf dem Planeten zu sehen.

Ich ziehe mich aus und schlüpfe unter meine Decken. Ich sehe zu, wie sein Kopf im Takt des Schreibens wippt, und schließe die Augen. Als er ins Bett geht, als er Gute Nacht sagt, liege ich mit geschlossenen Augen da und stelle mich schlafend. Er schaltet das Licht aus, und ich versinke in der Dunkelheit. Ich höre das Schnurren und Blubbern des Libby Creek draußen vor der Hütte. Die Gasheizung tickt und stöhnt.

Ich stelle mir vor, welche Panik, welcher Schmerz brutzelnd durch das Pferd gefahren sein muss. *Mein* Pferd, Socks. Ich sehe den Drahtstrang, wie er sich über den Huf wickelt, stachelbewehrt, wie er arbeitet mit der Effizienz einer primitiven Motorsäge, wie er immer schneller arbeitet, je mehr das Pferd sich wehrt. Ich frage mich, wie lange es gelitten hat, bevor es sich aus der Falle befreien konnte. Ich frage mich, ob es erleichtert war oder ob es auf seinen Huf hinunterschaute und wusste, dass es erledigt war. Ich wälze mich unter meinem Bettzeug und kann nicht schlafen.

Irgendwann mitten in der Nacht stehe ich auf und knie mich vor mein Bett. Das Linoleum ist kalt und klamm; es fühlt sich an wie die Haut von etwas Altem, Totem. Ich fege mit dem Arm unter dem Bett hin und her, bis ich das in eine Armeedecke gewickelte Gewehr gefunden habe und zu mir heranziehe. Der blaustählerne Lauf ist so kalt wie eine freiliegende Wasserleitung.

Ich stelle die Schreibtischlampe auf den Boden, um meinen Bruder nicht zu wecken, und fülle das Magazin des Gewehrs mit Patronen; ich lasse sie wieder herausspringen, wische sie vorn an meinem T-Shirt sauber, schiebe sie wieder hinein und lasse das Schloss einschnappen. Ich lehne das Gewehr neben die Tür und gehe wieder ins Bett. Mir will nicht warm werden; ich fühle mich kalt wie das Linoleum, kalt wie der Gewehrlauf, wie die Aufgabe, die ich morgen irgendwie erfüllen muss. Ich denke daran, zu meinem Bruder ins Bett zu schlüpfen, aber ich weiß, dass ich ihn dann wecke. Gern höre ich das Geräusch seines gleichmäßigen Atmens, wenn er schläft. Ich beiße die Zähne zusammen und konzentriere mich auf den Rhythmus, in dem mein Bruder atmet. Ich bete darum, fest zu bleiben, an einem Stück, bis es hell wird. Ehe der Morgen dämmert, ziehe ich mich an, noch im Dunkeln, und ich nehme das Gewehr und mache mich auf den Weg zu den Corrals.

Die Hütte meiner Eltern ist dunkel. Ich stelle mich an ein Fenster und spähe hinein und auf den Esstisch. Die Stunde vor Tagesanbruch scheint mir immer die kälteste Stunde der Nacht zu sein, und ich strecke die Finger und balle sie zu Fäusten um die Nähte meiner ledernen Arbeitshandschuhe. In der Hütte erleuchtet ein Heizstrahler eine Ecke des Zimmers mit sanftem Licht. Gelbe Schatten plagen sich an einer Reihe hängender Arbeitsjacken. Eine braun-weiße Katze namens Monk liegt zusammengerollt auf dem stoffbezogenen Sitz eines Stuhls. Das Gewehr, das ich mir in die Armbeuge geschmiegt habe, gerät ins

Rutschen. Ich schiebe das Gewicht zurück an meinen Körper und wende mich ab.

Wo die Corrals an die Seitenwand der Scheune stoßen, bleibe ich wieder stehen und lausche. Die Geräusche von Pferden in der Nacht höre ich gern. Wie sie die Füße heben, stampfen, das Klicken ihrer eisernen Hufeisen an einem Stein. Sie zupfen einander mit den Lippen am Widerrist und steigen und quieken und drehen sich und scharren und husten und bleiben stehen und schnauben. Man hört das Rumoren der Eingeweide. Sie klingen größer, als sie sind. Die Luft schmeckt nach Pferden, kräuselt sich, als erwachte sie zum Leben von ihrer gutmütigen Kraft und Ausdauer.

Ich gebe Socks eine halbe Kaffeebüchse voll Hafer, zerbreche die Eisschicht, die sich auf dem Wassertrog gebildet hat, und fange Bird ein, um ihn zu reiten. Ich sattle ihn im Licht vom Sattelschuppen und spreche leise mit ihm. Es ist das erste Mal seit sieben Monaten, dass jemand ihn anfasst. Er beobachtet jede meiner Bewegungen, verdreht die Augen, bis man das Weiße sieht, kaut auf dem Gebiss. Als ich das letzte Mal am Sattelgurt ziehe, wölbt sich der Sattel hoch, als hätte ich die Haferbüchse von hinten darunter geschoben. Bird ist feuerbereit. Bereit, die Nachtkälte aus seinen Knochen zu schießen.

Ich drehe ihn ein paarmal in einem engen Kreis, und während er die letzte Drehung vollführt, schiebe ich den Fuß in den Steigbügel und lasse mich von seinem Schwung sicher in den Sattel tragen. Nur einen Atemzug lang steht er ganz still, schnaubt und fängt dann an zu bocken. Er war nie besonders phantasievoll in seinen Wutanfällen, und es gelingt mir, seinen Kopf oben zu halten, abseits vom Rhythmus seiner unbeholfenen Bocksprünge. Das Krähengehüpfe hört ebenso unvermittelt auf, wie es angefangen hat, und er geht steifbeinig los, als wäre er jetzt erst richtig wach geworden. Ich gebe ihm die Sporen, lasse ihn die Viertelmeile bis zum Briefkasten und wieder zurück traben und steige dann wieder ab. Er steht da wie ein Gentleman, die Ohren aufgerichtet, wachsam. Ich schiebe das Gewehr in die Hülle am Sattel. Am Horizont fängt es eben an, heller zu werden. Bird und ich können immer noch unseren Atem in der Morgenluft sehen, aber unser Blut ist heiß. Ich kehre schnell zu den Corrals zurück und lege Socks das Halfter an.

Socks hat nie versucht zu bocken. Er ist vierzehn, und er hat mir nie etwas anderes als Arbeit geliefert. Er ist ein langgliedriger Brauner, und seine Beine sind von den Knien abwärts weiß. Ohne dafür gezüchtet zu sein, ist er von Natur aus ein Gangpferd, und im Gelände ist er eins der gescheitesten Pferde, die ich je geritten habe. Er studiert den Boden, wie manche Pferde Kühe studieren. Er bewegt sich mit einer immer gleichen sicheren Leichtigkeit auf losem Geröll, über liegende Baumstämme, in schnellem Wasser oder freiem Gelände. Wenn ich ihn im Dunkeln einfach laufen lasse, bringt er mich unweigerlich nach Hause, indem er in seine eigenen Spuren tritt, die er auf dem Ritt hinaus hinterlassen hat. Wie einer unserer Pferdepfleger über ihn gesagt hat: Er ist ein Pferd von der Sorte, die früh kommt und lange bleibt. Ich bringe es kaum fertig, zu ihm zurückzuschauen, als er Bird und mir stockend folgt. Ein Schritt, eine Pause, um sein Gewicht im Hinterteil zu sammeln, und wieder ein Schritt. Manchmal stöhnt er so kläglich, dass ich mich im Sattel umdrehe und damit rechne, ihn sterben zu sehen. Der Knoten der Panik in meinen Eingeweiden erwacht von neuem zum

Leben und steigt mir in die Kehle. Ich schlucke. Mein Schlund brennt, und ich schmecke Kupfer im Mund.

Ich habe damit gerechnet, dass Bird ungeduldig sein und sich auf dem ganzen Weg gegen das Gebiss sträuben wird, aber vielleicht gibt es eine geheime innere Verbindung zwischen den Tieren, die ich nicht verstehe. Ich frage mich, ob das eine Pferd im Leiden des andern Gemeinschaft findet. Bird geht, als müsste er sich den Weg über ein mit Kakteen und Steinsplittern übersätes Feld suchen. Er schaut sich so oft um, dass ich ihn immer wieder auf den Trail zurücklenken muss. Als Socks' Atem zu rasseln anfängt, bleibt Bird stehen und will nicht mehr weitergehen; er steht da und lässt den Kopf hängen, als ob er lauscht.

Für die drei Meilen bis zum Köderplatz brauchen wir vier Stunden. Als wir auf der kleinen Wiese ankommen, wo ich ihn töten will, ist Socks schon fast tot. Seine Augen sehen glasig aus, sie sind von einer bläulichen Schicht überzogen, als hätte er grauen Star. Er schwankt. Die Schwellung hat sich bis zur Schulter und zur Brust ausgebreitet, und er keucht auch ohne anstrengende Bewegungen. Ich bete, er möge tief im Schock versunken sein und vergessen haben, dass er ein Pferd ist, vergessen auch, wie klares Wasser schmeckt. Ich glaube, ein schwächeres Pferd hätte diesen Weg nicht mehr machen können, um sich töten zu lassen. Ein schwächeres Pferd wäre im Draht verendet. Ich spüre, er hat die Anstrengung meinetwegen auf sich genommen.

Ich binde Bird zwischen den Bäumen an und gehe schnell zu Socks zurück, nehme ihm das Halfter ab und lasse es fallen. Ich habe es eilig. Vielleicht kann er noch mehr ertragen – ich kann es nicht. Ich lade das Gewehr durch, ziele kurz und beende seinen Kampf, bevor er auf das gleitende Geräusch von Metall an Metall reagieren kann. Er fällt, kickt einmal und liegt still. Der Knall des Schusses hallt von der gegenüberliegenden Seite des Tales wider. Eine Elster flattert hoch und will nicht aufhören zu krächzen.

Der Schuss und die unmittelbare Anwesenheit des Todes durchfährt Bird wie ein Blitz. Er umkreist den Baum, wo ich ihn angebunden habe, schnaubt, starrt funkelnd in die mittlere Ferne jeglicher Richtung, nickt sägend am Anbinderiemen. Ich lasse das leere Halfter bei ihm fallen, als ich vorbeigehe und weiter durch das Unterholz laufe. Als ich in den Bach wate, reicht mir das eisige Wasser bis über die Knie und füllt meine Stiefel. Und dann bin ich wieder draußen und klettere die steile Böschung hinauf und in das Nest aus Kiefernzweigen, die um und über das rohe Holzgerüst gehäuft sind, das uns als Jagddeckung dient.

Dichtes Fallholz hält die ganze Angelegenheit fest am Hang, und das Rauschen des Kitty Creek trägt auch dazu bei, sie von der Wiese abzutrennen. Wenn es Wind gibt, weht er zuverlässig durch das enge Bachtal hinunter und hält die Witterung der Jäger fern vom Köder. Es ist ein guter Platz, um dazusitzen und sein Gewehr zu heben und einen Bären zu töten.

Ich starre zu dem rötlich braunen Haufen vor mir, fünfundsiebzig Yard weit entfernt. Ich habe Socks an einer guten Stelle erschossen, dicht genug vor dem Gehölz, das an die Wiese grenzt. Ein Bär wird sich sicher fühlen, wenn er herankommt. Aber weit genug draußen auf der Wiese, sodass ein Jäger ein gutes Schussfeld hat. Und dann fällt mir ein, dass ich ein Fenster in seine Eingeweide hätte schneiden sollen. Durch sein Fell sägen und ihn der Verwesung öffnen. Ein Geschwür, an dem Kojoten und Raben zerren können. Eine Stelle, die ihm beim Verfaulen hilft. Mein Vater wird enttäuscht sein. Ich denke an die Enttäuschung meines Vaters und erinnere mich an das verletzte Bein. Der Geruch des Beins wird einen Bären anlocken. Socks hat schon gut angefangen zu verwesen. Ich habe eine Ausrede. Ich frage mich plötzlich, warum ich nicht weine. Ein Junge würde weinen, denke ich. Vielleicht werde ich allmählich ein Mann, denke ich. Mir ist nur still und stumpf zu Mute, und verzweifelt. Mir ist zu Mute, als wollte ich aufstehen und weglaufen, ohne die Kraft dazu zu haben. Ich spanne meine Brust an, um auszuatmen, und sauge dann die Luft ein, um die Lunge wieder zu weiten. Noch einmal, und noch einmal. Meine Augen tränen, aber das Atmen hilft. Es ist meine einzige Waffe gegen die Freilassung dieses Etwas, das sich da in mir hochkämpft. Ein kleiner Kampf. Ich fürchte, wenn ich mir erlaube, mich zu leeren, werde ich mich nur mit Reue über das füllen, was ich eben getan habe.

Ich schaue auf das Gewehr, das quer über meinen Knien liegt, und denke an die Bärenjäger, die uns für so etwas bezahlen. Sie kommen jeden Frühling und jeden Herbst, meistens aus dem Osten. In letzter Zeit auch aus dem Mittelwesten und aus dem Süden. Studierte Leute: Rechtsanwälte, Manager, Ärzte. Keine schlechten Männer, aber Männer, die an Trophäen glauben. Es ist schwer, sie zu respektieren. Im Jagdcamp trinken sie jeden Abend. Sie torkeln aus dem Esszelt, fallen auf die Knie und übergeben sich, und dann wischen sie sich den Mund am Schoß des neuen Hemdes ab, das sie sich für die Bärenjagd gekauft haben. Morgens haben sie dann die Scheißerei. Wenn sie betrunken sind, erzählen sie uns, wie sie es den Frauen zeigen, mit denen sie verheiratet sind. Und sie erzählen uns, wie sie es Frauen zeigen, mit denen sie nicht verheiratet sind. Und sie erzählen uns, wie sie es den Männern zeigen, mit denen sie im Geschäft sind. Nicht alle. Aber die Betrunkenen und die Angeber sind die, an die ich mich erinnere. Jeden Herbst sitze ich hinter dem Holzofen im Zelt und beobachte sie. Zu mir schauen sie nur herüber, wenn sie einen Becher Wasser haben wollen oder wenn sie mich zu ihren Schlafzelten schicken, damit ich ihnen ihre Zigaretten hole. Ich sehe sie nicht als Männer. Ich sehe sie als große, laute Pfadfinder: übergewichtige, glatzköpfige Kinder. Ich stelle mir vor, dass sie zu uns kommen, um sich ein Abzeichen zu verdienen. Nicht um etwas Alltägliches zu töten, das man essen kann, sondern um etwas Ungewöhnliches zu töten, das im Stande wäre, sie zu essen.

Ich sacke gegen den Hang und schaue hinauf in das Gesprenkel des Sonnenlichts zwischen den Kiefern. Ich denke an die Nervosität unserer Jäger, hier und in anderen Deckungen, wo ich mit ihnen gesessen habe. Wenn es regnet, riechen sie nach Aufregung, und sie riechen nach Angst. Sie fragen, wie es ist, einen Bären zu töten. Sie fragen, wie andere es getan haben. Wenn Geräusche zu hören sind, die von der Dämmerung verstärkt werden, fragen sie in angespanntem Flüstern: »Was ist das? Ist da draußen was?« Es gibt keinen Whiskey in der Deckung, und hier bin ich nicht bloß ein Junge, der hinter einem Kocher sitzt. Hier bin ich ein Junge, der gesehen hat, wie Bären starben, und sie haben es noch nicht gesehen.

Zum ersten Mal einen Bären zu sehen, erzähle ich ihnen, das ist, wie wenn man zum ersten Mal eine Klapperschlange rasseln hört. Ich sage ihnen, dass es keinen Irrtum geben wird. Manchmal stöhnt ein Mann, aber die meisten sitzen nur mit starrem Blick da. Ein paar lächeln ein schreckliches Lächeln. Das sind die, die wir kein zweites Mal als Gäste akzeptieren. Jeder Beruf hat seine Grenzen.

Mein Vater sagt unseren Jägern, sie sollen dem Bären mit dem ersten Schuss das Schultergelenk auskugeln, damit er nicht mehr angreifen kann. Einfache Anweisungen zur Zerstörung von Knochen und Fleisch. Er sagt, sie sollen niemals auf den Kopf schießen, weil ein Grizzlyschädel ihr Geschoss abprallen lässt. Ich weiß vorher nie, ob sie sich daran erinnern werden. Manche sind gute Schützen, andere feuern wild durch die Gegend. Manche Bären werden nur verwundet, und wir stöbern sie auf und töten sie aus der Nähe, wo sie sich zum Sterben zusammengerollt haben. Manche fallen, wo sie fressen, quer über den Kadaver des Pferdes. Ein paar werden wieder gesund, folgen uns, wilder und gefährlicher denn je.

Meine unmittelbare Zukunft ragt vor mir auf, plötzlich und lebhaft real. Innerhalb einer Woche kann hier ein Bär getötet werden. Es könnte sein, dass der Bär auf dem Kadaver des Pferdes stirbt, das ich eben erschossen habe. Auf Socks. Das Häuten des Bären wird mir zufallen. Vielleicht werde ich dann weinen, denke ich. Ich nehme mir vor, es zu versuchen. Zu weinen, während ich das eine tote Ding von dem anderen toten Ding herunterzerre und -heble. Zu weinen, während ich die pelzige Haut von ihrem Fleisch abziehe. Ich denke an den ranzigen Gestank, an die Maden, an das Blut, das dunkel und dick geworden sein wird. Wenn es ein männlicher Bär ist und wenn der Jäger sich in der Anatomie der Tiere auskennt, wird man sich mit dem Knochen befassen müssen, um den der Penis des Bären wächst. Bärenbein. Schwanzbein. Spaßbein. Der Jäger wird diesen massiven Knochen haben wollen. Mit dem Messer werde ich den Muskel wegschneiden und das Ding sauber schaben. Und dann werde ich das zusammengerollte Fell auf den Armen tragen. Die Pferde werden ängstlich scheuen, wenn ich mich ihnen nähere. Das Fell wird schwerer sein, als es aussieht, und es wird stinken. Vielleicht wird ein Packpferd den Anbinderiemen abreißen und wild ins Gehölz galoppieren.

Aus dem Fell wird dann ein Teppich gemacht, den man an die Wand hängt. Ich habe ein Pferd getötet, damit ein Mann das Fell eines Tieres in seinem Zimmer ausstellen kann. Wir bekommen oft Bilder von einem Bärenfell, das man an die Wand genagelt hat. Der Jäger steht vor dem Ding mit einem Drink in der Hand, breitbeinig, lächelnd, als ob er gleich zum Essen gerufen würde. Manchmal posiert seine Frau mit ihm. Ich habe mich oft gefragt, was am Ende mit diesen Trophäen passiert. Ich stelle mir vor, wie sie älter werden, staubig, glanzlos, von Insekten befallen, wie sie auf einem Flohmarkt landen oder in einer Truhe voll Mottenkugeln. Ich stelle mir vor, wie sie ein Lieblingssohn geschenkt bekommt. Ich stelle mir vor, wie sie als Beweis dafür dienen, dass ein Mann in den Westen gekommen ist und ein Abenteuer erlebt hat.

In den Jahren, seit meine Familie Jäger betreut, haben wir jeden Frühling zwei oder drei Bären geschossen, und im Herbst noch einmal. Niemand ist von ihnen verletzt worden. Sie scheinen schlechte Karten zu haben. Ich krümme die Füße gegen den Rist meiner nassen Stiefel. Ich habe ein Pferd getötet, und meine einzige Strafe sind kalte Füße.

Mein Vater hat mir sein Exemplar der Lewis-Clark-Tagebücher geliehen. Ich habe gelesen, dass sie ihre Truppe auf der Reise durch Teile von Montana zu beiden Seiten mit mehreren Männern flankierten, die nichts anderes zu tun hatten, als Bären zu schießen, die eine gewisse Bedrohung darstellten. Ich hebe wieder den Kopf und schaue zu Socks' braunem Körper hinüber. Ich glaube nicht, dass ein Bär herkommen wird, um mir etwas zu tun. Ich glaube, dass ein Bär kommen wird, um ein totes Pferd zu fressen. Weil er Hunger hat. Ich glaube nicht, dass er vor seiner Bärin damit angeben wird. Wenn er weiß, dass er in Gefahr ist, wird er das nicht erregend finden, es wird ihm das Mahl nicht desto verlockender machen. Er wird weglaufen, oder er wird sich gar nicht erst zeigen. Ich denke an die Bären, die kommen und getötet werden. Ich glaube, ihre Seelen müssen enttäuscht sein, dass sie von einem Ding getötet worden sind, das nicht mal einen massiven Knochen im Penis hat.

Ich fahre mit dem Daumen am Gewehrlauf entlang und denke daran, dass es Jungen gibt, die Baseball spielen. Jungen, die auf Fahrrädern sitzen, nicht auf Pferden. Jungen, die meckern, weil sie den Rasen mähen müssen. Ich habe einen Freund in der Stadt, der sieht eine Fernsehserie, die *Zorro* heißt. Er übt das Knallen mit einer kleinen Peitsche und möchte zu gern einen Degen haben.

In den Zeitschriften, die mein Vater jeden Monat bekommt, habe ich gelesen, dass es Jungen gibt, die nicht zur Schule gehen, weil sie keine haben. Hunderttausende von Jungen, die hungern. Jungen, die betteln. Jungen, die ihre Tage im Gebet verbringen. Ich habe die Umrisse ihrer Länder mit dem Finger nachgezogen, den Atlas aufgeklappt auf dem Schoß. Und ich weiß, dass ich eines Tages kein Junge mehr sein werde. Eines Tages werde ich ein Mann sein und vielleicht selbst einen Sohn haben.

Ich wate durch den Bach zurück, setze mich am Ufer hin und schütte das Wasser aus den Stiefeln. Bird hat sich beruhigt und wiehert leise, als ich komme. Es ist wärmer geworden. Eichhörnchen schnattern, Rabenschatten verdunkeln gelegentlich den Trail, als wir nach Hause gehen. Es ist ein gutes Gefühl, etwas Warmes, Lebendiges unter mir zu haben. Birds Ohren sind aufgestellt, sein Gang ist locker, er scheint sich jeder Bewegung bewusst zu sein. Auf der Brücke über den Shoshone bleibt er unvermittelt stehen und starrt hinunter ins Wasser. Ich recke den Hals, um zu sehen, ob da ein Elch ist oder ein Otter oder ein Angler. Aber da ist nichts, nur das Sonnenlicht auf dem Wasser. Ich lächle und schäme mich, weil das Licht mich glücklich macht. Ich berühre Birds Flanken mit den Sporen, und er setzt sich in Bewegung. Wir brauchen weniger als eine Stunde, um zu den Corrals zurückzukommen.

Ein Zettel von meiner Mutter hängt an der Tür ihrer Hütte, auf dem steht, dass sie einer Freundin helfen muss, die weiter oben im Tal wohnt. Dass ich im Kühlschrank genug für ein Sandwich finde. Dass sie mich lieb hat. Ich esse, und dann ziehe ich mich aus und lasse mich in ihrer Badewanne durchweichen, und ich nicke halb ein. Ich träume, dass ich ungezähmt in einem Wald herumlaufe. Es ist ein alltäglicher Traum. Meine Füße greifen sicher in die Erde. Die Erde sehnt sich nach meiner Berührung, wölbt sich mir entgegen. Ich lege mich auf den Boden und spüre seine Fürsorge, ich stelle mir vor, dass ich erkannt und geschätzt werde. Ich glaube, dass ich mich in ein Mädchen verlieben werde, das in derselben Wildnis hier aufgewachsen ist. Ich glaube nicht, dass ich mich in ein

Mädchen aus einer Großstadt verlieben werde. Und dann werde ich wieder ganz wach und setze mich in einer Wanne mit lauwarmem Wasser auf. Ich starre auf die Uhr auf dem Bord am Waschbecken. Es ist fast vier. Die Gelb- und Goldtöne in den Kiefernholzwänden fangen das Nachmittagslicht und halten es fest. In sechs Wochen ist Sommer, und dann gibt es in allen Hütten Wasser, und ich werde zu den älteren Cowboys ins Bunkhouse ziehen.

Ich bin im Schuppen und öle das Sattelzeug ein, als mein Vater nach Hause kommt. Er hat meinen Bruder von der Schule abgeholt, und mein Bruder läuft vor ihm her und bleibt füßescharrend in der Tür stehen. Er hat seine Bücher bei sich, und als ihm nichts einfällt, was er sagen könnte, klappt er eins auf und starrt auf die Seite, als ob er herausfinden müsste, was er jetzt tun soll. Er ist besorgt. Er fragt sich, ob wir innerhalb eines Tages auseinander gewachsen sind. Ob ich jetzt weniger ein Junge bin und er desto mehr allein.

»Wie war deine Hausaufgabe?«, frage ich ihn.

»Hervorragend.« Er klappt das Buch zu und lächelt. »Thompsons Labrador hat Welpen.«

»Hast du sie gesehen?«

»Nein. Dad sagt, wir können dieses Wochenende runterfahren. Pete sagt, er verwahrt uns den, der mit der Nabelschnur um den Hals rausgekommen ist.« Die Erleichterung ist seinem Gesicht anzusehen. Ich bin immer noch sein Bruder.

Mein Vater tritt zu ihm in die Tür. Sie lehnen sich rechts und links an den Pfosten und sehen zu, wie ich das Öl ins Leder arbeite.

»Hat er dir von dem Hund erzählt, den ihr kriegen sollt?«

»Am Wochenende.«

Wir alle nicken.

»Du bist früh los heute Morgen«, sagt mein Vater.

Ich blicke von meiner Arbeit auf. »Ich kann nicht gut warten.«

»Das verstehe ich«, sagt er. »Ich kann's auch nicht.« Er zündet sich eine Zigarette an, und wir schauen zu, wie der Rauch das letzte, schräge Licht des Tages dämpft und zerschneidet.

Greybull

»Wie lange wirst du hier brauchen?«

Ich stemme mich aus einer der Fünfzig-Gallonen-Öltonnen, in denen wir das Getreide lagern, und stehe mit zwei Kaffeedosen voll Hafer da. Ich habe die letzte Runde Pferde in den Boxen angebunden, und diese beiden Dosen sind die letzten, die ich verteilen muss. Ein Brauner in der letzten Box wiehert.

Mein Vater steht im Scheunentor. Er trägt eine gewaschene und gebügelte Jeans und einen silbergrauen Hut. Der Hut ist frei von Schweißrändern und Pferdescheiße. Die Wölbung des Kopfes fängt das Morgenlicht ein und hält es fest. Es ist der Hut, den er trägt, wenn er in die Stadt fährt. Seine Hände sind sauber. Seine Daumen sind in die Taschen gehakt. Sein Hemd bläht sich im leichten Wind. Die perlmuttbesetzten Druckknöpfe werden hell und wieder matt, als er sein Gewicht verlagert.

»Ich bin fast fertig«, sage ich.

Ich gehe in die Boxen und zwänge mich zwischen die heißen, ungeduldigen Körper des ungefütterten Paars. Die Köpfe am Ende der Halfterriemen sind einander zugewandt, ihre Nasen berühren sich fast, ihre großen, dunklen Schädel erheben sich wie ein Paar Schwingen ohne Körper. Mein Vater tritt in den Kornspeicher. Das rhythmische Kauen der Pferde hallt von der niedrigen Decke wider; es klingt wie ein Trupp Betrunkener, die über einen Kiesweg torkeln. Das Sonnenlicht dringt in breiten Strahlen durch die verwitterte Latten- und Bretterwand der Scheune und schraffiert die Reihe der Pferdehintern. Getreidestaub und Fasern von pulvertrockenem Mist hängen wie eine angestrahlte Gardine in dem Durchgang hinter den Pferden. Zwei schieferblaue Schmetterlinge flattern zwischen Hell und Dunkel. Ein Pferd schnaubt. Ein anderes hustet. Die Scheunenkatzen rascheln über uns auf dem Heuboden herum. Ein Rotschimmel spreizt die Hinterbeine, steht auf den Zehen und pisst. Der Geruch von heißem Urin dringt stechend durch die Atmosphäre aus Getreide und Tierschweiß und den scharfen Duft von Kiefernnadeln und Mist. Ich treibe jetzt im dritten Sommer Pferde für meinen Vater. Ich bin fünfzehn und fast eins sechzig. Ich bin seit vier Uhr auf den Beinen. Mein Körper vibriert noch immer von den zwölf Meilen, die ich geritten bin, um diese Herde von der Nachtweide zu holen.

»Du hast gefrühstückt?«

»Ja, Sir.«

»Ich dachte, ich fahre vielleicht rüber nach Greybull.«

»Was gibt's in Greybull?«

»Einen Pferdemarkt.«

Ich komme zurück in den Kornspeicher, werfe die Kaffeedosen in die halb volle Hafertonne und schiebe den Deckel auf die Tonne. Die Pferde stampfen mit den Hufen auf den dicken Balkenboden, und das Geräusch hallt durch die Boxen, auf den Heuboden, gegen das Blechdach, und kommt matt und aufgelöst zurück. Sie schnauben. Sie kauen. Sie niesen. Ihre Schwänze verwirbeln die Luft im Kampf gegen die aufgeregten Fliegen.

»Ich wusste nicht, dass wir Pferde brauchen.«

»Du wusstest auch nicht, dass dir Haare unter den

Armen wachsen, aber dann ist es doch passiert.« Er zündet sich eine Zigarette an, bricht das Streichholz mitten durch und schnippt es durch die Tür des Kornspeichers nach draußen. »Ich denke mir, der Preis könnte in Ordnung sein.«

»Woher weißt du, wie der Preis liegt?«

»Ich weiß es nicht, wenn ich nicht hinfahre. Willst du mitkommen oder nicht?«

Wir haben unsere Frühjahrs-Bärenjäger verabschiedet und erwarten die erste Gruppe Sommertouristen erst in ein paar Tagen. Der Fluss hat Hochwasser und ist zu schlammig zum Angeln. Die Uferböschungen sind eingebrochen, und die Stromschnellen sind verstopft von abgerissenem, stromabwärts geschwemmtem Holz. Die Zuflussbäche sind ebenfalls so stark angeschwollen, dass wir keine allzu weiten Gepäckritte in die Berge unternehmen können. Es wird hauptsächlich Tagesritte geben. Ich nicke und schaue zu den Pferden hinüber, die sich in den Boxen hin und her schieben. »Sobald das hier erledigt ist«, sage ich.

Mein Vater fährt den Pick-up rückwärts an einen Zwei-Pferde-Hänger. Ich stehe rittlings über der Hängerdeichsel und winke ihn rückwärts darunter. Ich senke die Deichsel auf die Kupplung, stöpsle das Bremskabel ein und lege die Sicherungskette auf. Mit dem Hemdsaum wische ich mir den Schweiß aus dem Gesicht und steige ins Fahrerhaus. »Brauche ich irgendwas?«

»Wenn du nicht gelernt hast, ein Instrument zu spielen, dann nicht. Das Radio will nicht funktionieren.«

»Das funktioniert schon seit einem Jahr nicht mehr.«

»Seit diesem Jahr?«

»Ja, Sir.«

»Bist du sicher?«

»Seit Ted den Baum mit der Winde über die Haube gezogen hat.« Wir schauen beide hinaus zu der Falte, die sich diagonal durch das Blech der Motorhaube zieht. Der Lack blättert ab. Die Haube ist sommersprossig von Rostpocken, die Antenne ist bis auf einen zwei Zoll langen, scharfkantigen Stummel abgebrochen.

»Komisch, was man alles nicht merkt«, sagt mein Vater. »Schade, dass keiner von uns beiden singen kann.«

Den Krach, den ein leerer Hänger macht, wenn man ihn über die Spurrillen eines Lehmwegs zieht, kann ich nicht ausstehen; es hört sich an, als schleifte man ein Fass auf Rädern hinter sich her, das kurz vor dem Auseinanderbrechen ist. Auf der Landstraße saust er pfeifend hinter uns her. Dann vergesse ich, dass er da ist, ob leer oder voll. Wenn wir zurückfahren und das Gewicht eines Pferdes auf der Ladefläche ruht, macht er ein solides, brummendes Geräusch, wie primitive Musik.

Mein Vater fährt dem grellen Morgenlicht entgegen. Die insektenbespritzte Windschutzscheibe spachtelt uns das Licht auf die Brust. Die Seitenfenster sind heruntergedreht. Die Profilreifen sirren.

»Wir haben nicht oft Gelegenheit, zusammen zu sein«, sagt er.

»Wir arbeiten zusammen.«

»Wenn wir zusammen arbeiten, bin ich dein Boss, nehme ich an.«

»Und was bis du jetzt?«

»Ich bin dein Vater.« Halb lächelnd dreht er sich zu mir um. »Pass doch heute einfach mal auf, ob du einen Unterschied feststellst.«

Die Manschetten am Hemd meines Vaters sind offen

und über die Unterarme gerutscht. Die nerzbraunen Haare auf seinen Handrücken und Handgelenken fangen den Wind und die Morgensonne ein. Ich schaue auf meine Handgelenke, reibe mit der flachen Hand darüber. Da ist nur ein feiner, blonder Flaum. Mein Vater schiebt sich mit dem Daumen den Hut aus dem Gesicht. »Es wird heiß heute«, sagt er. »Wir kriegen endlich Sommer.«

»Nicht dass wir nicht damit gerechnet hätten.«

»Wohl nicht«, sagt er, dreht sich um und sieht mich an. Ich weiß, dass unsere Gesichter ähnlich aussehen: das gleiche Kinn, die gleiche Stirn, die gleichen Augen. Ich habe Fotos von ihm als Junge gesehen, und sie sehen aus, als hätte ich fremde Sachen angezogen. Die Ähnlichkeit hat uns beide immer überrascht und beunruhigt. Er wendet sich wieder dem Highway zu. Ich drehe mich um und betrachte sein Profil. Er hat Streifen von hellerer Haut an den Augenwinkeln, wo er die Augen zusammengekniffen und in die Arbeit des Tages gespäht hat. Seine Wangen sind glatt rasiert und gebräunt. Er spitzt runzlig die Lippen, saugt einmal die Luft ein und legt den linken Arm auf den Fensterrand. Noch einen Monat, und die Luft wird stickig sein von den Daunenfedern der Pappeln. Sie werden gegen die Armbeuge meines Vaters wehen. Sie werden in das Fahrerhaus wirbeln, wie ausgetrocknete Schneeflocken wirbeln würden, aber jetzt versüßen nur die Stäubchen kleinerer Pollen die Luft.

Wir kommen aus dem Wald auf die gerade Straße, die durch bewässertes Weideland nach Cody führt. Das Tal wird breiter. Die Ausläufer der Berge erheben sich in den Aquamarin- und Grautönen von frisch gesprossenem Beifuß hinter den luzernegrünen Quadraten des bebauten Landes. Als wir das Staubecken erreichen, ist es fleckig von Schwemmland aus Bergstaub, wo der Fluss hineinfließt, in den Strahlen der Sonne silbern und grün, und steil ragt es auf zu unserer Rechten, als wir uns auf dem Sims der Landstraße dahinschlängeln, weiter durch die kahlen Felsentunnel des Canyons.

Cody wimmelt von Nummernschildern aus anderen Staaten. Ich starrte durch das Fenster zu den rundlichen Männern in kurzen Hosen hinaus, zu den Frauen in Bikinitops und Shorts, mit bloßen Bäuchen. Sie kommen mir fremdländisch vor, von der Sonne geblendet, betäubt von den Ferien. Ihre Kinder folgen im Schatten der Eltern. Sie sind nicht in ihrem Element, alle nicht. Als wir an einer Ampel halten, starren sie uns mit sanfter Gleichgültigkeit an. Sie kommen mir vor wie Leute, die aus reinen Nützlichkeitserwägungen gezüchtet wurden. Für mich sind sie Herden von glatten Rindern. Ich fühle mich raubtierhaft, überlegen, froh um meine Arbeit auf dem Land.

Als wir östlich von Cody sind, haben wir noch eine Stunde bis Greybull. Es ist immer noch Morgen, aber die Luft steigt über der Landstraße in zitternden, durchscheinenden Spiegelungen röhrenförmig auf. Die Fahrer der Autos und Lastwagen, denen wir begegnen, heben zum Gruß einen einzelnen Zeigefinger locker vom Lenkrad. Noch nie habe ich gesehen, dass ein Mann mit dem ganzen Arm winkte, es sei denn, um einen Schlag abzuwehren. Am Horizont sieht man den dunkleren Rand der Bighorns; ihr Höhenkamm rührt im Kumulusschaum, wo der Himmel sich ins Berggestein gefressen hat. Man sieht Fetzen von Bastardwolken, die sich losgerissen haben und aufgestiegen sind und im Gewölbe der blauen Kuppel verblassen. Die Landstraße ist gerade und grau. Insekten zerplatzen zu Flecken von Senf und Rost an der

Windschutzscheibe. Faustgroße Vögel reiten auf dem Luftstrom über Motorhaube, Frontscheibe und Fahrerhaus und sterben dann an der unverhofften Wand des Anhängers, den wir ziehen, und dabei machen sie das einsame Geräusch eines aufgeweichten Balls, der gegen eine metallene Scheunenwand geworfen wird, unregelmäßig, wieder und wieder.

»Bist du glücklich?«, will mein Vater wissen.

»Ich schätze, ich bin so glücklich, wie ich sein muss.« Er summt ein paar einzelne Töne, die ein Lied sein sollen.

»Ist es wichtig?«, frage ich nach.

Er zuckt die Achseln. »Fällt einem nur so ein, wenn das Radio kaputt ist.«

Am Straßenrand sieht man alkalische Hügel, spärliches Grasland, Riffe aus niedrig wachsendem Beifuß, und hier und da erhebt sich der kalkweiße Boden plötzlich zu den verschwommenen Kegeln kleiner Staubteufel.

»Schon mal auf einer Versteigerung gewesen?«

»Nein, Sir.«

»Wird dir Spaß machen. So was wie ein Picknick, bloß dass alle nüchtern hinkommen. Man kann ein Soda kriegen, wenn man Durst hat. Womit ich nicht sagen will, dass es nichts zu essen gibt. Versteigerungen machen mich glücklich, selbst wenn ich nichts kaufe.«

Ich nicke und schaue an einer Reihe Zaunpfähle entlang, die nach Norden hin im aufsteigenden Gedränge des Beifußes immer kleiner werden. Auf der Westseite des Zauns sieht man eine Ansammlung rohweißer Charolais-Bullen; die meisten stehen, ein paar liegen, und einer besteigt einen andern in einer Probe des Geschlechtsakts. Ihre Hinterteile sind mit Scheiße beschmiert. Ihr Fell zuckt unter den Fliegen. Sie wirken monumental in der

Sonne. Ich denke an Bilder von Stonehenge, die ich gesehen habe. Die Bullen wenden nicht den Kopf, um uns nachzuschauen, als wir vorbeifahren, wie verstreute, zerfallene Dolmen es auch nicht tun würden.

»Du brauchst keine Angst zu haben, die Arme zu bewegen.«

Ich richte den Blick wieder auf das Profil meines Vaters. Ich sage ihm, dass ich ihn nicht verstanden, nicht zugehört habe.

»Man hört doch immer von einem Trottel, der bei einer Auktion seiner Frau oder seiner Freundin oder sonstwem zugewinkt hat, was der Auktionator dann als Gebot aufgefasst hat. In der Geschichte geht es dann immer um mehr, als der Mann bezahlen kann.«

»Das hab ich noch nie gehört.«

»Na, jetzt schon.«

»Ich hatte aber keine Angst.«

»Ich dachte, es könnte sein. Ich wusste es ja nicht.«

Die Landstraße ist gewölbt, und in den Gräben wächst grünes Unkraut, genährt von dem bisschen Wasser, das von der Straße abläuft. Die metallenen Verkehrsschilder sind so voller Löcher geschossen, dass sie aussehen wie Schablonen in einer Sprache, die ich nicht gelernt habe.

Ich hebe die Stiefelabsätze ans Handschuhfach und sacke auf dem Sitz herunter. Ich nehme die Mütze ab und hänge sie auf die rechte Stiefelspitze. Der Mützenschirm fängt den Wind ein. Mein Kopf kühlt sich ab. Die Haare über meinen Ohren und in einem Band am Hinterkopf trocknen, steif von Schweiß. »Verkaufen sie nur Pferde auf diesem Markt?«, frage ich. Mir wird klar, dass ich überhaupt nicht weiß, was ich zu erwarten habe.

»Heute sind es überwiegend Pferde. Vielleicht ein,

zwei Pferche Schafe. Ein paar Kühe, könnte ich mir denken. Ein Schwein würde mich auch nicht überraschen.«

Ich rolle den Kopf oben auf der Lehne herum, sehe ihn an und lächle. Er hat jetzt Schweißperlen auf der Stirn und auf der Oberlippe.

»Findest du das lustig?«, fragt er.

»Ich stelle mir vor, wie man ein Schwein sattelt. Ich glaube, man kann nicht vermeiden, dass die Steigbügel über den Boden schleifen.«

»Wenn ich eins mit Widerrist sehe, kaufe ich's dir. Wenn es bockt, fällst du nicht so tief.«

Wir lächeln uns an. Ich stelle mir vor, sage ich, dass ich auf einer passgängigen Sau gut aussehe. Nördlich von uns zweigt ein Bachtal in bröckelnden Winkeln ab. Sein nasser Grund ist braun und weiß und schwarz getupft: Ein paar Dutzend Angus- und Hereford-Kühe stehen verstreut mit ihrem Kälbern.

Noch eine Meile, und der aschgraue Boden wird von einem trägen Wasserlauf durchschnitten, und dann kommt eine Reihe Bienenkörbe am Rand eines Luzernenfeldes, durchzogen von dunkelgrünen Kleestreifen. Die Luft duftet süß. Ich denke an einen Löffel Honig und muss schlucken. Reihen von Pappeln und Oleastern sind als Windschutz gepflanzt. Mein Blick fällt auf die scharfen, klobigen Leiber von grünen, gelben und roten Landwirtschaftsmaschinen, die sich Zoll um Zoll durch die Felder schieben. So unglaublich wie riesige Insekten. Jahre alte, vom Wetter ausgebleichte Heuschober stehen windschief kurz vor dem Umfallen. Ich sehe ein einzelnes Trailerhaus. Mehrere Bungalows, die mit pastellfarbenem Aluminium verkleidet sind.

Wir bremsen nicht in Emblem. Einwohner: zehn. Keine Ampel. Ein Haus mit einer Postleitzahl. Eine Kirche am Straßenrand. Ein halbes Dutzend gedrungene, galvanisierte Getreidesilos, und dann wieder meilenweit bewässertes Farmland, ein langer Streifen, ein Fremdkörper in dieser ausgedörrten Prärie.

Ein Schild verkündet: »Greybull 12«, und darunter steht: »Basin 19«.

»Ich hätte nicht gedacht, dass Basin es schafft, Greybull zu schlagen«, sagt mein Vater. Er lächelt. Es ist sein Standardwitz. Ich erwidere sein Lächeln, weil ich sein Sohn bin und weil er es erwartet. »Haben wahrscheinlich nachspielen müssen«, sagt er.

»Ich glaube nicht, dass ich etwas kaufen möchte, was ich vielleicht esse.«

»Glaubst du nicht, dass du ein Pferd essen würdest? Wenn du hungrig genug wärst?«

»Da müsste ich hungriger sein, als ich bisher jemals gewesen bin.«

Die Bighorns erheben sich aus ihren Ausläufern, als wir näher kommen. Ihre Höhen schmückt das Plissee ferner Fichten, durchbrochen vom blasseren Grün der Wiesen. Ich stelle mir die Blumen vor, die ich nicht sehen kann. Hoch in den Mulden blitzen weiße Schneefelder. Hier und da weicht der Boden zurück, und die letzten Felsschründe ragen zum Gipfel, rosa und bernsteingelb und blitzend im Sonnenschein. Wolkenschatten sprenkeln die westlichen Hänge. Ich richte mich auf und setze meine Mütze auf. Ein Tafelberg aus stumpfem rotem Sandstein bricht in mittlerer Ferne aus der mageren, winddurchfegten Landschaft. Ein Kaninchen läuft vor uns über die Landstraße und kauert sich wachsam an den Straßenrand, als mein Vater abbremst. Unser

Fahrtwind legt dem Tier die langen Ohren flach an den Kopf.

Der Viehmarkt von Greybull steht matt schimmernd an der Nordseite des Highway. Die Wellblechflanken flirren in der Hitze. Der Bau hat zwei Etagen und eine Grundfläche von vielleicht fünfzehn mal zwanzig Metern; die schmalere Seite ist dem Highway zugewandt. Mehrere Hektar Pferche und Laufgänge erstrecken sich nach Westen, ein labyrinthisches Puzzle aus gestreiftem Schatten und Licht. Die Pferche sind aus roh behauenem, weiß gestrichenem Holz, und die Gatterpfosten stehen höher als die Schultern eines Pferdes. Sie sehen robust genug aus, um eine Elefantenherde aufzuhalten. Hinter den Pferchen verlaufen Bahngleise, dann kommt eine Fleischfabrik und dann der Greybull River, verborgen hinter einem üppigen Bewuchs von Laubbäumen, hauptsächlich Pappeln und Oleaster.

Der Parkplatz ist kiesbedeckt, zerfurcht von kürzlich gefallenem Regen, an den Rändern von Unkraut bewachsen, das jetzt von Autoreifen zermahlen ist. Die Pick-ups sind lehmbespritzt, und die meisten haben Anhänger. Die Windschutzscheiben und Kühlergrills sind unebene Felder aus verschmierten Insektenleichen. Viehtransporter stehen in einer Reihe. Ein Auflieger steht mit dem Heck vor einem Ladegang. Ein halbes Dutzend blonde Kinder spielen im Schatten eines Baumes und fangen abwechselnd einen alten, rot-gelben Hund mit dem Lasso ein. Seine Augen sind glasig vom Star. Die Zunge baumelt aus der grauen Schnauze. Er weicht der Schlinge nicht aus, und sie reißen nicht am Seil. Eine hübsche Frau, die ihr rotes Haar zu einem Pferdeschwanz gebunden hat, sitzt auf dem Heck eines Lasters. Ihre karierte Bluse ist offen, und sie stillt ein Kind. Sie lächelt. Auf die runde Kugel ihrer Brust fällt das Sonnenlicht. Männer sind in einer Reihe auf die Gatter gestiegen und spähen über die wimmelnden Tiere hinaus, strecken die Finger aus, rauchen, lachen. Man hört Rinder muhen und grunzen, Schafe blöken, Pferde wiehern scharf. Der Boden bebt wie ein dickes Trommelfell unter den trappelnden Hufen. Das Dröhnen von Fliegen erfüllt die Luft wie das Echo einer fernen Sirene. Ich klettere auf einen Pferch und setze mich auf die oberste Stange. Mein Vater steht neben mir, die angewinkelten Ellenbogen liegen auf der obersten Stange, und sein Kinn ruht auf den übereinander gelegten Händen. Ein Mann, der so alt ist wie mein Vater, sitzt auf der anderen Seite neben mir. Seine Absätze hat er an das nächste Brett unter seinem Arsch gehakt, und seine gespreizten Knie sind auf einer Höhe mit seiner Hüfte. Er hat die Ellenbogen auf die Knie gestützt und deutet mit dem Kopf in den Pferch. »Gefällt er dir?«, fragt er.

»Ja, Sir.«

In dem Pferch steht ein einzelner Falbenwallach. Mähne und Schwanz, Maul und Strümpfe sind so dunkelbraun wie nasse Erde, genau wie der Aalstrich, der seinen Rücken halbiert, von der Mähne bis zur Schwanzwurzel. Seine Ohren sind aufgestellt. Sein Gesicht zeigt lebendige Intelligenz. Er hat gute Muskeln und ist sportlich gebaut. Der Schwanz ist aufgerichtet und hält das Hinterteil von Fliegen frei. Eine Krähe steht auf seinem Widerrist; sie dreht sich um und schreitet auf seinem Rücken nach hinten, und dabei späht sie über die Wölbung seines Bauches nach unten und sucht nach Essbarem in dem frischen Mist. Der Boden und die Luft sind von Krähen und Stärlingen gesprenkelt. In der Konkurrenz miteinander veranstalten sie ein lautes Getöse.

»Willst du sehen, wie er sich bewegt?«

»Ich denke schon«, sage ich zu dem Mann neben mir.

Er greift in die Hemdtasche und fingert einen kleinen Kieselstein heraus. Er krümmt den Zeigefinger, spannt ihn am ausgestreckten Daumen und lädt den Kieselstein davor wie ein kleiner Junge beim Murmelspiel. Er trifft den Falben hoch am Hals, und das Tier dreht sich auf den Hinterfüßen geschmeidig nach links, trabt zum anderen Ende des Pferchs, wendet dort und sieht uns an. Er schnaubt. Seine Ohren schwenken in schrägem Winkel zu jedem von uns, tasten nach möglichem Ärgernis. Die Krähe hat sich in die Luft erhoben, flattert und senkt sich dann wieder auf den Rücken des Falben.

»Hübscher Kerl, oder?« Der Mann spreizt die Knie weiter und spuckt einen dicken Strahl Tabaksaft in den Pferch. Er ist unrasiert, und seine Unterlippe wölbt sich über dem Klumpen Kautabak, der vor den unteren Schneidezähnen liegt. Er lüftet den Hut und streicht mit der Hand über seinen kahlen weißen Schädel.

Im Hintergrund hören wir die Lautsprecheranlage, die uns daran erinnert, dass kein Lot zu klein oder zu groß ist, um akzeptiert zu werden. Ich sage dem Mann, dass ich keine Katze habe, die sich so gut bewegt wie dieses Pferd. Er nickt. »Wirst du für ihn bieten?«

»Weiß ich nicht.«

»Er würde gut aussehen unter dir.« Ich lächle und gebe zu, dass das stimmen könnte. Der Mann spuckt wieder aus. »Natürlich würde er auch unter mir gut aussehen.«

In der Luft, über dem Insektengesumm und dem gleichförmigen Vogelgezänk, hören wir die Marktberichte für Lämmer, Zuchtschafe, Zuchtböcke, Schlachtschafe und Schlachtböcke, große Ziegen, kleine Ziegen, Ferkel, Sauen, Eber. Wir hören die gestrigen Kurse für Färsen, Rinder aller Kategorien, Jungstiere, Zuchtbullen, Mastbullen und Pferde.

»Bist du so weit, dass wir aus der Sonne gehen können?«

Ich schaue zu meinem Vater hinunter. »Ja, Sir«, sage ich. Ich werfe noch einen Blick auf den Falben und klettere dann vom Zaun.

Der Eingang ist ein Wellblechvorbau an der Westseite des Gebäudes. Die Drahtgittertür ist von Fliegen bedeckt. Sie steigen auf und senken sich wieder herunter, als wir eintreten, wie ein schwarzes, feuchtes Tuch am Drahtgitter. Mein Vater bleibt am Käuferfenster stehen, und ich stelle mich vor eine Wand, die übersät ist von Schleifen und Plaketten für praktisch jede Sorte von preisgekrönten Tieren. Zwei ummauerte Rampen führen nach oben ins Gebäude, und ich folge meinem Vater, als er die rechte hinaufgeht.

Die Rampe öffnet sich auf halber Höhe einer geschwungenen Tribüne, die sich um drei Seiten des Innenraums herumzieht. Die Tribünenreihen steigen von ebener Erde bis unter das Dach. Vor uns, unter uns, in Bodenhöhe, liegt eine halbmondförmige Arena. Der Boden ist wellig gekräuselt von frischen honigfarbenen Sägespänen. Die Arena läuft an den Enden nicht spitz zu, wie ein Halbmond es täte, sondern endet eher in einer krummen Gasse mit einem Tor an jedem Ende. Das Vieh wird auf der einen Seite herein- und auf der anderen wieder hinausgeführt. Wir können in die Auktionatorkanzel hinunterschauen: An der konkaven Seite der Arena ist ein

Fenster in die Ostwand geschnitten. Dahinter befindet sich ein zimmergroßer Schuppen, der an das Hauptgebäude angebaut ist, umklammert von den Laufgängen, durch die die Arena gefüllt und geleert wird. In der Arena sitzen zwei Männer über Mikrofonen, und hinter ihnen steht eine Frau, die in einem Stapel Papier blättert. Sie trägt eine ärmellose Bluse und hat muskulöse Arme wie ein Catcher. Die Luft fühlt sich kühl an, feucht. Man hört Gelächter und wirbelnde Gespräche, die von hier und dort widerhallen. Sitze und Wände sind weiß gestrichen, Träger und Stützpfeiler tintenblau. Es sind vielleicht hundertfünfzig Leute in der ganzen Halle verteilt, und besonders dicht drängen sie sich am Geländer. Vorherrschend sind die Farben von verschlissenem Jeansstoff, verblichenem Cord und steif gearbeitetem Segeltuch – Blau und Braun in allen Schattierungen. Und die leuchtenden Grundfarben von Hemdstoffen aus dem Kaufhaus.

Da, wo wir zu den Sitzen herausgetreten sind, liegt ein kniehoher Stapel Teppichmuster. »Für den Hintern«, sagt mein Vater und nimmt sich eins. Ich lasse sie für die älteren Männer liegen. Ich denke mir, meinem Arsch geht es auch so gut. Mein Vater geht seitwärts bis in die Mitte einer Reihe und setzt sich hin. Wir befinden uns auf halber Höhe zwischen Boden und Decke. An den Enden jeder zweiten Reihe stehen halb mit Sand gefüllte Fünf-Gallonen-Eimer für Zigarettenstummel und Spucke. Ein massiger Mann in Latzhose und ohne Hemd erscheint am Ende unserer Reihe und schiebt den Sandeimer mit jedem Schritt vor sich her, bis er kurz vor den Stiefeln meines Vaters rutschend zum Stehen kommt. Eine schwarz-weiße Border-Collie-Hündin folgt ihm auf dem Fuße. Der Tribünensitz knarrt, als der große Mann sich hinsetzt. Der Hund rollt sich zwischen den Füßen des Mannes zusammen und schiebt die Nase unter den Schwanz.

»Morgen, Jesse«, sagt der Mann. Mein Vater nickt. Verfilzte Locken von grau meliertem Haar liegen wie ein Polster auf den Schultern des Mannes; es wächst ihm im Nacken herauf und über seine Arme herunter. »Was treibt dich denn aus deinen Bergen?«

Mein Vater gibt dem Mann und sich selbst Feuer. »Dachte, ich kaufe vielleicht ein Pferd.«

Der Auktionator wiederholt die Preise für Schlachtkühe zweiter und dritter Qualität.

»Da kommen heute ein paar gute durch. Tom Holland hat Fohlen mitgebracht, die ihr Geschäft verstehen.«

»Habe drei auf der Winterweide verloren.«

»Drei Stück suchst du?«

»Nicht auf einmal.«

»Dein Sohn da?«

»Einer von beiden.« Mein Vater stellt mich dem großen Mann vor und lehnt sich zurück, damit ich ihm die Hand geben kann. Der Mann heißt Evan. Die Hündin heißt Grace. Sie hebt den Kopf, als sie ihren Namen hört, und lässt ihn dann wieder sinken. Die Hand des Mannes ist nass. Schweiß tropft von seinem Unterarm auf die Oberschenkel meines Vaters, als er zu mir herüberlangt. Ich lächle, wische mir die Hand an der Jeans ab und spähe hinauf ins Licht. Die Beleuchtung besteht aus drei breit überschirmten Flutlichtlampen und mehreren Reihen Leuchtstoffröhren. Der Auktionator teilt uns mit, dass heimische Wolle von unverändert bis fünf Cent höher gehandelt wird, je nach Qualität und Verarbeitung.

An den Wänden neben und über der Auktionatorkanzel hängen Reklameplakate von Futtermittelhandlungen, Banken, Landwirtschaftsmaschinen, Lastwagenhändlern, Fleischverarbeitern. Die Kanzel selbst ist umkränzt mit einem einzelnen Strang Weihnachtslichter.

Eine nummerierte Partie Angus-Bullen wird hereingeführt und verkauft. Sie sind schlaftrunken, staubig, und ihre Nasen sind glitschig vom Rotz. Ich finde, dass Angus ein guter Name wäre. Ich flüstere das Wort, höre, wie es klingt, flüstere dann meinen eigenen Namen und noch einmal Angus. Mein Vater fragt: »Was?«

»Nichts«, sage ich und deute mit dem Kopf zu den Bullen. Er sieht mich an. Ich suche unter den Leuten nach jemandem, den ich kenne. Die meisten Männer sind im mittleren Alter oder älter; ein paar junge Paare mit Kindern, die jünger sind als ich, sind aber auch da. Ein kleiner Junge unter uns liegt ausgestreckt auf dem Tribünensitz und mit dem Kopf auf dem Schoß seiner Mutter. Der Geruch von Menschen und Tieren, von Schweiß und Scheiße und Urin, von Zigarettenrauch und Kaffee, ist so stark wie ein Essen, das heiß aus dem Ofen kommt. In diesem großen Schuppen wird es wärmer. Eine einzelne Frau lacht, wie Frauen lachen, wenn sie spätabends aus einer Bar kommen. Geklapper schwillt an wie eine Blase, und darin steigt die allgemeine Unterhaltung, bricht sich, verebbt. Der Auktionator kläfft durch seine Lautsprecheranlage, als wollte er eine pensionierte Marschkapelle in Gang bringen. Das Lachen der Frau ist in ein mädchenhaftes Kichern übergegangen. Ihr Körper zuckt in einem gelegentlichen Schluckauf.

Der Auktionator erzählt uns, dass Schlachtrinder im Vergleich zum letzten Freitag um volle zwei Dollar gefallen sind, wobei überwiegend Zuchtkühe sowie Kuh-Kalb-Paare gegangen sind. Nachfrage und Käuferanteil gut. Der kleine Junge setzt sich auf und lehnt sich an seine Mutter. Sie gießt etwas Kaffee aus einer Thermosflasche und hält den Becher, während der Junge trinkt. Eine Partie Färsen geht billig weg. Der Auktionator fleht. Der glatzköpfige Mann, der dem Falben den Stein an den Hals geschnipst hat, lehnt am Eingang zur Rampe. Er nickt. Ich nicke zurück. Er bückt sich tief nach rechts und spuckt in einen der weißen Eimer.

»Wir haben von jetzt an jeden Monat neben unserem regulären Verkauf noch einen Pferdeverkauf«, meldet der Auktionator. Er ist ein blasser Mann mit einem schwarzen Hut und einem wasserblauen, lose gebundenen Halstuch. Sein Gesicht glänzt von Schweiß. Er sieht aus, wie unsere Cowboys am Morgen nach einer dreitägigen Sauftour aussehen. Er trinkt aus einem weißen Becher, verzieht das Gesicht beim Schlucken und beugt sich dann wieder über das Mikrofon. Evan erzählt meinem Vater, dass heute ein Ersatz-Auktionator dran ist. »Der reguläre hat sich von 'nem Bullen in die Hüfte treten lassen. Jetzt bleibt er zu Hause, bis er wieder gehen kann, ohne zu kotzen.« An der Wand rechts von dem Ersatz-Auktionator hängen zwei Schilder. Auf dem ersten steht: *Gewährleistungen gelten nur zwischen Käufer und Verkäufer. Wir sind lediglich als Vermittler tätig.* Und auf dem darunter: *Keine Haftung bei Unfällen.*

Ein dünner Mann reitet den Falben durch das Tor herein. Er beugt sich über das Sattelhorn, um unter dem Querträger durchzukommen, und richtet sich dann mit auswärts gewandten Zehen im Sattel auf. Er presst die rechte Handfläche gegen das Horn und reitet den Falben in engen Kreisen. Das kleine Pferd bewegt sich so geschmeidig wie Wasser in einer Abflussrinne. Erst nach links. Dann nach rechts. Der dünne Mann schaut die Zuschauer nicht an. Er drückt das Kinn herunter und hält den Rücken gerade und in der Mitte des Pferdes.

»Fünfzig Dollar«, sagt der Auktionator. »Ich habe fünfzig und fünf, jetzt fünf und sechzig. Höre ich fünfundsechzig?«

Der Mann mit der Glatze nickt. Die Frau mit dem Jungen und der Thermosflasche dreht sich um und beobachtet die Leute.

»Hast du Geld?«, fragt mein Vater.

»Ja, Sir.«

»Lass sehen.«

Ich greife in die Tasche und hole mein Erspartes heraus. Das Geld ist zusammengerollt und mit einem Gummiband stramm umwickelt. Mein Vater macht große Augen, offensichtlich beifällig. Es ist eine dicke Rolle. »Wie viel ist das?«

»Neunundachtzig Dollar.«

Evan beugt sich vor. Grace hat sich aufgesetzt und ihm das Kinn aufs Knie gelegt. »Sieht nach sehr viel mehr aus«, sagt er. Grace fängt an zu hecheln.

»Es sind lauter Einer«, sage ich ihm. »So fühlt sich's in der Tasche besser an.«

Evan nickt und legt Grace eine Hand auf den weichen Kopf. Sie verdreht die Augen und schaut an seinem Arm herauf.

»Willst du das Pferd haben?«, fragt mein Vater.

»Ja.«

»Dann würde ich an deiner Stelle die Rolle wieder einstecken und mich an die Arbeit machen.«

»Fünfundsechzig, fünfundsechzig, ich habe fünfundsechzig«, singt der Auktionator. »Höre ich siebzig?«

Ich hebe die Hand, und die Frau hinter dem Auktionator nickt und tippt ihm auf die Schulter. »Und fünf«, sagt er. Der glatzköpfige Mann schaut zu mir herauf. Die blauen und roten Streifen in seinem Hemd scheinen zu pulsieren. Die Decke verschwimmt in Staub und Zigarettenrauch. Ich nehme die Mütze ab und wische mir mit dem Ärmel über die Stirn. Ich wundere mich, dass es in der Halle so schnell so warm geworden ist. Der Mann mit der Glatze hebt einen Finger in die Luft.

»Fünfundsiebzig da, und jetzt achtzig.« Der Auktionator schaut geradewegs auf die Frau unter mir. Der dünne Mann lässt den Falben rückwärts gehen, lässt ihn los, lässt ihn wieder rückwärts gehen. »Von Holman trainiert, von Holman garantiert. Fünf Jahre alt und Power auf allen Zylindern. Wo sind meine achtzig?«

Ich hebe die Hand.

»Da sind achtzig, Und jetzt die fünf, fünf, fünf, wo hör ich achtzig fünf?« Die Frau schüttelt den Kopf. Der Mann mit der Glatze hebt den Finger. »Und die neunzig.«

Ich biete die neunzig, und der Mann mit der Glatze geht auf fünfundneunzig. Mit der Zunge wühlt er seinen Kautabak hervor, spuckt ihn in den Kippeneimer und zupft mit Daumen und Zeigefinger einen neuen Priem aus der Tasche. Er zwinkert mir zu und lehnt sich an die Rampe. Er sieht aus, als ob er sich gerade zum Abendessen gewaschen hätte. »Einhundert, ich warte auf einhundert, auf einhundert Dollar«, singt der Auktionator.

»Zeig's dem Mistkerl.« Mein Vater lehnt sich zu mir herüber.

»Wem?« Ich habe vergessen, dass er neben mir sitzt. Ich sehe ihn an wie einen Fremden.

»Diesem zwinkernden Mistkerl, der nicht mal reinkommen und sich hinsetzen kann.«

»Wo bleiben meine hundert?«

Ich nicke.

»Und die fünf.«

Der Glatzkopf lächelt und bietet.

»Ich habe die fünf. Und jetzt die zehn. Ist das ein gesundes Pferd, Tom?«

Der dünne Mann nickt, spornt den Falben zu einem kurzen Sprint und lässt ihn rutschend bremsen.

»Jetzt«, flüstert mein Vater, und ich hebe die Hand.

»Da sind meine zehn«, singt der Auktionator. »Und jetzt fünfzehn. Wer bietet fünfzehn? Höre ich fünfzehn?«

Der Kahlkopf bietet. Mein Vater stößt mit dem Bein an meins. Ich biete hundertzwanzig, bevor der Auktionator fragt.

»Zwanzig, zwanzig, zwanzig. Ich habe zwanzig. Warte auf fünfundzwanzig.«

Mein Vater zwinkert dem Mann mit der Glatze zu. Ich zwinkere auch.

Grace ist Evan auf den Schoß gesprungen. Er streichelt ihr über den ganzen Rücken, und als er grinst, scheint die Spannung seines Gesichts die Ohren abstehen zu lassen. Ich schaue wieder zu dem kahlköpfigen Mann hinunter, aber der ist nicht mehr da. Ich suche die Hinterköpfe vor der Rampe ab, ob vielleicht sein Hut dabei ist.

»Zwanzig, zwanzig. Ich nehme zweiundzwanzigeinhalb.« Der Auktionator schaut die Frau mit dem Jungen an, aber sie gießt wieder einen Becher Kaffee ein. »Zweiundzwanzigeinhalb. Zum Ersten. Zweiundzwanzigeinhalb. Zum Zweiten.« Und er lässt seinen Hammer herunterfallen und singt: »Zum Dritten. Ein Hundertzwanzig-Dollar-Pferd.« Die muskulöse Frau zeigt auf mich, und der Auktionator verkündet den Leuten: »Verkauft an den Jungen mit der blauen Schirmmütze.« Der dünne Mann schaut zur Tribüne herauf und nickt.

Mein Vater steht auf, und als ich sitzen bleibe, hakt er mich unter, zieht mich auf die Beine und gibt mir einen Schubs. Evan schiebt sich hinter uns seitwärts heraus.

Auf der Rampe sage ich meinem Vater, dass ich keine hundertzwanzig Dollar habe. Ich sage ihm, ich habe nur die neunundachtzig.

»Ich hab dich schon beim ersten Mal verstanden.« Er zündet sich eine Zigarette an. Evan lässt Grace von seinem Arm springen, und sie läuft vor uns her, als suche sie Arbeit. Ich ziehe die Rolle Ein-Dollar-Scheine aus der Tasche und halte sie zum Beweis in die Höhe. »Den Rest leihe ich dir«, sagt mein Vater, und dann fragt er Evan, ob er in die Stadt mitfahren will.

»Mein Laster steht auf dem Parkplatz. Ich fahre nach Hause und halte Mittagsschlaf.«

Am Käuferfenster lächelt die Frau meinen Vater an, während ich meine Ersparnisse abzähle. Die Scheine sind feucht und fleckig nach neun Monaten in meiner Tasche. Mein Vater schreibt einen Scheck über einunddreißig Dollar und legt ihn quer über meinen Stapel Einer. Die Kassiererin zeigt mir, wo ich den Kaufvertrag unterschreiben muss, und ich falte das Papier sorgfältig zusammen und schiebe es in die Hemdtasche. Ich schließe den Druckknopf an der Tasche.

»Wie fühlst du dich?«, fragt Evan.

»Leichter«, sage ich, und er lacht.

Mein Vater setzt den Trailer rückwärts an die Südseite des Gatters, wo Tom Holman dem Falben den Sattel abgenommen hat. Das Pferd steht da, glatt vom Schweiß, und glänzt wie ein Stein im Fluss. Es ist kurz an einen Pfosten angebunden. »Ja, mein Junge, so ist's brav, ja, mein Junge«, sage ich, als ich auf seinen Kopf zugehe und mit der Hand über seine Seite streiche. Er fühlt sich elektrisch an, als ob sein Körper noch von der Arena summt. Ich stehe an seiner Schulter und fahre mit der Hand zwischen seinen Vorderbeinen hinunter. Er zupft mit den Lippen an meinem Hemdkragen.

»Das ist ein gutes Pferd«, sagt der dünne Mann. »Wenn du ihn ordentlich behandelst, solltet ihr beide euch prima vertragen.«

»Ja, Sir. Danke.«

»Kann er Lasso werfen, der Junge?«, fragt er meinen Vater.

Mein Vater schwenkt die Heckklappe auf. Sie blitzt in der Sonne. »Im Corral wirft er eine gute Schlinge aufs Pferd. Im Sattel hab ich ihn mit dem Lasso nur gesehen, wenn er den Hund oder seinen kleinen Bruder einfängt.«

»Wenn er es lernen will, kann dieser Wallach es ihm beibringen.«

»Hörst du zu?« Mein Vater hält die Heckklappe auf.

»Ja, Sir.«

Der dünne Mann schaut auf mich herunter. Eine Schweißperle läuft ihm über den Nasenrücken, und seine Koteletten sind fedrig feucht. »Dieses Pferd buckelt im Sprung ein- oder zweimal. Meistens nach links. Wenn das nicht okay ist, kann ich ihn jetzt zurücknehmen.«

»Ich werde aufpassen«, sage ich.

Er nickt und streckt die Hand aus. »Ich heiße Tom

Holman. Falls du Klagen haben solltest.« Ich gebe ihm die Hand, und er wendet sich ab, schultert seinen Sattel und geht davon. Ich ziehe den Halfterriemen ab, führe den Falben in den Trailer und binde ihn an. Als ich heraussteige, schwenkt mein Vater die Tür zu, und eine Bullennatter schlängelt sich geradewegs aus dem Gänsefußdickicht in schneller Bewegung herauf bis an die Schaumkronen der Wolfsmilch.

»Verdammt«, ruft mein Vater. Er klammert sich an den Hänger und zuckt, als ob da elektrischer Strom durchliefe. Sein Gesicht ist erstarrt zwischen Überraschung und Lächeln. »Ich dachte schon, jetzt habe ich einen Schlangenbiss.«

Wir sehen, wie die Schlange sich entfernt. Sie ist groß, fast vier Fuß lang, und die Hitze hat sie flüssig und frech werden lassen.

Mein Vater lächelt, saugt aber die Luft durch die Zähne. »Meine Beine waren in der Luft, bevor ich mitkommen konnte. Fühlt sich an, als ob ich mir die Knie in die Lunge gerammt hätte.« Und dann: »Wäre ein schlechter Augenblick zum Lachen.«

Wir fahren nach Greybull hinein und parken am Randstein vor dem A & W. Mein Vater gibt mir zwei Ein-Dollar-Scheine, und ich gehe hinein und bestelle eine Malzmilch und ein Fischsandwich und eine Extraschale Barbecuesoße für meine Pommes frites.

Als ich wieder im Laster sitze, fragt mein Vater: »Willst du hier essen?« Der Falbe stampft im Trailer auf die Bodenbretter.

Ich sage ihm, dass ich für heute genug Leute gesehen habe. Er sagt, er auch.

Wir halten an einer Bar in der Stadtmitte, und mein

Vater lässt den Motor laufen und seine Tür offen. Ich tauche ein Stück von den Pommes frites in die Barbecuesoße und drücke es mit der Zunge an den Gaumen. Der scharfe Geschmack breitet sich aus, bis ich das Gefühl habe, ich kriege einen Krampf in den Kiefergelenken. Mein Vater schiebt sich wieder hinters Lenkrad und reicht mir einen Plastikbecher Bourbon mit Wasser.

»Pass auf, dass du nichts in deine Malzmilch schüttest«, sagt er und lächelt. Er hat sich den Hut aus der Stirn nach hinten geschoben.

Ich nicke und balanciere die Malzmilch auf einem Knie und seinen Becher auf dem andern, und er fährt bis zum Fluss und parkt dort. Ich lege meinen Lunch auf die Motorhaube und führe den Falben hinaus auf die Wiese. Wir lassen uns im viereckigen Schatten des Trailers nieder und sehen zu, wie er grast. Er passt auf, dass er nicht auf den Anbinderiemen tritt. Mein Vater nimmt einen Schluck von seinem Drink. Er lässt die Eiswürfel am Becherrand kreisen.

»Ich erhöhe deinen Lohn auf fünf Dollar pro Tag.« Ich schaue meinen Vater an und weiß nicht, ob das ein neuer Witz ist. Er hat sich den Hut umgekehrt in den Schoß gelegt und den Kopf an den Hänger gelehnt. Seine Augen sind geschlossen. Bis jetzt habe ich einen Dollar pro Tag bekommen. Ein erwachsener Mann bekommt vierhundertfünfzig im Monat. Mein Vater nimmt den Kopf wieder nach vorn und schaut auf den Fluss. »Du bist es wert«, sagt er.

»Ich werde härter arbeiten«, sage ich.

Er dreht sich zu mir um. »Wenn ich nicht zufrieden wäre, hätte ich dich gefeuert, und du wärest bloß noch mein Sohn.«

Der Falbe schnaubt und tritt sich mit dem Hinterhuf unter den Bauch. Ich beiße in mein Fischsandwich. Die Panade hat sich vom Fisch gelöst und klebt am Brot.

»Natürlich alles erst ab morgen. Heute haben wir Ferien.« Er nimmt wieder einen Schluck aus seinem Becher, lässt das Eis kreisen und legt den Kopf wieder zurück. »Was du mir schuldest, behalte ich vom Lohn ein. Der Lunch geht auf mich.«

Der Falbe knickt die Beine ein, wälzt sich und tritt zur Sonne hinauf. »Fünfzig Dollar«, sage ich, denn das habe ich die Männer sagen hören, wenn ein Pferd sich wälzt: dass ein Pferd jedes Mal, wenn es sich herumrollt, fünfzig Dollar mehr wert ist.

Er rollt sich noch einmal herum. »Hundert«, sagt mein Vater. Der Falbe pustet, rollt wieder herum, steht auf und schüttelt sich. »Sieht aus, als hättest du ein gutes Geschäft gemacht.«

»Kanntest du den mit der Glatze?«

»Der gegen dich geboten hat?«

»Ja, Sir.«

»Nein, wieso?«

»Hab mich bloß gefragt. Fällt einem so ein, wenn das Radio kaputt ist.«

Mein Vater lächelt und fährt sich mit dem Ärmel über die Stirn. Der Trailer tickt in der Sonnenhitze. »Wie willst du ihn nennen?«, fragt er und nickt zu dem Pferd hinüber.

»Ich überlege. Mud. Oder Mouse.«

»Wegen der Farbe?«

»Ja, Sir.«

»Beides ist brauchbar, wenn du mit ihm schimpfen musst. Und außer ›leichter‹ – fühlst du dich noch irgendwie anders?«

»Größer, glaube ich. Als ob ich morgen aufwache und meine Sachen sind mir zu eng. Als ob ich dann vielleicht neue kaufen muss.«

»Das Gefühl kenne ich.« Er steht auf, den Hut in der rechten Hand. Er kippt den Rest seines Drinks hinunter und schüttet das Eis neben den Reifen des Trailers. Den leeren Becher wirft er auf die Ladefläche des Pick-ups, und dann setzt er den Hut wieder auf. »Aber es passiert nicht über Nacht«, sagt er.

Der Falbe hebt den Kopf auf Brusthöhe und mustert uns, kaut, schlackert mit den Ohren, und seine Augen sind so dunkel wie seine Stirnlocke. Ich frage mich, was er sieht. Ich frage mich, ob er uns klar im Geist erfassen kann, wenn er so aus dem grellen Licht in den Schatten schaut.

John und Jack

Er ist mein Partner«, sagt John. Er legt mir einen Arm um die Schultern und funkelt das Dutzend junger Männer an, die über uns auf der obersten Stange des Corralzauns hocken. Sie alle tragen Chaps und Sporen. Saubere Hemden. Die Chaps sind von unten bis zu den Knien losgeschnallt und wehen und flattern in der sonnenheißen Luft. Sie schrammen mit den Sporenrädchen über die Zaunstangen, und Staub rieselt aus den Nähten ihrer Stiefel. Ihre Initialen oder die Brandzeichen ihrer Familien sind aus dickerem Leder in Rot, Gold oder Grün ausgeschnitten und auf die Flügel ihrer schlichten braunen Chaps genäht. Die Hälfte von ihnen trägt einen einzelnen Lederhandschuh an der linken Hand, klebrig und harzfleckig. Es sind alles schlanke, ältere Jungen. Ihre Hände und die unteren Gesichtshälften, die aus dem Schatten der Hutkrempen hervortreten, sind wettergegerbt und sonnendunkel. Haarsträhnen ragen fedrig über Ohren und Hemdkragen. Nicht einer hat einen neuen Haarschnitt. Ein schwarzhaariger Junge hebt seinen Hut, spreizt die Finger, schaufelt sich das Haar aus den Augen nach hinten und setzt den Hut wieder auf, bevor das Haar zurückfallen kann, dick und widerspenstig wie ein Krähenflügel. Ihre Augen blicken klar und erwartungsvoll. Keiner ist älter als zweiundzwanzig. Nur drei waren je außerhalb von Wyoming – und auch da sind sie nur auf der Straße nach Montana und South Dakota gefahren.

John fasst meine Schultern fester, hält mich wie ein Mann, der seinen Lieblingssohn hält. Er spuckt zur anderen Seite und schiebt sich mit dem Daumen den Hut aus dem Gesicht. Ich könnte mich kerzengerade aufrichten und würde in meiner ganzen Länge immer noch unter seiner Achsel durchgehen. Ich bin klein und stämmig – kompakt. Ich habe um einen Wachstumsschub gebetet, aber ich glaube nicht, dass kosmetisch begründete Gebete erhört werden. Und weder meine Mutter noch mein Vater ist groß. Das arbeitet gegen mich.

Ich bin um ein Jahr zu jung für die Teilnahme an diesem Rodeo. Wenn ich wegen meiner Größe besonders unsicher bin, wiederhole ich, was ich einmal einen kleinen Mann habe sagen hören: »Ich wäre zwei Meter, aber bei mir ist das Wachstum in die Wurzeln geschossen.« Bis jetzt hat mich noch niemand aufgefordert, das zu beweisen.

Ich bin fünfzehn, und John ist Mitte vierzig. Er ist groß und hakennasig und glatt rasiert. Er ist ein Mann, der ganz in seinem eigenen Dasein aufgeht, ohne Neid auf das Leben anderer. Er hat einen ruhigen Schlaf, und wenn er wach ist, arbeitet er hartnäckig. Er kennt die Pferde, die guten und die, die nervös und niederträchtig geworden sind. Er arbeitet gelassen und voller Selbstvertrauen mit den Pferden, wie ein Prediger mit der Gemeinde arbeitet. Er ist betrunken fast ebenso tüchtig wie nüchtern.

John und ich teilen uns jeden Sommer ein Bunkhouse und haben die gleichen Aufgaben. Wenn er aus einem Glas oder einem Becher trinkt oder wenn er im Sattel sitzt und den Zügel mit der linken Hand hält, dann ragt sein linker Ellenbogen auf seltsame Weise streng rechtwinklig vom Körper, beinahe auf Schulterhöhe. Im ersten Sommer, in dem ich mit John zusammenlebte, trank und ritt ich ganz genauso – mit dem Ellenbogen in der Luft. Und dann sah ich ihn eines Abends ohne Hemd aus dem Bad kommen, und ich sah, dass hinten an seinem linken Arm ein faustgroßes Stück Muskel fehlte. »Der Zweite Weltkrieg«, sagte er, als er merkte, dass ich ihn anstarrte. Ich war zu jung, um im Krieg gewesen zu sein, also senkte ich meinen Ellenbogen wieder. Das ist vier Jahre her, aber ich bin immer noch zu jung. Ich halte den Ellenbogen natürlich an der Seite, aber ich habe nicht aufgehört, John zu beobachten. Ich studiere jede seiner Bewegungen.

Er nennt mich Little Man, und ich betrachte das als ungeheures Kompliment. Er sieht mich nicht als Jungen. Er erwartet, dass ich die gleiche Arbeit tue wie er, und ist geduldig genug, mir beizubringen, was ich noch nicht kann. Ich habe viel zu lernen.

Ich stehe neben John und schaue an den älteren Jungen vorbei bis zum Ende der Corrals. Jack ist vom Parkplatz gekommen und steht in der Sonne, wo die Corrals zum Bach hin winklig abbiegen. Er lehnt am Eckpfosten. Er ist mein Freund, in meinem Alter. Er geht, wohin er will, tut, was ihm gefällt. Ich glaube, wenn er Lust hätte, die Regeln auf die Probe zu stellen und hier mitzureiten, dann würde man ihn lassen. Ich weiß, dass keiner der älteren Jungen versuchen würde, ihn zu hindern. Ich glaube nicht, dass die Männer es versuchen würden. Ich lächle Jack zu, und er lächelt zurück.

Ich schaue zu John auf und lächle. Er erwidert mein Lächeln mit seinem ganzen Gesicht. Alles bringt ihn zum Lächeln. Wenn er die Hinterhand eines Pferdes hochbindet, das sich nicht beschlagen lassen will, bringt ihn das zum Lächeln. Whiskey bringt ihn zum Lächeln. Er lächelt, wenn er isst. Er lächelt gegen den Wind. Er lächelt in die Dunkelheit, kurz bevor er einschläft. Die Berge bringen ihn zum Lächeln. Ich habe ihn nie ratlos oder vollkommen unglücklich gesehen.

Heute sind wir bei diesem One-Event-Rodeo, das die Rimrock Ranch an den Wochenenden im Sommer veranstaltet. Reiten ohne Sattel. Ein kleines Ding, das ungefähr so aussieht wie ein krummer Koffergriff, ist an den Widerrist des bockenden Pferdes geschnallt. Kein Hackamore, kein Halfter, kein Sattel. Nichts, worin man sich verheddern, woran man mitgeschleift werden könnte. Der Reiter klammert sich einfach an den Griff, lehnt sich zurück und gibt dem Tier die Sporen über den Schultern, während es versucht, sich bockend aus dem Flankengurt zu befreien. Keines dieser Pferde wird auf dem Cover der Rodeozeitschriften erscheinen, ebenso wenig wie die jungen Reiter. Dies ist die unterste Sprosse der Amateurleiter, wie ein spontaner Ringkampf in der Küche. Es ist ein Klassenzimmer, ein Ort, an dem man Selbstvertrauen gewinnt.

Ich bin mit John in seinem weißen Chevy das Tal hinuntergefahren. Der große, schwere Wagen nimmt die Kurven wie von einem Segel getrieben, als gleite er übers Wasser. Wenn ich in Johns Wagen sitze, habe ich das Gefühl, dass ich von jeder Bedrohung fern gehalten werde; wenn ich mit John zusammen bin, habe ich das Gefühl, ich bin tüchtig und in der Welt drängen sich die Möglichkeiten.

John nimmt einen kleinen Schluck aus einer Flasche *Ancient Age* und fährt locker, lässt den Wagen laufen. »Für einen Bengel sitzt du ganz gut auf dem Pferd«, sagt er. Er meint es tröstend.

»Das weiß aber niemand«, sage ich, und ich kann ein Quengeln nicht unterdrücken. Es besteht allgemeine Einigkeit darüber, dass man mindestens sechzehn sein muss, um in Rimrock teilzunehmen. Viele unserer eigenen Pferde bocken und können mich doch nicht abwerfen. Ich bilde mir ein, dass meine Chancen so gut sind wie die der älteren Jungen. Tatsächlich bilde ich mir sogar ein, ich könnte gewinnen. Ich bilde mir ein, ich könnte der jüngste Junge sein, der je gewonnen hat. Ich sitze starr im Auto, verknotet am ganzen Leibe von der Missachtung, die ich erlitten zu haben glaube. »Niemand wird je erfahren, ob ich einen Scheißdreck reiten kann«, füge ich hinzu. Ich wende mich ab und starre aus dem Seitenfenster.

»Du weißt, dass du das Zeug dazu hast«, sagt John. Er lächelt und trinkt aus der Flasche und klemmt sie dann wieder zwischen seine Beine. Sein Ellenbogen hebt sich hoch zum Seitenfenster, wenn er trinkt. Er lässt ihn auf die Armlehne sinken. *»Ich* weiß, dass du es hast.« Er will mich trösten. Ich ringe mir ein schmales Lächeln ab, aber es ist so nutzlos wie ein verschmierter Strich frische Farbe an einem verwitterten Haus. Ich bin wund vor Selbstmitleid. John lässt ein Streichholz mit dem Daumennagel aufflammen, zündet sich eine *Pall Mall* an und dreht das Fenster herunter. Er schnippt das Streichholz aus dem Wagen. Er schiebt sich eine Tabakfaser auf die Zungenspitze und spuckt sie auf den Boden.

Ich stemme meinen Oberkörper gegen den Sitz, meine Arme an meine Seiten, die Füße unter dem Sitz verhakt. Ich spüre, wie das Blut in mein Gesicht, meine Hände, meine Füße strömt. Ich mag dieses Gefühl. Ich weiß, ich bin kräftig für meine Größe. Ich kann es nicht erwarten, in die noch größere Kraft eines Mannes hineinzuwachsen.

John hustet. »Du bist das einzige Publikum, das du je kriegen wirst«, sagt er.

Die Straße ist durch einen dichten Bestand von Drehkiefern geschlagen, die Sonne steht vor uns, der Wagen ist voll von flinken, mottengroßen Schatten, die stroboskopartig umherflirren. »Das verstehe ich nicht«, sage ich. Ich beobachte die Schatten in meinem Schoß, auf meinem Bauch, an meinen Armen. Ich verstehe es wirklich nicht.

Er schwenkt den Arm, die Flasche in der Hand, über das Armaturenbrett und deutet auf die Landschaft vor der Windschutzscheibe. »Schöner Tag, was?« Ich nicke. »Verdammt noch mal, ja, das ist es. Und du hockst hier und schmollst wegen einer Sache, die du nicht ändern kannst. Das verstehst du aber, ja?«

»Ich glaube, ja.«

»Für Selbstmitleid und einen Vierteldollar kriegst du eine Tasse Kaffee. Denk mal drüber nach.« Er nimmt einen Schluck aus der Flasche und lenkt den Wagen nach einer langen Kurve wieder geradeaus.

Ich schaue hinauf in die Gesichter der älteren Jungen. Sie beobachten John. Ein paar werfen mir einen Blick zu, wünschen sich an meine Stelle, wünschen sich, dass John den Arm um ihre Schultern legen würde. In einer halben Stunde werden sie sich über das Einlaufgatter am hinteren Ende der Rimrock-Corrals beugen. Sie werden lachen, werden mithelfen, die Haltegriffe an den ungesattelten Pferden festzuschnallen, sich gegenseitig Ratschläge erteilen, ihre Hüte zurechtrücken, ihre Tiere vor den versammelten Feriengästen herauswinken, die Flankengurte stramm ziehen. »Geht diesem kleinen Gauner aus dem Weg, wenn er rauskommt«, werden sie raten.

»Der Graue duckt sich nach links weg.«

»Die Zehen immer nach außen drehen.«

»Die große Blonde da lächelt dir zu, Hank«, wird einer spotten. »Versuch so zu tun, als ob du wüsstest, was du tust. Nimm den Daumen aus dem Hintern.« Aber im Augenblick beobachten sie John und mich. Ich bin das Unterhaltungsprogramm. Ein paar kühnere unter den Urlaubermädchen haben sich in Hörweite herangeschoben. Ich habe wundersamerweise vergessen, dass ich kein ungesatteltes Pferd reiten werde.

John drückt mich fester an sich und strahlt. Alle sind aufgeregt und größtenteils nüchtern. Ein paar der schüchterneren Mädchen haben sich hinter uns herangeschlichen und kichern. Ich drehe mich um und lächle. John räuspert sich. »Little Man hier und ich, wir werden unsere Mittel zusammenschmeißen und zusammen ein Geschäft aufmachen«, sagt er.

Ich habe keine Ahnung, wovon er redet, aber mir schwillt die Brust bei dem Gedanken, dass er mich in seine Pläne einbezieht. Ich versuche mir vorzustellen, was für ein Geschäft wir zusammen aufmachen könnten. Ich habe sieben Dollar in der Tasche, meine ganzen Ersparnisse. John fährt seinen acht Jahre alten Chevy, schläft im Bunkhouse und isst immer in der Lodge. Er hat sein eigenes Sattelzeug und eine Reisetasche mit Kleidung für alle vier Jahreszeiten. Seine einzige Extravaganz sind die dreißig weißen Oberhemden, die er gestärkt und zusammengefaltet in einer Kiste im Kofferraum seines Wagens verwahrt. Die Hemden hat er für den Fall, dass er im Winter einen Job als Barkeeper bekommt. Im Winter arbeitet er lieber als Barkeeper, nicht als Cowboy. Die Hemden sind auch für später, wenn er mal selbst eine Bar hat. Das ist sein Traum. Ich weiß, ich bin zu jung, um mich in einer Bar nützlich zu machen.

»Wir werden ein Freudenhaus eröffnen«, verkündet er. Er sagt es so laut, dass alle es hören können. Ich schaue zu ihm auf. Er sieht nicht aus, als ob er Witze macht. Seine Augen sind weit offen. »Denkt drüber nach«, fordert er. Sein Tonfall ist ausgesprochen drängend. Alle denken darüber nach. Die Bilder stehen klar vor ihrem geistigen Auge. Ein paar der Jungen rutschen unbehaglich auf dem Zaun hin und her, ziehen die Brauen hoch, werfen Seitenblicke auf die Urlaubermädchen, um zu sehen, ob sie schockiert sind. Mein Lächeln macht sich selbständig wie ein bockendes Pferd. Ich kann es nicht im Zaum halten. Wenn ich noch breiter lächle, haut es mir die Augen zu, fürchte ich, und beschädigt mir das Gesicht. Es gibt eine Menge Dinge, für die ich noch zu jung bin, aber die Eröffnung eines Bordells mit einem der besten Cowboys im Tal gehört offenbar nicht dazu.

Ich schaue zu Jack hinüber. Er hat die Arme vor der Brust verschränkt. Ich kann sein Gesicht nicht sehen, denn er blickt starr auf seine Stiefel.

John scharrt ein bisschen mit den Füßen. Ein Hauch von Bedauern liegt in seiner Stimme, als er fortfährt. »Wir sind allerdings ein bisschen knapp an Kapital«, sagt er. Er schaut zu mir herunter und zwinkert, aber die älteren Jungen sehen es nicht. Als er ihnen sein Gesicht zeigt, ist es ernst und besorgt. Er räuspert sich. »Deshalb hat Little Man sich bereit gefunden, ein bisschen Handarbeit zu machen, bis wir genug zusammen haben, um ihm die Zähne ziehen zu lassen.«

Die älteren Jungen biegen sich vor Lachen. Einer von ihnen ist rückwärts vom Zaun gefallen. Die kühnen Mädchen lachen ebenfalls, die schüchternen ziehen sich zurück, tuscheln verwirrt miteinander und versuchen die Kette der Ereignisse nachzuvollziehen, die zu unserer Kapitalisierung führen sollen. John drückt meine Schulter fester, aber was ich fühle, ist allein der Druck, wie wenn ein Zahnarzt an einem Zahn herumgräbt, nachdem der Mund von der Betäubung pelzig geworden ist. Ich schüttle seinen Griff ab und gehe, so schnell ich kann, zum Bach, in den Schutz der Bäume, die am Bachufer wachsen. Ich werde keinem von ihnen die Freude machen, mich rennen zu sehen. Ich schwitze, und jeder meiner Schritte ist unsicher. Es fühlt sich an, als wollte ich den Fuß auf die nächste Stufe setzen, und sie ist nicht da. Alle Gedanken sind in mein Blut gesickert, rot und heiß geworden und der Einfachheit der Muskeln anheim gefallen. Ich sauge die Wangen zwischen die Zähne und beiße fest zu. Das hübscheste Mädchen hier hat sich vor Lachen gekrümmt und seine Knie umklammert. Hat über mich gelacht. Es ist mir zuwider, ein Junge zu sein.

Ich schlängle mich an der Seite zum Bach hinunter, und mein Weg entrollt sich zwischen verstreuten Steinblöcken, Pappeln, Fallholz, Wacholder, Kiefern und Beifuß. Eine Viertelmeile muss ich laufen, bevor meine Verlegenheit abgespult ist und ich wieder in der Welt bin, meines Atems bewusst, losgelöst von meinem Herzen, das sich zusammenballt und entspannt. Ich blinzle heftig ins Sonnenlicht. Die Welt erscheint mir ungewöhnlich scharf und farbig.

Ich lehne mich an eine große Pappel und rutsche an ihr herunter, bis ich dasitze mit dem Rücken an der grauen, zerfurchten Rinde. Ich strecke die Füße zum Bach und schließe die Augen. Ich glaube, ich könnte mich hinlegen und schlafen; mir ist, als wäre mir alle Lebenskraft entzogen. Der Bach klatscht und schmatzt. Das ist es, was ich höre. Und da ist der Geruch der Pappeln. Der Geruch der wassergesättigten Bäume ist so stark, dass ich die Augen öffne und hinter mich blicke, weil ich denke, meine Mutter ist da, und dann erst fällt mir ein, dass sie nie zum Rodeo kommt. So scharf ist die Ausdünstung der Bäume, wie die Ausdünstung einer Frau, die draußen in der Sonne gearbeitet hat, mit den Händen in ihrem Garten. Der Geruch ist eine Mischung aus Erde, Schweiß, Sonne, Boden. Ich schaue zur Seite, nach rechts und links. Ich bin allein. Hier ist eine Haube aus kühlerer Luft, geschützt und bewahrt und bewegt von den Blättern der Pappel. Sie reicht bis zum Wasser hinab, umschließt dicht den Stamm, umhüllt mich wie ein feuchter Mantel. Ich schließe wieder die Augen.

Ich denke an die Geschichte von Johns Eltern, die er mir erzählt hat. Er hat gesagt, seine Eltern seien außerhalb ihrer Hütte in einen Blizzard geraten, als er zehn war, und erfroren. Das ist die Geschichte, die er erzählt. Er hat mir erzählt, er habe sich in ihr Bettzeug gewickelt. Er sagt, er war zu verwirrt und betäubt, um das Feuer in Gang zu halten. Er hat mir erzählt, dass er in dieser Nacht gehört hat, wie seine Mutter ihm etwas vorsang, dass er ihre Hände auf sich gefühlt hat, und ihre Berührung war wie Eis. Er hat auf seiner Pritsche gesessen und sich über die Knie zusammengekrümmt und gewispert, und er hat mir erzählt, dass ihr Atem auf seinem Gesicht gefroren ist, sodass er die Augen nicht mehr öffnen konnte. Er hat mir erzählt, dass er keine Angst hatte. Ein Nachbar fand ihn am nächsten Morgen, holte ihn auf Schneeschuhen heraus, hoch an die Brust gedrückt, taute ihn auf, zog ihn groß. »Es ist schwer, die Geschichte im Kopf zu behalten«, hat John mir erzählt. »So schwer wie es ist, einen Traum zu behalten. Ich erzähle sie dir nur, damit ich sie nicht ganz vergesse.«

Ein Cowboy, der mit John zusammengearbeitet hat, hat mir von John im Zweiten Weltkrieg erzählt. Der Mann hat die Einzelheiten der Verwundung geschildert, die Johns linken Arm hochhält, und auch eine Geschichte von Johns Frau erzählt, wie sie mit einem anderen Mann weggelaufen ist. Er hat gesagt, Johns Frau hat ihren kleinen Sohn mitgenommen, um ihn von einem Fremden großziehen zu lassen, von ihrem Lover. Solche Geschichten höre ich von John nicht. Ich glaube, die Teile seines Lebens, die er nicht in Geschichten kleidet, fluten verschwommen in seinem Gedächtnis und werden schließlich vergessbar. Ich glaube, ihm liegt hauptsächlich an Erinnerungen, die ihm helfen zu lächeln.

Ich lächle. Ich glaube, ich hätte den Witz kommen sehen sollen. Ich glaube, wenn ich älter gewesen wäre, dann hätte ich ihn auch kommen sehen. Ich nehme mir vor, mich nicht um die älteren Jungen zu kümmern. Wenn ich sechzehn bin, werde ich das Preisgeld für den ersten Platz gewinnen. Das hübsche Ferienmädchen wird irgendwohin in den Osten zurückfahren und nichts haben außer einer Geschichte, die sie ihren Freundinnen zuflüstert. Niemand hat einen Fotoapparat dabeigehabt. Das denke ich jetzt. Daran werde ich mich erinnern. Es ist vielleicht nicht einmal eine Geschichte, die ich irgendwann erzählen werde.

»Das war ja nun nicht das Komischste, was ich je erlebt habe.« Jack setzt sich neben mich. Ich habe ihn nicht kommen hören. Er ist mit dem Rauschen des Wassers den Bach heruntergekommen. Er zieht die Knie an die Brust, umschlingt sie mit den Armen und starrt in den Kanal aus weißem und stahlblauem Wasser, das über den Steinen zerfließt.

Jack ist so groß wie ich, aber vierzig Pfund schwerer. Er ist schlank und muskulös wie ein Meeressäugetier. Ich habe Bilder von Delfinen gesehen, und Jack erinnert mich an einen Delfin. Er hat kein Gramm Fett am Leib. Es gibt keinen Teil seines Körpers, den er nicht gebraucht. Seine Beine sind so stämmig, so von Muskeln gestreift, dass er Jeans mit sechsunddreißig Zoll Bundweite kaufen muss, damit sie über seine Waden und Schenkel passen. Seine Mutter macht sie am Bund sechs Zoll enger. Seine Unterarme sind so dick wie mein Hals. Er ist ein Junge mit so viel Tatkraft und Selbstvertrauen, dass Männer und Frauen sich umdrehen und ihn anstarren, wenn er sich von hier nach dort bewegt. Ich habe sie dabei beobachtet. Ich habe beobachtet, wie Leute sich darin verloren, Jack dabei zuzusehen, wenn er eine Straße überquerte. Sein Körper und seine Unschuld sind seine Begabung.

»Was ist denn das Komischste, was du je gesehen hast?«, frage ich.

»Letzten Sommer, als du durch die Latten im Heuschoberboden nach oben gespäht hast und die Packratte dir ins Auge gepisst hat.« Jack trägt eine Baseballkappe und ein sauberes weißes T-Shirt. Seine Augen sind braun.

»Das fandest du komisch?«

Er grinst, starrt immer noch auf den Bach, hält seine Knie umschlungen und nickt. »Ich werde nachts wach und muss lachen. Ich kann nicht fassen, dass du dir von einer Ratte hast ins Auge pissen lassen.«

Er stößt mich mit der Schulter an. Er blinzelt hinauf in den Strudel der wirbelnden Laubschatten über uns, als hörte er dort Nagetiere rascheln, auf einem Heuboden. Wir lachen.

Jack macht zwei Bier von einem Sixpack auf, das er neben sich stehen hat, und klemmt die andern vier hinter einen Stein im Bach. Wir trinken beide einen Schluck. Das Bier schmeckt warm und sauer und grasig wie ein Tümpel. Jack hockt sich hin und bohrt einen Stock in den weichen, feuchten Boden. »Du brauchst dir den Scheiß nicht gefallen zu lassen.« Er dreht sich zu mir um, ernst jetzt, und der Stock steckt im Boden wie ein Grenzpfahl.

»Was für einen Scheiß?«

»Veralbert zu werden. Den Scheiß.«

Ich glaube, Jack wartet noch ein Jahr, bis er bockende Pferde ohne Sattel reitet, damit wir beide alt genug dazu sind. Ich schaue zum Bach. »Das war doch bloß ein Witz«, sage ich ihm.

»Das sag mal dem Haufen Stummelschwänze, die sich da vor Lachen am Boden wälzen. Ich finde so was nicht komisch, wenn nicht alle mitlachen.«

»John hat Spaß gemacht. Er hat's nicht so gemeint.«

»Über ihn haben sie nicht gelacht, oder?«

Wieder spüre ich die Grenzen, die man als Junge hat. Es kommt mir vor wie eine Lehrzeit, die niemals endet. Ich möchte einmal ein Mann wie John werden. Und jetzt möchte ich ein Junge wie Jack sein.

Ich habe gesehen, wie Jack wegen einer Wette über die Länge eines Footballfeldes auf den Händen gegangen ist.

Ich habe gesehen, wie er in der Lodge in der Küche stand, einen Zehner zwischen die Stiefel klemmte, einen straffen Salto rückwärts sprang und wieder landete, und wie beide Füße die Münze unverrückt zwischen sich hielten. Wenn Jungen aus anderen Städten nach Cody kommen und dort zur Schule gehen, stehen sie automatisch unter Jacks Schutz. Es sind ausnahmslos Jungen mit dünnen Armen, dicken Brillengläsern und Kleidern, die ihre großen Brüder schon verschlissen haben: Jungen, die nicht hierher passen. Aber das macht nichts. Ihr erster Freund ist Jack. Seine Freundschaft gibt ihnen die Zeit, die sie brauchen, um sich unversehrt einzufinden.

Jack nimmt die Mütze ab und lässt die Hand auf seinem Schädel kreisen. Etwas früher in diesem Sommer – im Verlauf einer Wette, die von den älteren Jungen organisiert wurde – habe ich ihm den Kopf rasiert. Glatt wie einen Flusskiesel. Sofort sah er aus wie dreißig. Seine Stimme schien um eine Oktave tiefer zu werden. Wir borgten uns Johns Auto und fuhren zu einer Bar in einer Stadt, wo wir niemanden kannten. Jack spazierte in die Bar, als ob er einfach Durst hätte. Er bestellte einen Kasten *Coors* und eine Flasche *Southern Comfort,* bezahlte und spazierte wieder hinaus, ohne dass jemand ihn zur Rede stellte. Es war eine Bar, in der wir es in der Vergangenheit erfolglos versucht hatten. Jetzt rasiere ich ihm regelmäßig den Kopf. Jack will auch kein Junge mehr sein.

Wir fuhren hinaus auf eine unbefestigte Straße nördlich von Cody. Wir parkten bei dem zwanzig Fuß hohen C aus weiß gekalkten Steinen, das dort an einem Hang lose zusammengeschustert ist. Man hat es dort angebracht, damit Flugzeuge die kleine Stadt in Wyoming unter sich identifizieren können. Wir ließen alle Türen am

Wagen offen und stellten im Radio einen Rocksender ein. Wir tranken und torkelten im Beifuß. Wir schlossen die Augen und wiegten uns, jeder für sich, gegen das Wackeln, das wir in der Erde spürten, und dann kotzte Jack. Ich habe jede Menge Männer das Gleiche tun sehen. Ich kotze nie. Ich habe versucht, mich zum Kotzen zu bringen, aber ich kriege es nicht fertig. John sagt, es schafft einem das Gift aus dem Getriebe, wenn man sich übergeben kann. Ich fühle mich am nächsten Tag jedes Mal schlechter als Jack.

Ich schlief auf dem Rücksitz des Wagens ein, und Jack rollte sich in einer Mulde an der windabgewandten Seite eines Beifußgebüschs zusammen. Als wir aufwachten, war der Mond untergegangen. Wir standen im Dunkeln und pissten und schauten auf das Muster der Straßenlaternen auf der anderen Seite des Flusses in Cody und dann hinauf in das Gewirr der Sterne. Wir waren ausgedörrt und still. Das Radio war aus. Wir machten ein neues Bier auf und fuhren flussaufwärts zu unseren Sommerjobs. Jack arbeitete als Pferdeknecht in der Shoshone Lodge, fünf Meilen dichter an der Wildnis von Yellowstone als die Ranch meiner Eltern. Als wir durch Cody kamen, sahen wir einen Cop, der westlich der Stadt hinter dem *Dairy Queen* parkte; er schlief in seinem Wagen. Wir lächelten, setzten unsere Bierdosen an und tranken. Wir fühlten uns unsichtbar für alle Vorschriften.

Es gibt jeden Sommer ein paar Nächte, da flutet die Einsamkeit, die es mit sich bringt, noch nicht ganz Mann zu sein, herauf und macht das Schlafen unmöglich. Ich ziehe mich im Dunkeln an und schleiche mich aus dem Bunkhouse. John hat mich noch nie gefragt, wohin ich gehe. Ich sattle das leichtfüßige Jungpferd, das ich drinnen behalten habe, um es beim Treiben zu reiten, und reite im Dunkeln zu einer Lichtung auf halbem Weg zwischen Shoshone und Holm Lodge. Manchmal ist Jack dort. Dann teilen wir uns eine Zigarette und sitzen allein in der Nacht und rauchen und warten auf die Morgendämmerung und einen neuen Tag voller Geschäftigkeit. Wir reden davon, eigene Pferde zu haben, und was wir machen wollen, wenn wir mit der Schule fertig sind. Wir reden über Weiber. Manchmal ist Jack nicht da, und ich sitze im Dunkeln. Manchmal rede ich mit mir selbst.

Jack beugt sich vor und pflückt einen kleinen grünen Stein aus dem Wasser. Er reibt ihn mit dem Daumen trocken. Der Stein wird an der Luft stumpf. Jacks Hand tropft und glitzert wie eine Faust aus Quarz. Ich atme tief ein und gleite ein Stück tiefer in die Entspannung. Die Luft ist immer noch kühl neben dem Baum.

Er wendet sich mir zu und hält den flachen grünen Stein in der geöffneten Hand. Er durchforscht mein Gesicht, wie ich ihn die Nacht habe durchforschen sehen, wenn wir draußen waren und das Husten und Pusten, das Schlurfen von Pfoten und Krallen hörten, als ein großes Raubtier vorüberzog. Ich lächle. Er nickt und senkt den Blick. Er wirft den Stein ins Wasser und verschränkt die Finger vor seinen Knien.

Eine Mücke landet auf seinem Unterarm; ihre Beine arbeiten an seiner Haut. Als sie zusticht, spannt Jack den Arm, die Muskeln fassen zu und ergreifen den Rüssel des kleinen Insekts. Wir sehen zu, wie die haardünne Mücke sich mit Blut füllt, nicht loslassen kann und schließlich zu einer winzigen roten Blüte explodiert. Jack leckt an seinem Daumen und wischt das Blut und die Insektenteile weg. Er beugt sich vor, angelt zwei Bier aus dem Bach und reicht mir eins. Wir lauschen dem Wasser.

Draußen auf dem Beifußhang im Osten werfen drei kleine Wolkenbäusche ihre Schatten, dunkel wie Teiche. Der Rest der Landschaft liegt hart hingeklatscht in der Hitze.

Zu Anfang des Sommers sind wir per Anhalter zu einer Party im Yellowstone Park gefahren, am Firehole River entlang. John hat zu uns gesagt, wenn er ein Zelt aufschlagen könnte, das den Park bedeckt, dann hätte er das größte Schlafzimmer der Welt. Die Mädchen sind gegenüber den Jungen zehn zu eins in der Überzahl.

Wir sind die Jüngsten auf der Party, vier oder fünf Jahre jünger als die andern, und auffällig – die meisten der jungen Männer und Frauen kommen von großen Colleges im mittleren Westen und im Osten, sie sind hierher gekommen, um das Abenteuer eines Sommerjobs in den Bergen zu erleben. Sie putzen die Hütten und Hotelzimmer im Park. Sie machen Mülleimer leer, arbeiten in den Andenkenläden. Diese Nacht an einem wilden Fluss ist Teil ihrer Ferien.

Wir halten uns am Rande ihres Geplauders und Gelächters und gehen in den Wald, wenn wir pissen müssen, weit genug weg, dass ihre Stimmen nur noch wie spröde Steine klingen, die eine Böschung herunterrutschen. Wir stehen im Schatten, abseits des großen Feuers. Wir trinken vorsichtig; uns ist bewusst, dass wir fehl am Platze sind. Wir achten darauf, dass wir beide als Letzte betrunken sind. Wir hoffen darauf, dass wir gegen Mitternacht älter aussehen, vielleicht exotisch. Wir sind hier, weil wir Jungen sind und die Mädchen zehn zu eins in der Überzahl.

Es ist nicht einmal Mitternacht, als ein großer blonder Junge auf uns zukommt. Er hat Mühe, in dem weichen, unebenen Mulch seinen großspurigen Gang durchzuhalten. Er ist ein hübscher Junge. Auf seinem Sweatshirt steht »University of Michigan«. Ich vermute, dass er erstklassig Football spielt. Ich vermute, dass er für sein Hauptfach keine Fremdsprache zu lernen braucht. Er ist sechs Zoll größer und fünfzig Pfund schwerer als Jack. »Amüsiert ihr euch?«, fragt er. Er ist abgefüllt mit Fassbier. Die Bergluft und das Gedränge der Mädchen haben ihn anschwellen lassen.

»Klar«, sagt Jack. Er lächelt und schaut hinter den Jungen. Er choreografiert den Kampf. Er sieht sich drei oder vier Fäustepaaren gegenüber. Der blonde Junge ahnt nicht, dass er bereits erledigt ist. Ich gehe einen Schritt beiseite und lasse mein Bier fallen. Ich überfliege das Knäuel von Jungen, das sich gebildet hat, und sehe nach, von wo Ärger kommen wird und von wo nicht. Es sind große Jungen. Auch wenn sie betrunken sind und ungeschickt und langsam: Wenn ich nicht aufpasse, werde ich ins Krankenhaus kommen. Ich weiß, dass Jack nicht gern kämpft, dass er in einem Kampf aber schnell und präzise ist. Ich weiß, dass er nicht weglaufen wird.

»Ich höre, du bist kräftig.« Die Arme des Jungen hängen dumm herunter. Ich kann nicht fassen, wie wenig er auf seine Knie achtet, auf seinen Unterleib, auf seine Kehle. Ich wünschte, wir wären nicht gekommen.

»Meinem Freund hat eine Ratte ins Auge gepisst.« Jack trifft eine nüchterne Feststellung. Die Mädchen und ein paar Jungen mit Sinn für Ironie kichern. Jack sieht mich an und grinst. Sein Blick huscht hinüber zu einem dunkleren Jungen, der links und ein Stück weit hinter dem

Blonden steht. Der dunkelhaarige Junge ist nervös, steht seitwärts, bietet wenig von sich dar. Ich nicke.

Der blonde Junge schnaubt. »Soll das komisch sein?«, fragt er.

»Es soll eine Tatsache sein. Wie, dass ich kräftig bin.« Jack knickt in den Knien ein, ohne den größeren Jungen aus den Augen zu lassen, und stellt seinen Bierbecher auf den Boden.

Ich gehe einen Schritt weit beiseite, um den dunkelhaarigen Jungen zu flankieren. Er und Jack sind die beiden einzigen, auf die ich achten muss.

»Ich kann dir in den Arsch treten.«

»Das hat's noch nicht gegeben«, sagt Jack, aber er sagt es ruhig und langsam. Es ist offensichtlich, dass er nicht angibt. Er klappt seinen Mützenschirm hoch, sodass er dem größeren Jungen in die Augen sehen kann. Er lächelt. Ein Lächeln ganz ohne Drohung. Er lächelt nur und sieht albern aus unter dem grünen Halbmond seines hochgeklappten Mützenschirms.

Der größere Junge wirft einen Blick zu seinen Freunden hinüber und schnaubt. Seine Freundin kommt einen Schritt auf ihn zu. Ihr ist anscheinend unbehaglich zu Mute. Sie schaut zu mir herüber. Sie ruft ihren Freund flüsternd beim Namen, aber er hat sich wieder Jack zugewandt. »Du glaubst nicht, dass du den Arsch voll kriegen kannst?«

»Ich habe nur gesagt, das hat's noch nicht gegeben.« Jack gesteht es, als könnte er es wirklich nicht verstehen. Und dann fragt er den Jungen unerwartet: »Wie viel wiegst du?«

Der Junge zögert; vielleicht macht es ihn unruhig, dass er es nicht genau sagen kann. Ich glaube, nur seine Mutter und sein Trainer haben ihm diese Frage jemals gestellt. »Zweihundertzwanzig«, sagt er.

»Dann tust du es lieber nicht.«

»Was?«

»Kämpfen.«

»Wieso nicht?«

»Weil es nicht so laufen wird, wie du erwartest.« Jack trifft diese Feststellung mit der Entschlossenheit eines Mannes. Ich glaube nicht, dass er wiederholt, was er schon einmal gehört hat. Ich glaube, er will uns allen ganz ehrlich mitteilen, dass die Welt nur so wimmelt von Überraschungen. Die Freundin des blonden Jungen fasst ihn beim Arm, und er dreht sich zu ihr um. Als er sich wieder Jack zuwendet, liegt der vor ihm auf dem Boden und grinst zu ihren Gesichtern hinauf. »Tritt auf meine Hände«, sagt er. Er hat beide Hände, die Handflächen aufwärts gewandt, auf den Boden gelegt, die Daumen an die Schultern geschmiegt.

Der blonde Junge lacht. »Du bist ein verrückter kleiner Bastard«, sagt er. Schon jetzt ist etwas passiert, was er nicht erwartet hat.

»Tritt auf meine Hände. Du hast den ganzen Rest der Nacht Zeit, mir in den Arsch zu treten.«

Weil die Aufforderung ohne jede Drohung ergangen ist und weil die Zuschauer interessiert herandrängen, tritt der blonde Junge auf Jacks Handflächen. »Und jetzt?«, fragt er.

»Es wäre wahrscheinlich gut, wenn jemand neben dir steht und dich stützt.«

Der blonde Junge lacht. »Für wen hältst du dich? Für Mighty Mouse?« Die anderen lachen, und der dunkelhaarige Junge stellt sich neben seinen Freund. Sie sind neugierig geworden. Sie sind Sportler, und sie wissen, wie unmöglich es ist, mehr als zweihundert Pfund lebendiges, wackliges Gewicht in die Höhe zu drücken. Sie wissen, dass Arme, die auf den Boden gedrückt sind, wo nur die Brustmuskeln sie hochbringen können, nutzlos sind. Und dann steigt der blonde Junge in die Höhe. Der Dunklere hält ihn im Gleichgewicht. Sechsmal, auf und ab. Beim letzten Mal sind Jacks Arme ganz durchgedrückt. Jack lässt ihn behutsam wieder herunter, und der Junge tritt von seinen Händen herunter, und Jack steht auf, als habe der Boden ihn hochgestoßen. Seinen Bierbecher hat er gleich mitgenommen. Er trinkt einen Schluck.

Der ältere Junge weicht einen Schritt zurück. Die Freundinnen kommen näher heran. Der große Junge ist verlegen. »Du bist ein Arschloch«, sagt er.

»Du bist bloß ein Gewicht.«

Der blonde Junge runzelt die Stirn. »Was?«

»Gewicht.« Und Jack stößt ihn zu Boden, als wäre er nur das, ein Gewicht, mit einem einzigen Hieb mitten auf die Brust, den keiner auch nur sieht. Atem und Bewusstsein fahren gleichzeitig aus dem Jungen. Wir beide wenden uns ab, dem dunkelhaarigen Jungen zu, weil wir damit rechnen, dass er und die andern angreifen werden. Aber sie tun es nicht. Die Freundin des blonden Jungen kommt heran und reicht Jack einen neuen Becher Bier. »Danke, dass du ihn nicht verletzt hast«, sagt sie. Jack nickt. Der dunklere Junge nickt. Das Mädchen gibt Jack einen Kuss auf die Wange. Wir sind bloß betrunkene Kids in der dunklen Wildnis. Ich glaube, Jack war der Einzige, der wusste, dass der Spaß auch aufhören konnte.

Ein rothaariger Junge schüttet sein Bier auf den Boden und fragt, ob wir zum Osttor mitfahren wollen. Wir wollen. Er trägt ein Batik-T-Shirt und hat die Haare zu einem Pferdeschwanz zusammengebunden. Er wohnt in Cody; ich kenne seinen jüngeren Bruder.

Er setzt seinen Pick-up rückwärts ans Feuer, und seine Freundin steigt ein. Jack und ich klettern hinten über die Heckklappe, lehnen uns ans Fahrerhaus und legen uns schließlich auf das Blech der Ladefläche und beobachten, wie das Muster der Sterne sich am Nachthimmel verschiebt. Die Fahrt dauert eine Stunde. Wir hämmern auf das Dach des Fahrerhauses, als wir ein paar Meilen weit im National Forest sind, und er lässt uns am Straßenrand absteigen.

»Ich hätte nicht groß helfen können«, sagt er. »Es waren zu viele.« Wir schütteln ihm die Hand und bedanken uns fürs Mitnehmen.

Wir gehen zu Fuß von der Landstraße zu dem Bunkhouse, in dem Jack schläft. Es ist zwei Uhr morgens. Wir müssen erst um vier die Pferde zusammentreiben. Wir haben ein paar kalte Dosen Bier aus einem Tümpel im Bach geholt, sitzen an einem Holztisch und spielen Cribbage. Fünfzehn zwei, fünfzehn vier und ein Paar macht sechs.

»Danke, dass du mir geholfen hast.«

»Ich habe nichts getan«, sage ich.

»Du warst aber bereit. Ich war nicht alleine da.«

Jack zieht sein Hemd aus. Die rechte Schulter ist vorn geschwollen und lila, schwarz und gelb angelaufen. »Da ist was geknackst«, sagt er. Es sieht aus, als wäre eine bunte Schlange unter der weißen, straffen Haut zusammengerollt.

»Als du ihn geschlagen hast?«

»Als ich ihn gestemmt habe.« Er versetzt seinen Cribbage-Stift und drückt sich die Bierdose an die Schulter.

Ich mische die Karten. »Ich dachte, ich muss vielleicht aufhören«, sagt er.

»Hast du aber nicht.« Ich gebe.

»Aber ich dachte, ich müsste vielleicht.« Er schiebt den Unterarm über den Tisch, bis er gegen meinen drückt. Das Handgelenk des einen schmiegt sich an den Ellenbogen des andern. Er bläst auf die Spitze seiner Zigarette, bis Papier und Tabak aufglühen. Er dreht den Arm ein Stückchen weg, sodass genug Platz ist, um die Zigarette zwischen unseren Armen auf den Filter zu stellen, und dann dreht er ihn wieder gegen meinen. »Damit wir uns erinnern«, sagt er. Mit der freien Hand fächern wir die Karten auf und fangen an zu spielen. Der Geruch von verbranntem Fleisch steigt über dem Lampenlicht auf. Keiner von uns sieht hin. Der Schmerz ist nicht so schlimm, wie ich erwartet habe.

Ich stehe im Schatten der Pappel auf und bewege die Schultern. Dann reiche ich Jack die Hand und ziehe ihn auf die Beine. Als wir bei den Corrals auf die Straße herauskommen, wartet John auf uns. Er sitzt auf dem Kofferraum seines Chevy, hat die Stiefelabsätze hinter die Stoßstange gehakt und trinkt aus seiner Flasche *Ancient Age.* Sein Auto ist das einzige, das noch da ist. Zwei Reiter treiben eine kleine Herde halb wilder Pferde den Höhenkamm hinauf, weg von den Corrals.

»Der Wagen, mit dem du gekommen bist, ist schon weg«, sagt er zu Jack. »Wenn du willst, kannst du mit Little Man und mir mitfahren.«

Jack schaut hinauf zum Bauch einer eierschalenweißen Wolke und wieder hinunter auf die Spitzen seiner Stiefel. »Wenn ihr noch Platz habt.«

John rutscht vom Kofferraum herunter und geht zur Wagentür. »Platz haben wir jede Menge«, sagt er.

Jack setzt sich auf den Rücksitz.

Als wir vom Feldweg auf die asphaltierte Landstraße biegen, fragt John: »Seid ihr betrunken?« Er sieht keinen von uns an, sondern achtet auf den Verkehr.

»Nein, Sir«, sage ich.

»Noch nicht«, sagt Jack. Er hat sich auf dem Rücksitz ausgestreckt, und seine Stiefel liegen auf dem Rand des hinteren Seitenfensters. Er hält die Mütze auf der Brust fest, hat das Kinn heruntergedrückt und visiert die Landschaft zwischen den Stiefelspitzen an.

John streckt die Hand zum Rücksitz, ohne den Blick von der Straße zu nehmen, und reicht Jack die Whiskeyflasche. Er summt ein paar Töne, die sich anhören wie eine einzelne Phrase aus einer Melodie. Das Radio funktioniert nicht mehr, seit wir uns das Auto ausgeliehen haben und die ganze Nacht den Rocksender haben laufen lassen. Jack richtet sich auf und reicht mir die Flasche über die Schulter. Ich nehme einen Schluck und wünschte, wir hätten Musik. Ich frage mich, was man wohl braucht, um ein Autoradio zu reparieren. Das Radio im Laster meines Vaters ist schon seit Jahren kaputt. Mein Bruder hat früher scherzhaft gesagt, wir wohnten so weit in den Bergen, dass wir immer bloß die Sendungen von gestern kriegten.

»Habe auf Rimrock mit Glen gesprochen«, sagt John. Ich reiche ihm die Flasche zurück. »Er sagt, er kann's nicht erwarten, euch beide nächsten Sonntag ein ungesatteltes Pferd ausprobieren zu lassen. Er sagt, er hat da zwei Schlangen, die euren knochigen jungen Arsch höchstwahrscheinlich im Handumdrehen auf den Boden fliegen lassen.«

Ich schaue auf den Rücksitz. Jack hat sich die Mütze über die Augen gezogen. »Was meint ihr?«, fragt John. »Glaubt ihr, dass ihr es könnt, oder lasst ihr mich sitzen?« Er sieht erst mich an und schaut dann in den Rückspiegel.

»Nächsten Sonntag wäre okay«, sage ich.

»Mir auch recht«, sagt Jack.

»Abgemacht also.« John setzt die Flasche an den Mund, und sein linker Ellenbogen hebt sich zum Seitenfenster.

An diesem Abend treiben John und ich die Pferde durch das Tal hinauf und überlassen sie sich selbst, damit sie zur Ruhe kommen, ausschwärmen und sich im Dunkeln die Bäuche voll schlagen. Wir reiten nebeneinander auf einem Holzweg zu den Corrals zurück. Es war ein langer Tag, und jetzt ist uns der Gesprächsstoff ausgegangen. Im letzten durchtränkten Licht des Abends beobachte ich, wie sein Gesicht unter der Hutkrempe sich entspannt. Er sieht müde aus. Er weiß, dass ich ihn beobachte. Er pfeift durch die Zähne – nur ein Liedchen, das den Hufschlag unserer Pferde, das Knarren unserer Sättel begleitet.

Eines Tages werde ich so alt sein wie John. Ich frage mich, ob er einmal einen Teil seines Lebens hat kommen sehen. Ich weiß nicht, wie ich ihn fragen soll. Ich frage mich, wie viel er von seiner Vergangenheit noch in Erinnerung hat. Ich frage mich, ob er die Kugel gehört hat, bevor sie ihm die Rückseite des Arms weggerissen hat. Ob er wirklich von einem Mann auf Schneeschuhen gerettet wurde, der ihn bei sich aufgenommen hat. Ich frage mich, ob er sich an den Geruch seiner Frau erinnert. Ob es überhaupt darauf ankommt.

Ich versuche mich zu erinnern, wie ich war, als ich zwei

war oder vier oder sechs oder zwölf. Ich sehe nur den Jungen, von dem man mir erzählt hat. Ich glaube, es ist nur dann möglich, mich zu erinnern, wer ich bin, wenn ich mich gegen das Bild halte, das meine Familie und John und Jack von mir sehen. Ich weiß, wer ich bei den Pferden bin, aber ich weiß nicht, wie sie mich sehen. Ich glaube, vollständig bin ich nur in meinen Träumen. An meine Träume erinnere ich mich. Ich gelobe mir, mich immer an meine Träume zu erinnern.

Ich schaue zu John hinüber. Es wird allmählich dunkel, und ich kann nur noch seine Silhouette erkennen. Ich stelle mir meine Träume als eine Reihe von Silhouetten vor. Ich kann ihre Gesichter nicht sehen, aber ich fühle ihre Blicke auf mir, fühle, wie sie lächeln. Ich sehe, wie sie untereinander mit den Köpfen nicken, und stelle mir vor, dass sie über den Mann plaudern, der ich einmal sein werde.

Ich schließe die Augen und bewege mich mit dem Rhythmus meines Pferdes. Ich höre ein Wispern, das mir Geschichten erzählt. Ich sehe Jack, wie er als Leitungsmonteur arbeitet, wie er sich von der Spitze eines Hochspannungsmastes in Alaska zurücklehnt. Ich sehe mich, wie ich nach Billings zum Flugplatz fahre, um ihn abzuholen, als er zur Beerdigung seines Vaters nach Hause kommt. Ich tagträume mir John als alten Mann hinter der Bar im Kriegsveteranenklub. Ich sehe ihn ganz deutlich, wenn ich die Augen schließe. Er erkennt mich nicht, weil ich erwachsen bin. Ich trinke nur Sodawasser, gelegentlich mit einem Schuss Bourbon. Es riecht scharf in dem Raum. Die Luft ist dunstig vom Rauch, feucht von der Bierpfütze aus dem Zapfhahn auf dem Boden hinter der Theke.

In dem Traum trägt John ein gestärktes weißes Hemd,

so weiß wie frisch gefallener Schnee, weiß wie der Blizzard, in dem seine Eltern gestorben sind. Ich frage mich, ob er immer noch die Hände seiner Mutter, ihren Atem auf seinem Gesicht fühlt. Sie singen hört. Er trägt keinen Hut. Sein Haar ist schütter und grau und hat Strähnen, so weiß wie das Hemd. Sein Gesicht ist grau. Er pfeift nicht, aber er lächelt. Seine Augen wirken fern, wie von einer Eisschicht bedeckt. Er erzählt es mir nicht, aber ich weiß, dass seine letzte Frau mit einer brennenden Zigarette eingeschlafen ist und ihren Wohnwagen und sich selbst niedergebrannt hat. Ich sehe es an der Art, wie er den Arm hält, wenn er seine Gäste bedient.

»Schläfst du?«

Ich öffne die Augen. Dass John immer noch neben mir reitet, weiß ich nur, weil ich seinen Hufschlag höre und weil ein Rest von Licht auf seinem Hut liegt und von seinen Zähnen schimmert. Er lächelt. »Nein, Sir«, sage ich.

»Träumst wohl davon, ungesattelte Wildpferde zu reiten?«

»Ja«, sage ich. Es kommt mir nicht komplett gelogen vor.

»Ist meistens besser, als wenn man sie wirklich reitet«, sagt er. »Manchmal fällt man hart. Manchmal passiert es gerade dann, wenn es nicht passieren sollte. Du siehst es einfach nicht kommen.«

Ich nicke, aber ich glaube, es ist so dunkel, dass er es nicht sieht. Wir haben Neumond. Ich fühle mich warm, am richtigen Ort zur richtigen Zeit.

Die Pferde bleiben bei den Corrals stehen und nicken mit den Köpfen, um die Zügel ein bisschen zu lockern.

»Ich glaube, ich reite den Fluss hinauf«, sage ich zu ihm.

»Grüß ihn von mir.«

»Mach ich.«

»Hast du irgendwas, worüber du mit mir reden willst?«

»Ich glaube nicht.«

»Dann gute Nacht.«

Ich reite zu der Lichtung im Wald. Ich setze mich mitten hinein und starre in das schwarze Gewölbe des Himmels. Hohe Wolken sind dort, und verschmierte Flecken der Milchstraße opalisieren verschwommen durch die Lücken dazwischen. Mein Pferd grast neben mir. Der Duft von abgerissenem Gras und Kiefern ist stark.

Es dauert eine Stunde, bis ich Jacks Pferd höre. Er hält neben mir an, steigt ab und setzt sich. Er zündet sich eine Zigarette an und reicht mir die Schachtel. »Glaubst du, du wirst nächste Woche ein Wildpferd reiten?«

»Ich glaube, ich würde es tun«, sage ich. »Und du?«

»Ich glaube, wir kommen wahrscheinlich auf den ersten und den zweiten Platz«, sagt er und malt mit der Glut seiner Zigarette einen Kreis in die schwarze Luft. Es ist zu dunkel, um etwas zu erkennen, aber ich glaube, wir beide nicken. Ich höre die Bewegung seines Halses am hochgeschlagenen Kragen seiner Jacke.

»John lässt grüßen.«

»Grüß ihn zurück.«

Mein Pferd schlägt mit dem Eisen an einen Stein, und es funkt. Wir beide drehen uns um, als wir es hören. Und dann fängt Jack, einfach und vollkommen, ohne Ansage oder Erklärung, an zu singen: »The Ballad of Pecos Bill.« Es ist das einzige Lied, das er auswendig kann. Er singt alle Strophen. Es ist ein Lied über einen Waisenjungen, der von wilden Tieren großgezogen wird.

Tommy Two

Die Bretter sind aus Kiefern- und Fichtenholz, roh zugeschnitten. In ihrer unregelmäßigen Breite sind sie zu einem Fußboden zusammengefügt, den schlurfendes Stiefelleder im Laufe von sechzig Jahren grau und glatt wie Speckstein geschliffen hat. Der Boden ist trogförmig abgenutzt – von der Tür zum Herd, von der Tür zum Klo – und besteht an seinen dünnsten Stellen immer noch aus drei Zoll massivem Holz, zusammengenagelt zu Balken, dick wie Männerhälse. Er federt nicht. Die papierdünnen Ritzen zwischen den Bohlen sind fest vermörtelt von feinstem Staub aus Erde, Sand, Asche und Mist. Diese Mischung ist hineingerieselt, im Frost aufgequollen, wieder hineingerieselt, wieder aufgequollen, hat sich hart wie Zement mit der Maserung des Holzes verbunden.

Das Innere, Wände und Decke, hat eine Nut-und-Feder-Verkleidung aus Fichtenholz. Sie ist irgendwann einmal mit einer einzigen Schicht Schellack gestrichen worden. Die Lasur ist über den Betten bis aufs Holz verschlissen und zu verwischten, schattigen Wolkenbänken geworden. Sie blättert in fragilen goldenen Blattformen – orbikular und reniform – überall aus den Ecken, vom Boden bis zur Decke und an den Fußleisten entlang. Regalborde sind da, zwei Kommoden. Unter jedem Bord ist ein Zwei-Zoll-Zapfen, an dem man Kleider aufhängen kann. Es gibt ein Etagenbett und zwei Doppelbetten. Drei Holzstühle dienen vor allem als Nachttische. Ein gefederter Sessel steht an der Wand neben dem Herd. Seine Position ist exakt festgelegt – einen Zoll näher am Herd, und er würde Feuer fangen. Er schluckt und verströmt die Hitze, als wäre er ein fünfter Bewohner. Sein Volant hat sich noch einen Hauch jenes blutrot und violett gefärbten Paisleymusters bewahrt, das den Stoff einst bedeckte, aber die Armlehnen sind bis auf den Rahmen abgenutzt, und Rückenlehne und Sitz sind mit Segeltuch geflickt.

Manchmal abends setzt sich ein Mann in diesen Sessel, zieht sich die Stiefel aus, stellt sie in einer Reihe zu den anderen Stiefeln hinter den Herd, lässt sich in das angewärmte Segeltuch sinken und schläft ein. Ich habe die Aufgabe, dafür zu sorgen, dass in der Hütte nichts brennt außer dem Herd. Ich stehe auf und zupfe dem schlafenden Mann die glühende Zigarette aus der Hand. Ich heble den Deckel vom Herd und werfe den Zigarettenstummel hinein. Ich hole eine Wolldecke vom Bett des Mannes und decke ihn zu. Wenn er in der Nacht erwacht, wird er aufstehen, sich in die Decke wickeln und sich auf seinem Bett zusammenrollen. So ist es schon dutzende von Malen passiert.

Es ist eine Einraumhütte für erschöpfte Männer. Im Sommer wohne ich hier mit den älteren Cowboys. Wir schlafen und baden hier. Unsere Arbeit tun wir im Freien. Gelegentlich bleibt ein Mann den ganzen Tag drinnen, aber dann ist er krank oder schlimm verletzt und zu stur, um die Fahrt ins Krankenhaus auf sich zu nehmen. Wenn er kräftig genug ist und der Tag mild, dann steht er wohl auf und öffnet die Tür, damit er die Sonne auf den Kiefern und auf dem Beifuß sehen kann. Er will dann keine Tür zwischen sich und dem Geräusch des Libby Creek, der sich auf seinem Bett aus gewöhnlichen Steinen hin und her bewegt.

Das Schlafzimmer hat zwei Fenster mit sechs handgemachten Glasscheiben, und im Bad ist ein kleineres Vierscheibenfenster. Das Badezimmerfenster hat seine Angeln am oberen Rand, und man kann einen Kiefernholzstummel, den wir in der Ecke stehen haben, unten dazwischenklemmen und es so aufstellen. Es gibt kein Fliegengitter. Die Fensterscheiben sind allesamt ungleichmäßig gezogen und klumpig, von Prismen durchwirbelt, wenn die Sonne darauf trifft, und verschleiert im Schatten, und in der Nacht werfen sie verzerrte Jahrmarktsreflexe. Die Tür besteht aus sechs senkrechten Planken mit einem Holzriegel, der in einen hölzernen Haken fällt. Um von außen hineinzukommen, ziehen wir an einem Lederriemen, der den Riegel hochhebt, sodass die Tür aufschwingt.

Im Badezimmer ist ein Kaltwasserrohr, das zum Waschbecken, zur Dusche und zur Toilette führt. Das Bad liegt eine Stufe höher als der Rest; es ist später angebaut worden und mit einem geblümten Linoleumboden geschmückt. Über das Linoleum habe ich mich oft gewundert. Es ist erst zwei Jahre alt. Ich glaube, man hat es wegen der unvollkommenen Männer ausgelegt, die hier wohnen. Das Linoleum ist teilweise eingesunken, und ich stelle mir vor, dass der Holzboden darunter pissfleckig und verrottet ist. Über dem Waschbecken hängt ein angelaufener Spiegel und darüber eine nackte Vierzig-Watt-Birne. Niemand bleibt länger im Badezimmer, als er muss. Gordon und John setzen sich zum Zähneputzen auf ihr Bett, und zum Ausspucken gehen sie hinaus auf die Veranda.

Es gibt keine Vorhänge, keine Pflanzen. An der Wand hängt ein Kalender mit Reklame für einen Sattel- und Zaumzeugladen. Unsere Bettwäsche wird alle zwei Wochen gewechselt, und dann werden auch die Badezimmerarmaturen gescheuert und das Linoleum wird gewischt. Ich fege den restlichen Fußboden, und weil mir klare Regenbogenstreifen lieber sind, putze ich die Fenster. Und ich bin immer der Letzte, der einschläft. Ich liege im Dunkeln, lausche auf das Ticken des Herdes, auf den Wind im Kaminrohr, den Bach, die Geräusche der schlafenden Männer. Ich kenne ihr Husten und Ächzen. Wenn sie im Schlaf murmeln und stöhnen, weiß ich, ob ihre Träume sie beruhigen oder ängstigen. Wenn ein Mann nachts aufsteht, kann ich das Wispern seiner nackten Fußsohlen auf dem Boden erkennen, kann einen Mann vom andern unterscheiden, mit geschlossenen Augen. Hier ist mein Zuhause. Die größere Welt geht mich nichts an.

Morgens schwenke ich die Füße in die dunkle Kühle der Hütte und auf den körnigen Holzboden. Ich sitze auf der Kante meiner Matratze und greife hinüber auf die Sitzfläche des Stuhls, der am Kopfende meines Bettes steht. Ich nehme das Glas mit billigem Whiskey, das dort für mich steht, schlucke ihn hinunter, ohne nachzudenken, schlucke ihn, weil ich es immer tue, seit ich fünfzehn bin. Das ist der erste Schritt meiner morgendlichen Ernährung. Der Whiskey wütet in meinem Magen wie eine ertrinkende Wespe. Jeden Morgen lässt der Whiskey mich Grimassen ziehen, meine Augen tränen, weckt mich auf mit seinem Feuer. Ich bin sechzehn. Es dauert noch ein paar Jahre, bis ich erfahre, dass es nicht allen Jungen vergönnt ist, sich als Heranwachsende von einem Sour Mash die Augen öffnen zu lassen. Ich darf im Stockbett unten schlafen, weil ich morgens das Feuer in dem dickbauchigen Ofen anzünde.

Ich hocke im Dunkeln, die Zehen auf dem großen Blechviereck, das unter den Ofen geschoben ist, die Achselhöhlen über die Kniescheiben gehakt, und taste nach dem Anmachholz und der Streichholzschachtel. Ich öffne den Herd und rühre mit einem Stück Holz in der Asche, grabe nach Kohlen. Wir verbrennen Weichholz, und es gibt selten Kohle, außer wenn John oder Gordon lange aufgeblieben sind, lesend oder trinkend, und sich um das Feuer gekümmert haben. Das ist meistens nicht der Fall.

Jeden Abend zerteile ich ein halbes Dutzend Stücke Feuerholz zu Spänen, und zwar mit einem langen, unbrauchbaren Messer, das fast so groß ist wie eine Machete. Phil hat das Ding letzten Winter in Nogales in Mexiko einer Frau abgekauft, die er schön fand. Wenn ich das Holz seitlich herunterschäle, sodass es starrt von gelockten Spänen, nicht dicker als ein Streichholz, dann überlege ich mir, wie die Frau wohl ausgesehen hat. Flammenhell stelle ich mir ihre Augen und ihr Lächeln vor.

Morgens zünde ich das erste Stück Spanholz an, drehe es in der Hand, bis es ringsum Feuer gefangen hat. Ich brauche kein Papier oder Kerosin zum Feueranzünden. Ich lege einen kleinen Haufen von fedrigen Stöckchen und trockenen Kiefernzapfen in den Herd und setze mich so lange in den Sessel, wie es dauert, bis alles zu einer dünnen Schicht Glut verbrannt ist. Dann lege ich zwei oder drei Klötze harzfleckiges Feuerholz auf und verschwinde wieder unter der Bettdecke, bis ich am Geräusch des brennenden Holzes höre, dass ich wieder hingehen und die Flammen anfachen muss.

Wenn ich wieder im Bett bin, zünde ich mir eine Lucky

Strike an, rauche sie schläfrig, fühle, wie der Ofen den Bauch der Hütte erwärmt. Das Holz knallt und brutzelt. Die Männer werden langsam wach: Gordon hustet und wälzt sich, Phil entrollt sich langsam, erstarrt in einer Serie von Dehnungen und erschlafft wieder, und schließlich richtet er Kopf und Schultern am Kissen auf und zündet sich eine Zigarette an. John ist sofort da. Es sind lauter ältere Männer; sie sind Ende vierzig, über fünfzig. Einer steht auf und geht pissen. Das Linoleum im Badezimmer ist immer kalt. Die Wärme steigt im Herd auf, und das Kaminrohr ächzt und tickt. Wenn die Stiefel, die hinter dem Herd aufgereiht stehen, noch nicht trocken sind, fangen sie an zu dampfen. Männergeruch ist für mich heute noch eine Verbindung aus Holzrauch, Tabak, Kiefern, Whiskey, Leder und Pferdeurin. Es ist vier Uhr morgens und stockdunkel. Einer von uns hat das Licht im Badezimmer eingeschaltet; es brennt weiter und wirft eine matte, fleischfarbene Lichtsäule in das Zimmer. In diesem Licht ziehen wir uns an.

Jeden Morgen steht John am Waschbecken, schaufelt sich mit gewölbten Händen Wasser ins Gesicht, setzt sich auf die Bettkante, trocknet sich den Hals ab, reibt sich die Augen, rubbelt mit dem Handtuch um die Ohren herum. Er schläft in Unterhose und einem ausgeleierten T-Shirt, das seine Gestalt wie ein fleckiger Vorhang umweht. Seine Arme und Beine sind grau wie der Fußboden, und seine Stirn ist grau, weil er nie ohne seinen Hut draußen ist. Der Teil seines Gesichts, der nicht von der Hutkrempe überschattet wird, und sein Hals und seine Hände sind braun, faltig, verwittert. Er zieht sein Hemd an, schließt die Druckknöpfe vorn und an den Manschetten, ohne aufzustehen. Er wirft das Handtuch zurück ins Badezimmer.

Gordon zieht seine Jeans an und stampft die Füße in die Stiefel. John steht auf, um sich die Hose anzuziehen.

Um halb fünf haben wir Flanell und Jeans und Cord angezogen und zugeknöpft, wir alle vier, und schlurfen mit unseren hochhackigen Stiefeln durch Wagengleise und über bucklige Felsblöcke auf der Fahrstraße zu den Corrals. John fragt immer nach einem Streichholz. Gordon bläst sich immer in die gewölbten Hände und fragt, ob einer seine Handschuhe gesehen hat. Wir rauchen, und wir schlagen und umschlingen unsere schlafsteifen Körper. In dieser Höhe hat die Temperatur alle Feuchtigkeit aus der Luft gezogen und gleichmäßig in Perlen über Boden, Gras, Kiefernnadeln, Blumen, Espenlaub und das ovale Feld voll Pferdemist verteilt, auf dem wir mit der Arbeit beginnen. Bis Mitte Juni liegt eine Rahmschicht aus Reif oben auf den Zaunpfählen.

Wir machen Licht im Sattelschuppen und schultern Strickhalfter, Zaumzeug und Hackamores. John stellt einen Fuß gegen seinen Sattel, wo er auf dem Bock liegt, erst den einen, dann den anderen Fuß, und schnallt sich die Sporenriemen an.

Phil hustet und fröstelt. »Ich wünschte, ich hätte scheißen können«, sagt er. »Ich fühle mich athletischer, wenn ich es schaffe, gut zu scheißen.«

»Das Pferd, das du reitest, wird dir die Scheiße vielleicht aus dem Leib hauen.«

»Ja, aber vielleicht auch nicht.« Phil hat sich gebückt und schnallt seine Chaps an. Er schaut auf, arbeitet an der Schnalle in der Kniekehle. Er lächelt.

John schleift seinen Sattel und die Pads zur Veranda und stellt den Sattel hin. Er steigt hinunter in Lehm und getrocknete Pferdescheiße, um seine Zigarette auszutreten. Gordon drängt sich an ihm vorbei in die Corrals. Er wirft den Sattel neben dem Tor zum runden Corral auf die Seite, legt Filzpad und Satteldecke gefaltet obendrauf und bläst sich in die Hände. Es geht kein Wind. Es ist still. Die Singvögel und Eichhörnchen schlafen noch.

Ich schalte die großen Lampen an der Scheune ein. Sie überfluten die Corrals mit ihrem Licht. Die Jungpferde, die wir als Gebrauchspferde abrichten, bewegen sich nervös, wie gewalttätige junge Männer im Hof der Besserungsanstalt. Wir führen sie herunter. Wir drängen sie in die Ecke, legen ihnen listig Gebiss, Hackamore und Halfter an, bevor ihnen einfällt, dass dies der erste Teil eines Handstreichs ist, der uns auf ihren Rücken bringen soll. Wir züchten selbst keine Pferde. Wir kaufen die meisten auf Versteigerungen, und sie kommen mit den schlechten Angewohnheiten ihrer Besitzer zu uns. Es braucht Zeit, aber wir arbeiten ruhig, sanft und stetig mit ihnen, und langsam lernen sie, darauf zu vertrauen, dass sie in der Welt überleben können. Die meisten bocken, weil ihnen das Herz gebrochen wurde, und bei den meisten lässt es sich heilen. Wir verlieren jedes Jahr nur ein paar an ihre Vergangenheit.

Gordons Vierjähriger scheut und weicht rückwärts gegen die Scheunenwand zurück, hockt sich nieder und springt in die Mitte des Corrals. Er trabt außen herum, und Gordon geht ihm nach und tritt vor ihn und wendet ihn gegen den Zaun und tritt wieder vor ihn und wendet ihn wieder. Hin und her. Verkürzt den Ausschlag seiner Pendelbewegung in Richtung Flucht. Er spricht mit dem Pferd. Seine Stimme ist ruhig. Als das Pferd am Corralzaun zur Ruhe kommt, bleibt es zitternd stehen. Gordon hebt die Hand und berührt es. Er streichelt es. Er nähert sich seinem Kopf und spricht gleichmäßig. Es ist ein aschgrauer Vierjähriger. Maul, Beine, Mähne und Schwanz sind von dunklem Schiefergrau, und er ist beinahe verdorben. Gordon streift ihm das Kopfgestell über die Ohren, und der Graue schiebt die Vorderhand zusammen, als wäre er gehobbelt. Er drückt das Kinn zwischen die Knie und sinkt fast zu Boden. Der Vorbesitzer hat ihn festgebunden und auf den Kopf geschlagen, und jeder der drei Männer hier wäre gern in einem Zimmer mit dem Mann eingesperrt, der dieses Tier misshandelt hat.

Jeden Morgen hören wir von Gordon den gleichen Fluch. »Ich trete diesen jämmerlichen Scheißkerl bucklig«, sagt er. »Und er wird so bleiben. Ich trete den Bastard so zusammen, dass er aussieht wie eine Mischung aus Quasimodo und Mickymaus. Und zwar dauerhaft.«

Gordon schnallt den Halsriemen des Kopfgestells fest, und der Vierjährige zerrt am Zügel, pfeift, schnaubt. Gordon geht mit ihm im Kreis, spricht mit ihm, gibt ihm Zeit, sich zu erinnern, dass er keine Schmerzen mehr leidet.

Der Graue bleibt stehen, hebt die Vorderhufe, erst den einen, dann den andern, als wäre der Boden heiß. Er lehnt sich zurück, stemmt sich gegen die Zügel, hält sie straff. Gordon geht am Zügel entlang, hält dem Pferd eine Hand an die Wange. Nur das. Und spricht mit ihm. Der Vierjährige stampft, aber er beruhigt sich.

Phil hat sein Pferd gesattelt, und es steht still, die Ohren aufgestellt und nach vorn gerichtet, voller Interesse an Gordon und dem Grauen. Er wendet das Pferd am Ende der Corrals. Nach links. Nach rechts. Treibt es rückwärts, gibt es wieder frei.

Er lässt es halten und hakt ein Bein über das Sattelhorn. Es ist ein Schecke, und es hebt das Kinn und nickt mit dem Kopf, um den Zügel zu lockern. Phil zündet sich eine Zigarette an und sieht zu, wie Gordon Satteldecke und Filzpad aufhebt und auf dem Rücken des Grauen ausbreitet. Wir alle nehmen an, dass seine gleichmäßige Behutsamkeit das Pferd retten wird.

Johns Pferd ist eins, das wir vielleicht verlieren werden. Wir haben es von einem brutalen Mann gekauft, der es zu lange gehabt hat. Fast jeden Morgen muss John ihm einen Vorderhuf hochbinden, nur um es zu satteln. Dann steht es zitternd im runden Corral und pumpt sich mit Angst auf. Es ist ein großes Pferd, ein starkes Pferd. John rückt den Hut zurecht, löst die Beinfessel und schwingt sich in den Sattel. Jeden Morgen ist es, als wäre ein Sturm hereingebrochen und durch die Corrals gewirbelt – ein Sturm von jener unerwarteten Sorte, die von Containerbungalows die Wände abreißt und Gartenschläuche um Eichenstämme wickelt. John behauptet, wenn dieses Pferd bockt, kann er die Angst spüren. Er sagt, er ist nicht sicher, dass er ihr auf den Grund gehen kann. Das macht ihm Sorgen. Er sagt, die Angst des großen Pferdes arbeitet sich manchmal in seine eigenen Beine hinein und steigt herauf. Er sagt, dann fühlt er, wie die Angst seine Brust umspannt und ihm die Kehle zuschnürt.

Dieses Pferd bockt nicht aus Zorn oder Bewegungsdrang. Es bockt, um sich selbst zu zerreißen. Jeden Morgen unternimmt es einen zielstrebigen Selbstmordversuch. Es ist ihm egal, wen es mitnimmt. Es hat sich schon gegen den Zaun geworfen und ist gestürzt. Und es ist schreiend wieder aufgestanden, um weiterzubocken. Wenn es schließlich erschöpft davon ablässt, taumelt und blinzelt es und schüttelt den Kopf und hebt die Hufe hoch, als stakse es aus einem Sumpf von Betäubungsmitteln. John ist jetzt drei Wochen mit ihm zusammen. Nach dem morgendlichen Tobsuchtsanfall hilft er dem Pferd eine oder zwei Stunden lang durch behutsame Arbeit, aber wir wissen alle, dass es nur eine Frage der Zeit ist, wann das Pferd John oder sich selbst verkrüppelt. Es ist nur eine Frage der Zeit, wann es an einem Steilhang durchdreht und über die Felskante stürzt oder in ein Gewirr von Fallholz. Wenn es in ein paar Wochen keine Besserung zeigt, werden wir es verkaufen müssen.

Es ist mein zweites Jahr auf dem Falben, den ich Mud nenne. Er hat einen dunklen Aalstrich auf dem Rücken, ist kurz gehalten und klüger als die meisten Jungen meines Alters, jedenfalls klüger als ich. Er scheint alles, was ich ihm zumute, mit der lässigen Tatkraft eines Kindes zu erledigen. Genauso natürlich und unschuldig athletisch. Wenn ich allein im Dunkeln bin, im Bett, denke ich mit Ehrfurcht an dieses Pferd. Ich denke daran, wie ich an einen ruhig ernsten Priester denken würde, mit all seiner Autorität. Dass er mir gestattet, auf ihm zu reiten, ist ein Akt der Gnade. Er fügt sich in partnerschaftlicher Weise. Er schnaubt und dreht sich, wenn ich mich in den Sattel schwinge. Wenn er buckelt, tut er es aus Spaß, weil wir beide jung sind, als Ausdruck seiner Freude.

»Da kommt dein Kater«, sagt Gordon. Er sitzt auf dem Grauen. Das Pferd steht da, nickt mit dem Kopf und stampft auf den Boden.

Ich beuge mich aus dem Sattel, um das Gatter aufzumachen. Ich sehe den Kater, der sich an die obere Zaunstange klammert, als ich das Gatter nach außen schwinge. Mud sieht ihn auch und wiehert leise in der Kehle. Der Kater legt das heile Ohr nach hinten an den Kopf, und die Lichter von der Scheune blitzen in seinem einen Auge.

Ich richte mich wieder auf und drehe mich zu Gordon um. »Das ist nicht *mein* Kater«, sage ich. Gordon lächelt. Ich halte das Gatter weg von Mud.

Der Kater heißt Tommy Two. Er ist schwarz und weiß, und sein Fell ist nachgewachsen wie ein Flickenteppich. Sein Körper ist eine Kampftrophäe, verkrustet und verkrüppelt; ein ganzes Ohr und ein Auge, beide auf der linken Seite, sind weg, ebenso der Schwanz von der Mitte bis zur Spitze. Wir sind uns alle einig, dass er dem Namen nach ein Kater ist, aber keiner von uns wäre überrascht, ihn sprechen oder fluchen zu hören. John und ich glauben, dass er in einem früheren Leben ein Pirat war, ein Brigant, der die Reinkarnationsleiter hinuntergefallen ist. Wenn ich Tommy sehe, sehe ich keinen Kater mehr. Ich sehe einen Outlaw, einen gefährlichen, entlaufenen Zwerg, ins Fell einer Katze gestopft.

Jeden Morgen wacht er früh auf, kommt aus seinem verwahrlosten Nest in der Scheune stolziert und spaziert auf der obersten Zaunstange um den Corral herum. Er lässt sich auf dem flach abgesägten Ende eines Pfostens nieder, um zu sehen, ob einer von uns von unseren Pferden umgebracht wird. Seine Barthaare zucken in der Hoffnung, mit Blut bespritzt zu werden. In letzter Zeit interessiert er sich für die Gewalttätigkeit von Johns Frühsommerpferd. Was Schmerz angeht, ist er Demokrat. Es ist ihm gleichgültig, wer von uns verletzt wird – Hauptsache, es besteht die Chance eines echten Gemetzels.

Heute Morgen ist er ein paar Minuten zu spät aufgestanden und auf dem Gatter gefangen. Er gähnt, dass sich das Auge schließt, macht einen Buckel und besprüht den Torpfosten; er geht in die Mitte des Tores und setzt sich und gähnt wieder. Anscheinend ist er erhaben über gewöhnliches Katzenverhalten – außer dass er Mäuse tötet und frisst. Er quält sie aber nicht zu Tode, wie es die Wald-und-Wiesen-Scheunenkatzen zu tun pflegen, sondern er stöbert sie einfach auf, frisst sie und scheißt sie aus. Er leckt sich nicht sauber. Er hat Katzen, die seine Pflege übernehmen. Wenn sie sich weigern, tut er ihnen weh.

Mud buckelt und streckt dem Kater die Nase entgegen. Tommy Two steht auf, reibt die narbige Stirn – groß wie meine Faust – in das weiche Maul des Pferdes und krümmt den Körper unter Muds Kinn.

Sein Vater, Tommy One, wurde von Kojoten gefressen. John hat es gesehen und behauptet, es gibt zumindest eine Kojotin auf diesem Berg, die sich nie wieder einen Kater zum Abendessen bestellen wird. John sagt, am Ort der Mahlzeit war nachher mindestens ein Pfund Kojote übrig.

»Ich hatte das Lasso schon in der Hand und hätte die Hündin einfangen können, um dir zu zeigen, wie er sie vermöbelt hatte«, erzählte er mir, »aber ich bin lieber abgestiegen, um die Gegend nach lebenden Teilen von T. One abzusuchen.« Es gab keine. »Wenn er nicht den Halt am Boden verloren hätte – ich glaube er hätte ihr den Arsch aufgerissen.«

Mud tritt zur Seite, lässt das Tor gegen sich schwingen und scheut nicht. Tommy Two geht an mir vorbei und steigt auf. Meine Jeansjacke und das gelbe Ölzeug sind zusammengerollt hinter den Sattel geschnallt. Der Kater streckt sich der Länge nach auf dieser Rolle aus und hakt die Krallen in den Sattelgurt. Der junge Falbe schaut sich nach ihm um und vergewissert sich, dass er wohlbehalten an seinem Platz ist, bevor er einen Schritt macht. Erst dann kann ich gefahrlos die Sporen benutzen.

Ich lasse das Tor aufschwingen, und Johns Pferd kommt seitwärts heraus auf den Weg. Er pustet und tänzelt und weicht vor Felsen und Büschen zurück, die im aufziehenden Licht Gestalt annehmen.

Gordon lenkt seinen Grauen um Mud und Tommy und mich herum und spornt ihn zum Trab. Seine Handschuhe hat er immer noch nicht gefunden, aber er ist klug und versucht gar nicht erst, den Kater zu streicheln. Tommy erlaubt Mud, ihm mit den Lippen am Ohr zu zupfen und an seinem Bauch zu schnauben. Er windet sich zwischen den Beinen des Pferdes hindurch und reibt sich an dessen Fesseln. An einem guten Tag duldet er ein bisschen Freundlichkeit von mir. Er hat es lieber, wenn man ihn gegen den Strich streichelt. Er hat es gern rau. Ich habe ihn noch nie schnurren hören. Niemand sonst darf ihn berühren.

Phil und Gordon reiten voraus. John und ich folgen ihnen. Wir werden zusammen auf einem aufgegebenen Holzweg die Talsohle entlangreiten und dann ausschwärmen, in einem Netz von Wildwechselpfaden aufsteigen und die hundert Pferde aufspüren, die wir für die Nacht zum Grasen hinausgetrieben haben. Sie werden sich in kleine Gruppen aufgeteilt haben, im Familienkreis weiden, und wir werden sie finden, zusammentreiben, mit ihnen arbeiten und sie im letzten Tageslicht wieder hinaustreiben.

Es kommt selten vor, dass John, Phil, Gordon und ich zusammen auf der Ranch sind. Meistens sind zwei von uns auf einem Gepäckritt unterwegs. Die zwei, die übrig sind, um auf der Ranch zu arbeiten, reiten mit Gästen für ein oder zwei Stunden oder einen halben Tag hinaus. Aber die Saison hat gerade erst begonnen, und die Bäche sind noch so stark angeschwollen, dass man sie nicht überqueren kann, und so arbeiten wir alle im Tagesgeschäft und warten, dass das Hochwasser zurückgeht.

Zwei Meilen weiter oben im Tal lenke ich Mud in eine schmale Spalte mit einer Quelle am oberen Ende. Tommy und ich haben Glück, denn Mud besitzt den Gang eines teureren Pferdes, und so gleiten wir ganz ruhig zwischen den Bäumen hindurch. Der Kater steht auf der Jackenrolle und lehnt sich an mich. Den Kopf drückt er mir über der rechten Niere in die Seite, um nach vorn in die Landschaft zu schauen. Uns tränen die Augen in der fast frostigen Luft, aber allmählich erwärmt sich unser Blut. Es wird immer noch eine halbe Stunde vergehen, bis die Sonne über den Höhenkamm steigt.

Ich finde drei alte braune Wallache an der Quelle. Sie sind immer zusammen, klettern nie sehr hoch über den Talgrund. Kinderpferde sind sie, friedfertige alte Gentlemen, die mich mehr an Milchkühe als an Pferde erinnern. Wenn wir sie nicht finden, kommen sie von selbst nach Hause und wiehern um Hafer. Wir machen uns nicht die Mühe, ihnen Glocken umzuhängen. Ich scheuche sie den Trail hinunter zurück und treibe Mud auf den Grat eines scharfen, zerbrochenen Kamms aus losem Schiefer und fußtiefen Partien von schlüpfrigem Kiefernmulch.

Wir alle, jeder Mann und jedes Pferd, durchkreuzen das Tal, reiten die Grate hinauf und drängen die Pferde, die wir finden, hinunter, immer in Richtung Bach. Dies ist Wildnis. Hier gibt es keine Zäune. Wenn wir keine frischen Spuren mehr sehen und das leise Läuten der Glocken nur noch hinter uns hören, kehren wir um, finden Pferde, finden Schwung, immer weiter hinunter.

Um dies zu vollbringen, muss Mud jeden Morgen

einen Schamanentanz aufführen. Die Pfade, auf denen wir reiten, sind von Hirschen und Rehen gemacht. Er wird seine Gestalt auf eine Art und Weise verändern, wie Flachlandpferde sie niemals lernen. Er windet sich durch ein wirres Labyrinth von gefallenem Holz mit der Anmut einer Schlange, und er tut es schnell. Er saust einen Schotterhang hinunter, die Ohren am Kopf zurückgelegt, in einem so senkrechten Fallwinkel, wie sein Tempo es erlaubt, fasst Fuß auf einem Lehmfleck und wendet sich gegen die Wucht seines Gewichts, so drastisch, so magisch, dass ich in diesem Sommer und im letzten schon zweimal unversehens in der Luft sitzend zurückgeblieben bin.

Mud wühlt sich auf den Kamm hinauf und stößt in eine Gruppe von sechs Pferden, die in einem Gebüsch von verkrüppeltem Wacholder stehen. Zwei Palominos, ein Schecke, ein Brauner, ein Apfelschimmel und ein Rappe: Jim und Tim, Puzzle, Secret, Freddie und Bird. Bird hat eine Glocke. Diese Bande nimmt sich einen freien Tag, wenn sie kann. Sie stehen still wie die Rebhühner, und wenn ich an sie heranreite und mit dem zusammengerollten Lasso auf meine Chaps klatsche, dann flattern sie auf, wie Rebhühner es tun würden, und flüchten den Kamm hinunter. Mud bleibt über ihnen. Wir tauchen schnurstracks hinunter, durch prasselnde Zweige und klappernde Steine. Wenn Mud schätzt, dass sie genug Schwung haben, um bis auf den Talgrund zu laufen, bremst er und schlägt einen schrägen Pfad quer über den Hang ein, um seine Höhe wiederzugewinnen. Ich schaue mich um und sehe in das Gesicht des einäugigen, einohrigen Katers. Er ist losgerissen worden und liegt flach nach hinten gestreckt auf Muds Hinterteil. Mit nur einer Krallenfaust hält er sich fest und atmet mit einem offenen Mund voll gelber Zähne. Wir sind alle außer Atem. Ich lange nach hinten und ziehe Tommy fest gegen die Sattelkante, und dann beuge ich mich nach vorn, um mein Gewicht von Muds Nieren zu nehmen.

Ich glaube, was wir hier machen, ist Zirkusreiterei, die man nicht zeigen, eine Nummer, die man wegen der begrenzten Größe der Zelte nicht buchen kann. Und ich bin nie sicher, dass sie mir gefällt, dass es mir ehrlich gefällt, jeden Morgen so oft an den Rand von Schmerz und Angst zu geraten.

Hinter dem Grat fällt es flach ab zum Wiesenland, und dann kommt ein neuerlicher scharfer Grat, der sich wie ein Messer in die Flanke des Sleeping Giant Mountain bohrt. Mehr als ein Dutzend Pferde grasen in diesem kleinen, zufällig entstandenen Park. Sie heben die Köpfe und schauen zu, wie Mud, T. Two und ich außen um sie herumreiten, bis wir über ihnen sind. Der Trail windet sich nach Norden davon, biegt um die Ecke und führt aufwärts durch einen Spalt in einer Wand aus Vulkangestein. Frische Spuren sind dort nicht. Wenn welche da wären, würde ich die Herde hier den Höhenkamm hinunterscheuchen und dann den Spuren folgen, im Osten in die Goff-Creek-Pforten hinuntersteigen – eine Serie von messerscharfen Graten, die das obere Ende einer weiteren Talrinne bilden – und alle Pferde, die ich finde, zum Fluss hinaus und stromaufwärts zu den Heimatcorrals bringen.

Die Pferde entfernen sich langsam von uns; sie grasen immer noch, und die beiden mit Glocken versehenen Leittiere spielen eine blecherne Melodie im sanften grauen Licht. Unter uns hängen zerfranste Wolkenstreifen.

Ich hake das rechte Bein über das Sattelhorn und drehe

am Sporenrad. Ich zünde mir eine Zigarette an. Es ist so still, dass der Rauch sich unter meiner Hutkrempe sammelt. Ich spucke die Tabakkrumen von der Zungenspitze und schaue mich um und in die Höhe, als die Sonne über den Horizont steigt und auf die Grate der Gipfelhöhen trifft, die golden, rosa und weiß aufstrahlen. Es gleißt von der Felswand des Sleeping Giant, dass mir die Augen wehtun.

Tommy Two steht auf, buckelt gegen meinen Rücken und knurrt leise, wie es ein größeres, in die Enge getriebenes Tier vielleicht tun würde. Mud und ich drehen den Kopf und sehen den Kojoten an, der aus einem Gehölz ins Gras herausgetreten ist. Sein Fell glitzert in Henna, Bronze, Braun und Stahl im Morgenlicht. Er schaut nach rechts und links und vergewissert sich, dass er Platz zum Weglaufen hat, dann tritt er langsam um den Felssockel herum, gerät in den Schatten und versinkt unterhalb unseres Gesichtsfeldes.

Ich drücke meine Zigarette an der Stiefelsohle aus, schiebe den Fuß wieder in den Steigbügel und lasse Mud gehen, dieser letzten Gruppe Pferde hinterher. T. Two hat sich ausgestreckt, um meinen Regenmantel besser packen zu können, aber er sichert weiter nach hinten. Er gibt ein dunkles Grollen von sich, das an meinem Kreuz vibriert.

Die Pferde reihen sich auf dem Pfad auf, blitzen in der Sonne, werden warm, ziehen bergab. Ich pfeife einmal durch die Zähne und klatsche mir auf die Chaps. Die Reihe ist lang gedehnt, und sie laufen schnell. Ich weiß, wo sie ausbrechen und vom Kamm hinunterstieben und die sechs aufnehmen werden, die ich weiter unten gefunden und zum Bach hinunter in Bewegung gesetzt habe.

Alle ihre Glocken werden zusammen klingen. Ich werde denken, es klingt wie eine billige Reklame für die Frühmesse. Ich ziehe mir den Hut fester auf den Kopf. Wir haben eine Stunde gebraucht, um auf diese Höhe zu steigen; den Talboden werden wir in weniger als zehn Minuten erreichen. Wir werden früher als die Sonne am Bach sein.

Ich lehne mich im Sattel zurück, drücke meinen Rücken gegen T. Two, und Mud bringt uns vom Kamm herunter. Er hockt sich hin und springt aus dem Hinterteil in den losen Schiefer. Er geht geradewegs hinunter, wendet in einer Serie von improvisierten Serpentinen, um einer Gruppe von Felsvorsprüngen auszuweichen, und geht weiter geradeaus bergab. Wir erreichen das tiefe, wässrige Gras auf dem Talboden im vollen Galopp.

Zwei Höhenausläufer treffen sich beim Bach auf einer kleinen, unebenen Wiese. Die zwanzig Pferde, die ich zusammengetrieben habe, brechen in polterndem Lauf in diese freie Fläche hinein, nicken und rempeln, steigen in die Luft, dampfen im hohen Gras, schieben sich quer zwischen die dreißig andern, mit denen John von seinem Höhenzug heruntergedonnert ist. Wir treffen uns hinter ihnen in der leichten Staubwolke, die sie aufwirbeln. Ich sitze kerzengerade auf meinem schlammfarbenen Pferd. Ich habe drei Schlingen von meinem Lasso losgeschüttelt. An seinem Ende ist ein Wildlederriemen, und ich schnalze damit durch die Luft und lache, und John lacht auch. Kein Glück übertrifft das Stampfen so vieler Hufe, die eins geworden sind. Ich bilde mir ein, dass ich die Pferde lachen höre. Das denke ich jedes Mal. Ich denke mir, Laufen ist die Art eines Pferdes, laut zu lachen. Wenn ich älter bin, werde ich glauben, dass das Reiten in ihrer Staubwolke mich mit untröstlicher Freude erfüllt hat, wie sie nur Tiere empfinden.

John reißt sich den Hut vom Kopf und schwenkt ihn hoch über sich. Sein dünnes Haar fliegt in der frostigen Luft. Er grinst, als wäre er in der Stadt gewesen. Ich drehe mich um und will zu ihm zurücklächeln, aber Mud merkt, wie ich mein Gewicht verlagere, zieht den Kopf herunter und tritt zur Seite und unter mir weg. Ich rolle durch das nasse Gras, setze mich auf und starre in das sich entfernende Gesicht eines Piratenkaters. Tommy reitet hoch aufgerichtet am Sattelrand, den stumpfen Schwanz über den Rücken gekrümmt. Er sieht nicht aus, als hätte er Mitleid mit mir. Er sieht zufrieden aus und stolz darauf, dass er mein Pferd gestohlen hat.

Ich stehe auf, spucke einen Priem aus Erde und Gras aus und taste nach Blut, finde aber keins. Ich stampfe mit den Füßen, suche meinen Hut, und mir fällt ein, dass ich hierfür bezahlt werde und Tommy Two nicht. John kommt zu mir zurückgetrabt und führt Mud am Zügel. Ich sehe in die Gesichter von Mann und Pferd und Kater und bin glücklich, und ich weiß, dass ich nicht für Geld reite. Ich reite, weil ich es kann, und weil es mich zu anderen hinausführt, die sind wie ich.

»Ich bin froh, dass ich das gratis habe sehen dürfen«, sagt John. Er lächelt. Die Pferde stampfen, atmen schwer, wenden die Köpfe talabwärts. »Bei deinem spitzen Arsch dachte ich, du bleibst vielleicht hängen und reißt was ab.«

»Mir fehlt nichts«, sage ich, aber ich schaue ihm nicht ins Gesicht. Ich nehme den Zügel und schiebe den Stiefel in den Steigbügel.

»Pass auf, dass du deinen Kater nicht runtertrittst«, sagt er.

»Das ist nicht *mein* Kater«, antworte ich, schwinge das Bein hoch über T. Two hinweg und zügle Mud Seite an Seite mit Johns Pferd.

»Gordon bringt sie in den Corral«, sagt er, und ich nicke.

Wir halten unsere Pferde zurück und lassen sie im Schritt gehen, und die Sonne erreicht das Tal und zerschlägt es zu einem Puzzle aus Sonnenglanz und Schatten. Mehr als eine Meile weit reiten wir durch Blöcke von gleißendem Licht und kühlere, dunklere Taschen voll Nachtluft. Der Boden vor uns ist von hundert Hufen beackert worden, und der Duft, der von ihm aufsteigt, ist feucht und sauer und vertraut. T. Two streckt eine einzelne Pfote aus und lässt sie fünfzig Schritt weit auf Johns rechter Hüfte ruhen. Er starrt nach vorn, zwischen den Pferden hindurch, und dann stößt er sich ab und spaziert nach hinten auf Muds flaches Hinterteil, und dort setzt er sich hin und starrt hinter uns ins Morgenlicht.

Gordon und Phil haben schon zwölf Pferde mit Hafer versorgt und wieder in die Corrals getrieben, und sie haben das zweite Dutzend in ihren Boxen angebunden. Die Pferde wimmeln durcheinander und schreiten auf und ab. Sie schnauben, sie wälzen und schütteln sich.

Mud dreht sich an den Zaun und bleibt stehen, und T. Two steigt ab. Er wedelt mit dem Schwanzstummel, lässt das Rückenfell zucken und nimmt Kurs auf die Scheune. Mud wiehert, und der Kater bleibt stehen und dreht sich um. Einen Augenblick lang bleibt er auf einem Zaunpfosten sitzen, schaut zu uns zurück, gähnt und streckt sich und geht dann weiter.

Gordon nimmt den Hut ab, zaust sich das Haar wild, setzt den Hut wieder auf und legt die verschränkten Arme oben auf den Corralzaun. »Du hast Dreck am Kopf«, sagt er.

»Mud ist unter mir weggegangen.«

»Bist du verletzt?«

»Ich glaube nicht.«

Er umfasst die oberste Zaunstange, stemmt sich gegen die Krümmung seines Rückens nach hinten in den Corral, dehnt sich. »Deine Gefühle verletzt?«

»Mir geht's prima.«

Er schaut hoch und lächelt.

John und ich nehmen unseren Pferden die Sättel ab und hängen Chaps und Sporen in den Sattelschuppen. Wir halftern die zwölf Pferde der nächsten Schicht, binden sie in der Scheune an und schütten eine Kaffeebüchse Hafer in jeden der hölzernen Haferkästen und gehen dann hinauf zur Lodge, um zu frühstücken.

Meine Mutter, Gordon und Phil und die Zimmermädchen sitzen am Tisch. Meine Mutter blickt von der Zeitung auf, die sie liest. Sie lächelt. »Bist du verletzt?«, fragt sie.

»Mir fehlt nichts.«

»Wie geht's deinem Kater?«

»Das ist nicht *mein* Kater.«

Sie nickt und schaut wieder in ihre Zeitung.

Nach dem Frühstück lege ich die Küchenabfälle – Reste von Toast, Wurst, Speck, Pfannkuchen, alles mit Sirup beschmiert – auf einen Teller und gehe damit auf den Heuboden der Scheune. Ich setze mich auf einen Strohballen und schaue zu, wie die Scheunenkatzen den Teller umschwärmen. Tommy kommt aus dem Dunkeln, setzt sich hin und schaut auch zu. Als er näher kommt, stieben sie auseinander, drücken sich am Boden herum und miauen am Rande seiner Reichweite. Er frisst einen Wurstzipfel, schleckt am Sirup, nimmt sich das größte Stück Speck und kehrt ins Dunkel zurück. Die Katzen schleichen sich zum Teller zurück und schauen sich um, während sie fressen.

In diesem Sommer regnet es zuverlässig jeden Abend, nachdem wir die Pferde zum Weiden ins Tal hinaufgetrieben haben, und ich klettere auf den Heuboden und lausche dem Getrommel auf dem Wellblechdach. Ich habe Lust auf Abenteuer. Ich träume vom Reisen, von der Unabhängigkeit. Ich erfinde Wörter, ganze Sätze, forme sie mit dem Mund, tue so, als spräche ich eine exotische Sprache, die ich nicht kenne.

Wenn wir die Pferde schon vor Sonnenuntergang hinausgetrieben haben, lasse ich das Scheunentor offen stehen. Das Tor ist nach Westen gerichtet, auf die untergehende Sonne. Das Abendlicht fällt schräg durch die Kiefern am Bach und wird in den Espenblättern noch einmal lebendig. Wenn ich die Hand ausstrecke, blitzt sie rosa und glatt auf. Die Heuballen schimmern weich gedämpft wie Goldbarren. Der Geruch von Kiefern und Beifuß ist schwer geworden in der Tageshitze und hängt dick auf dem Heuboden.

T. Two sitzt neben mir und starrt in das gesprenkelte Licht. Er zieht die Pfoten unter den Bauch, das Auge blinzelt, und er schläft. Wenn ich eine Hand auf seinen Rücken lege, geht er nicht weg. Einmal rollt er sich auf die Seite, um mir die Chance zu geben, an seinen Bauch zu kommen. Ich erzähle ihm von den Orten, an die wir reisen werden. Ich spreche vom Abenteuer. Ich sage laut die Namen Blackbeard und William Kidd und zeichne einen Schädel mit gekreuzten Knochen in den Heustaub, der dick auf dem Boden liegt. Ich sage ihm, dass wir Freibeuter sind, Kapitäne alle beide. Ich ermahne ihn, sein Pulver trocken zu halten. Er rollt sich im Schlaf zusammen und spreizt die Pfoten.

Ich lese aus der *Satzung des Piratenlebens:* »So es einer unternimmt, fortzulaufen oder der Company ein Geheimnis vorzuenthalten, so soll man ihn aussetzen mit einer Flasche Wasser, einer kleinen Pistole und Kugeln.« Tommy hebt den Kopf und blinzelt. Heuflöckchen hängen in seinem Fell. Er wälzt sich im Staub und steht auf, ohne sich zu schütteln oder zu putzen. Ich schließe die Augen und stelle mir vor, wie sich die Dünung einer schweren See anfühlt. »Sie werden uns niemals einholen«, sage ich zu ihm und ziehe ihn auf meinen Schoß, und er sträubt sich nicht und versucht nicht wegzukommen.

An einem Abend nehme ich zwei Dosen Bier mit hinauf, die ich dem Koch gestohlen habe. Aus einer gieße ich die Hälfte in eine flache Schale, und Tommy leckt und niest, bis die Schale trocken ist. Ich habe die Beine vor mir ausgestreckt, die Füße übereinander gelegt, und er reibt Stirn und Ohr und Maul gegen eine Stiefelsohle. Dann rollt er sich an meinem Oberschenkel zusammen und schläft ein. Ich fühle seine Wirbelsäule, wie sie sich anspannt und zusammensinkt. Den ganzen Sommer über ist er mit Mud und mir hinausgeritten. Diese Betätigung hat das bisschen Winterspeck, das er hatte, verbraucht. Er schnarcht wie Gordon, wenn auch nicht so laut. Ich verschränke die Arme auf der Brust und schlafe.

Als ich aufwache, ist es dunkel, und der Kater ist weg. Ich krieche auf Händen und Knien umher und taste nach dem viereckigen Loch im Heuboden. Ich klettere die

Leiter hinunter, schürfe mir in der Kornkammer die Schienbeine auf und trete hinaus in die Nacht. Die Pferde schnauben und trappeln im Corral. Der Mond scheint nicht. Ich schlurfe den Weg hinauf und strecke die Hände vor mir aus; ich hoffe, dass sie einen Baumstamm finden, bevor ich dagegenrenne. Wenn mein Tritt zu elastisch wird, steuere ich wieder zurück auf den hart gestampften Weg. Ich stoße gegen das Bunkhouse und sehe die Wand noch immer nicht.

Auf der Veranda ziehe ich mir Stiefel und Hose aus und lege sie neben die Tür, als ich hineingehe. Der Boden knarrt nicht, und ich komme lautlos in mein Bett. Eine Uhr tickt, und ich höre die Geräusche der schlafenden Männer.

»In der Scheune gewesen?«, fragt John. Er flüstert. Ich glaube, wenn ich das Licht einschaltete, würde ich seine Augen geschlossen sehen, sein Gesicht entspannt.

»Ich bin eingeschlafen.«

»Ich habe dein Anmachholz zurechtgeschnitzt.«

»Das wäre nicht nötig gewesen.«

»Wenn man etwas dauernd macht, wird es einem zur Last.«

»Danke.«

Ich höre nur die Uhr und das leisere Rascheln des Baches. Ich schließe die Augen.

»Sorgen?«

»Ich denke so nach«, sage ich ihm. »Was mein Leben wohl bringen wird.«

»Dein Leben wird bringen, was ihm passt.«

»Hast du alles getan, was du vielleicht gern tun wolltest?«

»Wohl nicht.« Ich höre, wie er sich im Bett umdreht.

»Ich glaube, T. Two tut, was er will. Vielleicht immer.«

»Kann sein. Ich bin kein Experte für das Leben von Katzen.«

»Ich frage mich nur.«

»Na, dann frag dich doch mal, ob du so verhauen aussehen willst wie er, wenn du in sein Alter kommst. Gute Nacht.«

»Gute Nacht.«

Vor dem Labor Day, in der letzten Augustwoche, kommt Tommy Two nicht auf dem Zaun entlangspaziert, um mit mir zu reiten. John sitzt auf einem neuen, ungeduldigen Jungpferd, und es ist noch zu dunkel, um die Scheune abzusuchen. Ich komme nicht auf die Idee, seinen Namen zu rufen; ich treibe Mud mit den Sporen hinaus, und er buckelt und fällt in einen nachlässigen Trab. Wir ziehen stromauf. Die Luft ist trocken, still und spröde. John dreht sich um und schaut hinter meinen Sattel und dann einfach nur geradeaus.

Ich treibe Mud hart eine Steigung hinauf und lasse ihn oben stehen und pusten. Ich fühle mich allein, aus dem Gleichgewicht gebracht, und ich taste hinter mich, oben über meinen Regenmantel, aber da ist nichts. Ich habe mich daran gewöhnt, dass mir der Kater seinen harten, warmen Körper ins Kreuz drückt. Mud bewegt sich, als läge ein Gewitter in der Luft, und macht einen Bocksprung von einem Grat herunter, der uns beide zerschmettern kann. Unten bleibt er stehen und dreht den Kopf, beäugt die leere Rolle hinter dem Sattel und wiehert. Die gelbe Oberfläche des Regenmantels ist zerkratzt, durchlöchert und zerrissen.

Als wir die Pferde hereingebracht haben, durchsuche ich die Scheune. Ich finde sein Nest, und es ist kalt, und nach dem Frühstück lasse ich Tischabfälle dort, die von den gewöhnlichen Katzen verschlungen werden.

»Er ist tot«, sagt John. Er ist hinter mir in die Scheune gekommen. Er lässt mit dem Daumennagel ein Streichholz aufflammen und zündet sich eine Zigarette an. »Da ist eine neue Generation Kojoten herangewachsen«, sagt er. »Einer von denen hat wahrscheinlich die Geschichte von T.s Vater, und wie schwer es war, den zu fressen, nicht geglaubt.« Ich sehe ihn an und nicke mit dem Kopf.

So könnte es sein, denke ich. So, wie John es sieht. Darauf würde ich wetten.

In dieser Nacht stehe ich auf, ziehe mich an und stehe draußen auf der Veranda. Es hat geregnet, und eine erste, falsche Andeutung des Herbstes liegt frostig in der Luft. Wir haben Vollmond, und die Steine am Bach leuchten in der Nacht. Ich gehe zurück ins Bunkhouse, ziehe die Decke von meinem Bett, lege sie mir um die Schultern und gehe wieder hinaus in die Nacht.

Ich klettere auf den Heuboden und rufe seinen Namen. Ich öffne das Tor und lasse das Mondlicht herein. Die anderen Katzen rascheln, halten sich aber fern. Ich strecke mich im Heu aus und ziehe mir die Decke unters Kinn. Ich verschränke die Hände hinter dem Kopf, schließe die Augen und lausche auf den Bach.

Bevor ich einschlafe, sehe ich, wie er per Anhalter zum Golf von Mexiko fährt. Das Bild ist klar, Irrtum ausgeschlossen. Er räkelt sich in der Mulde eines offenen Cabrio-Verdecks, und der Wind fängt sich in der Wölbung seines einen Ohrs. Ich sehe, wie er auf einem Frachter anheuert, geachtet von der Mannschaft, und seine Arbeit besteht darin, die Mäuse aus dem Laderaum zu fangen. In Mondnächten sehe ich ihn auf dem offenen

Deck schlafen. Er schmiegt sich in den Schoß eines betrunkenen Matrosen. Ein alter Mann und ein alter Kater. Sie heben und senken sich auf der See. Der Kater krümmt den Hals und reibt die narbige Faust seiner Stirn am Handballen des alten Mannes. Ich lächle mit geschlossenen Augen. Ich kann die Hand sehen. Sie ist schwielig und breit, und sie riecht nach Fisch und Sonne und Rum und Salz.

Bären

Ich weiß nicht genau, wie spät es ist. Es ist dunkel. Die Nachtkälte lastet schwer. Ich erinnere mich, dass der Mond gestern Abend fast voll war, ein voller Septembermond. Rund und bernsteingelb war er aufgegangen. Schon vor Sonnenuntergang war er aufgegangen, und einen Moment lang, als er ganz vom Horizont losgekommen war, hatte er die fahlen Pferde jäh mit seinem opalisierenden Licht überschüttet – der Mond auf der einen Seite, die Sonne auf der andern –, und sie hatten scharf umrissen und schattenlos dagestanden. Nur für einen Augenblick.

Ich blinzle in die kalte Nachtluft. Ich kann die Zeltwände nicht sehen, nicht einmal meinen Atem, so dunkel ist es. Ich schließe die Augen und drehe mich im Schlafsack um. Vermutlich bin ich in der schwarzen Scheibe der Nacht zwischen Monduntergang und Morgendämmerung wach geworden.

Wenn ich mehr Schlaf brauche, tun mir die Schultern weh, und mein Herz verschiebt sich und flattert gelegentlich, als wäre ich von der Kante eines Steilhangs in die Luft getreten. Ich straffe Schultern und Brust und entspanne mich wieder. Mein ganzer Körper fühlt sich stämmig und stetig und stark an. Ich lege die Hand flach auf den Bauch und drücke, und da ist nur das Behagen von halb voller Blase und Darm. Ich bin ausgeruht. Ich brauche mich nicht anzuziehen und eine Laterne anzuzünden und zu dem Zeltplanenklo zu schlurfen, das wir zwischen den Bäumen hinter den Zelten aufgestellt haben. Dafür bin ich dankbar.

Es ist Ende September am Mountain Creek, und das Gras ist hüfthoch gewachsen, und die Temperatur liegt weit unter dem Gefrierpunkt. In die Nacht hinauszugehen, das bedeutet, durch die gefrorenen Grashalme zu laufen und mir Jeans und Stiefel nass zu machen.

Ich weiß nicht, warum ich aufgewacht bin. Ich lausche nach Pferden. Ich höre ihre Glocken nicht, ihre Schritte auf dem frostharten Boden. Ich lausche angestrengter. Ich lausche nach einem Bären. Ich lausche auf das Pusten und Schnaufen und Husten eines Bären, der ins Camp kommt. Da ist nur die tiefe Stille der Nacht. Ich stelle mir vor, wie ein Bär still neben meinem Zelt steht. Ein Grizzly, der wartet, weiß, dass ich hier bin. Der Gedanke an einen Bären überläuft mich kribbelnd wie ein aus dem Kino entsprungener Horrorfilm. Meine eigene Ermordung steht mir lebhaft vor Augen. Die dunkle Nacht lastet zermürbend auf mir. Ich stelle mir die kleinen dunklen Augen eines Bären vor, tränend und eindringlich in der kalten Luft. Ich stelle mir vor, wie die Nüstern des Bären sich weiten, meine Witterung aufnehmen, wie sein Magen knurrt und danach winselt, mich zu kosten. Ich denke an die Zähne eines Bären, an seine Klauen. Ich lausche nach dem Klicken seiner Zähne. Ich denke an den breiten, tellerflachen Schädel – das Gehirn in dem Schädel begierig nach ein paar Extrakalorien vor dem Winterschlaf. Ich kneife mich in die Brust, in die Rückseite des Oberarms. Mein Körper kommt mir weich wie Schmalz vor. Ich denke mich als Nahrung. Ich ziehe mir die Wollmütze fester über den Kopf – über die Ohren und Augen – und schmiege das Gesicht in den Schlund meines Schlafsacks. Ich trage lange Unterwäsche – Hemd und Hose – und Socken. Jeans und Hemd liegen zusammengerollt an meinen Füßen unten im Schlafsack. Ich atme die warmen, vertrauten Gerüche meines Körpers und meiner fleckigen Kleider ein, eine Mischung aus Holzrauch, Leder und Pferd. Wieder denke ich an die dünne Segeltuchwand des Zeltes. Es ist schwarz hier drinnen, und es ist schwarz dort draußen. Wenn ein hungriger Bär in dieser Schwärze steht, könnte mein Geruch ihn zur Zeltwand locken. Ich denke an eine Grizzlynase, die sich an die Leinwand drückt. Ich denke an sein triefendes Maul, an dünne Sabberfäden, die wie eine Gardine an seinen schwarzen Lefzen hängen. Ich ziehe die Knie an die Brust und spanne mich an und stelle mir vor, dass mein Körper so unveränderlich wie ein Knoten aus Stahl ist. Ich muss fast lachen. Ich bin zu alt für blödsinnige Unbesiegbarkeitsphantasien. Ich bin jetzt sechzehn. Ich weiß, dass ein Bär, der mich als Mahlzeit haben will, mich so mühelos öffnen und leeren kann wie ich eine Dose Bohnen.

Im letzten Herbst wurde einer der Führer meines Vaters ein paar Meilen weit vom Camp von einem Grizzly schlimm zugerichtet. Es war nur eine vierhundert Pfund schwere Bärin, die man angeschossen und über Nacht kränker hatte werden lassen, und sie hätte den Mann trotzdem beinahe getötet. Der Mann heißt Bert Bell. Er ist dieses Jahr nicht mit im Camp.

Bert und der Cowboy verfolgten die Schweißspur der Bärin durch mehrere Zoll hohen Neuschnee. Der Cowboy ist nicht viel älter als ich und hat rote Haare. Mein Haar ist blond und hat nur in der Sonne einen rötlichen Ton. Der rothaarige Cowboy schoss die Bärin von Bert herunter. Ich frage mich, ob diese Information in die Herzen aller Bären eingegangen ist. Ich frage mich, ob rote Haare das Signal zum Rachenehmen sind.

Die Bärin war schwach und halb tot, und sie lauerte hinter einem Dickicht und wartete auf die beiden. Bert sagte, als der Wind sich drehte, konnte er sie riechen. Ich glaube, sie hat die Männer so nah herankommen lassen, weil sie schon fast tot war, weil sie gefühllos war vor Verzweiflung, und trotzdem hat sie noch die dreißig Yards zu Bert zurückgelegt, ehe er schießen konnte, und sie hat ihn zu Boden gerissen und ihn unterhalb der Rippen in die linke Seite gebissen. Ich rolle mich fester in meinem Schlafsack zusammen. Ich greife nach meiner linken Niere. Ich denke, wie viel Glück Bert hatte, dass die Bärin so schwach war; er konnte ihr die Kiefer auseinander drücken, sie von seinen weichen Partien wegschieben und ihr seine Hände zu fressen geben, bis der rothaarige Cowboy zwei Schüsse auf sie abgab und sie zusammensackte und starb. Der Cowboy heißt Dave. Er ist dieses Jahr auch nicht im Camp.

Mein Schlafsack liegt ausgebreitet auf einem Floß aus fingerdicken Kiefernsprösslingen, zugeschnitten und auf einen Rahmen aus stärkeren Balken genagelt. Die ganze Konstruktion steht auf zwei Fuß hohen Fichtenklötzen, einem unter jeder Ecke. Zwischen den Stöcken und dem Schlafsack ist eine Lage Filzpads, und der Schlafsack ist in eine Segeltuchplane gewickelt, die im Laufe der Nacht weiß vom Reif wird. Mir ist warm und behaglich, und ich liege über dem Boden in Höhe einer Bärenschnauze. Mir ist klar, wenn ich mir vorstelle, dass ein Bär vor meinem Zelt auf mich wartet, dann bin ich nicht bloß auf den Nervenkitzel aus. Es gibt einen Teil von mir, der damit rechnet, zu verunglücken, zerrissen zu werden – gefressen zu werden. Es gibt einen Teil von mir, der nicht glaubt, dass ich eines leichten Todes sterben werde.

Claude ist im Zelt bei mir, in seinem Schlafsack. Wir sind zu zweit. Es ist zu dunkel, um ihn zu sehen, aber er ist da. Er ist fünf Jahre älter und war schon draußen in der Welt. Er war in Vietnam. Ich höre meinen Herzschlag in den Ohren. Wenn ich den Kopf drehe, scheint das den Klang zu vertiefen, und das Pochen meines Blutes hallt in meinem Schädel nach. Ich drehe mich auf die Seite und lausche meinem Herzen und frage mich, ob Claude vom Krieg tapfer oder leer gemacht worden ist. Ich habe Freunde, deren Brüder aus dem Krieg zurückgekommen sind. Manche sind tollkühn, manche sind still. Alle haben andere Stimmen bekommen, hohl und hallend. Manchmal halten sie inne und lauschen dem Klang ihrer eigenen Stimme. Sie wissen, dass sich etwas verändert hat.

Claude spricht nicht mit mir über den Krieg. Er ist noch nicht ganz ein Jahr zurück. Er kann immer noch nicht glauben, dass er so lange weg von daheim war. Ich weiß nicht, ob er Angst hat. Vielleicht bin ich der Einzige, der Angst hat. Ich frage mich, ob das Älterwerden mich mehr oder weniger ängstlich machen wird.

Ich denke an den ersten toten Bären, den ich je gesehen habe. Er war abgehäutet, und sein nackter Leichnam hatte bemerkenswerte Ähnlichkeit mit dem eines großen Mannes. Mein Pferd witterte das Ding und scheute und bockte und warf mich ab. Wenn ich an diesen Bären denke, laufe ich rot an. Ich habe das Gefühl, es ist ein Verbrechen, sie zu töten, und meine Familie macht ein Geschäft mit ihrem Tod. Man hat mich gelehrt, dass jedes Verbrechen Strafe verdient.

Als ich elf war, fuhr einer unserer Angestellten mitten in der Nacht mit mir zu einer Müllkippe am Rande des Yellowstone. Wir saßen in seinem Pick-up, Licht und Heizung eingeschaltet, und schauten zu, wie zwanzig Grizzlys sich auf erlesene Stücke Abfall stürzten. Es war eine Szene der Erniedrigung. Die Bären waren zänkisch und gierig. Sie prügelten sich um Fetzen von verrottendem Müll und führten Scheinangriffe inmitten dieser Haufen von Windeln, Dosen und Plastik. Sie kamen mir nicht vor wie Bären. Sie kamen mir vor wie eine Versammlung von fetten, schmutzigen Betrunkenen. Ich kniff die Augen zu schmalen Schlitzen zusammen, um die Szene verschwimmen zu lassen. Das war ein Trick, der verhindern sollte, dass ich weinte: Mein Bild von ihnen sollte rein bleiben.

Mit elf hatte ich den Ehrgeiz, ein Bär zu sein. Ich wollte ihrem Clan beitreten, weil ich sie um ihre Kraft, ihre Schnelligkeit und ihr ungestraftes Treiben beneidete. Ich dachte mir die zwei und drei Jahre alten Bären als ältere, wildere Jungen, als eine Meute gerissener Flegel, die in meiner Nachbarschaft umherstrolchten. Ich reckte mich an den Bäumen empor, an denen sie sich schubberten. Ich wühlte durch die Ruine aus verrottendem Fallholz, das sie auf der Suche nach Engerlingen und Mäusen umhergerollt und zerbrochen hatten. Wenn ich ihre Fährte fand, zog ich Stiefel und Socken aus und stellte mich barfuß und stumm dahin, wo sie gestanden hatten. Ich schnitt mir die Zehennägel nicht. Im Herbst aß ich wilde Beeren. Ich rechnete damit, dass ich die Sprache der Bären lernen würde, aber ich lernte nur, sie zu lieben. Jetzt bin ich immer noch ihr Freund, wenn die Sonne scheint. Aber nachts weiß ich, dass ich langsam zum Mann heranwachse. Ich habe Angst, dass ein Bär mich finden, über mich richten wird. Ich habe Angst, dass ein Bär mich töten wird, weil ich ein Verräter bin.

Eines Nachts gegen Ende der dritten Jagd im letzten Herbst schaukelte ein Bär durch das Camp, stellte sich auf einen Klotz, der hinter das Kochzelt gerollt worden war, streckte sich zur Firststange hinauf und riss die ganze Rückwand herunter. Keiner von uns hat gesehen, wie es passierte, aber wir hörten sofort die Schreie des Kochs, der auf einer Pritsche im hinteren Teil des Zeltes schlief. Er schlief mit einer großkalibrigen Büchse, die mein Vater ihm geliehen hatte. Er war ein liebenswerter alter Junggeselle, ein Säufer, und er hatte eine Heidenangst vor Bären. Eine Flasche Whiskey und die Büchse halfen ihm einschlafen.

Wir rollten uns aus unseren eigenen Zelten und rannten auf die Schreie zu. Wir hatten Jacken und Stiefel angezogen, aber die meisten rannten mit nackten Beinen. Mein Vater hatte nur Stiefel und Hut und ein weißes T-Shirt an.

Als die Schießerei losging, warfen wir uns auf den Bauch und krochen durch den Schnee. Der alte Mann drehte sich in seinem ruinierten Zelt um sich selber und schoss mit dem Gewehr so schnell in die Luft, wie er die Patronen in die Kammer befördern konnte. Die Schüsse gingen hoch und waren ungewöhnlich wirkungsvoll darin, die Zeltleinwand zu zerfetzen. Ich hatte noch nie einen Gewehrschuss in der Nacht gesehen und beobachtete staunend, wie weit die Flamme aus der Mündung leckte.

Als der Koch sein Magazin leer geschossen hatte, warfen mein Vater und ein Jagdführer ihn mit voller Kraft zu Boden, bevor er nachladen konnte, und wir andern zündeten Laternen an. Ich fand den Zwischenfall rasend komisch und war gerade noch so gescheit, mein Lachen herunterzuschlucken. Grinsend spazierte ich ins Gehölz und richtete den Strahl meiner Lampe hinunter auf die Spuren, die der Bär in den Schnee gestampft hatte. Ich biss mir auf die Innenseite der Wangen. Jeder Tatzenabdruck war so groß, dass ich meinen Hut hätte hineinlegen können. Ich spähte über den Lichtschein hinaus ins Dunkel und lauschte. Alles, was ich hörte, war das Schluchzen des alten Kochs und das Geflüster der Männer, die ihm seine Pritsche im Esszelt aufbauten und ein Feuer im Herd anzündeten.

Der Koch ist jetzt seit neun Monaten tot, seit dem letzten Winter. Er hat sich aus den Bergen geschlichen und ist gestorben, als die Bären schliefen und nicht Zeugen seines Todes sein konnten.

Ich lausche angestrengter nach dem Bären, der in meiner Vorstellung auf mich wartet. Ich halte den Atem an, aber ich höre nur Stille. Ich befürchte, ich könnte ein Feigling sein. Ich habe Angst, dass ich schreien werde, wenn ich von einem Bären gebissen und mit den Pranken geschlagen werde – dass ich dann winseln werde. Ich befürchte, wenn ich in der Nacht gefressen werde, wird meine Seele verwirrt sein und sich im Dunkeln verirren.

Ich habe erst seit sechs Monaten einen Führerschein. Es wird noch viereinhalb Jahre dauern, bis ich legal in eine Bar spazieren und mir ein Bier bestellen darf. Ich wünsche mir, dass ich Gelegenheit zum Scheitern bekomme. Ich möchte der Welt zeigen, dass ich unter der Last des Scheiterns aufrecht stehen kann. Und es gibt noch andere Überlegungen. Ich befürchte, es könnte sich herausstellen, dass ich kein guter Liebhaber bin. Ich bin noch mit keinem Mädchen zusammen gewesen, das mehr Erfahrung hatte als ich. Es gab noch niemanden, den ich hätte fragen können.

Als ich dreizehn war und Claude achtzehn, haben wir zusammen Pferde getrieben. Er war Staatsmeister im Ringen. Wir haben im Bunkhouse auf dem Boden gerungen, bis ich mir Gesicht und Arme und Knie am Holz so sehr aufgescheuert hatte, dass ich aufhören musste. Ich glaube, Claude ist gut im Kämpfen, aber ich war nicht mit ihm in Vietnam.

»Bist du wach?« Das ist Claude. Ich höre, wie er sich in seinem Schlafsack bewegt. Ich sage Ja. »Was machst du denn?«, fragt er.

Ich sage ihm, dass ich an Bären denke.

»Glaubst du, deshalb bist du wach?«

»Ich weiß nicht.«

»Wie spät ist es?«

»Vier oder fünf, schätze ich. Denkst du auch an Bären?«

»Jetzt ja.«

Wir lauschen in die Nacht. Wir hören nur unseren eigenen Atem. Weil es noch zu früh ist, um aufzustehen und an die Arbeit zu gehen, erzähle ich Claude von einem Buch, das ich gelesen habe. Es handelt von Schwarzfußindianern. Ich erzähle ihm von dem Schwarzfuß-Bärenmesser, das eine zweischneidige Klinge hat und einen Bärenkieferknochen als Griff.

»Mit beiden Seiten des Kiefers?«

»Ich nehme an, bloß eine. Es waren keine Bilder dabei.«

Ich erzähle, dass das Bärenmesser ein Zeichen für die Macht des Mannes war, dem es gehörte, und wenn ein anderer Mann, ein Krieger, das Messer erwerben wollte und man sich einigte, mussten die beiden Männer sich in einer

Schwitzhütte reinigen, und dann saßen sie nackt zusammen im Zelt des Mannes, dem das Messer gehörte.

»Wieso?«

»Das weiß ich nicht. Mehr stand in dem Buch nicht. Ich nehme an, das Messer war heilig.«

»Und dann?«

»Dann kroch der Mann, dem das Messer gehörte, viermal in dem Zelt herum. Er knurrte wie ein Bär und schlug mit den Tatzen in die Luft und schnappte mit den Zähnen. Dann stand er auf, hielt das Messer bei der Spitze und warf es mit aller Kraft auf den Mann, der es haben wollte.«

»Da waren sie beide immer noch nackt?«

»Vermutlich. Ist das nicht egal?«

»Mir wäre es nicht egal. Und dann?«

»Wenn der Mann das Messer auffangen konnte, gehörte es ihm, und seine Macht ebenfalls.«

»Scheiße.« Claude ist einen Moment lang still und sagt dann: »Da frage ich mich, wie oft es wohl vorgekommen ist, dass der Mann das Messer nicht fangen konnte.«

»Das stand nicht da. Würdest du es machen?«

»Vielleicht«, sagt er. »Ich glaube, vor einer Weile hätte ich es nicht getan, aber jetzt vielleicht doch.«

Die Geschichte ist zu Ende. Ich weiß keine mehr. Manchmal wünschte ich, Claude würde mir von Vietnam erzählen. In weniger als zwei Jahren werde ich mich für den Militärdienst registrieren lassen. Der Krieg wird jedes Jahr heftiger. Ich habe die Theorie, dass mein Blut in der heißen, nassen Luft eines Dschungels nicht gerinnen wird. Ich fühle mich nicht wie ein Junge, der gesegnet ist. Ich möchte ein alter Mann werden, aber ich habe nicht das Gefühl, dass ich ein ganzes Leben weit vom Tod entfernt bin.

Claude kämpft sich aus dem Schlafsack, zieht Stiefel und eine Jeansjacke an, wühlt aus seiner Tasche eine Lampe hervor und geht hinaus in die Nacht zum Pinkeln. Er geht nicht durch die Bäume zu dem Klozelt, das wir gebaut haben, sondern bleibt gleich hinter der Zeltklappe stehen. Ich sehe seine Silhouette durch die Leinwand.

Als er wieder hereinkommt, pustet er sich die Kälte vom Leib. Er zieht Jacke und Stiefel aus und schlüpft wieder in den Schlafsack.

»Würdest du kämpfen?«, frage ich ihn.

»Mit einem Bären?«

»Wenn er sich auf dich stürzt? Wie bei Bert letztes Jahr?«

»Ich würde wegrennen«, sagt er.

Ich sage ihm, dass er nicht schneller rennen kann als ein Bär. Das wissen wir natürlich beide, es ist so allgemein bekannt, dass es schon ein Witz ist.

»Das brauche ich auch nicht«, sagt er. Ich habe mir die Falle selbst gestellt. »Ich brauche bloß schneller zu rennen als du.«

Wir lachen nicht laut. Wir lächeln.

In der Dunkelheit vor dem Morgengrauen sammle ich die Pferde ein. Das Gras ist süß und hoch, und sie haben auf den Wiesen am Mountain Creek geweidet und sind höchstens eine Meile weit vom Camp entfernt. Phil und Claude satteln ihre Pferde im Laternenlicht und reiten mit ihren Jägern im Dunkeln hinaus, um einen Hirsch zu schießen. Die männlichen Hirsche sind seit fast drei Wochen in der Brunft. Rotäugig und unvorsichtig, mit geschwollenen Hälsen umkreisen sie ihren Harem und röhren, sabbern und kämpfen.

Gordon führt seinen Jäger zu dem Köderplatz, der nur

eine Viertelmeile vom Camp entfernt ist. Sie werden im schleierzarten Licht der Dämmerung in der Deckung sitzen. Der Köder ist jetzt zwei Nächte hintereinander von einem Bären bearbeitet worden. Sie werden versuchen, diesen Bären zu töten. Die Augen des Jägers sitzen groß in seinem Gesicht. Er sieht nicht aus, als hätte er viel Schlaf bekommen.

Ich bleibe im Camp. Es besteht aus fünf Schlafzelten, dreieinhalb mal viereinhalb Meter, und den beiden größeren Küchen- und Esszelten. Die großen Zelte stehen einander gegenüber, und eine Segeltuchplane überspannt den Raum dazwischen, wo ihre Firststangen sich treffen. Ich sitze auf dem flachen Ende eines runden Fichtenklotzes und schaue dem Koch zu. Ich trinke eine Tasse Kaffee. Ich wäre in der Schule, wenn Claude nicht vor drei Tagen mit einer Reihe Packpferde und dem Mann aus Tennessee zurückgekommen wäre, einem jungen Mann seines Alters, den mein Vater als Cowboy eingestellt hat. Der Mann aus Tennessee hat sich betrunken und ist nach Süden gefahren. Claude hat mich mitten in der Nacht in der Lodge geweckt, damit ich die Pferde mit frischem Proviant bepackte und mit ihnen zum Mountain Creek hinausritt.

Es ist nicht das erste Mal, dass ich die Schule versäume, um den Job eines neuen Mannes zu übernehmen, dem die hohen Berge zu wild waren.

Es ist noch nicht ganz hell, als ich den Schuss höre. Eine Laterne hängt zischend an der Firststange des Küchenzeltes. Ein einzelner Schuss, dann noch einer. Mehr nicht. Der Knall kommt scharf und schwellend an – ich kann es handfest in der Brust fühlen. Ich schaue zum Koch auf, dem Nachfolger des verstorbenen Kochs, einem nüchterner Mann in den Fünfzigern. Er steht über eine Pfanne gebeugt da, in der er Speck brät. Er hält inne, richtet sich auf und hält den Kopf schräg. Wir lauschen. Man hört das Brutzeln des Specks. Ein Stück Holz knackt im Herd. Es fällt kein Schuss mehr. Ich gieße mir einen zweiten Becher Kaffee ein.

Nach einer halben Stunde kommen Gordon und sein Jäger ins Camp. Sie heben die Füße vom Boden, als wollten sie gleich traben. Der Jäger schnappt nach Luft. Er ist ein kleiner Mann. Vor einer Woche hat sein Pferd ihn abgeworfen; er hat sich die Schulter geprellt und kann den Gewehrkolben nicht fest ansetzen, wenn er schießt, und deshalb ist das Zielfernrohr hochgesprungen und hat ihm dollargroße Soden aus der Stirn geschnitten. Er ist so aufgeregt, dass es ihm egal ist. Seine Stirn ist frisch aufgeplatzt; er hat zwei überlappende runde Wunden über der rechten Braue, und das Blut läuft ihm ins Auge. Er fährt sich mit dem Jackenärmel übers Gesicht. »Er hat angegriffen«, sagt er. Er ist noch gar nicht zu Atem gekommen und will sich nicht hinsetzen. Sein rechter Absatz hat sich vom Boden gehoben, und das rechte Bein hüpft auf dem Fußballen. Er schaut auf das Bein hinunter. Er legt eine Hand auf den Oberschenkel. Er kann es nicht zum Stillstand bringen.

Mein Vater steht bei ihnen draußen vor dem Zelteingang. »Angeschossen«, höre ich Gordon sagen. »Ein Grizzly«, sagt er und starrt auf seine Stiefel. Er hat sein Gewehr über dem Abzugbügel gefasst und hält es an seiner Seite. Er tritt einen Schritt zurück, richtet den Lauf ins Holz und legt die Sicherung um.

Mein Vater nickt. Er lächelt dem Jäger zu. »Lassen Sie uns etwas essen«, sagt er. Er setzt sich zu dem Jäger und säubert und versorgt dem Mann die Stirn, während der frühstückt und sich beruhigt.

Es ist Vormittag, und ich bin beim Holzhacken, als Claude mit seinem Jäger ins Camp zurückkommt. Claude hat blutige Hände. Seine Chaps sind vorn mit Blut bespritzt, und die Falten seines Hemdes am Bauch sind es auch. Sie haben einen Hirsch geschossen.

Zwei Jäger haben ihre Hirsche schon bekommen, und die geviertelten Tiere hängen kühl und steif an den Bäumen hinter den Zelten. Nach dem Lunch werden wir das neue tote Tier holen.

Der Koch steht am Herd und kocht Kartoffeln. Ich staple Holz daneben. Ich nehme an, man wird mich mit Claude losschicken. Ich bin froh, dass ich nicht in der Schule sein muss. Ich denke nicht an den verwundeten Bären. Mein Vater kommt ins Zelt und sagt dem Koch, er soll zwei Lunchpakete machen. »Hol deine Jacke«, sagt er zu mir.

»Sofort?«

Er nickt.

Als ich mit der Jacke zurückkomme, gibt er mir eine Lunchtüte, und ich mache zwei Hemdknöpfe auf und schiebe sie mir unters Hemd. Mein Vater nimmt sein Gewehr, lädt eine Patrone in die Kammer und sichert es. Gordon steht neben dem Zelt, wo die emaillierten Waschschüsseln an einer Stange hängen. Er hat sich das Gewehr quer über den Nacken gelegt und die Arme von hinten darübergehängt, über den Lauf und den Kolben; seine Hände hängen locker vor dem Gewehr herunter.

Gordon ist groß, an die eins neunzig, und über zweihundert Pfund schwer. Wenn er die Arme hängen lässt, reichen ihm die Hände fast bis an die Knie. Er hat scharfe

Eckzähne. Ich habe im Bunkhouse dabeigesessen, wenn er eine Geschichte erzählt und sich dabei aufregt. Dann sabbert er, und sein Kiefer arbeitet schneller, als er sprechen kann. Er ist ein Grund, an die Evolution zu glauben. Ich glaube, wenn man ihn nackt auf eine Wiese legt, sieht er aus wie ein toter, abgehäuteter Bär.

Ich folge Gordon und meinem Vater zum Köderplatz. Neben der Deckung bleiben wir stehen. Ich sehe den Buckel des Köderpferdes am anderen Ende der Wiese, dreißig Yard vor uns. Ich höre es klicken, als mein Vater sein Gewehr entsichert. »Hat er angegriffen?«, fragt mein Vater.

»Er hat sich bloß umgedreht und uns angeschaut«, sagt Gordon. Er sagt, der Bär ist einmal getroffen, er weiß nicht genau, wo. Den zweiten Schuss habe der Jäger abgegeben, als der Bär schon weg war.

Wir gehen hintereinander am Rand der Wiese entlang zu dem toten Pferd. Das Pferd war ein großknochiger Schecke namens Samson. Jetzt sieht er nur noch aus wie ein großes, feuchtes, unfertiges Puzzle. Hals und Schulter sind teilweise weggefressen. Das Fell hängt in Fetzen und Rollen über den Wunden. Der Bauch ist aufgerissen, die Gedärme herausgezogen und im verfilzten Gras verstreut. Hinterteil und Rücken sind mit Erde überhäuft. Die Lippen haben sich von den gelben Zähnen zurückgezogen. Die Augenhöhle an der aufwärts gewandten Kopfseite ist leer gehackt. Mein Vater stellt die Stiefelspitze auf ein Stück Darm und dreht den Fuß einmal. Maden winden sich und glitzern im Licht.

»Hier«, sagt Gordon, und ich drehe mich zu ihm um. Er kniet drei Schritt hinter Samson. Er umfasst ein Grasbüschel dicht über den Wurzeln, fährt mit der Hand daran hoch und öffnet sie. Seine Finger glänzen von frischem Blut. Er richtet sich auf und geht ein paar Schritt weit ins Holz. »Und hier«, ruft er zu uns zurück.

»Meinst du, du bist bereit?«, fragt mein Vater.

Ich werfe einen Blick auf das tote Pferd und auf Gordon, der zwischen den Bäumen hockt. Ich nicke.

»Tu, was Gordon dir sagt.«

Ich nicke wieder. Er sichert das Gewehr mit dem Daumen und reicht es mir.

»Hast du noch Fragen?«

»Nein, Sir.«

»Du kannst es.«

»Ich weiß.« Ich schaue zu ihm auf.

»Nein, das weißt du nicht«, sagt er und lächelt. »Heute Abend wirst du es wissen. Und geniere dich nicht, das Gewehr zu benutzen.«

»Nein.«

Er holt eine Hand voll Patronen aus der Tasche und legt sie mir in die flache Hand. Seine Fingerspitzen berühren meine Handfläche.

Ich habe seine Hände nicht geerbt. Meine Hände gehören mir allein.

»Du wirst ihn hören«, sagt er. »Oder riechen, bevor du ihn siehst. Es wird dir vorkommen, als passierte alles auf einmal.«

Ich habe die Reservepatronen in meine Brusttasche getan und trete einen Schritt zurück, weg von meinem Vater. Gordon kommt aus dem Wald und bleibt stehen. Er wischt sich die Hand am rechten Hosenbein seiner Jeans ab. »Der Junge soll mitkommen?«

»Passt es dir?«

Gordon sieht mich an, schaut auf das Gewehr, das ich

mir unter den Arm geklemmt habe. Er fährt mit der Zunge an seinen Zähnen entlang, von der einen Seite seines Mundes zur andern. Es sieht aus, als hätte sie ein eigenes Leben. Er lächelt und nickt und schaut wieder in den Wald. »Glaubst du, wir haben lange genug gewartet, dass der Bär jetzt sterben will?«

»Was glaubst du?«

»Ich glaube, ja.«

»Kommt zurück, bevor es dunkel wird.«

Der Boden ist nass, von wochenalten Schneeflecken übersät, und die Bärenfährte ist überall deutlich zu sehen, nur nicht im Gras der offenen Wiese. Auf den ersten hundert Yards sind die Schritte übertrieben groß; dann werden sie ruhiger, und die Tatzenabdrücke sind nur zwei Fuß weit auseinander. Jeder Abdruck ist einen Zoll tief in den Boden gedrückt. Die Abdrücke der Hinterpranken sind fast einen Fuß lang und einen halben Fuß breit, aber der Boden ist weich und feucht, und deshalb sind sie verschmiert. Die vorderen Krallen reichen zwei Zoll weit über die Spuren hinaus und bohren sich in die Erde. Alle acht bis zehn Schritt sehen wir Blutspritzer. Das ist alles. Keine Pfützen, keine Klümpchen.

»Das ist ein großer Bär, oder?«

»Er war es, als wir auf ihn geschossen haben.« Gordon dreht sich nicht um. Er geht weiter. Und bleibt stehen, um zu lauschen.

Am Rand einer zwanzig Jahre alten Brandfläche komme ich an seine Seite. Sie ist mit zwei-, zweieinhalb Meter hohen Rottannen wollig zugewachsen; sie stehen so dicht, dass es aussieht, als träten wir in einen See mit grünem Wasser hinaus. »Entsichere dein Gewehr«, sagt er und dringt in das Tannengehölz ein. Er muss die Zweige mit dem Gewehrlauf auseinander drücken, um voranzukommen. Die Bäume drängen zu allen Seiten an uns heran. Ich weiß, wenn der Bär hier drin ist, wird er uns töten. Ich habe Angst, Gordon im Gedränge der Bäume zu verlieren. Ich folge ihm so dicht auf dem Fuße, dass ich ihm in die Hacken trete.

Ich höre ein Geräusch hinter mir und drehe den Kopf, und da ist nichts, und ich höre es wieder und drehe mich um und merke, dass es mein Haar ist, das über den Kragen meiner Jacke streift. Es rauscht in meinen Ohren. Meine Haut juckt, und ich glaube, mir wäre wohler, wenn ich aus meinem Körper steigen und ihn hinter mir herziehen könnte. Ich schiebe eine Hand unter meine Jacke und lege sie mir auf die Brust. Mein Hemd ist nass geschwitzt. Ich kann mich riechen. Ich kann auch Gordon einen Schritt vor mir riechen.

Er bleibt stehen, und ich stoße gegen ihn, und wir lauschen. Als er furzt, machen wir beide einen Satz zur Seite in das weiche Grün und heben die Gewehre in Brusthöhe. Wir lächeln, aber wir lachen nicht.

»Ich hoffe, das ist nicht die letzte Dummheit, die ich mache«, flüstert er.

Ich nicke.

»Falls was passiert, sieh zu, dass du mich nicht erschießt.«

Ich nicke wieder.

Mein Vater hat mir gesagt, wenn ein Bär mich zu Boden geworfen hat und mich zerbeißen will, stelle ich mich am besten tot. Ich habe es mit meinem Bruder geübt. Ich habe mich auf dem Boden in unserer Hütte zu einer Kugel zusammengerollt, und er hat mit einer Gartenharke auf mich eingestochert und gebohrt, aber ganz vorsichtig.

Trotzdem habe ich gezuckt, und als ein Zinken mich am Hals schrammte, habe ich aufgeschrien.

Ich denke daran, wie Pferde mich getreten, wie sie mich auf steinigem Boden abgeworfen haben, wie sie unter mir gestürzt sind. Ich bin mehr als hundertmal genäht worden, habe mir etliche Rippen und einmal das Handgelenk gebrochen, hatte mehrere Gehirnerschütterungen, und meine oberen Schneidezähne sind dicht am Zahnfleisch abgebrochen. Nichts davon habe ich still erlitten. Ich glaube nicht, dass ich tapfer genug bin, um mich tot zu stellen.

Wir verlassen den Tannenbusch, gehen an seinem Rand entlang und suchen die Stelle, wo der Bär herausgekommen ist. Die Spur führt in einen Altholzbestand. Gordon setzt sich auf einen umgestürzten Baumstamm und nimmt den Hut ab: Er hebt den rechten Arm in Schulterhöhe und reibt die Stirn am Oberarmmuskel. Sein Gesicht ist schweißnass. »Gut, dass wir da drin kein Waldhuhn aufgestört haben«, sagt er. »Ich glaube, ich hätte mir in die Hose geschissen.« Er schaut mich genauer an. »Alles okay?«

»Ich weiß nicht so recht.«

»Was hältst du davon, wenn wir hier auf dem Rückweg außen herumgehen?«

»Auch wenn wir ihn schießen?«

»Auch dann.«

Wir verfolgen den verwundeten Bär zwei Meilen weit durch den offenen Wald. Wir gehen langsam. Bei jedem Schritt, wenn mein Gewicht sich auf den Boden senkt, fühle ich mich sicher, aber nur für diesen einen Augenblick, und wenn ich das Bein zum nächsten Schritt hebe, weiß ich, dass alles sich ändern kann. So schnell. Von einem Schritt zum nächsten.

Wir finden weniger Blut. Und dann finden wir es nur noch selten. Die Schritte des Bären werden länger. Wir knien an einer Quelle nieder, in die er sich hineingelegt hat, um zu saufen und sich abzukühlen und seine Wunde mit Schlamm zu bedecken. Der sumpfige Grund ist zerwühlt und aufgerissen. Es ist mitten am Nachmittag.

»Ich glaube, er ist stinksauer«, sage ich zu Gordon.

»Ich glaube, das wäre ich auch«, sagt er.

Wir klettern einen Steilabbruch hinauf. Nur noch alle paar hundert Schritt findet sich ein Blutfleck wie eine helle Blüte aus Flechten. Auf den letzten fünf oder sechs Metern müssen wir die Gewehre über die Schulter hängen und uns beim Klettern mit beiden Händen festhalten. Oben ist der Boden schneeüberstäubt, und die Fährte dehnt sich in ausgreifendem Lauf. Wir folgen ihr noch eine Viertelmeile, finden aber kein Blut mehr.

Gordon schaut zum Himmel, setzt sich hin und packt seinen Lunch aus. »Ich glaube, dem verfluchten Vieh geht es wieder besser«, sagt er.

Ich setze mich neben ihn und beiße in mein Sandwich, aber mein Mund ist trocken und klebrig, und ich spucke Brot und Fleisch aus. Die Gewehre haben wir quer über den Schoß gelegt.

»Angst?«

»Ich wünschte, ich hätte keine.« Ich schaue ihn an.

»Wünsch dir in die eine Hand und scheiß dir in die andere«, sagt er. »Und dann guck, welche schneller voll ist.«

»Hast *du* Angst?«

Gordon lässt sein Sandwich sinken und stochert an dem viereckigen Stück Hirschsteak zwischen den Brotscheiben herum. »Gefressen werden steht weit unten auf meiner Liste.«

»Unterm Ertrinken?«

»Unter so gut wie allem. Vielleicht noch über dem Verbrennen.«

Ich schiebe mir meinen Lunch wieder unters Hemd.

»Wir reiten morgen da rauf und sehen, was wir finden.« Er wirft einen Blick hinter uns. »Ich glaube, dieser Bär ist nicht so schlimm getroffen, dass er stirbt.«

Wir steigen in schräger Linie die Böschung hinunter, gehen außen um die überwucherte Brandfläche herum und stoßen dahinter auf unseren Trail. Wir gehen schnell, aber es ist schon Abend und im Wald fast dunkel, und wir sind noch eine halbe Meile vom Camp entfernt. Gordon stoppt plötzlich, wie ich einen Hund am Ende seiner Kette habe stoppen sehen, und kniet nieder. Ich knie mich neben ihn. Da ist die Fährte, der wir gefolgt sind, und darüber sind die Abdrücke unserer Stiefel, und über denen, hier, und da vorn noch einmal, sind die frischeren Spuren eines Bären. Es ist ein Grizzly. Derselbe Grizzly. Gordon steht auf und späht ins Holz. Er hält den Atem an. »Er ist im Kreis herumgelaufen«, flüstert er. Er schaut auf mich herunter, und sein Gesicht ist blass. »Er ist uns auf der Spur. Er läuft nicht mehr weg.«

Wir biegen vom Pfad ab in helleres Gehölz. Ich glaube, es könnte sein, dass ich gleich losrenne. Ich sehe mich schon rennen, spüre die Befreiung. Ich renne nicht, weil ich Gordon nicht hinter mir lassen will, weil ich nicht zwischen Gordon und dem Camp getötet werden will. Ich fühle mich beobachtet, aber als ich mich nach Gordon umdrehe, schaut er hinter uns.

Als das Drehkiefer- und Rottannengehölz sich zur Wiese hin öffnet, gehen wir durch das schenkelhohe Gras und behalten den Waldsaum zu beiden Seiten, vor und hinter uns im Auge. Ich blinzle jedes Mal, wenn ich den Kopf drehe. Mein Kopf wackelt hin und her. Ich habe das Gefühl, wenn ich starre und mit der Wimper zucke, wird der Bär in diesem Moment der Blindheit angreifen und sich auf mich stürzen. Ich lausche. Im Wald ist es laut. Ich ermahne mich, zu atmen.

Ich stelle mir vor, wie die dicken, nassen Zähne eines Bären meine Muskeln durchbohren und an einem Knochen entlangschürfen.

Eichhörnchengeschnatter fährt mir in die Wirbelsäule wie ein Stromschlag. Ich stelle mir vor, wie meine Knochen im zuschnappenden Bärenmaul splittern.

Ich mache einen Schritt und dann noch einen. Ich stelle mir den Geschmack meines Blutes vor. Ich stelle mir vor, wie ich auf der Zunge eines Tieres schmecke.

Wir arbeiten uns durch Waldstücke zwischen kleinen Wiesen, abseits des Trails, und jeder Schritt bringt uns ein kleines Stück näher zum Camp, zu den Stimmen von Claude und Phil und meinem Vater, zum Laternenlicht. Es ist fast dunkel. Ich kann das Karomuster auf Gordons Hemd nicht mehr erkennen. Wir sprechen nicht einmal flüsternd miteinander. Ich denke an ein Ohr, ein Auge, an meinen Skalp, vom Schädel abgeschält.

Wir bleiben stehen, wir lauschen, und wir gehen weiter. Ich kann unsere Herzen pochen hören, ohne stehen zu bleiben, noch durch die Geräusche des Waldes. Als ich daran denke, ziehe ich mein Sandwich hervor und werfe es hinter mich und gehe weiter. Ich denke an Muskelfetzen, von den Sehnen gerissen, an mein Blut, wie es das grobe, silbrige Fell eines Bären befleckt. An mein Blut an der Nase eines Bären. In seinen Nüstern.

Selbst als wir nur hundert Yard vor uns die beleuchteten Zelte sehen, fühle ich mich noch nicht sicher. Ich weiß, ich kann noch hier getötet werden, so nah, ich werde niedergerissen, und das Genick wird mir gebrochen, wo ich schon den Geruch von Holzrauch in der Nase habe. Ich weiß, dass eine Grizzlypranke stark genug ist, um einen Hirschbullen niederzuschlagen. Ich habe es schon gesehen. Ich sehe es noch, als ich schon unter dem Vordach des Küchenzeltes stehe und die Männer mich anstarren und Gordon hinter mir steht.

»Habt ihr ihn gefunden?«, will mein Vater wissen.

»Er hat uns gefunden«, sagt Gordon, und er schiebt sich an mir vorbei und setzt sich neben den Herd.

Die Männer sehen zu, wie ich die Patrone aus der Kammer des Gewehrs meines Vaters springen lasse und das Gewehr in die Ecke des Zeltes stelle und mich umdrehe und aus dem Zelt gehe und unter dem Vordach stehen bleibe und in die Dunkelheit starre.

Claude kommt heraus, bleibt neben mir stehen und reicht mir einen Becher mit einem Zollbreit Whiskey auf dem Grund, und ich trinke und huste.

»Trink's langsam«, sagt er und geht zurück ins Zelt, und ich gehe einen Schritt weit hinaus in die Dunkelheit, weg von der Sicherheit des Lichts, der Stimmen und des Gelächters, und fange an zu weinen. Ich schluchze nicht, aber es dauert eine Weile, bis ich aufhören kann, und dann gehe ich in mein Zelt, denn ich will den Männern mein Gesicht nicht zeigen.

Ich bin noch wach, als Claude ins Zelt kommt und sich auszieht und die Laterne löscht. Ich frage ihn, ob er glaubt, dass Gordon und ich von Glück sagen können, noch am Leben zu sein.

»Glaubst du es?«

»Ja, ich glaube es.«

»Fühlst du dich lebendig?«

»*Sehr* lebendig.«

»So sehr, dass es nie aufhören soll?«

»Ja.«

»Das Gefühl kenne ich«, sagt er, und er dreht sich in seinem Schlafsack um und schläft ein.

Die Pferde sind nah beim Camp. Ihr Hufschlag lässt die Haut des kalten Bodens vibrieren. Ich kann ihre Schritte auf der gefrorenen Wiese hundert Yard weiter fühlen. Ich strecke die Hand aus und lege die Handfläche an die Zeltleinwand. Der Stoff ist kühl und elastisch. Er ist zäher als meine Haut, aber die Kälte kann er nicht draußen halten. Ich drehe der Zeltwand den Rücken zu und rolle mich um meine Eingeweide herum zusammen. Ich bin schläfrig. Mein Körper will schlafen. Ich schüttle den Kopf und lausche in die Nacht. Ich will nicht im Schlaf sterben. Ich will wach sein; ich will aufschreien können.

Im Januar sind mein Bruder und ich auf Schneeschuhen oberhalb der Lodge unterwegs. Wir stapfen schräg einen offenen Grat hinauf, um Höhe zu gewinnen, um einen Blick auf das Land zu werfen, weil wir jung sind und uns langweilen im Innern unserer Hütte. Der Schnee quietscht unter dem Wildledergeflecht unserer Schneeschuhe. Es ist schon spät am Tag, und unsere Schatten liegen lang vor uns, grau und blau wie Gewehrläufe.

Wir bleiben stehen, um zu Atem zu kommen, und blinzeln in die Ferne. Unsere Wimpern gefrieren und kleben zusammen. Wir klappern mit den Lidern, um klar sehen zu können. Unsere Nasenflügel sind angefroren, und wir atmen flach durch den Mund.

Der Himmel ist ein einziges Grundblau ohne Wolken. Es ist unter minus zwanzig Grad, und die Luft glitzert kristallen von winzigen Eispartikeln, die so leicht sind, dass sie nicht herabfallen. Man sieht nur Schnee und das blau-schwarze Muster des Immergrüns.

Der Libby Creek liegt unter fußdickem, fleckigem Eis. Die Weidenbäume sind nur blattlose Stacheln in sanftem Ocker. Traubenkirschen- und Hagebuttenbüsche sind auch da.

Es ist Januar, und im Umkreis von fünfzig Meilen ist die Erde niedergehämmert, stumm. Ich denke an Bären, denke mir, wie sie in ihren Bauen rings um mich her begraben sind. Ich denke an die blutwarmen Bärenhöhlen – die großen Bären, zum Schlafen zusammengerollt, wie sie sich herumdrehen, um sich zu kratzen, und mit den Lefzen schmatzen. Ich schließe die Augen und sehe die milchgefüllten Bärinnen, wie sie ihr Fett gegen den Appetit ihrer Jungen über den Winter bringen. Ich denke an sie, wie sie schlafen unter dem Schnee.

Ich schaue den Kamm hinauf. Ich schaue nach Bären. Ich stelle mir vor, wie ihr Atem kondensiert, wie er aufsteigt in schlanken Spiralen, aus unerwarteten Abzugslöchern – aus ihrem stillen Heim.

Mein Bruder wendet sich ab, um sich von mir zu entfernen. Ein Bajonett, das er sich in einem Laden für Armeebestände in Cody gekauft hat, hängt an seinem Gürtel. Es klatscht an sein Bein, lang wie eine Machete.

»Dein Messer gefällt mir«, sage ich, und er bleibt stehen.

Das Ersuchen kommt unerwartet. Er starrt mich an. Er denkt an die Dinge, die mir gehören. Im Geiste schließt er einen Handel. Unser Atem ist gefroren und schwebt zwischen uns. Ich erzähle ihm die Geschichte von dem Bärenmesser. Er zieht das Bajonett aus der dünnen Metallscheide und hält es in die kalte Luft. Die Klinge ist matt wie Stein.

»Du willst, dass ich es nach dir werfe?«, fragt er.

»Ich glaube, ja.«

Er lächelt, und dann schnaubt er. »Warum wartest du nicht einfach«, sagt er. »In anderthalb Jahren gehst du wahrscheinlich nach Vietnam und wirst sowieso umgebracht.«

Er schiebt das Messer in die Scheide und steigt den Hang hinunter. Ich warte, bis er unter den Bäumen am Bach verschwindet, und folge ihm dann.

Überwintern

Ich fahre nach Hause in den Nordwesten von Wyoming und habe die Autofenster heruntergedreht. Ich habe das Radio nicht eingeschaltet, ich singe nicht, ich pfeife nicht. Ich höre dem Wind zu. Ich spreche nicht mit dem Wind. Ich habe mich zu vielfältig erklären müssen, immer wieder. Ein Tankwart in Thermopolis fragt, ob er nach dem Öl sehen soll, und ich wende mich ab und lasse den Mann stehen. Zu viele Fragen. Der Wind fragt nach nichts. Ich bin verschlissen von Gesprächen, Fernsehen, Musik, sogar Lachen. Ich will in den Bergen sein, mich geräuschlos an sie lehnen und heil werden – innerlich und äußerlich.

Ich habe soeben mein College-Examen bestanden, und die Beine tun mir weh, als hätte ich vier Jahre lang bis an die Oberschenkel in einem Tümpel mit dezemberkaltem Flusswasser stehen müssen. Man hat mir gesagt, dass Hirngewebe keinen Schmerz fühlt, also habe ich keine Möglichkeit, den Schaden dort abzuschätzen. In meinen Beinen pocht es so schlimm, dass ich sie mitunter am liebsten los wäre. Bei jedem Schritt ziehe ich eine Grimasse.

Ich reibe mir die Oberschenkel, während ich fahre. Ich greife weiter nach unten und drücke meine Waden. Die Muskeln fühlen sich geschwollen an, dick, verkrampft. Ich sauge am Wind. Ich frage mich, ob Tennisschuhe mir geholfen hätten. Bei dem Gedanken muss ich lächeln. Ich habe ein Paar, aber ich trage sie ausschließlich in meinen

Hüftstiefeln, wenn ich angeln gehe. Am College habe ich nicht geangelt.

In der Ebene südlich von Meeteetse stehen Gabelböcke, zwei, dann drei, zusammengedrängt. Der Beifuß wächst den Tieren bis an den Bauch, üppige Aquamarin- und gedämpfte Grautöne. Die Böcke sehen aus wie Boote, die im rauen Wasser einer nördlichen See dümpeln. Boote ohne Fischer. Boote voller Schönheit, ihr Bugspriet zu gegabelten Hörnern geschnitzt, und sie fangen die Sonne ein und treiben einfach dahin.

Einige in meiner Klasse haben Wanderstiefel getragen, Stiefel, wie sie etwa ein Bergsteiger kauft, um damit durch den Himalaja zu wandern. Die meisten hatten leuchtend rote Schnürsenkel. Ich fand, sie sahen albern aus. Ich betrachtete mich nicht als Bergsteiger und übrigens auch nicht als Wanderer. Ich betrachtete mich als einen jungen Mann, der vorübergehend zu Fuß ging, weil er kein Pferd hatte. Ich habe getragen, worin ich aufgewachsen bin: Cowboystiefel. Das College war in Laramie, Wyoming, und so war das nichts Ungewöhnliches.

Ungewöhnlich, für mich zumindest, war der Zement: Gehwege, Parkplätze, Straßen, befestigte Plätze. Meine Beine sind abseits der Straßen in die Länge gewachsen. Sie sind an Erde gewöhnt, an nasse und trockene, an das Polster aus Wiesengras und Kiefernnadeln. Vier College-Jahre auf Zement haben mich beinahe zum Krüppel gemacht. Die Universität hätte mich wahrscheinlich ins Krankenhaus gebracht. Humpelnd habe ich Laramie verlassen, angeschwollen vom Kreuz bis zur Achillessehne. Bei der Examensfeier war ich nicht mehr dabei. Ich habe meine Sachen in den Wagen gepackt und mich nicht mehr umgesehen.

Vor Cody halte ich an. Die Sonne versinkt hinter dem Rattlesnake Mountain. Tief verstreut stehen riesige Kumuluswolken, die bronzen und maulbeerblau und zinnoberrot geworden sind. Ich setze mich an den Straßenrand und schließe die Augen und atme die Luft von zu Hause. Der Wind hebt mein Haar und lässt es mir in die Stirn fallen. Ich fühle die Anwesenheit des Berges so greifbar wie den Wechsel der Jahreszeiten.

In den nächsten zwei Monaten habe ich Gelegenheitsjobs – ich beschlage Pferde, baue Zäune, mache Zimmermannsarbeiten. Ich wohne bei meinen Eltern. Angenehme Gesellschaft bin ich nicht. Gegen Ende Juni bekomme ich eine Stelle als Verwalter der Elephant Head Lodge. Das ist nicht weit von da, wo ich aufgewachsen bin. Ich glaube, wenn ich es bis zum Ende des Sommers schaffe, wenn ich sehe, wie die Espen die Farbe und die Touristen ins Tiefland wechseln, dann geht es mir wieder gut. Nur einen oder zwei Monate lang Fremde anlächeln, und dann werde ich das Wasser aus den Hüttenleitungen ablassen, die Betten abziehen, die Pferde auf die Winterweide bringen und ein GESCHLOSSEN-Schild aufhängen. Zwei Monate, denke ich, und ich werde aus dem Geschäft der Interaktion ausscheiden und allein in den Bergen sein.

Ich träume vom Januar, von der Abenddämmerung nachmittags um vier, vom sorgfältigen, langsamen Tempo des Lebens in der Eiseskälte. Ich stelle mir vor, dass ich mich in den Winter einhüllen werde: fünf Monate schleierzartes Licht, die süße Abstumpfung durch den Frost. Ich schließe die Augen und denke an Bäche und Fluss, von Eis bedeckt. Und an den Schnee, der jedes Geräusch zu einem Wispern dämpfen wird. Ich stelle mir vor, das Gehen auf dem Schnee wird meine Beine heilen und meine Seele massieren, sodass sie sich öffnet zu einem geschmeidigen Gleichgewicht.

Um den ersten September herum werden die Touristen weniger, und es friert zwei Nächte hintereinander. Morgens höre ich einen Hirsch röhren. Meine Erregung nimmt zu. Ich spüre, wie meine Gebete an Wucht gewinnen. Fred Garlow ruft an.

Er will wissen, ob ich eine Ranch hüten möchte. Er erzählt mir, dass ein Ehepaar aus dem Osten ein Anwesen gekauft und ein schönes Haus gebaut hat und einen Mann sucht, der darauf aufpasst.

»Nur aufpasst?«, frage ich.

»Es ist Four Bear. Da sind ein paar Wildpferde.«

»Wie viele?«

»Ich bin nicht nah genug an alle herangekommen, um sie zu zählen.«

»Und was soll damit passieren?«

»Sie sollen weiter wild gehalten werden.«

»Ist das nicht Olive Fells Ranch?«

»Sie hat verkauft. Hat lebenslanges Wohnrecht auf dem Gelände. Die Pferde ebenfalls. Sie ist seit vierzig Jahren allein da oben, nur mit den Pferden. Ich schätze, sie will ebenso wenig Gesellschaft haben wie du wahrscheinlich. Das Haus, in dem du wohnen wirst, ist eine Meile weit von ihr weg.«

»Ich habe einen Job«, sage ich.

»Aber dieser ist besser. Er ist ganzjährig, und im Sommer kommen keine Feriengäste. Sag, dass du es dir anschauen wirst.«

»Wann?«

»Morgen.«

Ich treffe mich mit Fred an einem Feldweg, der von der

Landstraße zwischen Cody und Yellowstone abzweigt, und steige zu ihm in seinen Pick-up. Er fährt eine Viertelmeile am Jim Creek entlang und dann in Serpentinen einen Kamm aus Beifuß und Sandstein hinauf, ungefähr zwei Meilen weit. Langsam erheben wir uns über den Talgrund. Ich steige aus, um ein Drahtgatter zu öffnen. »Ich kann in den Park hineinsehen. Das sind dreißig Meilen«, sage ich.

Während ich zum Laster zurückgehe, schaue ich weiter Richtung Yellowstone und sehe zu, wie Massen von Gewitterwolken von der kontinentalen Wasserscheide herunterrollen.

»Wenn wir oben am Haus sind, kannst du auf den South Fork hinuntersehen. Über den Gipfel des Table Mountain hinweg. An Aussicht wirst du keinen Mangel haben.«

Die Serpentinen werden enger, steiler, die Straße ist schief. »Glaubst du, hier wird's glatt?«, frage ich.

»Ich glaube, es kann ganz schön suppig sein. Der Boden ist großenteils aus Bentonit. Wenn ich du wäre, würde ich bei Regen zu Hause bleiben, sonst versinkst du bis zu den Achsen im Brei. Bergab stecken bleiben, das ist Mist.«

Unterhalb eines Blockhauses auf einem freiliegenden Buckel kommen wir heraus. Auf drei Seiten blitzen Fenster, die vom Boden bis zur Decke reichen. Fred blinzelt in der Sonne und schaut zum Haus hinauf. »Das ist Olives Haus. Sie hat Anfang der fünfziger Jahre einen Trupp Finnen von Red Lodge herunterkommen lassen, die es ihr gebaut haben.«

Raben hocken auf dem Dachfirst.

»Ich habe sie nie kennen gelernt.«

»Ich könnte mir vorstellen, du hast gehört, dass sie

zwei Leute umgebracht hat. Eine Lady, die einen Winter über hier mit ihr gewohnt hat, und einen Angestellten.«

»Solche Geschichten habe ich über jeden gehört, der allein lebt.«

»Ich war bei dem Trupp, der hier durchgeritten ist. Wir haben die Leiche der Frau gefunden.«

»Ich habe gehört, sie ist erfroren.«

Fred spuckt aus seinem Fenster. »Wenn du tot bist, bist du tot. Wenn du im Winter im Freien stirbst, bist du vermutlich erfroren.«

Die Straße kurvt noch eine Meile weit um den oberhalb gelegenen Rand einer Mulde herum und endet vor den unteren Ausläufern des Jim Mountain. »Das ganze Becken hier ist im Frühjahr voll wilder Iris«, sagt er.

Ich nicke. Ich versuche, es mir vorzustellen: Kleckse von Violett und Hellblau sprenkeln diese offene, hellbraune Landschaft. Das neue Haus ist weitläufig und winklig und sieht aus, als wäre es von den Klippen heruntergebrochen, die darüber aufragen. Es ist ganz aus Holz, heimischem Bruchstein und Glas. Beifuß und wildes Gras wächst bis an die Wände heran. Fred steigt aus dem Pickup. »Das ist es. Um die siebenhundertfünfzig Quadratmeter, hab ich gehört.«

»Erwarten sie, dass ich das sauber halte?«

»Wir können wahrscheinlich eine Reinigungsfirma aus der Stadt zum Putzen heraufkommen lassen. Ich glaube, die Leute, denen es gehört, sind nur einen Monat im Sommer hier draußen.«

Fred zeigt mir das separate Souterrain-Apartment, in dem ich wohnen soll. Durch die nach Süden gewandten Fenster fällt so viel Licht herein, dass ich den Schirm meiner Mütze herunterziehe.

»Taugen die Leute etwas?«

»Wer?«

»Die neuen Eigentümer.«

Fred zupft sich am Ohr. »Mir sind sie lieber als die meisten Leute, die ich schon mein ganzes Leben lang kenne. Wenn das nicht so wäre, hätte ich deinen Arsch nicht hier heraufgekarrt.«

Ich vertraue Fred, den ich seit meiner Kindheit kenne. Ich habe gehört, wie man in der Stadt über ihn herzog, weil er Buffalo Bill Codys Enkel ist, aber das halte ich für dummes Geschwätz von Klatschmäulern, die genug Zeit übrig haben, um sich über das Leben ihrer Nachbarn den Kopf zu zerbrechen. Die alten Cowboys, die mit ihm gearbeitet haben, schätzen ihn als ehrlich und als erstklassigen Arbeiter.

Das Haus oben ist ruhig und so sorgsam gestaltet wie eine Kirche. An den Wänden hängen Bilder von Russell, Remington, Wyeth, Bierstadt.

Ich bleibe vor einem riesigen Wyeth-Bild stehen. »Ist das einer der Gründe, weshalb sie hier auf dem Berg jemanden brauchen?«

»Einer davon, ja. Diese Dinger sind keine Reproduktionen.«

Wir verlassen das Haus und gehen westwärts in den Schatten der Pappeln und Kiefern am Rand des Jim Creek. Hier sind mehrere Corrals und ein paar kleine, dunkle Hütten. »In einer davon hat Olive gewohnt, bis sie genug Geld für das Haus draußen auf dem Kamm hatte.« Er saugt an seinen Schneidezähnen und zieht sich den Hosenbund hoch. »Sie hat diese Ranch ohne jede Hilfe zusammengehalten. Vermutlich mit dem Geld für die Zeichnungen, die sie in den Läden von Yellowstone verkauft hat. Und ein paar Gemälden. Ich glaube, ich hätte das nicht geschafft.«

»Wie hoch sind wir hier?«

»Über zweitausendeinhundert Meter.«

Wir gehen zurück zum Laster. Ich steige auf den Buckel eines Felsblocks, weg von Fred. Der Tag ist glasklar, und ich kann dreißig Meilen weit nach Osten sehen, zwanzig nach Süden, vierzig nach Westen. Ohne mich umzudrehen, fühle ich den Berg mit seinem Forst aus Kiefern und Rottannen lautlos im Rücken. Ich bilde mir ein, dass ich spüren kann, wie er sich zusammenzieht, abkühlt, sich vorbereitet auf dunklere, kältere Monate. Meine Beine tun weh, aber der Schmerz ist auszuhalten.

»Was meinst du?«

»Warst du schon hier oben, wenn es windig ist?«

»Wind wirst du kriegen. Und Schneewehen.«

Ich schaue zurück zu dem Becken, das wir umfahren haben, um zum Haus zu kommen. Es öffnet sich nach Westen in den Jim Creek. Ich stelle mir vor, wie ein Westwind es sauber fegt und die Straße begräbt, die sich unter den Rand der östlichen Skyline schmiegt.

»Wenn es früh Schnee gibt und der liegen bleibt, dann könnte ich hier von November bis März festsitzen. Ich habe bloß diesen kleinen '52er Scout.«

»Neben der Wohnung im Souterrain ist eine Vorratskammer. Und eine Gefriertruhe. Ich würde dich nicht hier raufschicken, ohne Lebensmittel für fünf oder sechs Monate einzulagern. Ein Telefon ist da, falls du dich verletzt oder schwatzhaft wirst, aber vielleicht willst du dich doch verabschieden.«

Ich steige von meinem Felsblock herunter. »Ich wäre allein?« Ich bemühe mich, nicht allzu eifrig auszusehen.

»Ich könnte mir denken, du wirst hier so allein sein, dass du's gerade noch aushältst.«

Ich wende Fred den Rücken zu und lächle in die sengende Klarheit des Tages. »Ich werde eine Woche brauchen, um einen Ersatz für mich zu finden, es sei denn, der Mann, bei dem ich arbeite, weiß jemanden.«

»Mach eine Liste der Lebensmittel, die du brauchst. Waschmaschine und Trockner sind im Haus, sodass du die Sachen, die du hast, auch waschen kannst. Ich hab's immer hilfreich gefunden, den Bedarf an Toilettenpapier, Aspirin, Kartoffeln und Bohnen zu überschätzen. Wie steht's mit der Flasche?«

»Ich glaube, ich würde nichts mitnehmen. Ich bin schon seit zwei Jahren in schlechter Stimmung.«

Wir steigen wieder in den Laster, und Fred zündet sich eine Zigarette an und schiebt sich mit dem Daumen den Hut aus der Stirn. »Ich werde Olive anrufen und ihr sagen, dass du raufkommst. Vorstellen kannst du dich selber. Sie hat allerdings keine große Lust auf Gesellschaft, du verstehst?«

»Weiß ich nicht.«

»Wenn du richtig einsam wirst, wird sie wahrscheinlich nicht mit dir tanzen gehen wollen.«

Mein Vater sagt mir ohne Umschweife, dass die letzten Überreste meines Verstandes im Februar verschwunden sein werden.

»Hausmeister?«, fragt er und schüttelt den Kopf. Seine Stimme wird lauter. »Du bist vier Jahre zur Schule gegangen, um Hausmeister zu werden?«

»Das ist keine Berufsentscheidung. Es ist für den Winter.«

»Es ist ein Job für alte Säufer und verkrüppelte Schaftreiber.«

»Was ist mit Weihnachten?«, fragt meine Mutter.

Ich sage, dass ich das kommende Wochenende für eine gute Gelegenheit halte. Am Labor Day tauschen wir unsere Geschenke aus. Sie schenken mir eine Daunenweste und ein Paar gefütterte Arbeitshandschuhe. Ich habe eine Zeichnung von einem Bären gemacht, und die habe ich eingerahmt. Meine Mutter hängt sie im Schlafzimmer auf.

»Ich hoffe, du kommst zurecht«, sagt mein Vater. Er hat den Schock der Ankündigung überwunden. Wir geben uns die Hand. Meine Mutter umarmt mich. Sie legt mir eine Hand an die Wange und schaut mir in die Augen, bis ich weggucke. Sie gibt mir einen Kuss und umarmt mich noch einmal. Ich sage ihr, dass ich vorhabe, das Telefon in meinem neuen Heim auszustöpseln. Sie schaut auf den Küchenfußboden.

»Ich bin nicht verrückt«, sage ich ihr.

»Ich wünschte, du wärst es.«

»Warum?«

»Dann könnte ich es leichter verstehen.«

»Ich liebe dich«, sage ich, aber ich habe nicht das Gefühl, dass das reicht.

Sie nickt. Ihre Arme sind vor der Brust verschränkt. Ich drücke sie an mich, und ihre Arme fallen herab und hängen zwischen uns.

Am nächsten Morgen fahre ich auf den Berg. Der Herbst hält noch, die Tage sind warm, die Nächte kalt, die Bäume verfärben sich allmählich, ihre Blätter reifen zu leuchtendem Gelb, Gold und Braun. Es ist, als stände ich über dem größten Teil der Welt, über allem Verkehr. Die Luft ist blau wie Lapislazuli. In wenigen kurzen Monaten wird sie zu einer frostigen Farbe verblassen. Man hat mir ein Heim angeboten, wo der Winter dauerhaft ist. Der Schnee wird spurenlos bleiben, bis ich hindurchgehe. Ich packe aus: meine Kleider, Schneeschuhe, meinen Sattel, Bücher, eine Schreibmaschine und Lebensmittel für eine Woche.

Ich lege mich ins hohe Gras vor dem Haus und starre in den stillen, makellosen Himmel hinauf. Die Erde ist warm. Ich schlafe ein und wache erst am Spätnachmittag wieder auf. Ich komme nicht auf die Idee, dass meine Einsamkeitsphantasien naiv sind. Ich weiß zum Beispiel nicht, dass Phantasie und Absicht sich gegen den Geist des Zauberers richten, scharfkantig und gefährlich wie ein Obsidianmesser. Ich weiß noch nicht, wie dauerhaft ich mich von dem Leben abschneide, das ich gelebt habe, und ich weiß nicht, dass in dieser Höhe alle Wunden nur langsam heilen.

Ich mache mir ein leichtes Abendessen und gehe ins Bett, sobald die Sonne untergegangen ist. In der Nacht werde ich wach und gehe hinaus und sitze unter der Sichel des abnehmenden Mondes. Die Luft ist kühl, trocken. Insekten sind keine da. Eulenrufe schlingen sich durch das Zwielicht wie die wärmenden Klänge der Flöten in einem Orchester. Das Kläffen und Heulen eines Kojotenpaars bringt mir das Gesicht eines Freundes, der in Vietnam gefallen ist, klar vor Augen. Sein Ausdruck zeigt überraschtes Staunen. Ich senke den Kopf und bete, dass seine Seele Trost finden möge, und ich danke dafür, dass ich nicht ausgewählt wurde, in den Krieg zu ziehen. Mein Atem ist laut wie das Rascheln der Tannenzweige. In einem Zimmer von Olives Haus ist ein mattes Licht zu sehen, das ist alles. Der schwächliche Mond ist untergegangen, die Sterne werden heller. Ich gehe wieder ins Haus und verschlafe den Rest der Nacht.

Früh erwache ich von einem erschreckenden, andauernden Schrei. Ich sage mir nicht: »Das ist der Schrei einer Frau oder eines Bären oder eines Pferdes.« Ich sage gar nichts. Ich fühle, wie mein Herz schneller schlägt, auf Touren kommt. Einen Augenblick lang denke ich, dass die Erde sich bebend aufgetan hat, dass mich der Rachen eines gewaltigen Unglücks gepackt hat. Ich springe aus dem Bett, ziehe Hose und Stiefel an und laufe aus dem Haus. Das Geräusch klingt übernatürlich wie das Kreischen eines wütenden Gottes. Ich renne darauf zu, denn ich bin überzeugt, dass ich ihm ohnehin nicht entkommen kann.

Mein Verstand blättert in seinem kurzen Katalog von Verletzungen. Da ist der Schrei eines Mannes, der unter der abgerissenen, herabgestürzten Seilrolle eines Ölbohrturms eingeklemmt ist, ein Schrei von intensivem Schmerz und voller Ratlosigkeit. Ein Berglöwe mit einem Schuss durch den Bauch. Ein Weißkopfadler, der zerschmettert vom Himmel stürzt – ein verlorener Kampf um Familie oder Sex, wie ich damals dachte. Ich kenne sie jetzt alle als ein einziges Geräusch: ein Geräusch, das die Muskeln von den Knochen streift und den, der es hört, als vibrierendes Skelett zurücklässt, grellweiß wie eine Stimmgabel aus Elfenbein. Ich laufe schneller. Ich denke an einen rasenden Einsiedler, der sich gegen die Last seiner Einsamkeit sträubt. Das ist es, denke ich, was ich vielleicht finden werde. Ich denke mir den Schrei als ein Gebet, das einfach wild geworden ist, ungebändigt einen Mann von seinen Leidenschaften abschält.

Der Schrei zieht mich in seine Mitte, spannt und lockert meine Sehnen und Bänder, reißt meine Knie hoch in die Luft, macht mich elastisch vor Angst und schnell. Es geht nicht darum, die Herkunft dieses Schreis festzustellen. Es geht darum, dass ich ihn beenden will.

Dass es ein Pferd ist, weiß ich erst, als ich es gefunden habe. Eine wilde Stute, von Sinnen vor Schmerz. Sie ist in den Viehrost getreten, der dem Haus am nächsten ist. Alle vier Beine sind an den Knien gebrochen. Sie hat sich umhergeworfen, während sie schrie, und Blut läuft ihr aus der Nase und aus den Ohren und ein bisschen aus dem Auge, das sie sich aus der Höhle geschlagen hat. Ihre Beinknochen haben sich durch die Haut gebohrt, und während sie sich wehrt, arbeiten sie an ihr wie die scharf zerklüfteten Zähne einer Bestie aus der Erde, die sie frisst, während das Eisengitter, auf dem sie liegt, sie festhält, sodass sie nicht in die Luft hinaufsteigen kann. Sie verliert den Kampf ums Leben. Sie atmet schwer zwischen den Schreien, und ihr Maul ist glitschig von rosarotem Schaum. Das unverletzte Auge ist weiß verdreht, aber der Schock lässt es schnell glasig werden. Ich glaube, sie muss im vollen Lauf in das Ding geraten sein.

Ihr Anblick lässt mich noch schneller zum Haus zurücklaufen. Ich wühle in meiner Reisetasche nach der Pistole, packe sie, wie ich den Hals eines tollwütigen Hundes packen würde. Ich packe sie hart, denn ich bin allein, und ich weiß, was ich tun werde. Ich renne zum zweiten Mal zu der Stute. Ihre Schreie sind tiefer geworden, sodass der Boden bei dem Klang bebt. Vögel fliegen mir verwirrt entgegen, Präriehunde stieben in Panik auseinander, um dem Gemetzel zu entgehen, das die Schreie ihnen, wie sie glauben, ankündigen. Ich erreiche sie, atme einmal tief durch, um Lunge und Herz zur Ruhe zu bringen, und schieße ihr in den Kopf. Zweimal muss ich schießen, so entschlossen ist sie in ihrem Kampf, und dann gehe ich in den Beifuß und setze mich. Ich lasse die Pistole in den Schoß fallen und lege beide Hände flach auf die Erde. Mein Hemd ist nicht zugeknöpft, und die Manschetten hängen mir offen um die Handgelenke.

Ich fange an, laut zu heulen, vielleicht weil ich allein bin. Es scheint mir die einzige angemessene Reaktion zu sein. Ich habe keine Angst, dass man mich hören könnte. Ich heule, bis ich außer Atem bin. Dann schaue ich mich blinzelnd um. Ich frage mich, ob ein Teil von mir mit ihr gegangen ist, die dünne, durchlässige Oberfläche durchbrochen hat, die jeden von uns von seinem eigenen Tod trennt. Ich greife mit den Händen nach meinem Kopf, meiner Brust, meinen Schenkeln, weil ich mich vergewissern will, dass ich noch hier bin, noch vollständig. Eine halbe Stunde sitze ich still da, und dann gehe ich zum Haus. Meine Beine sind schwach, mein Mund ist trocken und schmeckt nach Stahl. Mir ist nicht nach Essen zu Mute. Ich knöpfe mir das Hemd zu, stopfe es in die Hose, ziehe eine Jacke an. Ich suche mir eine Holzkette und eine Bocksäge und fahre mit meinem kleinen Allradwagen rückwärts an ihren Leichnam heran.

Ich säge an ihren Knien durch zerstörte Knochen und Gewebe und Fell, zerre die Beine aus dem Viehrost und lege sie hinten in den Scout. Ich ziehe die Kette zu ihr heran, schlinge sie ihr um den Hals, verhake sie dicht unter dem Grat ihres Kieferknochens. Das andere Ende schlinge ich um die Anhängerkupplung und fahre im ersten Gang behutsam an. Die Kette beißt fest in ihren Hals, der Kopf hält sie, und ich schleife den amputierten Leichnam eine Meile weit weg von den Gebäuden. Ich lasse sie in eine tiefe Spalte rutschen und werfe die Beine hinterher. In einer Woche wird sie aufschwellen und verwesen, und die Adler und Raben und Kojoten, die sie wittern, werden zu ihrem Mahl an diesen Steilhang kommen. Als ich über den Viehrost zurückfahre, rutschen die Reifen auf dem blutgetränkten Stück Boden.

Ich brühe eine Kanne Kaffee auf und trödle. Mir ist, als hätte ich zu viel auf einmal getan. Ich sehe auf die Uhr. Es ist noch Morgen.

Ich gehe zum Bach und hoffe, dass das Rauschen des Wassers mich beruhigt. Ich finde zwei verwitterte Sperrholzplatten und ein paar Viehgatter; sie lehnen an der Rückwand einer kleinen Scheune. Ich lege das Sperrholz auf den Viehrost, befestige es mit Draht und hänge das Gatter ein. Es soll nicht noch ein Pferd in diese Falle gehen. Dieses eine genügt.

Fred kommt am Wochenende. Die Ladefläche seines Pick-ups ist voll gepackt mit Konserven, Mehl, Bohnen, Toilettenpapier und zweihundert Pfund verpacktem Tiefkühlfleisch, das er mit Eis bedeckt und in eine Plane gewickelt hat. Er hat einen Trailer dabei, und wir laden drei Reitpferde aus und binden sie an den Zaun und tragen die Vorräte ins Haus. »Dachte mir, wir können noch ein paar Zäune reparieren, bevor es schneit«, sagt er, und später, als wir die Pferde satteln, fügt er hinzu: »Diese Viehroste nützen einen Dreck, wenn du Holzplatten drauflegst.«

»Eins von Olives Pferden ist hineingeraten.«

»Ich hab das Blut gesehen. Hast du es selbst rausgeholt?«

»Mit einer Kette. Ich musste es erschießen.«

»Hat Olive es gesehen?«

»Sie war nicht dabei.«

»Das hat nichts zu sagen. Mit einem Teil des Geldes, das sie für das Anwesen hier gekriegt hat, hat sie sich ein Teleskop gekauft. Ich habe durchgeguckt. Wenn sie will, kann sie sehen, welche Farbe deine Augen haben.«

»Dann wird sie es wohl gesehen haben. Vorbeigekommen ist sie nicht.«

»Hatte ich auch nicht gedacht.«

Wir reiten den Bach hinauf, bergauf über einen Höhenrücken an der Grenze zum Staatsforst. Ein Zaun von dreihundert Yard zieht sich über den Kamm dieses Höhenrückens. Wir setzen Pfosten neu, spannen frischen Draht, wo es nötig ist, und entwirren die verhedderten Drahtknäuel, die Hirsche und Wildpferde niedergetrampelt haben. Fred bleibt über Nacht. Wir beenden die Zaunflickerei am nächsten Tag und laden die Reitpferde in den Trailer. Die Tage sind immer noch klar. Das Abendlicht ist weich und körnig von spät geschlüpften Fliegen und Mücken.

Ich frage Fred, ob er essen will.

»Ich esse in der Stadt«, sagt er und zündet sich eine Zigarette an. »Bist du versorgt?«, fragt er dann. »Jetzt hast du noch die Chance, dir zu überlegen, was du brauchen könntest. Du wirst nicht genug Arbeit haben, um beschäftigt zu sein.«

»Ich habe ein paar Bücher mitgebracht.«

»Du hast hoffentlich keine Probleme damit, sie zweimal zu lesen.«

»Nein. Und ich denke, vielleicht versuche ich, etwas zu schreiben.«

»Du hast genug Papier?«

»Ich glaube schon.«

»Also schön.« Er steigt in seinen Pick-up. Ich weiß noch nicht, dass ich ihn erst im Frühling wieder sehen werde.

Im Laufe des nächsten Monats lassen ein Regenguss und zwei nasse Schneeschauer das Blut der Stute zu einem rostigen Rotbraun verblassen, zu Ocker, und schließlich verschmilzt es mit der dunkelbraunen Erde. Ihr Schrei ist noch da. Ich bin sicher, ich höre jeden Tag Stücke davon, die an der Bergflanke herabrinnen. Sie sind kantig und spröde und zerrissen wie an dem Morgen, als der Schrei sich ihr entrang, der Stute, einer Braunen, einem Pferd, das nicht vertraut war mit dem Erfindungsreichtum der Menschen. Ich habe mich an den Schrei gewöhnt. Ich stelle ihn mir leuchtend rot vor. Ich höre ihn wie eine Melodie, die meine Einsamkeit begleitet.

Im Oktober läutet das Telefon. Es ist das erste Mal, und es läutet vor dem Morgengrauen. Ich weiß nicht, wie spät es ist; ich habe meine Uhr in eine Schublade gelegt. In Panik stehe ich auf. Es ist eine Frauenstimme. »Sind Sie der Mann im Haus?«, fragt sie.

»Ich nehme es an.«

»Ich bin Olive Fell. Da sind Jäger oben an der Quelle. An der in der östlichen Ecke.«

»Woher wissen Sie das?« Ich habe eine Lampe gefunden und eingeschaltet. Langsam werde ich ruhiger.

»Ich habe sie mit dem Fernrohr gesehen. Ich möchte, dass sie vom Gelände geschickt werden. Hier wird nicht gejagt.«

»Sofort?«

»Ich bin eine alte Frau. Meine Beine schaffen's nicht mehr.«

»Jawohl, Ma'am.«

Die Jäger sind ein Mann aus der Gegend und sein Cousin aus dem Mittleren Westen. Sie tragen Tarnkleidung und sitzen träge wie zwei Klumpen Teichschlamm auf ihren Pferden. Der Cousin hat sich mit Eau de Cologne eingesprüht. Ich kann ihn riechen, als ich aus dem Scout steige. Sie sind streitsüchtig. Sie sind unerlaubt eingedrungen und empört, dass sie erwischt worden sind, aber sie lassen ihre Gewehre in den Hüllen. Sie behaupten, sie wüssten nicht, dass sie sich auf Privatgelände befinden. Ich sage, dass ich die Stelle gefunden habe, wo sie den Zaun zerschnitten haben, um auf das Gelände zu reiten. Ich notiere ihre Namen und fordere sie auf, zu gehen. Ich eskortiere sie durch den zerschnittenen Zaun zurück, und dann hebe ich die Drähte auf und spleiße sie zusammen und hefte sie mit festen Krampen an die Pfosten. Die beiden entschuldigen sich nicht. Sie sagen, ich soll zum Teufel gehen.

Als ich ins Haus zurückkomme, klingelt das Telefon wieder. Es ist Olive. »Ich sollte Sie wohl mal kennen lernen«, sagt sie.

»Gut.«

»Nach dem Lunch. Der Tag ist sowieso verdorben. Sind die Männer frech geworden?«

»Ja, Ma'am.«

»Danke.«

»Schon gut.«

»Haben sie was geschossen?«

»Ich habe nichts gesehen.«

»Gott sei Dank. Und danke, dass Sie diese Pferdefalle zugemacht haben.« Sie legt auf.

Als sie mir die Tür aufmacht, gibt sie mir sofort die Hand, und dann dreht sie sich um und geht in die Küche. Ich folge ihr, weil ich nicht weiß, wohin ich sonst gehen soll. Sie ist kaum mehr als eins fünfzig und hat kurze rote Haare. Ihr Körper ist rundlich und sommersprossig. Ich schätze, dass sie in den Siebzigern ist. Sie trägt blaue Tennisschuhe, blaue Jeans, ein kurzärmeliges blaues Netzunterhemd und darüber ein Jeanshemd, das auch blau ist. Hose und Hemd sehen grob und selbst genäht aus.

»Wollen Sie Tee?«

»Eine Tasse würde ich trinken. Wie haben Sie sie im Dunkeln gesehen?«, frage ich.

»Ich habe ihre Scheinwerfer gesehen, als sie geparkt und abgeladen haben.« Sie setzt den Kessel auf, dreht sich um und mustert mich von oben bis unten. Sie verschränkt die Arme vor der Brust. »Ich habe niemanden umgebracht«, sagt sie.

»Das glaube ich Ihnen.«

»Das brauchen Sie nicht.«

»Ich weiß.«

»Ich habe keine Gäste, aber wenn doch, haben sie ihre liebe Not, mich nicht danach zu fragen. Der Einzige, der es nicht wissen will, ist mein Bruder, und der kommt nicht.«

»Ich war in seinem Blumengeschäft in der Stadt.«

»Ich brauche immer ungefähr eine Woche, um drüber wegzukommen, wenn ich jemanden getroffen habe. Zum Beispiel, wenn der Mann die Heuballen für meine Pferde bringt. Deshalb.«

»Deshalb was?«

»Deshalb habe ich keinen Besuch.« Der Kessel pfeift, und sie dreht sich zu ihm um. »Wissen Sie, warum Sie hergekommen sind?«, fragt sie.

»Weil ich allein sein will. Ich denke, ich möchte vielleicht etwas schreiben.«

»Das wäre ein hart verdienter Lebensunterhalt.« Sie wendet sich mit unseren Tassen zu mir um. »Aber Sie haben einen guten Platz gefunden, um es auszuprobieren.«

Wir gehen mit unserem Tee ins Wohnzimmer und genießen zufrieden den Blick aus den drei Glaswänden. Die Sonne erreicht jede Fläche im Zimmer. Es ist, als stände man mitten in einer Flamme. Auf einer Staffelei am Kamin steht ein Gemälde, und auf Tischen stapeln sich Drucke. Sie zeigt mir ihr Atelier. Sie nimmt einen Schuhkarton aus einer Schublade und gibt mir Briefe zu lesen. Sie sind von Georgia O'Keefe und von John Steuart Curry.

»Ich war am Art Institute in Chicago«, sagt sie. »Ich dachte einmal, ich würde Mr. Curry vielleicht gern heiraten.«

Wir reden, bis es dunkel wird. Sie knipst im Wohnzimmer eine Stehlampe an. Ein Kater schleicht sich aus der Dunkelheit in den weichen gelben Lampenschein, der aus dem Fenster an der Westseite des Hauses fällt. Er reibt die Nase am Glas. Olive geht zum Fenster, streckt die Hand aus und schnalzt mit der Zunge. Der Kater kriecht mit halb geschlossenen Augen über das Fenstersims. Das Licht fängt sich in ihrem Haar und leuchtet sanft auf ihren sommersprossigen Armen. »Finden Sie das ungewöhnlich?«, fragt sie.

»Ich habe noch keinen Kater gesehen, der sich so benommen hat. Haben Sie ihn aufgezogen?«

»Nein.« Sie kniet vor dem Fenster nieder und legt die Hände an die Scheibe. »Ich bin schon lange hier oben«, sagt sie. »Ich habe nichts und niemandem ein Haar gekrümmt. Das ist wichtig.«

»Das verstehe ich.«

»Ich benutze auch die Pferde nicht. Sie sind jetzt seit

drei Generationen wild. Bevor ich mir ein Auto leisten konnte, bin ich zu Fuß zur Straße hinuntergegangen und per Anhalter in die Stadt gefahren.«

Sie löst sich vom Fenster, geht in eine Kammer und kommt mit einem kleinen Halfter wieder heraus. »Das habe ich dann getragen«, sagt sie. »Ich habe es an einen Schlitten gehakt und meinen Proviant den Berg hinaufgezogen. Habe mir die Schuhe mit alten Autoreifen, Draht und Hufnägeln besohlt. Kunst zahlt sich nicht aus. Haben Sie Hunger?«

»Ich glaube, ja.«

»Dann gehen Sie lieber nach Hause. Mein Appetit ist nicht so gut. Ich picke höchstens ein bisschen. Meistens nachts.«

Ich trage unsere Teetassen in die Küche. Sie wartet an der Haustür auf mich. »Sie sind ein guter Junge, nicht wahr?«, sagt sie.

»Ich habe nicht oft Ärger gehabt.«

»Ich hoffe, es klappt mit Ihrem Schreiben. Ich hoffe, es macht Sie glücklich.«

»Danke.«

»Ich rufe Sie an, wenn ich noch mal Jäger sehe.«

Ich schaue zu dem Teleskop, das im Wohnzimmer steht. Es ist nach Nordwesten gerichtet, auf das Haus, in dem ich wohne.

»Ich habe daran gedacht, das Telefon auszustöpseln«, sage ich.

»Ich wäre Ihnen dankbar, wenn Sie damit warten würden, bis die Jagdsaison vorbei ist.«

»Danke für den Tee.«

»Ich werde Ihnen nicht hinterherspionieren.«

»Wie bitte?«

»Ich beobachte nur das Land. Damit hat man schon einiges zu tun. Es ist eine Menge Land.«

»Ja, Ma'am.«

Sie ruft an Halloween noch einmal an, und dann wieder in der ersten Novemberwoche. Beide Male hat sie Jäger gesehen. Beide Male finde ich sie und fordere sie auf, zu gehen. Ich sage ihnen, dass sie auf Privatgelände sind. Ich sage ihnen nicht, dass sie das Leben von Privatpersonen stören.

In der Woche vor Thanksgiving ist die Jagdsaison zu Ende. Ich rufe Olive an und sage ihr, dass ich den Telefonstecker aus der Wand ziehen werde. Sie sagt, sie versteht das. Ich rufe meine Mutter an. Sie sagt, dass sie mich liebt. Sie fragt, ob ich genug Lebensmittel habe. Ich sage, ich will keinen Kontakt riskieren. Sie sagt, ich sei schon immer so gewesen, und ich solle mir keine Sorgen machen, dass es schlimmer geworden sein könnte. Sie sagt, sie wird mich immer lieben. Ich lege auf und schaue mich im Zimmer um. Ich habe Vorkehrungen getroffen: kein Radio, kein Fernsehapparat, kein Plattenspieler, keine Chance, mich in tiefere Lagen locken zu lassen. Ich gelobe mir, nicht an Höhe zu verlieren. Meine Beine kribbeln. Sie sind steif. Der Schmerz kommt jetzt nur noch mitten in der Nacht.

Jeden Tag gehe ich umher und schaue mich um und schreibe auf einem Block, den ich auf den Knien balanciere. Ich bin angestellt, um aufzupassen, dass keine Wasserleitungen einfrieren und dass nichts gestohlen wird, und um die Gebäude zu heizen, damit sie nicht bei minus vierzig Grad erstarren. Ansonsten gehören meine Tage und Nächte mir. Der Schnee kommt und verweht und blockiert die Straße, und ich bin zufrieden und nicht überrascht. Kühltruhe und Speisekammer sind voll. Ich komme ins Haus, um zu essen und zu schlafen und zu baden, und um mich zu wärmen. Die Tage werden kürzer. Ich kann fühlen, wie die Erde von der Sonne wegschwingt. Die Raubtiere, die Kojoten und die wild gewordenen, durch Inzucht vermehrten Pferde sind meine Gesellschaft. Es sind zweiundfünfzig, ich habe sie gezählt. Sie stöbern über die Kämme, von denen der Schnee weggeweht ist, und versammeln sich morgens an einer automatischen Fütterungsanlage unterhalb von Olives Haus, um sich ihre tägliche Ration Heuballen abzuholen. Sie kämpfen miteinander, die Stuten ebenso wie die unverschnittenen Hengste.

Zweimal, bevor der Schnee kam, habe ich gesehen, wie sie einen Kojoten erwischten, der sich zu weit aus seiner Deckung gewagt hatte, und wie sie den flinken grauen Hund umkreisten. Durch die nackte Macht ihrer Zahl können sie jeden Fluchtwinkel abdecken. Sie fletschen die Zähne und legen die Ohren am Schädel flach nach hinten und schlagen mit den Vorderhufen zu. Sie zerhacken den kleinen Räuber zu einem Klumpen aus zertrampelten Knochen und Brei. Ich fühle mich zerbrechlich und unbeholfen, wenn ich sie beobachte. Ich habe das Gefühl, sie geben mir die Schuld an der verlorenen Stute. Ich weiß, dass sie ihre letzten Schmerzensschreie genauso hören wie ich, jeden Tag.

Ich glaube, es huscht ihnen der Gedanke durch die Köpfe, dass es mir ergehen könnte wie den Kojoten. Wenn ich durch den Beifuß laufe, werden sie neugierig, raubgierig, umschwärmen mich. Ein halbes Dutzend Mal habe ich einen Arm voll Steine an ihren Flanken abprallen lassen und meine Jacke über dem Kopf geschwenkt und die Herde mit diesem Bluff auseinander getrieben. Aber als die Kälte die Singvögel nach Süden treibt und die faustgroßen Steine am Berghang festfrieren lässt, werde ich vorsichtiger und achte mehr darauf, wohin ich gehe. Und als der Schnee hüfthoch liegt, gehe ich auf meinen Schneeschuhen nachts hinaus, wenn nur mein Mondschatten meinen Rücken bewacht. Nur wir zwei sind dann da draußen; ungefährdet kritzeln wir eine blau überschattete Spur quer über den verwehten Schnee.

Ein paar Wochen fehlt mir der Boden unter den Füßen, dann sammle ich mich und schreibe sechzehn, manchmal zwanzig Stunden ohne Unterbrechung. Manchmal schlafe ich, soweit ich es schätzen kann, anderthalb Tage, und dann wache ich nachts auf und wasche mich und gehe an die Arbeit. Ich mache Geschichten. Sie werden wahr. Sie werden zu meiner Geschichte. Ich vergesse, dass ich auf tieferem Land gelebt habe. Ich sitze da und beobachte das Land. Die Zeit rinnt aus mir heraus in den Schnee und den Wind, verliert ihren mechanischen Gang und die Grenzen der Zivilisation und wird zu einem vollständigen, jahreszeitlichen Ding. Ich verwildere behaglicher. Ich esse, wenn ich sehr hungrig bin. Ich betrachte die Berge an den Horizonten während ganzer Umdrehungen des Planeten und beobachte, wie ich selbst immer ruhiger werde, immer sanfter. Das ungezähmte Leben, das mich umgibt, kommt näher heran. Zuweilen sitzen Mäuse, einmal sogar ein Eichhörnchen, auf meinen Knien, nicht völlig entspannt, aber sie kommen mir doch so nah – oder ich ihnen. Wenn ich einsam bin, schreibe ich mir einen Gast. Ich spreche mit ihm, und er spricht mit mir.

Ich denke über Wahnsinn nach. Über Definitionen. Ich versuche das Gesicht meiner Mutter heraufzubeschwören, das meines Vaters, meines Bruders, das des Mädchens, das ich vor einem Jahr zu lieben glaubte, aber sie sind alle zu weit entfernt, um sie mir wieder vorzustellen. Es ist, als wären sie gestorben, und ich habe keine Fotos von ihnen. Mein Körper erinnert sich an Empfindungen und Gefühlsäußerungen, aber nur unbestimmt: Zorn, Zuneigung, ja, selbst Liebkosungen wirken abgestumpft in meiner Erinnerung. Sie kommen daher wie ein leises Tappen auf einem Dach. Ich stelle fest, dass ich die wenigen Erinnerungen, die aufsteigen und verblassen, weder um Hitze noch um Schweiß vervollständigen kann. Ich frage mich, ob ich zu einem Mann geworden bin, der nur noch Kater und Kojoten und Habichte kennt. Ich frage mich, ob die Wildpferde mich eines Tages als gutartig betrachten, ob sie meine Fremdartigkeit vergessen werden. Aber meistens habe ich solche Sorgen hinter mir gelassen. Ich bin zufrieden. Ich bin glatt geschliffen durch die dauernde Arbeit von Wind und Schnee, von dunklen, kalten Nächten. Ich spüre, wie die Jahreszeit sich in mir wendet, der Zuhaltung in einem Türschloss gleich, und mich der Erde öffnet. Es geschieht nicht auf einmal.

Im tiefsten Teil des Winters werde ich krank. Die Tage sind betäubt von der Kälte. Es ist vielleicht Ende Januar. Ich weiß nicht genau, wie lange die Krankheit dauert oder woher sie kommt. Ich erinnere mich, dass ich wider besseres Wissen aus einer aufgeblähten Konservendose gegessen habe – ich weiß nicht mehr, warum. Es war ein Ragout, bitter und mit dem Geschmack von Metall. Am meisten erinnere ich mich an die Dunkelheit und an die kurzen, verschleierten Perioden des Lichts, das aufleuchtet und wieder versinkt. Drei sind es, glaube ich. Drei Tage und drei Nächte bin ich krank.

Ich mache mir ein Nest aus Handtüchern, einem Kissen, einer Steppdecke auf dem Badezimmerboden. Ich schleife alles dorthin und übergebe mich in einen Eimer. Ich knie vor dem Waschbecken und trinke Wasser aus den gewölbten Händen. Mühsam plage ich mich zur Toilette und wieder herunter, und dann liege ich auf dem Boden und friere und wälze mich im Fieber. Ich bin nicht sicher, wann ich schlafe. Ich weiß nicht, ob ich träume. Es kommt vor, dass ich das Gefühl habe, in einen Schacht zu fallen. Ich habe Visionen, grellfarbige Halluzinationen. Als ich denke, dass ich vielleicht sterben werde, macht mir das keine Angst. Der Tod scheint kein so weiter Weg von hier nach da zu sein. Ich halte mir vor Augen, dass Wahnsinn einfach Befreiung bedeutet, ein Eingang ist, das Akzeptieren meines eigenen, speziellen Kampfes. Stundenlang schwebe ich entrückt in Farbe und Form. Klangakkorde erklingen. Ich bin allmählich überzeugt, dass ich nur ein Publikum bin und dass Zuschauer da sind, die mir zuschauen. Ich bin zu jung, um mir vorzustellen, dass ich das Gesicht irgendeines Gottes gesehen habe, und viel zu jung, um zu wissen, dass Erleuchtung verwehen und verblassen kann. Und ich glaube, dann schlafe ich.

Ich fühle, wie der Berg vibriert von den Lauten einer sterbenden Stute. Ihr letzter, verzweifelter Schmerzensschrei wühlt sich in mich hinein und wieder heraus. Scheuert mich rein, löst Kindheitserinnerungen, zerschmettert Gedanken an die Zukunft. Hält mich schwebend in jedem Augenblick, bemerkenswert frei von allen Regungen. In der Nacht wache ich auf und kann zu meinem Bett gehen.

Am Morgen des vierten Tages dusche ich und trinke

langsam ein bisschen Brühe. Ich gehe draußen über den gefrorenen Boden und gebe Acht, dass der Wind mich nicht nach Osten bläst. So stofflos fühle ich mich, und so elementar.

Zwei Wochen später sehe ich Olive draußen, umdrängt von ihren Pferden. Sie ducken sich und nicken und nähern sich ihr schüchtern. Sie legt ihnen die Hand an die gestreckten Hälse, auf die Stirnen. Sie zieht die Handschuhe aus, und sie schieben das Maul in ihre offenen Handflächen. Sie steht östlich von ihrer Scheune auf der Anhöhe. Als die Pferde mich kommen sehen, stieben sie auseinander wie Wachteln. Sie lacht und winkt und schaut hinauf in den gefrorenen Himmel. Er ist wolkenlos und grellblau. Ich gehe über eine Schneewechte hinweg auf sie zu. Die Kruste funkelt und knistert, aber sie trägt mein Gewicht.

»Wie geht's mit dem Schreiben?«, fragt sie. Unser Atem bildet Wolken, die zwischen uns hängen und herabsinken, während wir sprechen.

»Besser, als ich dachte. Es ist kalt.«

»Es ist Winter.« Sie schaut nach Südwesten und streckt den Finger aus. »Da drüben bin ich aufgewachsen.«

»Am Southfork?«

»Zwischen Cody und Meeteetse in einer Erdhütte. Da war eine Frachtstation. Mein Vater war Fuhrknecht.« Sie sieht mich an. Ihre Brauen und Wimpern sind weiß bereift. »Er war ein schmutziger Mann. Ich kann mich nicht erinnern, ob er gut aussah oder nicht.«

»Was hat Ihre Mutter gemacht?«

»Sie hat sich von ihm verprügeln lassen. Ich und mein Bruder auch.« Sie schaut wieder hinüber zu der Gegend, in der sie aufgewachsen ist. »Einmal hat er uns alle so lange geschlagen, bis wir bewusstlos waren. Dann kippte er betrunken um. Ich kam als Erste wieder zu mir. Wir waren draußen. Es war Sommer. Ich nahm ein Beil und hackte ihm die Hand ab. Dann packte ich meine Mutter und meinen Bruder auf den Wagen und fuhr mit ihnen zur County-Verwaltung, damit sie dort die Scheidung einreichen konnte.« Sie sieht mich wieder an. Ihr Gesicht ist rot, aber ganz ruhig. Der Gedanke an das heiße rote Blut eines Mannes erscheint völlig abwegig in dieser weißen, gefrorenen Luft.

»Ist er dran gestorben?«

»Nein.« Sie lächelt leise. »Aber er hat für den Rest seines Lebens nie wieder ein lebendes Wesen angerührt. Es war eine andere Zeit. Jeder kannte jeden. Der Sheriff sagte, ich sei ein tapferes Mädchen. Danach fing ich an, Bilder zu malen. So frei fühlte ich mich.«

»Malen Sie jetzt noch?«

»Ich habe nicht mehr die richtige Konzentration.« Ein Adler kreist über uns, blitzend in der lichtdurchstrahlten Luft. Wir überschatten unsere Augen und sehen zu, wie er in immer weiteren Spiralen schließlich nach Westen davonfliegt. »Gefällt es Ihnen hier?«, fragt sie.

»Noch besser, als ich erwartet habe.«

»Gut genug, um noch ein Jahr zu bleiben?«

»Das weiß ich nicht.«

»Wenn Sie nächsten Winter hier sind, dann will ich diese Fütterungsanlage überprüft haben. Sie ist manchmal verstopft. Ich würde Sie für die Arbeit bezahlen.«

»Ich werde schon bezahlt.«

Sie nickt, wölbt die Hände und bläst hinein. »Ich habe mir ein Wohnmobil gekauft und einen Jungen engagiert, der es fährt. Nächsten Winter lasse ich mich von ihm nach

Kalifornien fahren und nach Arizona und New Mexico. Ich will mir Bilder ansehen. Ich glaube, das wird meiner Konzentration gut tun.«

»Kommen Sie zurück?«

»Vielleicht kann ich nicht so lange wegbleiben, wie ich möchte. Aber ich will mir wegen der Pferde keine Sorgen machen müssen.«

»Wenn ich hier bin, werde ich es tun.«

Wir suchen den Himmel nach dem Adler ab, aber er ist fort. »Ich habe mir Sorgen um die Pferde gemacht«, sagt sie. »Der Winter ist hart.« Sie tritt mit dem Stiefelabsatz in den Schnee. »Wenn mein Vater nüchtern war, war er ein guter Mann«, sagt sie, und dann: »Sie haben ein bisschen abgenommen.«

»Ich war krank.«

»Ich auch.«

Als ich in dieser Nacht im Mondschein auf meinen Schneeschuhen draußen bin, lehne ich mich an eine Fichte und sehe zu, wie mein Atem gefriert und sich ausbreitet. Ich höre ein Scharren an meinem Ohr, drehe mich langsam um und sehe einen großen Uhu, der nur wenige Handbreit vor meinen Augen hockt. Er schaut auf mich herab und scheint zu nicken und mir mit dieser Geste zu sagen, dass ich mich für einen Menschen in die richtige Richtung neige. So kommt es mir auch vor.

Ich schließe die Augen, bis ich ihn atmen hören kann, und öffne sie wieder; der Mond ist hinter einer Wolke verschwunden, aber der Uhu ist noch da. Er blinzelt und zieht den Kopf ein und blinzelt wieder. Ich weiche zurück und bewege mich steif auf das Haus zu, um mir Hände und Füße zu wärmen. Ich suche nach meinem Schatten und finde das Ding. Ich lache. Der Schatten schüttelt sich.

Gegen Ende des Winters liege ich oft im Bett und versuche mir zu überlegen, ob ich eben aus einem Traum von Worten erwacht bin oder ob ich mich hingelegt und ausgestreckt habe, ermüdet von einem Tag des Geschichtenmachens in der Kälte. Einmal höre ich eine richtige Stimme. Ich verstehe die Worte nicht, aber es scheint nur darauf anzukommen, dass ich still genug bin, um den Text zu hören.

Um die Zeit der Tagundnachtgleiche im Frühling zerfließt der Schnee auf der Höhe des Tages zu Pfützen und gefriert nachts zu hellem Eis. Ich wache auf und bin sicher, dass ich irgendwo über mir Schritte höre. Der größte Teil des Hauses liegt über meinem Bett. Fred hat mir gesagt, wenn ein Dieb kommt, wird es ein Profi sein. Die Gemälde sind weltweit katalogisiert. Man kann sie nicht einfach verkaufen und aufhängen. Die Möglichkeit eines Einbruchs erfüllt meinen Kopf. Ich schaue nach rechts und links und hinter mich, um zu sehen, ob ich in einem neuen Traum erwacht bin.

Ich schlüpfe aus dem Bett und schleiche in den Flur. Überrascht sehe ich, wie meine Hand den Schlagbolzen der Pistole zurückzieht, die sie umfasst hält. Das letzte Mal habe ich damit auf ein schreiendes Pferd geschossen. Ich schiebe mich die Treppe hinauf und von Zimmer zu Zimmer. Die Pistole halte ich vor mir. Sie blinkt im Licht des abnehmenden Mondes. Jedes Zimmer ist in tausend Schattenrisse zerschnitten.

Ich durchsuche das Haus bis zum letzten Zimmer. Ich stehe auf seiner Schwelle und bin davon überzeugt, dass ich mich Stück für Stück an den Punkt des Todes heranbewegt habe, bin überzeugt, dass der Dieb und Mörder, den ich ganz gewiss gehört habe, behaglich darauf wartet, bis ich hier in seine Falle spaziere und sterbe. Ich pisse mir fast in die Hose vor Angst. Ich weiß, dass ich wach bin, dass ich ganz und gar in die Welt zurückgefallen bin. Ich habe Angst vor Schmerzen. Und Angst vor dem Sterben.

Ich drücke mich mit dem Rücken an die Wand und schiebe mich ins Zimmer und finde den Mann mir gegenüber. Er ist in die Ecke getrieben und hat eine Pistole erhoben. Seine Augen blicken starr in meine. Er wartet. Er schießt nicht. Im letzten Augenblick, bevor ich abdrücken will, erkenne ich, dass der Mann, dem ich gegenüberstehe, mein Zwilling ist und dass er genauso gekleidet wie ich zum Plündern hergekommen ist, in seiner besten weißen Baumwollunterwäsche. Ich rutsche an der Wand herunter und sitze da und starre über meine Knie hinweg auf mein Spiegelbild. Es ist erfasst vom gesammelten Mondlicht in einem vom Boden bis zur Decke reichenden Spiegel, den meine Arbeitgeber aus Norditalien haben einfliegen lassen. Das Haus scheint plötzlich leer zu sein. Lautlos. Nicht einmal meinen Atem höre ich mehr. Bis auf das Spiegelbild habe ich keinen sicheren Beweis dafür, dass ich hier bin.

Am nächsten Nachmittag laufe ich auf Schneeschuhen hinaus, sechshundert Meter tief hinunter in ein Tal, in dem schon kein Schnee mehr liegt. In der Abenddämmerung stoße ich auf die Landstraße, und ein alter Rancher, der in der Gegend für seinen totalen Mangel an Ironie bekannt ist, nimmt mich mit in die Stadt.

»Waren Sie den ganzen Winter da oben?«, fragt er. Seine Stimme klingt wie das Blöken eines Tieres aus irgendeinem seltsamen Zoo.

»Ja«, sage ich.

»Sie hätten sie sehen sollen, als sie jung war.«

»Wen?«

»Olive. Das hübscheste Mädchen im Tal. Nicht meine Liga.« Er lächelt, ohne den Blick von der Straße zu nehmen, und dann blickt er hinauf zu dem Ausschnitt seines Gesichts, der im Rückspiegel zu sehen ist. »Ist sie immer noch, könnte ich mir denken. Waren Sie einsam?«

»Es ging.«

»Ein Freund von mir ist Klempner«, sagt er, dreht sich um und sieht mich an, und die Straße behält er im Augenwinkel. »Vor zwei Jahren hat Olive ihn raufgerufen, weil ihr Abfluss verstopft war. Er ist auf ihr Dach gestiegen, um die Spirale durch die Leitung nach unten zu drehen. Ich nehme an, Sie wissen, wie der Wind um diesen Berg weht?«

»Ja, Sir, das weiß ich.«

»Er ist runtergeweht.« Ich schaue ihn an, und er zieht die Brauen hoch. »Zu Boden geschwebt wie ein gottverdammtes Blatt. Hin und her geschaukelt und so sanft auf die Füße gestellt, dass er nicht mal in den Knien einzuknicken brauchte. Was halten Sie davon?«

»Ich weiß nicht, was ich davon halten soll.«

»Glauben Sie, der Wind könnte so herumwirbeln und das mit einem Mann anstellen?«

»Ich schätze, er hat's getan.«

Er schaut mir forschend ins Gesicht und lacht dann schnaubend. »Ich schätze, er hat's getan«, sagt er. »Sie sagen, sie ist immer noch schön?«

»Ich glaube, es interessiert sie nicht mehr.«

»Es interessiert einen immer.«

»Ich glaube, sie nicht mehr. Außer ihr selbst schaut ja keiner mehr hin.«

»Vielleicht ist das der Trick«, räumt er ein.

Den Rest des Weges fahren wir, ohne zu sprechen. Er setzt mich an einer Kneipe am äußersten Rand der Stadt ab und winkt zum Abschied. »Achten Sie drauf, wie lange Sie da oben auf dem Berg sind«, sagt er.

»Ja, Sir.«

»Wenn Sie's nicht tun, tut's keiner.«

In der Kneipe spielt eine plärrende Band, und es ist gestopft voll. Ich dränge mich zur Bar durch, brülle meine Bestellung und denke mir, dass der Lärm der Leute mich vielleicht gleich zerschmettern wird. Ich drücke mir ein Sixpack Dosen an die Rippen und zwänge mich durch die Menge nach draußen. Ein Mädchen in meinem Alter kniet draußen neben dem Eingang, wo die Dunkelheit anfängt, und kotzt. Sie kippt auf die Seite und ist eingeschlafen, und ich decke sie mit meiner Jeansjacke zu und gehe um das Gebäude herum nach hinten, wo sich nur fünfzehn Schritt weiter die Kante des Canyons entlangzieht.

Ich setze mich auf die Kante und starre auf meine Stiefel, die ein paar hundert Fuß hoch über dem Shoshone River baumeln. Ich trinke das blasse, dünne Dosenbier. Schwefelgeruch steigt von den heißen Quellen an einer Biegung des Flusses herauf. Der Mond steht hoch am Himmel und scheint auf diesen Flussarm und auf die fleckig verwischten Wolken im Süden und hell auf den weißen, gefrorenen Berg im Westen, auf dem ich allein gelebt habe. Ich denke daran, dass hier auf dieser Kante einmal die ersten Pferdeherden gegrast haben. Ich denke daran, dass hier jetzt nur noch diese Bar ist, mit einem gefährlichen Parkplatz an der Rückseite. Die Nacht ist kühl und feucht.

Ich fühle, wie das Stampfen der Musik in das poröse Felsgestein sickert, auf dem ich sitze. Es steigt an meiner

Wirbelsäule herauf – jedenfalls glaube ich das an diesem Abend – in dem zielbewussten Bestreben, mich zusammenzubauen und geselliger zu machen. Auch ist da – und bahnt sich seinen Weg in meine Knochen – betrunkenes Gelächter, drohend geschärfte Stimmen, Sexgemurmel. Ich ziehe die Knie an und umschlinge sie; ich lasse die Stirn auf die Kniescheiben sinken und schließe die Augen, und auch wenn ich selbst keinen Ton halten kann, weiß ich, was meine Ohren in dieser kläglichen Musik hören: Es sind die traurigen Harmonien eines sterbenden Pferdes.

Ich bin wacklig auf den Beinen, als ich aufstehe. Ich gehe los, flussaufwärts, weg von der Stadt. Meine Beine werden mit jedem Schritt kräftiger. Ich lächle in den Mond, als wäre er das offene Auge eines großen Uhus, und ich denke, wenn ich auf mein Spiegelbild geschossen hätte, dann hätten sie die Pistole gefunden und Glasscherben, schwarz angestrichen, damit sie das Licht reflektieren, aber den Ort, zu dem ich gegangen war, hätten sie nicht gefunden. Ich halte den Atem an und höre den sauberen roten Schrei, der uns alle umfasst.

Der Wind

Diese Gegend ist gewalttätig und roh. Wyoming ist kein Land, das der Nacktheit zuneigt oder der Milde. Dies ist ein scharfer Grat, und das Leben findet auf diesem scharfen Grat statt. Die meisten Vögel sind Zugvögel. Winterschlaf gilt als Notwendigkeit, nicht als Ausdruck von Trägheit. Wer verkrüppelt, alt oder einfach nur unaufmerksam ist, geht zu Grunde. Und dann ist da noch der Wind.

Der Wind weht hier so gut wie jeden Tag, ohne Choreografie und mit der spontanen Uneleganz einer Rauferei. Es gibt Landstriche, wo die Luftströme so unerbittlich durchziehen, dass die Bäume, die ein Haus umgeben oder einen Bewässerungsgraben säumen, sich allesamt nach Osten lehnen, dauerhaft nach Osten gewachsen sind wie Reihen fügsamer Späne, die sich einem unsteten Pol zuneigen. Dekorativ ist hier wenig, und auch Obstgärten sind selten. Früchte kommen auf der Landstraße, und sie reifen im Lastwagen, nicht am Baum. Wyoming hat Kohle zu bieten, Öl, Gas, Uran, weit verstreute Herden von Rindern und Schafen und früher einmal Millionen von Bisons.

Die Winde haben die Skelette der Bisons bearbeitet, bis sie rosa waren, dann weiß, und schließlich zu Staub zerfielen. Die Wälder wuchsen und stürzten und verrotteten unter dem Wind, Schicht um Schicht, und wurden schließlich zu Kohle gepresst. Die Winde sind älter als die

Kohle. Die Winde heulen eine Hymne auf die Vergänglichkeit.

Auf der Windseite der Häuser sind Bäume gepflanzt, eine absteigende Welle von Pappeln, Rottannen, Oleaster, und am Ende etwas Dorniges, Steifes, schnell Wachsendes – ein Saum von Erbsensträuchern: ein Windschutz, nützlich vor allem, nur zufällig auch schmückend. Schatten ist ein zufälliger Luxus. Eine Brise zumindest weht immer. Verlässlich wie der Tod und die Steuer. Fast hunderttausend Quadratmeilen und eine halbe Million Einwohner; so viele Häuser sind das nicht. Städte klammern sich an die Ufer der Wasserläufe, hartnäckig. Geisterstädte stehen schief, kippen schließlich nach Osten um, gehen den Weg der Büffelknochen, werden zu Staub.

Es gibt äußerst wenige Singvögel; im Aufwind schweben nur Raubvögel. Die Hasen, Mäuse, Wühlmäuse, Stinktiere, Eichhörnchen, Ratten, Spitzmäuse und Kaninchen blinzeln ihr Leben lang in Sonne und Wind, ihre Augen tränen, ihre Herzen sind dornig vor Entsetzen, wenn der unausweichliche Schatten der Raubvögel sie streift. Die Feldlerche ist der Wappenvogel des Staates, aber für mich ist sie ein Horsd'œuvre und ihr Gesang wie die Glocke, die zum Essen ruft. Adler, Falke, Habicht, Eule leben das ganze Jahr hier. Die wahren Bewohner, die Eingeborenen. Die Schlemmer. Ihre erdgebundenen Verwandten arbeiten in mittlerer Höhe. Luchs, Berglöwe, Fuchs umkreisen die Tafel. Kojoten schlagen sich durch, wo sie können: fahrendes Volk.

Ein großer Teil der Landschaft wird als subarktische Steppe klassifiziert. In Laramie besteht die winterliche Abendunterhaltung darin, dass man im Fernsehen die lokalen Temperaturwerte beobachtet. Minus fünfunddreißig Grad, Windgeschwindigkeit sechzig Meilen pro Stunde, das ist alltägliche Kost. Vom Frühherbst bis zum Ende des Frühlings riecht Wyoming wie ein Schleifstein: der scharfe Geschmack von Mineral, das endlos an Mineral scheuert.

In Wyoming gibt es kein Tulpenfest. An den Geruch des Saftes, der in Pappelholz und Kiefer steigt, erinnert man sich, und man genießt ihn.

Und dann schlafen die Winde doch einmal ein. Es geschieht an fünf oder sechs Tagen in jeder Jahreszeit, im Sommer und im Herbst auch öfter. Der Himmel kommt zur Ruhe, wie die Kuppel einer perfekten Glocke zur Ruhe kommt – blau, ununterbrochen, ohne Feuchtigkeit. In Wyoming bedeutet es nicht viel, wenn man zwanzig Meilen weit in jede Richtung sehen kann und die Horizonte in scharfem Kontrast an den Rand gekritzelt sind. »Kein Wind«, rufen wir staunend. Wir sprechen zu laut. Wir sind daran gewöhnt, das Heulen in der Luft zu übertönen. Wir dämpfen unsere Stimmen zu einem Flüstern. »Kein Wind«, flüstern wir. Wir lächeln und sinken zusammen. Man denke sich die erschlaffte Haltung von Überlebenden nach einer Krise: So sehen wir aus.

Wir kommen aus unserem Unterschlupf. Wenn es Sommer ist, wenden wir unsere weichen, entblößten Bäuche der Sonne zu, finden Zutrauen, atmen tief durch, mästen uns am Duft des Beifußes, diesem stimulierenden und betäubenden Parfüm. Wir kümmern uns um unsere Gärten, streichen unsere Häuser an, waschen Autos. Mein Nachbar brennt ausgewuchertes, trockenes Unkraut ab, Haufen von Steppenrollern. Er flickt seinen Zaun. »Schöner Tag«, sagt er. Das habe ich ihn auch schon bei minus zehn Grad sagen hören. Kein Wind, will er damit sagen.

Die Törichten werden kühn. Sie nehmen Bauprojekte in Angriff, die mehr als achtundvierzig Stunden zur Vollendung benötigen. Wir übrigen arbeiten nur zögernd. Wir erinnern uns, dass wir Leibeigene sind. Wir wissen, unser Herr ist nur abwesend, nicht entthront. Mir wird schwindlig vor Aufregung, aber wie die Mäuse und die Maulwürfe bleibe ich wachsam. In Wyoming ist der Preis der Unschuld hoch. Ein mächtiger Wind weht da draußen auf seinem Weg nach Hause zu unseren Hochebenen.

Ich feiere die windstillen Tage mit kleinen Arbeiten. Ich richte die Fernsehantenne, die an ein drei Meter langes, anderthalbzölliges Stück galvanisiertes Stahlrohr geklammert und mit Draht an einem Eckpfosten des Zaunes befestigt ist, ich begrabe den toten Hund eines Nachbarn, grabe ein Gartenbeet um, schüttele Teppiche aus, sitze nackt auf der Veranda, wenn die Sonne hoch am Himmel steht, stehe auf und pisse über das Geländer, bewundere den makellosen Bogen und erinnere mich, wie ein papierener Kinderdrachen, dass die Schwerkraft existiert.

Die wirklich Geschädigten bleiben im Haus. Weinen ist jetzt populärer als die lokalen Radiosender, und es gibt Leute, die trauern müssen. Krankenwagen rollen. Ehen, die ihre zerbrechliche Einheit nur durch die Gnade der Katastrophe haben bewahren können, wie Bergsteiger, die auf einem schwierigen Hang aneinander geseilt waren, um des Überlebens willen miteinander verbunden, gemeinsam gegen den Wind gestemmt, geraten jetzt in freien Fall. Braut und Bräutigam rutschen ab, verlieren das Gleichgewicht, stolpern in Streitereien, stürzen, jeder für sich, in irgendeine Affäre. In der Stille zwischen den Winden wird die Luft lebendig von windgepeitschtem Streit.

In einer flaueren Gegend hätten viele sich schon früher scheiden lassen.

Und wir lieben uns. Leidenschaftlich. Fieberhaft. »Der Himmel stürzt nicht ein! Der Himmel stürzt nicht ein!« Wir streifen unsere Kleider ab und umarmen uns.

Meine Frau hat ein Diplom in Mathematik. Beim Essen kritzelt sie Kurven auf ihre Serviette. Sie hat vor, die Geburtsstatistiken des Staates zu sichten und die Kinder von Wyoming bis zum Augenblick der jeweiligen Zeugung zurückzuverfolgen. Sie wettet, dass die Mehrheit der Bevölkerung in den kurzen Momenten der Windstille gezeugt wurde. In Casper, Cody, Lander umklammern die Paare einander, um Erlösung zu finden: Sie feiern die Flaute. »Kannst du sie hören?«, flüstert sie. Ich mache mir Sorgen um sie; sie ist nicht unter diesem Wind aufgewachsen. Jedes Jahr zeigt sie sich schlanker, klopft mit dem Bleistift und schreibt nicht, sehnt sich mit wachsender Verzweiflung nach emotionalen Ferien. Ich bleibe ihr fern, wenn es windstill ist. Ich habe nicht den Wunsch, eine neue Generation von Überlebenden hinzuzufügen.

Ich habe einen Freund in Phoenix, der es für ein Symptom geringer Selbstachtung hält, wenn man in Wyoming lebt, vor allem im Winter. Das sagt er mir am Telefon. Aber seine Einstellung gründet sich großenteils auf seinem Wissen über die Temperaturen. Unser Frostwetter nimmt den Löwenanteil der Presseberichte in Anspruch; vom Wind weiß er nichts. Ich weiß nicht, wie ich ihm sagen soll, dass das Leben unter der Gewalt des Windes schädlicher ist als der Dauerfrost. Unter den Temperaturschwankungen mag etwas sich aufbäumen und spalten, aber die dauernden Winde können alles erodieren, dehydrieren, mumifizieren. Gegen diesen heulenden Ansturm gebeugt zu leben, das erinnert an das Leben eines Heranwachsenden im Haus von Alkoholikern. Brutal. Unberechenbar. Gefährlich. Ohnmächtig. Kein Wunder, dass wir uns fieberhaft paaren, wenn uns ein Urlaub gewährt wird. Geschäftige Hände sind an Körpern befestigt, die eine zerfressene Libido behausen.

Einen guten Teil des Jahres hindurch phantasieren wir von unserer Flucht. Uns ist klar, dass es nicht einfach wird.

Ein Elf-Personen-Flug geht jeden Tag in Richtung Süden. Die Maschine reitet auf der Brandung der Aufwinde, die sich am Osthang der Rockys bricht. Die Einheimischen nennen sie »Vomit Comet«, den Kotzkometen. Stellen Sie sich einen Schmetterling auf Amphetamin vor. Softdrinks werden nur selten serviert. Erdnüsse bleiben einem in der Kehle stecken. Ich habe es stets klüger gefunden, auf die Snacks zu verzichten und lieber ein Mantra zu erfinden. Niemand übersteht diesen Flug ohne Erschütterung. Veteranen landen in Denver, stehen auf dem Vorfeld und drücken das Gesicht an die kühlen Glasscheiben des Terminals. Sie ziehen ihren Führerschein aus der Tasche und lesen sich mehrmals laut ihren Namen vor. Die Dekompression ist brutal. Die ziehenden Wasser- und Singvögel fliegen niedrig und landen oft.

Ich würde schätzen, dass gut zehn Prozent der Bevölkerung von Wyoming in diesen Staat gekommen und dann nur deshalb geblieben sind, weil ihnen der Flug hinaus zu riskant erscheint.

Die meisten von uns bleiben, weil eine Mischung aus Trägheit und Neugier sie hält. Wir verbringen unsere Tage damit, zuzusehen, wie Wohnwagen vom Kurs abkommen, Äste abbrechen, Geduldsfäden schleißen, Hinweistafeln und Stromleitungen auf die Straße kippen. Wir finden einen ironischen Liebreiz darin, dass das Land emporgerafft und festgehalten und durch die Luft getragen wird, dass es verweht, wie Schnee verweht an der Leeseite von Beifuß, Pfosten, Ameisenhügel und Stein. Und zu Hause ist man ja auch da, wo man seine Hypotheken abbezahlt.

Unsere Pferde wenden sich ab, halten dem Wüten das Hinterteil entgegen; die Schwänze straff zwischen die Beine getrieben, die Köpfe gesenkt, stehen sie bucklig da, betäubt vom rasenden Luftstrom, wie sie betäubt im Blizzard stehen, duldsam, aber die meiste Zeit des Jahres gibt es keinen Schnee, sondern nur den Wind. Nur die stürmende Luft. Die Bisons haben dem Wind die Stirn geboten, aber sie sind nicht mehr da. Unsere Schafe und Rinder sammeln sich in Massengräbern, füllen Erdspalten wie behaartes Mauerwerk, und Schnee rieselt in jede Lücke, jede Ritze, und vermörtelt sie zu einem festen, toten Block.

In der Mitte des Nachmittags weht es die Bars voll. Männer stampfen mit den Füßen, wie sie es täten, um Schlamm oder losen Schnee von Hosenbeinen und Stiefeln zu schütteln, aber sie wollen sich lediglich wieder am Boden verankern, und sie stampfen, um sich daran zu erinnern, wie es ist, wenn man an einem ruhigen Ort steht, ohne sich anzuspannen. Frauen tanzen gedrängt zusammen um die Musicbox, trinken puren Whiskey und entblößen gelegentlich ihre Brüste. Die Profis trinken ihr erstes Glas schnell und ohne zu sprechen. Sie lachen, heben die Brauen und runzeln die Stirn, stoßen einen Pfiff aus, als wollten sie andeuten, dass sie soeben von einem Unfall verschont geblieben sind. Alle trinken stetig –

jeder Vorwand ist recht, um sich drinnen zu versammeln. Kirchen eignen sich bloß nicht zu Unterhaltung oder Vorspiel.

Am frühen Abend haben die Männer sich in ihrem geübten Jammern über Exfrauen eingerichtet. Die Exmänner der Frauen sind meistens auch da, mit jungen, weniger windgeschädigten Frauen. Die jüngeren Frauen schauen zur Seite, wenn sie sprechen. $W=sv^2$: Wut gleich Sex mal Windgeschwindigkeit hoch zwei. Je härter der Wind weht, desto größer ist die Anspannung. Die Frauen in Wyoming prügeln sich. Ich kenne keine Frau in Wyoming, die keine Dresche einstecken kann. Drei Runden mit *seiner* ersten Frau, das gilt als akzeptables Paarungsritual.

Manchmal dreht ein Mann sich um und schlägt einen Fremden zu Boden. Öfter noch ist es ein Freund. Zum Spaß, zur Übung. Er steht dann einen Moment lang über dem Mann am Boden, die Hände zu Fäusten geballt, und dann geht er kopfschüttelnd beiseite, kehrt zu seinem einsamen Barhocker zurück, brummt. Niemand ruft die Polizei. Ich habe schon gesehen, dass der misshandelte Mann aus der Ohnmacht erwacht, sich das Blut vom Mund wischt und seinem Angreifer einen Drink spendiert. Der Wind trägt unsere Sehnsüchte wie auch unseren Groll nach Osten und lässt uns von einem unbehaglichen Augenblick zum nächsten leben. Das Leben hier weht einem beständig zu tief unter die Haut, als dass man lange grollen möchte.

Die Gäste in der Bar beklagen sich über ihre Kinder: Sie seien unerwartet gedankenlos geworden. Sie fragen sich, warum ihr Leben nicht so verlaufen ist, wie sie es erwartet haben. Sie studieren ihre Gesichter im Spiegel hinter dem Tresen, lauschen dem Gebäude, wie es im Wind stöhnt und knarrt, schieben die Hüte in den Nacken, um besser sehen zu können. Sie können nicht fassen, wie alt sie geworden sind. Wo ist das alles hin?, fragen sie sich. Einfach verweht? Sie haben vergessen, dass die Natur nur eine kurze Aufmerksamkeitsspanne kennt und sich nie die Mühe gemacht hat, sich ihre Vornamen zu merken.

Im Winter schleift der Wind die Kälte mörderisch scharf. Minus fünfunddreißig Grad bei einer Windgeschwindigkeit von fünfundvierzig Meilen pro Stunde. Der Unterschied zwischen einer normalen Entbindung und einer Steißgeburt. Stahl reißt, Motoröl wird zäh wie Harz. Wer gezwungen ist, draußen zu sein, betet vor Schmerz. Wenn der Schmerz Hände, Gesicht und Füße verlässt, werden sie rot und schließlich schwarz. Und man kann sie nicht nachwachsen lassen, wie einem Salamander der Schwanz nachwächst. Wenn der Wind das Fleisch einmal fortgeleckt hat, dann bleibt es fort. Die Wunden werden zu bloßen Öffnungen, in die die Kälte leichter hineinfließen kann, um sich zum Kern des Körpers vorzuarbeiten und die Lebenswärme unerbittlich herauszusaugen. Erfrieren ist ein thermodynamisches Wiegenlied. Starre verbreitet sich wie Efeu mit Blättern, von Eis weiß geädert. Schließlich setzt du dich hin, zu müde zum Lächeln, zu kalt, um dich an Mutter, Geliebte und Kinder zu erinnern. Ein Nachbar findet dich, wie du dasitzt, steif, wärmelos, und er schlingt die Arme um sich und klemmt die Hände unter die Achseln, wendet den Blick ab, tritt von einem Fuß auf den andern und spricht ein Gebet aus seiner Kindheit. Du zeigst ihm, wie er sich eines Tages vielleicht auch nicht mehr wird retten können. Es ist peinlich, vom Wind getötet zu werden, nicht so akzeptabel wie das Ertrinken; man hält es für eine Nachlässigkeit, die möglicherweise auf Irrsinn hindeutet.

Tod durch Sauerstoff: Bis zur Gefühllosigkeit zusammengeknüppelt von etwas, das wir nicht entbehren können.

Im letzten Winter, am 17. Januar, fielen zwei Fuß Schnee, und dann kam der Wind auf, und die Temperatur sank. Der stetig vorankriechende Schnee riss in Böen auseinander und wurde zu einem treibenden Meer von zwei bis vier Fuß hohen Wellen. Die Landschaft kam nicht zur Ruhe. Ich stand in der Küche und verlagerte mein Gewicht von einer Seite auf die andere, um mein Gleichgewicht zu halten, und schaute über die Hochebene hinaus, die mein Haus umgibt. Ich lehnte mich in den Sturm, als hätte mein kleines Haus sich in eine Bark verwandelt, die über ein weißes, wogendes Meer taumelte. Das Ofenrohr heulte. Der Hund hatte sich verkrochen. Er wusste, dass der Wind ein Zauberer ist. Er wusste, dass er uns nach draußen locken, dass er uns dazu verführen wollte, uns seine Magie genauer anzuschauen. Ich verkroch mich wie der Hund. Ich schloss die Augen, während mein Körper sich immer noch wiegte, und hielt mir die Ohren zu. Ich hatte dem Zauberer in die Ärmel geschaut, hatte sie leer gefunden, hatte die Dunkelheit gesehen.

Winterreisende packen ihren Kofferraum voll mit Lebensmitteln, Daunenschlafsäcken, trockenen Kleidern, Kerzen, Büchern. In manchen Gegenden liegen die Städte hunderte von Meilen weit auseinander, und ein Auto, das von der Straße abkommt, wird zu einem weißen Buckelhaufen in einer weißen, winddurchfegten Schneelandschaft. Manche Alten und die meisten Desillusionierten tragen im Winter eine Waffe; sie sind dem Tod so nah, dass ihnen allenfalls noch die Wahl bleibt, durch welche Tür sie eintreten wollen. Sie stellen sich vor, dass es ihnen lieber wäre, ihr Herz anzuhalten, solange das Blut noch heiß ist. Sie stellen sich vor, sterbend ihre Herausforderungen in den Sturm zu schreien.

Es gibt Geschichten über Frauen – besonders über Pionierfrauen, die von ihren Männern verlassen wurden –, die aus ihren rohen Erdlöchern in der Prärie taumelten und sich auf einem kahlen Stück Boden umbrachten. Ich frage mich, ob sie schweigsam und entschlossen waren oder ob sie schrien und mit beiden Armen in den Wind schlugen, in den pfeifenden Wind, der ihre Köpfe umwirbelte. Auf den Zetteln, die sie hinterließen, stand oft nur: »Der Wind. Ich konnte den Wind nicht mehr ertragen.« Kein Wort der Liebe oder des Bedauerns, nur eine Erklärung. Eine private Grabinschrift von verwehten Empfindungen, mit einem verkohlten Stück Feuerholz auf braunes Papier oder Pappe gekritzelt.

Mit seiner Selbstmordrate konkurriert Wyoming alljährlich um Platz eins unter allen Bundesstaaten. Es ist der Wind, der unsere Segel in diesem Wettkampf schwellen lässt. Seine Einsamkeit bohrt sich tief in unser Gefüge, und wir tragen sie als Abzeichen. Unsere Decks sind leer, blank gescheuert und frei von allem außer der Verzweiflung. Jedes Frühjahr kommen wir hervor, verwittert, vom Wind verbrannt, zerbrechlich, und einige von uns sind aus freien Stücken über Bord gegangen. Ich frage mich, ob die Staaten in unserem Windschatten leiden. Ich frage mich, ob Nebraska und South Dakota verwüstet sind, wie von saurem Regen verwüstet durch die Hoffnungslosigkeit, die über Wyomings Hochebenen herabgefegt und ostwärts getragen wird. Malen Winde ein Muster von Selbstmorden? Werden unsere Nachkommen ihre Vergangenheit erforschen und feststellen, dass sie für demografische Muster einer psychischen Verwüstung verantwortlich sind? Wird man Wyoming irgendwann verklagen? Werden die Kläger sich als unglückliche, misshandelte Windschattenbewohner darstellen?

An der Landstraße zwischen Belfry und Red Lodge, Montana, liegt das Städtchen Bear Creek: Bar, Postamt, eine Hand voll verstreute Häuser und Containerbungalows. Die Hügel, die vom Bach her ansteigen, sind großenteils ausgekohlt, die Minen sind verlassen, die Eingänge verbarrikadiert. An dieser Straße, gleich vor der Stadt, steht ein verschrammtes Holzschild zum Gedenken an das Unglück in der Smith Mine. Es erinnert an die Abschiedsworte, die zwei in dem eingestürzten Stollen eingesperrte Männer in ihren letzten Augenblicken verfassten. Auf dem Schild steht: »Walter und Johnny. Goodbye, Frauen und Töchter. Wir sind eines leichten Todes gestorben. Alles Liebe von uns beiden. Seid brav.«

An dem Tag, als ich anhalte und das Schild lese, bin ich müde; ich bin unterwegs gewesen, meine Empfindungen sind verdreht und dicht unter die Oberfläche gestiegen. Der Tod der beiden trifft mich, als wäre es der Tod meiner eigenen Verwandten. Ich weine ein bisschen. Ich bin allein und versuche nicht, es zu unterdrücken. Das Bild der beiden Männer, Freunde, zusammengekauert und verzweifelt in der Dunkelheit, wird so lebendig, dass es ist, als verdunkelte sich mein Auto, als werde es so gründlich finster wie in einer Laterne, deren Flamme ausgeblasen wird. Mir ist, als würde ich unvermittelt in einen dunklen Schacht gestürzt, ich spüre das Unbehagen des Schwindels, und die Luft wird dick vom Mangel an Sauerstoff. Ich denke daran, auf wie viele verschiedene Arten Menschen sterben. Ich denke an Mut und Entschlossenheit. Ich denke, wenn Walter und Johnny die Mine überlebt hätten, dann hätte der Wind, jeder Wind, sie glücklich gekitzelt, ihnen jeden Augenblick eines jeden Tages verzuckert. Ich sehe sie im Wind stehen und ihn kauen, als wäre er eine Mahlzeit für sie. Meine Augen sind klar. Ich fühle mich schlaff, kümmerlich, beinahe erstickt und nur allzu menschlich. Meine Gelenke schmerzen. In meinem Kopf hämmert es.

Ich fahre nach Hause und bin dankbar für den Schmerz. Wyoming hat mich gelehrt, für Schmerzen dankbar zu sein. Es gibt Schmerzen, die den Körper retten, und es gibt Schmerzen, die retten die Seele. Ich traue-re um zwei Fremde. Ich bin rein und frei von Vorurteilen und Rücksichten. Ich bin wach. Schmerz kennt keine Langeweile. Wer sich in Schmerzen windet, seien es körperliche oder seelische, fragt sich nicht, warum er nicht berühmt ist, macht sich keine Sorgen, weil ihm die Haare ausfallen, schert sich nicht darum, dass sein Auto durchgerostet ist. Eitelkeit und Ehrgeiz kriechen in Deckung.

Ich denke an die Wahl, die man hat, und fege die vielen verschiedenen Möglichkeiten zu zweien zusammen: kämpfen oder kapitulieren. Ich denke an Walters und Johnnys Kampf – an ihre Kapitulation. Ihre Tafel lässt vermuten, dass sie so etwas wie Frieden gefunden haben. Ich frage mich, ob sie ihr letztes Elend gesegnet haben, weil es das Ende für ein Leben voller Elend bedeutete. Sie dachten an ihre Frauen und ihre Kinder. Sie versuchten sie zu trösten. Sie zeigten sich ihrem Tod gewachsen. Sie wollten den Schmerz ihrer Liebsten lindern.

Ich stelle mir vor, wie sie einander vielleicht bei der Hand hielten, wie sie lächelten, wenn die Kraft noch reichte, und wie sie sich auf dem Wind erhoben, jeder für sich, fort von aller Sorge, hinaufgetragen von einem letzten Aufwind der Gnade. Das ist eine Vorstellung, die mir hilft, ihr Sterben zu verkraften. Es ist das erste Mal, dass ich mir Wind und Güte zusammen vorstellen kann. Ich wünschte, Walter und Johnny wäre noch ein Jahr vergönnt gewesen. Ich wünschte, sie hätten bei offenem Fenster schlafen können.

»Es gibt mehr als eine Möglichkeit, verrückt zu werden«, sagt mir ein Freund. Er ist jetzt Ende sechzig, ein bekannter Maler. Er hat sich das Malen in einer langen Genesungszeit selbst beigebracht; ein Pferd war auf ihn gefallen und hatte ihm das Becken gebrochen. Sein Name ist George.

Vor Jahren sind George und ich des Öfteren zusammen in die Red Desert gefahren, die Wüste in der Mitte des Staates, um Jade zu suchen: Meilenweit wanderten wir dort umher, den Kopf in den Wind gesenkt, bückten uns nach viel versprechenden Steinen und schlugen mit unseren Hämmern ihre Schale auf. Prospektoren. Ich erinnere mich, dass wir Schwefel auf unsere Jeans streuten, um die Zecken fern zu halten, und trotzdem mussten wir jeden Abend ein Dutzend ausbrennen, die ihre Köpfe in uns vergraben hatten. Klapperschlangen gab es auch, aber vor allem erinnere ich mich an die sanften Apfel- und Smaragdtöne der Jade. An den Wind erinnere ich mich nicht. Wie bei den Männern, die stundenlang in eiskalten Bergbächen hockten, um Gold zu waschen, überwog die Habgier mein Wohlbefinden.

»Was mich auflöst, ist der Wind«, sage ich zu George.

»Er gibt mir das Gefühl, ich falle auseinander.« Ich bin stolz auf so viel Offenheit.

»Am Arsch«, sagt er und macht eine Pause, um auszuspucken. »Wenn der Wind irgendjemanden aufribbeln könnte, dann hätte er Monty aufgeribbelt. Kam Monty dir irgendwie zerfranst vor?« Wir lehnen an seinem Laster, hängen mit dem Hintern auf der abgerundeten Kante der heruntergelassenen Heckklappe. Er zündet sich eine Zigarette an, wölbt die Hände um das Streichholz. Der Wind fächert den Rauch auf und treibt ihn nach Osten. George bricht das Streichholz mitten durch und wirft es sich vor die Füße.

Wenn George und ich nach Jade suchten, stiegen wir bei einem alten Junggesellen namens Monty ab. Er war Ende siebzig und wohnte allein in einem Wohnwagen auf einer Terrasse, die er selbst mit einem Bulldozer in eine Bergflanke vor Jeffrey City gefräst hatte. Jeden Tag arbeitete er auf seinem Claim an diesem Hang, schürfte mit seiner Planierraupe eine Spur auf und kletterte herunter, um zu sehen, was für Steine er aus der Erde gewühlt hatte. Sein Badezimmerspiegel war eine Platte aus schwarzer Jade, die so makellos und blank war, dass ich mich zweimal morgens davor rasierte, bevor mir klar wurde, wie wertvoll sie war. Monty freute sich über Gesellschaft wie ein ausgesetztes Haustier, und sein Gesicht war zu einem ewigen Grinsen verzogen.

Er war vor Jahrzehnten von seinem Bulldozer überfahren worden und krumm zusammengewachsen wie ein Wacholderzweig auf einem ungeschützten Grat. Er bewegte sich schlurfend voran, mit einem Stock in jeder Hand, den kahlen Kopf hoch erhoben und grinsend, und seine Augen tränten und funkelten. Seine abstehenden

Ohren füllte die leiseste Brise. Er war dunkel wie ein alter Kojotenköttel. Abgesehen von gelegentlichen Fahrten in die Stadt, um sich mit Lebensmitteln zu versorgen oder in der Snackbar zu essen, bestand seine einzige Unterhaltung in den monatlichen Besuchen einer Arapaho-Frau aus Riverton. Sie machte seinen Wohnwagen sauber und besorgte die Wäsche. Monty deutete an, sie sei eine höchst überschwängliche Seele, die darauf brenne, *alle* seine Bedürfnisse zu erfüllen, aber George und ich hatten Mühe, uns so viel Altruismus vorzustellen.

Er arbeitete sieben Tage in der Woche und dümpelte da draußen in einem brutalen Wind. Und jede Nacht im Schlaf wurde er geschaukelt vom selben Wind. Der Wohnwagen war mit halbzölligen Stahltrossen an der Bergflanke verankert, um zu verhindern, dass er in Trümmer ging. All das nahm er klaglos hin. George meinte, man könne Monty seine Andeutungen von einer Affäre nachsehen. Er lebte weit genug entfernt vom Rest der Menschheit, um sich vielleicht sogar für hübsch zu halten.

»Vielleicht ist es eine gute Regelung«, meinte George. »Wenn du dem Wind nicht die Schuld geben könntest, würdest du vielleicht auf deine Frau losgehen. Oder alles auf deine Arbeit schieben.«

»Dir macht er nichts aus?« Ich bin belämmert. Ich denke an Monty.

»Wind, Wasser und Würmer.« Er schaut mich geradewegs an und macht um der nahe liegenden Wirkung willen große Augen. »Lernt man in der Grundschule. Die drei Hauptgründe für Erosion. Vermutlich hast du auch Wasser und Würmer auf dem Kieker?«

»Wasser mag ich. Über Würmer habe ich noch nicht nachgedacht.«

»Was mir auf die Nerven geht, sind Leute, die über den Wind meckern.« Er schaut wieder weg. »Wieso jammerst du nicht über etwas, was du ändern kannst?«

Er schiebt sich weiter nach hinten, setzt sich auf die Heckklappe und lässt die Beine baumeln. Wir schweigen, während er raucht. »Ich hab mal versucht, Selbstmord zu begehen.« Das sagt er leise. Er studiert die Wolkenschatten, die in den Canyons im Norden versinken und wieder hochkommen. »Hatte aber nichts mit dem Wind zu tun.«

Er kneift die Augen zusammen, als er an der Zigarette zieht. Sein Gesicht ist rissig, von tiefen Falten durchzogen. Er scheint mir zu sehr Teil der Erde zu sein, um sie verlassen zu wollen. Er lässt den Zigarettenstummel fallen, stellt sich hin und zerreibt ihn mit der Stiefelspitze. Er streckt sich. »Hab beim ersten Mal daneben geschossen.« Er dreht sich zu mir um und lächelt. »War so erschrocken, dass die nächsten drei Schuss hintereinander ins Gebüsch gingen.« Glucksend wendet er sich ab und geht nach vorn zum Fahrerhaus.

An diesem Nachmittag gehe ich zu Fuß aus dem Haus. Ich versuche den Wind zu genießen. Er kommt von Norden, weht mir in den Rücken. Das spärliche Gefieder aus Präriegras biegt sich nach Süden, fegt gefächerte Muster in den sandigen Boden. Ich denke an Monty und an George. Schwarze Käfer vergraben die Köpfe, als ich vorüberkomme. Eine ungewöhnlich hellgrüne Klapperschlange ist ins Gestrüpp eines niedrig wachsenden Beifußbusches geflochten. Es sieht aus wie eine primitive Weihnachtsdekoration. Sie macht sich nicht die Mühe, sich zusammenzurollen und warnend zu sirren. Dreht bloß das stumpfe Gesicht und beobachtet mich. Zwei Gabelböcke fliehen nach Westen. Der Wind sträubt das braune Fell auf ihren Flanken. Ich habe drei Plastiktüten von den Spitzen der Beifußpflanzen gepflückt und in die Tasche gesteckt. Die Gemeindemüllkippe liegt fünf Meilen windaufwärts. Ich laufe durch die Abwurfzone.

Ich komme in eine trockene Rinne und folge ihr, ersteige einen Höhenrücken, der von windgestutzten Kiefern und Wacholdersträuchern durchbrochen ist, übersät von den Vorsprüngen windgeformter Sandsteinmonolithen. Wenn der Wind sich nur ganz leicht dreht, verschiebt sich auch der Ton seines Pfeifens zwischen den weichen, aufrechten Steinen. Ich schaue hinaus über die Hochebene. Sie erstreckt sich frei über fünfzehn Meilen bis zum Carter Mountain. Kahl erhebt sich der Berg, schwarzer Fels und weiße Felder von Winterschnee. Ein dreidimensionales Rorschach-Bild. Der Schnee wird gewaltsam zu Straußenfedern aufgetrieben, Scheinwolken, die durch Luftströmungen in großer Höhe von den Steilwänden des Bergs geschleudert werden. Wind, denke ich wieder.

Ich setze mich an einen Sandsteinvorsprung, wende dem Wind das Gesicht zu und atme tief. Es durchkühlt mich bis zur Gürtellinie, von innen nach außen. Der Frühling muss sich hier plagen. Das einzige Grün liegt schüchtern in den Mulden, die verwehten Schnee enthalten haben. Der Fels ist von Flechten fleckig verfärbt: schwarz, orange, rostrot und weiß. Sie blättern ab wie alte Farbe.

Der Sandstein in meinem Rücken ragt sechs Meter hoch auf und ist gewölbt. Mulden und Kerben sind unterschiedlich flach und tief und von wechselndem Umfang: Weicheres Gestein hat die Arbeit des Windes über Jahrhunderte hinweg erleichtert. Er spielt ein mühsames Lied, der Wind auf dem Felsen: eine Steinzeitorgel, wenn der Wind von Norden weht. Ich schließe die Augen und lausche nach einer Melodie. Ich denke an die Erwägung, der Wind selbst sei der Chor der versammelten Toten. Ich frage mich, ob es die Toten danach verlangt, ihrer Trauer Ausdruck und Stimme zu verleihen. Ich frage mich, ob sie sich selbst überzeugen müssen, dass sie nicht mehr um ihren Anteil an der Luft kämpfen müssen. Vielleicht ist der Wind tatsächlich ihr Klagelied? Vielleicht ist er auch ihre Freude?

Ich versuche noch aufmerksamer zu lauschen. Meine Augen sind noch geschlossen, und ich konzentriere mich auf das gewaltsame Ausatmen, auf das Einatmen der kühlen Luft, die bis auf den Grund meiner Lunge gehämmert wird. Ich höre die Toten nicht und auch nicht den lebenden Fels. Ich höre meinen eigenen Atem und bin für einen Augenblick ganz zufrieden, für einen einfachen Augenblick der Konzentration.

In dieser Nacht träume ich mich außerhalb meines Fleisches; ich schaue hinein, stehe abseits von meinem Körper, unberührt von den Winden, und ich studiere meine schlafende Gestalt, als wäre ich in eine alte Nachbarschaft zurückgekehrt und stände nun vor einem Haus, in dessen Fenstern kein Licht brennt. Das Bewusstsein, dass ich so flüchtig wie der Wind bin, erschreckt mich. Ich bin erschrocken und erregt angesichts solcher Beweglichkeit, erschrocken, dass ich meinen Körper bewohne, als wäre er eine abgebrochene Felszinne, lebendig vielleicht, wie ein Riff lebendig ist, aber doch ein Zuhause, in dem ich mittlerweile eine Art Lied singe, ganz allein für mich. Dabei fühle ich ein ganz ungewohntes Behagen – und Neugier. Nicht weil ich behaust bin, sondern weil ich weiß, dass es mir in diesem Augenblick ganz gewiss freisteht, mein Haus zu verlassen.

Ich schrecke aus dem Schlaf hoch. Ich sitze aufrecht im Bett, im Dunkeln, und atme schwer. Meine Panik ist der einzige Beweis, den ich habe, dass mein Traum zutrifft. Ich schalte das Licht ein. Es lässt mich vollständig in meine Haut zurückschrumpfen. Ich starre meine Hände an, strecke und krümme sie. Genauso schnell, gerade noch über das aufwärts gewandte Antlitz der Landschaft geweht, bin ich als nackter Mann zurückgekehrt und sitze mit verkrampftem Rücken im Bett in Wyoming mitten in der Nacht. Meine Frau schläft neben mir, regt sich, wacht aber nicht auf. Ich berühre ihr Haar und fühle die Wärme ihrer Haut an meiner Hand. Fühle, wie abgeschnitten ich von ihren Träumen bin. Der Wind arbeitet am Haus, sodass ich die Balken ächzen höre.

Ich denke daran, sie zu wecken, mit ihr zu schlafen, aber mir ist klar, dass ich es als religiösen Akt meinen würde, und vielleicht betet sie nicht im Schlaf. Gewiss ist es nicht ganz und gar schlecht, mit ihr zu schlafen, um Gott zu ködern. Ich lächle und frage mich, wie viele Leute es gibt, die sich gerade deshalb paaren, weil sie über ihre sterbliche Hülle hinauswachsen wollen. Fünfhundert? Tausend? Sicher Asketen, keine Freigeister, und ich habe jung mit dem Trinken angefangen.

Ich streife meinen Bademantel über und knipse das Licht aus. Ich setze mich im Dunkeln an den Küchentisch und starre in die mondgebratene Ebene hinaus, die sich vor dem Haus erstreckt. Es ist Frühling. Der Mond ist so hell, dass nur die nächsten Sterne sichtbar sind. Der Beifuß wirft Schatten gegen den Wind. Die Schatten bewegen sich wie Katzen, die sich zum Schlafen zusammenrollen.

Unsere einzelne Pappel rasselt; sie hat noch kein Laub, und ihre Schatten sind ein Spiel von dunklen Linien: ein Schwertkampf, bei dem man nur die Schwerter sieht. Ich stehe am Fenster und denke mir, dass es darum geht, den Traum zu behalten, wenn man ins Wachsein hinaustritt: in meiner Haut ehrlich lebendig zu werden. Ein Fenster steht offen, denn die Nacht ist warm. Papier raschelt. Mein Haar hebt sich und fällt, und ich lächle und gleite zurück, ganz wach, ganz meiner selbst bewusst, weg von meinen Träumereien. Ich bin wieder ein Mensch, erfüllt von gewöhnlichen Ängsten und Sehnsüchten. Aber ich höre den Wind nicht, und er ist doch da, rings um das Haus herum und ein bisschen auch im Zimmer. Ich habe einen kleinen Anteil daran, wie er die Schatten zum Leben erweckt, sie tanzen und sich strecken lässt. Ich glaube nicht, dass sie etwas dagegen haben.

Rückstoß

Der Beifuß ist ausgebleicht zu Olivgrün, Aquamarin und Grau. Die Erde ist blass und zerfurcht: eine abgeschliffene Schicht aus Bentonit und Alkali, marmoriert wie eine vulkanische Patisserie von kommaförmigen Hyperbeln aus Kieselerde, Kalk und Asche. Das Präriegras vom letzten Jahr ist spärlich verstreut; spröde wie vertrocknete Gänsekiele, gebrochen vom Wind, überlebt es von Jahr zu Jahr mit den wenigen Spuren von Nährstoffen. Dies ist Hochland, kein Tiefland. Feuchtigkeit ist rar, und nichts kann sie halten. Du hackst mit dem Stiefelabsatz in den Boden, und innerhalb von sechs Zoll stößt du auf das Sandsteinsims, auf dem du stehst. Die Opuntie ist zur Farbe von Armeeunterwäsche verwittert, vernarbt und zu dunklen Krusten verheilt. Zwölf Schritt vor uns steigt der Sandstein zu einer Reihe von bröckelnden Bastionen an, graubraun mit Streifen von Terrakotta. Ein einzelner lebender Wacholderstrauch steht vor einem Monolithen von südwärts gewandtem Stein, wie von einem Spalier gestützt, wie ein einsamer Wächter, der auf bessere Zeiten wartet.

Der Wind kommt von Norden, beständig, aber nicht bedrohlich. Der Himmel hat die Farbe von rohem Leinen. Die Sonne ist verschwommen, wie eine Löwenzahnblüte verschwommen ist, wenn man sie durch ein Dutzend Chiffonbahnen betrachtet. Wärme gibt es nicht. Schneeflocken treffen auf das Gesicht wie Insekten. Es sind kleine Unwettersplitter, fast ohne Feuchtigkeit: Ein ganzer Eimer davon erbrächte kaum mehr als einen Teelöffel Flüssigkeit.

Im Osten verschwimmen die Bighorn Mountains am Horizont, gefühllos gefroren an diesem Januartag. Bei diesem Wetter, in diesem Licht, erscheinen sie wie die stofflose Andeutung eines verlorenen Landes, unerreichbar wie die Küste von Atlantis. Sie beben in der Kälte, fallen schließlich ab und verbreitern sich am nördlichen Ende zu den geringeren Höhen der Pryor Wild Horse Range. Ich denke an die wilden Pferde dort, die zu kleinen Familiengruppen zusammengedrängt Schutz vor dem Wind suchen, zottige Farbpuzzles, die sich versammeln, um ihre Wärme zu einem kärglichen Ganzen zu vereinen: Schecke, Fuchs, Pinto, Rotbrauner, Rappe, Graufalbe, Apfelschimmel. Ihr Atem mischt sich zu Wolken, die Haare an ihren Mäulern sind weiß bereift, ihre Wimpern ebenfalls. Hammerköpfig, ramsnasig, hirschhalsig, halten sie ihre Jährlinge in der Mitte des Haufens, eingezäunt durch ihre unvollkommenen Körper, vollkommen sie alle in ihrer unbeschränkten Freiheit.

Im Norden und Westen präsentieren sich Beartooths und Absarokas nur in meiner Erinnerung. Der Rand einer Wetterfront aus Kanada ist herangerollt und hat sie verschluckt. Wir werden als Nächstes an die Reihe kommen. Die arktischen Luftmassen senken sich auf uns herab wie der auf Bewährung freigelassene Geist einer Eiszeit.

Ich schaue auf den Jungen hinunter. Er trägt weder Mütze noch Handschuhe. Man hat ihn ermahnt, wärmere Sachen mitzubringen, aber er war zu aufgeregt, um auf solche Ratschläge zu hören. So trägt er nur eine billig gefütterte Jacke mit einer Reklame für eine Baseballmannschaft aus Cleveland. Die Jacke ist bis unters Kinn zugeknöpft. Es ist reines Glück, dass er gute Stiefel angezogen hat. Sein Gesicht und seine Hände sind rot und werden bald weiß. Er friert, aber er lächelt, als erinnere er sich an das Antlitz Gottes, und zwar lebhaft. Ich nenne ihn den Wikinger, seit seiner Geburt. Es liegt an seiner Energie, an seiner stoischen Art – er erträgt Schmerz so klaglos wie ein Tier –, dem ungezügelten Enthusiasmus, mit dem er sich in jede Episode seines Lebens stürzt.

»Versuch's noch einmal«, sage ich zu ihm.

Er hebt den Gewehrkolben in die Achsel, legt den Kopf schräg und schmiegt die Schläfe oben an seinen Daumen, wo er das Gewehr umfasst, dicht über dem Abzugsbügel; er hält den Atem an, und der Lauf schwankt. Er ist erst sieben, nicht sehr groß für sein Alter, und er tut sein Bestes. Er schießt. Er verfehlt die Tomatendose, der Schuss geht hoch darüber weg, und grobe Erde spritzt auf. Er pumpt die nächste Patrone in die Kammer und schießt noch einmal. Die Dose kippt um, rollt ein Stück und kommt an einem Büschel Beifuß zur Ruhe. Er ist jetzt seit vierzig Minuten dabei. Er hat gerade so viele Dosen getroffen, dass er weitermachen will.

Meine Frau und ich waren am Spätnachmittag zu dem Jungen nach Hause gefahren, um ihn abzuholen, wenn er aus der Schule käme. Uns blieben noch anderthalb Stunden Tageslicht. Er und sein Vater waren schon bereit. Wir warfen den Sack mit den leeren Dosen hinten auf den Pick-up, und dazu einen Plastiksack mit Müll. Wir sind praktische Leute. Es hat keinen Sinn, sich eine Stelle zum Dosenschießen zu suchen, wenn man nicht auch den Abstecher zur Müllkippe macht. Unterwegs halten wir also dort an.

Ich hatte eine .22er Pump Action mitgebracht. Ich zeigte dem Jungen, wie man sich vergewissert, dass die Waffe ungeladen ist, bevor ich ihn damit hantieren ließ. Ich fand es interessant zu sehen, wie er die Hände auf den tatsächlichen Stoff seiner Träume legte. Ich fragte mich, was ich wohl in die Hand nehmen könnte, das mir dazu verhelfen würde, seine Erregung zu spüren. Vielleicht ein Kind? Aber meine Frau und ich haben beschlossen, keine Kinder zu bekommen. Ich nahm mir vor, die Frage eines Hobbys noch einmal in Betracht zu ziehen, aber ich konnte mir nicht vorstellen, dass es derart prickelnd sein könnte, einen Golfschläger anzufassen. Ich begnügte mich damit, den Jungen zu beobachten. Seine Freude machte mich so glücklich, wie ich es seit Monaten nicht gewesen war.

»Was ist das für eins?«, fragte er.

»Ein .22er.«

»Winchester?«

Sein Vater zuckte die Achseln. Er hat ebenso wenig Ahnung wie ich, woher der Junge die verschiedenen Gewehrfabrikate kennt.

»Es ist ein Remington«, sagte ich. Er machte ein enttäuschtes Gesicht. »Mein Vater hat es mir geschenkt«, fügte ich hinzu.

Das drang anscheinend zu ihm durch. »Wie alt warst du da?«

»Ungefähr zehn.«

Er nickte und strich mit der Hand über den Kolben. Das war der Augenblick, wo er Mütze und Handschuhe vergessen hat. Wir alle beobachteten ihn, sein Vater, meine Frau, ich. Keiner von uns erinnerte ihn ein zweites Mal, und jetzt erwischt es ihn hier draußen im Freien, und dieser eisige Spätnachmittag arbeitet sich langsam in seine Knochen hinein.

»Ist dir nicht kalt?«, fragt sein Vater.

»Geht schon.« Er dreht sich nicht einmal um. Sein Vater und meine Frau stehen hinter ihm. Sie tragen Handschuhe, Skimützen, dicke Jacken, und sie frieren. Wir alle können seine Aufregung nur bis zu einem bestimmten Grad absorbieren. Ich schlage den Kragen meiner Jacke hoch.

Als wir das Haus verließen, wehte kein Wind. Die Sonne schien kraftlos und ließ schräge Tümpel von mittwinterlichem Licht entstehen. Auf dem Asphalt sah man Flecken, wo das Eis zu schmelzen anfing. Es war grell, und wir klappten die Sonnenblenden im Wagen herunter. Wir waren zu viert in der Fahrerkabine und brauchten die Heizung deshalb nicht hochzudrehen. Das alles hat sich geändert, bis auf den Überschwang des Jungen.

Ich schaue den Vater des Jungen an. Er stampft mit den Füßen; seine Nase läuft, und der Tropfen gefriert auf seiner Oberlippe. Meine Frau hat die Hände zwischen den Knöpfen unter ihre Jacke geschlängelt, um sie warm zu halten.

»Noch eine Ladung«, sage ich zu dem Jungen.

Er reicht mir das Gewehr und sprintet zu dem Dutzend Blechdosen, die wir vor dem Hang aufgereiht haben, um sie auf Kugellöcher zu untersuchen. Ich fange an, die fünfzehn Patronen in das röhrenförmige Magazin zu schieben. Ich habe den Handschuh ausgezogen, und meine Finger werden in der Kälte dick. Ich pumpe eine Patrone in die Kammer und lege die Sicherung um. Der Junge ist wieder da. Er klappert mit den Zähnen, aber das Lächeln ist noch immer in seinem Gesicht.

»Die meisten hab ich getroffen«, sagt er. »Mindestens einmal.«

»Allmählich ist es mir egal«, sage ich. Ich lege ihm eine Hand an die Wange und ziehe sie wieder zurück. Seine Haut kommt mir kälter vor als der Gewehrlauf.

»Ich bin nicht müde«, sagt er.

»Ich aber.«

Wir alle drehen uns um, als wir hören, wie der Motor des Pick-ups angelassen wird. Meine Frau sitzt in der Fahrerkabine. Sie winkt. Wir hören, wie die Heizung läuft.

»Mir ist auch nicht kalt«, sagt er. »Wirklich nicht.«

»Du bist nicht der Einzige hier draußen.«

Er nickt und schaut zu meiner Frau hinüber, während er mir das Gewehr aus der Hand nimmt. »Wenn ich die alle verschossen habe, ist Schluss?« Er beklagt sich nicht, überprüft nur seine Informationen noch einmal. Das ist ihm lieber. Er räumt Erwachsenen das Vorrecht ein, ihre Meinung zu ändern, wenn es in seinem Interesse ist.

»Ich denke ans Abendessen«, sage ich. »Bei diesem Wetter verbraucht man massig Kalorien.«

Er nickt wieder. Er fragt nicht, was Kalorien sind. Er klemmt sich das Gewehr hoch oben zwischen Arm und Rippen, legt den Kopf zur Seite, um zu zielen, geht methodisch auf die Dosen zu und feuert so schnell, wie er kann. Die leeren Hülsen fliegen im Bogen nach rechts; sie funkeln matt in der gefrorenen Luft. Fünfzehn Schuss. Drei Blechdosen am Boden. Der aschgraue Hang an einem Dutzend weiteren Stellen zernarbt. Mir ist so kalt, dass ich nicht versuche, mich in seine Attacke einzumischen. Er sichert das Gewehr und dreht sich um. Er hält es mit beiden bloßen Händen und lächelt heroisch: ein Plakatkind, das zeigt, warum man junge

Männer überreden kann, in den Krieg zu ziehen. Er hat angegriffen und ist unverletzt geblieben. Der Feind ist in Auflösung.

»Denen hab ich's gezeigt«, sagt er. Seine kriegerischen Phantasien haben seine Augen zum Leben erweckt. In diesem Jungen, im Wikinger, liegt die Andeutung eines Berserkers. Ein Glück, dass er von geduldigen, vernünftigen Eltern zur Welt gebracht wurde.

»Gezeigt hast du, dass du noch eine Lektion im Umgang mit diesem Gewehr nötig hast.«

»Ich habe doch in Wirklichkeit niemanden verletzt.«

»Das sag mal den Dosen.«

»Das sind Dosen«, sagt er, ehrlich perplex.

»Und was waren sie gerade?«

Er schaut auf das Gewehr hinunter und dann zu mir auf. Er vertraut mir, und er ist kein verlogener Junge. »Der Feind«, flüstert er. Er kennt den Unterschied zwischen der Brutalität des wirklichen Lebens und der Brutalität des Entertainments. Er weiß, er ist soeben in einen Cartoon getreten und wieder herausgekommen. Er sieht keinen Grund, weshalb er die Freude verhehlen sollte, die es ihm bereitet hat.

Er gibt mir das Gewehr und hilft seinem Vater, die verstreuten Blechdosen einzusammeln und in den braunen Sack zu tun.

Er ist als Letzter beim Wagen und kommt nur langsam; er untersucht die Dosen im Sack, holt sie einzeln heraus, hält jede auf Armeslänge vor sich, späht mit schmalen Augen durch die Schusslöcher. Als ich mich umdrehe, damit er sich hinter den Sitz zwängen kann, lässt er den Sack fallen und umarmt mich. Seine Wange schmiegt sich an meinen Gürtel, seine Arme umschlingen meine Taille. Er sagt: »Danke.« Seine Ohren und seine Nase sind rot wie bei einem Clown.

Auf der Heimfahrt sitzt er auf der Bank, die man in der Fahrerkabine des Pick-ups hinter den Sitzen herunterklappen kann. Meine Frau sitzt bei ihm. Sie hat ihre Jacke ausgezogen und ihn darin eingewickelt. Die Wärme im Wagen treibt die Kälte in seinen gefühllosen Muskeln nach innen. Er zittert. Das ist ihm keine Last. Lästig war es ihm nur, sein Spiel aufzugeben. Als er aufschaut und sieht, dass ich ihn im Rückspiegel beobachte, lächelt er wieder. Seine Nase läuft, und sein Vater reicht ihm ein Taschentuch. Meine Frau legt ihm die gewärmten Hände auf die Ohren. Er putzt sich die Nase.

Nichts in der Landschaft scheint lebendig zu sein, nur der zunehmende Wind und der Schnee. Und dann kommen wir unter einem rostbraunen Habicht vorbei, der oben auf einem Telefonmast hockt. Es ist ein großer Vogel, ungefähr einen halben Meter hoch. Er dreht den Kopf, und seine gelben Augen beobachten uns, als wir vorbeifahren. Seine Brustfedern plustern und glätten sich im Wind. Er hofft auf sein Glück, hält Ausschau nach bangen Nagetieren, die in letzter Minute noch Besorgungen zu erledigen haben, ehe das nahende Unwetter über uns herfällt. Ich habe die Heizung auf die höchste Stufe gestellt, und noch immer beschlagen die Scheiben. Ich wische sie mit dem Jackenärmel klar.

Mein Vater war Jäger. Überall im Haus gab es Gewehre und Leute, die damit umgehen konnten. Ich habe ein altes Album voll verblichener Schwarzweißfotos, auf denen ich neben den Leichnamen von Bären, Rehen und Hirschen posiere. Auf den meisten Bildern halte ich das

Gewehr meines Vaters für ihn, wie ein kleinwüchsiger Waffenträger: ein Lehrling. Er hat eine Hand auf meinen Kopf gelegt; mein Bruder reitet auf seinen Schultern.

Im Außenspiegel beobachte ich, wie der Habicht die Flügel ausbreitet, den Mast aus den Klauen lässt und auf dem Wind schräg nach Süden abdreht. Ich erinnere mich, wie ich meinem Vater geholfen habe, die Vögel sauber zu machen, die er im Herbst nach Hause brachte. Ich erinnere mich an die aufmerksamen Augen unserer Jagdhunde, große braune Augen, die uns beobachteten, als wären wir dabei, den Zauber des Fliegens neu zu erschaffen, statt ihn auseinander zu nehmen, die Hände glänzend vom Blut, Handgelenke und Unterarme mit Federn beklebt. Die Luft roch nach Blut, nach dem guten, schweren Aroma der aufgebrochenen Vögel. Ich erinnere mich, wie ich im Herbst beim Essen Schrot auf den Teller spuckte. Noch jetzt schmeckt mir Fasan besser als Huhn, und der scharfe Geschmack des Hirsches ist mir lieber als die Milde des Rindfleischs.

Ich habe meinen Vater ständig bekniet – wie dieser Junge den seinen –, ein Gewehr ausprobieren zu dürfen. Man hatte mir beigebracht, wie man mit Gewehren hantierte, wie man sie pflegte, aber ich hatte noch nie mit einem geschossen. Ich wollte mein Bild auf den Fotos ehrlich verdienen. Schließlich hatte mein Vater genug. »Welches Gewehr?«, fragte er. Ich war unschlüssig. Ich wollte so viel, wie ich bewältigen konnte. Ich wollte mich nicht besänftigen lassen.

»Such du eins aus«, sagte ich.

Es war nach dem Abendessen, im Sommer, und er war müde von der Tagesarbeit. Ich hatte vergessen, dass er mir das Schwimmen beigebracht hatte, indem er mich in einen

See warf; er hatte mich das Trinken gelehrt, indem er mir ein Wasserglas Bourbon eingeschenkt hatte. Er nickte nur, ließ ein Schrotgewehr Kaliber .12 aus seiner Hülle gleiten, füllte seine Jackentasche mit Patronen und ging den Feldweg hinunter zu einem Teich am Rande seiner Farm. Ich trabte neben ihm her. Es war ungefähr ein Jahr bevor wir nach Wyoming zogen. Die Farm lag im Westteil von Pennsylvania, der Teich war eher klein, der Abfluss verschlickt, sumpfig, schilfbewachsen, die vom Bach gespeiste Seite beinahe planiert und von dem Vieh, das zum Saufen herkam, zu einer narbigen, schwammigen Fläche zertrampelt. Ich liebte diesen Ort. Ich hatte mich hier am Ufer versteckt, um den Bisamratten zuzusehen, den klatschenden Landungen der Wasservögel.

Der Abend dämmerte. Die Glühwürmchen fingen eben an, die Luft mit ihren Zündfunken zu sprenkeln. Nebel stieg vom Wasserspiegel auf, und die Luft über dem Nebel wimmelte von Fledermäusen, die auf und ab flatterten und sich an Sommerinsekten mästeten. Die Erde schien vom Schrillen der Zikaden zu vibrieren. Gelegentlich brach ein Fisch durch die Oberfläche des Teiches; dann kräuselte sich das Wasser und fing das letzte Tageslicht ein. Ich stelle mir vor, dass auch unsere Gesichter dieses Licht eingefangen und festgehalten haben müssen, dass unsere Haut sich rosarot tönte, sanft leuchtend, ansprechend.

Ich schaue wieder in den Rückspiegel. Der Kopf des Wikingers nickt im Rhythmus des Wagens. Er wird allmählich warm und ergibt sich der Erschöpfung. Das Gewehr hält er aufrecht zwischen den Knien und fasst den Lauf mit beiden Händen. Sein Kopf ruckt hoch, und er greift das Gewehr fester. Er ist so konzentriert darauf bedacht, diese Aufgabe des Schießens richtig zu Ende zu bringen, dass er das Ding festhält, wie er vielleicht einen Schlagstock festhalten würde oder ein Kruzifix – mit derselben Art von Wachsamkeit. Er hat vergessen, dass wir auf dem Heimweg sind, dass er essen und ins Bett gesteckt werden wird. Er ist ganz aufgegangen in diesem Augenblick seines Lebens. Ich schaue ihn wieder an und sehe deutlich das Bild meines jüngeren Bruders als Junge. Es ist keine Halluzination. Er hatte den Wagemut dieses Jungen, dieselbe unbändige Fröhlichkeit, dieselbe Ehrfurcht vor jeder Tätigkeit, die ihn in die Phantasie entrücken konnte. Mungo nannten wir meinen Bruder, weil er regelmäßig mit bloßen Händen Klapperschlangen fing. So furchtlos war er, so bedenkenlos, so sicher, dass das Leben ihm nichts anhaben konnte. Und wie der Wikinger war er fasziniert von der Gewalt eines Gewehrs.

Ich schaue wieder auf die Landstraße. Der Schnee wirbelt über die eisglänzende Fläche. Das Licht ist fast vollständig vom Himmel verschwunden. Ich schalte die Scheinwerfer ein und erinnere mich daran, wie mein Vater in den Schlamm am Rand des Teiches hinausstapfte und mit dem Daumen die Patronen in das Schrotgewehr schob. Ein Browning. Ich hatte gefragt. Ohne zu stocken, schwang er den Kolben an die Schulter und feuerte zweimal, und ich sah, wie zwei Fledermäuse in Spiralen ins Wasser fielen; die eine flatterte noch ein bisschen, ehe sie ertrank und leblos ausgebreitet auf dem Wasser schwamm. Der Knall der Schüsse schwoll an und hallte durch die schwüle Luft.

Mein Vater pumpte die letzte Patrone in die Kammer und winkte mich zu sich. Er reichte mir das Gewehr, stellte sich neben mich und sagte: »Schieß eine Fledermaus.«

Ich war ein kleiner Junge – so groß wie der Junge bei meiner Frau auf dem Rücksitz –, und das Gewehr war so schwer, dass ich es nicht ruhig halten konnte, aber ich versuchte es. Mein Wunsch war wahr geworden. Die Aussicht, das Ding abzufeuern, erregte mich, aber ich hatte auch Angst, meinen Vater zu enttäuschen. Es waren so viele Fledermäuse in der Luft, dass es mir unmöglich erschien, keine zu treffen. Das gab mir Mut. Ich stemmte den Kolben in meine Schulter, und mein rechter Arm war gerade lang genug, um den Abzug zu erreichen; ich lehnte mich zurück, um den Lauf zu heben, und schoss. Der Rückstoß wirbelte mich einmal ganz um mich selbst, ich flog rücklings in den Schlamm und streckte alle viere von mir. Genau wie die abgestürzte Fledermaus.

Mein Vater kam zu mir und hob das Gewehr auf. »Vielleicht waren wir damit ein Jahr zu früh«, sagte er.

»Habe ich eine Fledermaus geschossen?«

»Nein.«

»Habe ich etwas getroffen?«

»Du hast ein Loch in den Himmel geschossen.«

Es war ein weiter Weg nach Hause. Am nächsten Morgen war meine Schulter lila und gelb angeschwollen. Eine Woche lang tat es weh, wenn ich den Arm hob. Ich zeigte diese Verletzung den anderen Jungen in der Schule wie eine Trophäe. »Ein Schrotgewehr«, sagte ich. Das war es wert.

Ich parke den Wagen, und der Vater des Wikingers und ich sehen zu, wie der Junge ins Haus geht. Er ist wacklig auf den Beinen, und das ist ungewöhnlich. Er ist so erschöpft, dass er ganz ungeschickt wirkt. Sein Vater umfasst meine Schulter, wie Männer es tun, wenn sie einander gern haben. Er ist ein sanfter und doch entschlossener Mann, ein Maler, ein geliebter Freund. Ein Teil seiner selbst ist überrascht von der Faszination, die das Schießen in seinem Sohn erweckt. Er ist ein aufmerksamer Vater. Sein Sohn war schon als Säugling bei ihm in seinem Atelier. Das erste Spielzeug, das er dem Jungen gebaut hat, war eine Staffelei. Er hat ihm das Gefühl für Farbe und Komposition beigebracht, für Schönheit – und doch will der Junge schon seit Jahren mit einem Gewehr schießen.

Wir wissen, dass der Junge keine klare Vorstellung vom Tod hat, und ebenso sicher ist, dass er nichts von seiner Fähigkeit ahnt, Leid zu verursachen. Wir gehen nicht mehr auf die Jagd, aber dieser Mann und ich sind mit Gewehren aufgewachsen, wir haben gejagt, als wir jünger waren, und wir sind uns einig, dass sein Sohn die Realität des Umgangs mit Schusswaffen erleben soll, dass er sehen soll, welchen Schaden sie anrichten können. Das ist es, was wir einander laut sagen. Insgeheim wollen wir ihm eine Freude machen. Wir beten ihn an. Der Junge nennt mich seinen Onkel, und ich liebe ihn. Er hat mich adoptiert, wie ein Wolfsjunges einen welpenlosen erwachsenen Rüden adoptiert. Er vertraut darauf, dass ich für ihn sterben würde.

Heute sind wir mit ihm in die Kälte hinausgefahren, damit wir den Ausdruck der Freude in seinem Gesicht erleben konnten. Ich habe das Gewehr mitgebracht. Wir haben gehofft, dass er eine Blechdose trifft, so begierig waren wir auf seine Freude. Wir fragen uns, ob es eine bessere Möglichkeit gegeben hätte.

»Er liebt dich«, sagt der Vater des Wikingers zu mir. Er drückt meine Schulter fester.

»Und darauf bin ich stolz«, sage ich. Ich meine es ehrlich. Die Liebe des Jungen ist eines der wenigen Dinge, von denen ich weiß, dass ich mich ihrer würdig erwiesen habe. Sein Vater nickt. Durch das Fenster sehen wir, wie der Junge seiner Mutter vom Schießen erzählt. Er gestikuliert wild. Als es mir dämmert, füge ich hinzu: »Noch stolzer bin ich darauf, wie sehr ich ihn liebe. Damit habe ich nicht gerechnet. Es ist nichts, was ich verdient hätte.« Eine Windbö hebt den Schnee und strickt ihn zu einem Muster zwischen uns. »Gnade«, sage ich. »Ein Geschenk.« Unsere Mienen werden weich.

Das Essen belebt den Jungen. Seine Energie nimmt allmählich wieder zu. Als die andern ihre Teller leer gegessen haben, fragt er: »Gehst du auf die Jagd?« Er will eine Gelegenheit für die Zukunft schaffen, um die Vorfreude darauf zu genießen. Er nimmt an, dass er eines Tages vielleicht gern auf die Jagd gehen würde. Er und ich sitzen jetzt allein am Tisch.

»Nicht mehr«, sage ich.

»Aber früher doch?«

»Ja.«

»Würdest du einen Vogel schießen?« Er will feststellen, ob meine Vorurteile hierarchisch geordnet sind. Er fragt nicht, ob ich angle. Er hält es für selbstverständlich, dass meine Überzeugungen so fadenscheinig sind, dass es mir kaum wie ein Verbrechen vorkommen dürfte, einen Fisch aus dem Wasser an die Luft zu ziehen.

»Auf die Vogeljagd würde ich vielleicht gehen.« Ich will ihn versöhnen. Ich breche unter dem Druck ein. Bis er alt genug für die Jagd ist, werden noch einmal sieben Jahre vergehen. Noch einmal so lange, wie er schon lebt. Keiner von uns weiß, wie er in weiteren sieben Jahren sein wird.

»Vogeljagd ist auch Jagd.«

»Vermutlich.«

»Warum jagst du nichts Größeres?«

»Weil es mir keinen Spaß macht, Tiere sterben zu sehen.« Meine Rede ist kraftlos. Er hat bereits festgestellt, dass meine Behauptungen von der Situation abhängen. Ich bin auf meinem Stuhl zusammengesackt. Ich frage mich, wie er jetzt weiter vorgehen wird. Ich habe praktisch schon zugegeben, dass es mich anmacht, kleine Vögel zu töten.

»Du isst auch Fleisch«, sagt er. Kinder sind empfindlich gegen Heuchelei.

»Ich war fünf Jahre Vegetarier.« Noch bevor ich den Satz ganz ausgesprochen habe, ist mir klar, dass dies eine lahme Antwort ist.

Er lächelt und nimmt den Steakknochen von meinem Teller. »Jetzt aber nicht mehr«, sagt er. Er ist ein ungewöhnlicher Junge mit den rauen, muskulösen Händen eines Mannes. Die Hände sehen aus, als wären sie dazu gemacht, einen Knochen zu halten.

»Wenn du alt genug bist, gehe ich mit dir auf die Vogeljagd.«

»Bestimmt?«

»Bestimmt.«

»Du vergisst es auch nicht?«

»Nicht, wenn jemand da ist, der mich daran erinnert.«

Er lächelt. »Möchtest du Sarge sehen?«, fragt er.

Der Wikinger hat einen leopardenfleckigen Gecko, den er Sarge genannt hat. Die Echse ist neu, gerade zehn Zentimeter lang und dickleibig, und sie rasselt mit dem Schwanz wie eine Schlange ohne Verstand. Sie frisst dutzendweise Grillen und lebt in einem umgerüsteten

Aquarium am Kopfende des Bettes, in dem der Wikinger schläft. Ich folge ihm durch den Flur zu seinem Zimmer. Er setzt sich auf die Bettkante, und ich nehme auf dem dreibeinigen Schemel vor dem Aquarium Platz. Sarge ruht auf einem geheizten Keramikstein. Er ist rund von all den Grillen.

»Möchtest du ihn in die Hand nehmen?«

»Nein.«

»Hast du Angst?«

»Ich mag keine Schlangen.«

»Er ist eine Eidechse.«

»Er ist eine Schlange mit Füßen.«

Der Wikinger lächelt und hebt Sarge aus dem Behälter. Er hält ihn mit einer Hand und streichelt ihm mit einer Fingerspitze über den Kopf. Ich befürchte nicht, dass er mir die Eidechse zuwerfen könnte. Er ist damit zufrieden, dass ich von Angst zerfressen bin und er nicht. Das genügt ihm. Ich sehe zu, wie er das Ding streichelt.

Er ist ein störrischer Junge, loyal, schnell frustriert, wenn man ihn missversteht, neugierig, ein guter Problemlöser, von Natur aus freundlich, temperamentvoll, rasch mit dem Urteil, hitzig, meistens fair. Manchmal, wenn ich mit ihm allein bin, erinnert er mich so sehr an meinen Bruder, dass ich vergesse, wie alt ich bin – alt genug zum Autofahren. Wir werden dann zu zwei Jungen, die zusammen in einem Zimmer sitzen, entspannt und unschuldig, miteinander verbunden auf seltsamere Weise, als irgendeiner von uns erklären könnte.

»Deinem Bruder macht es nichts aus, Sarge in die Hand zu nehmen«, sagt er. Es ist nicht als Herausforderung gemeint.

»Mein Bruder mag Schlangen.«

»Nennst du ihn deswegen Mungo?« Er weiß, dass es so ist. Mein Bruder hat ihm einen Fetisch aus Gabelbockknochen und Fell gemacht, ihm eine Pfeilspitze geschenkt und einen prähistorischen Haifischzahn. Und er darf meinen Bruder Mungo nennen.

»Erzähl mir von den Klapperschlangenhäuten.« Der Wikinger bittet um Geschichten, wie manche Kinder darum bitten, dass man ihnen bestimmte Bücher immer wieder vorliest. Er setzt Sarge wieder auf den geheizten Stein und legt sich rücklings auf sein Bett. »Sarge hat keine Saugnäpfe an den Füßen«, sagt er. »Er kann nicht rausklettern.« Ich soll mir nicht so viel Sorgen machen, die Echse könnte mich anfallen, dass ich ihm deshalb keine Geschichten erzählen kann.

Ich erzähle ihm, wie mein Bruder Schlangenhäute zum Trocknen an Bretter nagelte, die Innenseite nach außen gewandt. Dass er Schmirgelpapier nahm und die getrockneten Muskelfasern abschliff. Ich erkläre ihm, wie viel Geduld es erforderte, Glyzerin in die Haut zu massieren, bis sie so weich wie Flanell war.

»Was hat er dann damit gemacht?«

»Er hat Hutbänder und Gürtel daraus gemacht. Einmal hat er ein Paar Schuhe unserer Mutter mit Schlangenleder beklebt.«

»Und die Klappern?«

»Die hat er in einer kleinen Schachtel aufbewahrt.«

Der Wikinger lächelt. Mein Bruder hat ihm eine Klapper geschenkt.

Der Vater des Wikingers hat mir erzählt, dass der Junge das Ding zum Essen mitbringt und mit aller Kraft unter dem Tisch schüttelt, um seine Familie in Panik zu versetzen, und schließlich ist er enttäuscht, weil er das Ding nicht schnell genug schütteln kann, um ein glaubhaftes Rasseln zu Stande zu bringen.

»Ich glaube, Sarge reicht nicht für einen Gürtel«, sagt er. »Erzähl mir, wie der Mungo nie Augenbrauen oder Haare auf der Stirn hatte.«

»So war er aber nicht zur Welt gekommen.«

»Ich weiß. Erzähl mir von dem Schießpulver.«

Ich erzähle ihm, dass mein Bruder zwei Bataillone von grünen Plastiksoldaten in seinem Schrank versteckt hatte. Es war ein kleiner Wandschrank mit Regalen, unter die Dachschräge des Hauses gebaut. Ich erzähle ihm, wie der Mungo die Soldaten zu gegnerischen Truppen aufstellte und dann ein brennendes Streichholz in den Sprühstrahl einer Deodorantdose hielt. Der Wikinger hat diese Geschichte schon ein Dutzend Mal gehört.

»Wie bei einem Flammenwerfer?«, fragt er.

»Ein sehr kleiner.«

»Woher hatte er das Deodorant?«

»Es gehörte meinem Vater.«

»Wird es noch hergestellt?«

»Das weiß ich nicht«, lüge ich.

Ich erzähle ihm, wie die Soldaten schmolzen und zu Formen schrumpften, die zerlaufenen Kerzen glichen. Und wie mein Bruder sein Taschengeld sparte, um sich Nachschubtruppen zu kaufen.

»Und das Schießpulver?«

»Manchmal kam er ihm zu nah, wenn er ein bisschen davon in seinem Schrank auf eine Untertasse geschüttet hatte. Es ging hoch wie ein Blitz.«

»Durch den Flammenwerfer?«

»Ja, aber was ihm das Haar verbrannte, war der Pulverblitz.«

»Wie konnte das mehr als einmal passieren?«

»Das haben meine Eltern sich auch gefragt.« Ich erzähle ihm nicht, dass die Teller mit Schießpulver dazu dienten, die feindlichen Panzer außer Gefecht zu setzen.

»Und was war mit dem Geheimagentengewehr?«

»Das ist aber die letzte Geschichte.«

»Okay.«

»Der Mungo hatte ein .22er.«

»Wie das, mit dem ich heute geschossen habe?«

»Ein anderes. Keine Pumpgun. Er umwickelte das Ende des Laufs mit schwarzem Isolierband. Dann machte er den Schalldämpfer vom Rasenmäher ab und schraubte ihn auf den Lauf. Das Gewinde drehte sich in das Isolierband.«

»Und es gab kein Geräusch, wenn er einen Schuss abgab?«

»Er hatte den Schalldämpfer mit Stahlwolle voll gestopft.«

»Aber gar kein Geräusch?«

»Nur ein leises Geräusch.«

»Wie, zum Beispiel?«

»Wie, zum Beispiel, wenn man mit dem Knöchel knackt.«

»Junge!«

Ich denke, ich werde ihm vielleicht nie erzählen, dass der Mungo sich, als meine Familie für den Winter aus dem Wapiti Valley in die Stadt zog, im Armeeladen ein Handperiskop kaufte und sich in den Fünfundfünfzig-Gallonen-Mülltonnen zwischen den Nachbarhäusern versteckte. Dass er dort nach Singvögeln lauschte, sie mit seinem Periskop aufspürte, sich mit seinem schallgedämpften Gewehr aus den Mülltonnen hervorschlich und dutzende von ihnen abschoss, bevor die Polizei ihn schnappte. Die Nachbarn hatten es bemerkt. Der Wikinger braucht nicht zu hören, was für ein Gesicht mein Bruder machte, als er allein auf dem Rücksitz des Streifenwagens saß. Und nichts von der Tracht Prügel, die er von unserem Vater bekam.

Ich werde auf eine andere Gelegenheit warten, um ihm zu erzählen, wie ich einmal unvorsichtig auf einen Amboss schoss und wie ein Teil der zersplitterten Kugel meinem Bruder aus der Seite operiert werden musste. Ich werde ihm beibringen, wie man Querschläger buchstabiert, aber ich will nicht, dass er eine Liste meiner Verantwortungslosigkeiten anlegt.

Ich werde auch noch warten, bevor ich ihm von dem Abend erzähle, als mein Bruder und ich Streit hatten und der Mungo mir aus der Hüfte den Stiefelabsatz abschoss, als ich vor ihm weglief. Wie soll ich ihm erklären, dass wir den besten Unterricht bekommen haben, dass wir das Gelernte übten und es trotzdem heute für ein Wunder halten, dass wir uns nicht gegenseitig verstümmelt oder umgebracht haben? Vielleicht gingen wir allzu entspannt mit Schusswaffen um. Man vertraute uns Waffen an, aber wir waren Jungen.

Und dann ist da noch die Geschichte von dem Gabelbock, den ich in dem Herbst geschossen habe, als ich vierzehn war. Es war das erste Jahr, in dem ich auf die Jagd ging. Das erste Jahr, in dem ich ein Foto mit dem Fleisch hätte machen können, das ich zum Abendessen geschossen hatte. Wird der Wikinger mir verzeihen, dass ich mit meiner letzten Patrone einen schlechten Schuss anbrachte und ein Tier verkrüppelte, ein schnelles, schlankes Tier, das von unkluger Neugier für mich erfasst wurde und nur für einen Augenblick innehielt, um genauer hinzuschauen? Es wäre rücksichtslos, ihm zu erzählen, wie mein Bruder und ich und ein Freund von einer Ranch am South Fork den angeschossenen Bock in eine Spalte trieben, so steil wie eine Rutschbahn. Wie soll ich ihm unsere Panik beschreiben, unsere Scham? Wie soll ich beschreiben, wie sehr es uns drängte, dieses Leiden, unser Leiden zu beenden? Ich habe Angst vor den Bildern, die das in seinem Kopf hervorrufen wird, in einer gespenstischen Geschichte, wenn ich ihm erzähle, dass wir vor dem zitternden braun-weißen Tier standen und die größten Steine aufhoben, die wir tragen konnten, dass wir sie hoch über unsere Köpfe hoben und dann fallen ließen wie prähistorische Höhlenjungen, bis wir ihm die letzte verzweifelte Gegenwehr aus dem Hirn geschmettert hatten. Wenn ich an diesen Nachmittag denke, werde ich immer noch starr und taub. Ich weiß nicht, wie ich die Geräusche nachahmen soll, die Steine machen, wenn sie auf Knochen und Fleisch fallen. Und das kehlige Blöken liegt außerhalb meiner Stimmlage. Ich habe nie durch so viel Angst und Schmerz schreien, in einer fremden Sprache um Gnade flehen müssen. Wie soll ich ihm erklären, dass wir keine Gnade zu gewähren hatten? Wenn ich die Geschichte erzähle, wird der Wikinger wissen wollen, wie sie endet. Ich werde ihm erzählen müssen, dass wir Jungen uns zu dritt auf den Rücken des Gabelbocks warfen, dass mein Bruder die krummen Hörner packte und den Kopf nach hinten bog, um die Kehle zu entblößen. Ich werde ihm erzählen müssen, dass das Tier keinen Laut mehr von sich gab. Dass seine Augen kapituliert hatten. Dass es zu seinem Gott betete. Und es wird nötig sein, dass ich aufstehe und demonstriere, wie ich wieder und wieder auf das hilflose

Ding einstach, bis es seinen Kampf einstellte und ich die Aufgabe zu Ende gebracht hatte, die ich mit einem geliehenen Gewehr begonnen hatte. Wahrscheinlich muss ich ihm dann nicht auch noch erzählen, dass es keinen Spaß gemacht hat. Das wird er wohl wissen.

Wenn ich ihm die Geschichte überhaupt erzähle, dann erst, wenn er älter ist. Wenn ich mit ihm auf die Vogeljagd gehe, werde ich den Pick-up an der Landstraße anhalten. Ich werde die Geschichte lang erzählen. Ich werde sie schrecklich klingen lassen. Dazu brauche ich mich nicht besonders anzustrengen.

»Weißt du, was ich tun würde, wenn ich ein Hund wäre?«, fragt er.

Seine Frage verblüfft mich. Ich schaue auf ihn hinunter. Er liegt da und hat die Hände hinter dem Kopf verschränkt. Er blinzelt träge, am Rande des Einschlafens. »Was denn?«

Er lächelt. »Ich würde mit dem Schwanz wedeln.«

Ich ziehe ihm die Decke bis über die Brust. Ich gebe ihm einen Kuss, mache das Licht aus und verlasse sein Zimmer.

Als ich in dieser Nacht in meinem eigenen Bett liege, kann ich nicht schlafen. Ich befürchte, dass ich diesem Jungen unrecht getan habe. Ich befürchte, dass ich etwas in ihm in Gang gesetzt habe, das in späteren Jahren zu einem schlimmen Zusammenstoß mit der Welt führen wird. Ich tröste mich mit dem Gedanken daran, wie er ist, an seine Liebenswürdigkeit, und ich denke daran, wie mein Bruder ist: ein Mann voller Mitgefühl, mehr, als es mir vergönnt war.

Ich weiß, dass es meine eigenen Ängste sind, die mich

wach halten. Meine eigenen Verbrechen. Ich denke daran, dass ich so vielem auf der Welt nicht vertraue. Ich erinnere mich daran, dass ich vor Jahren als junger Erwachsener, auch nachdem ich mit dem Jagen aufgehört hatte, immer noch mit einer Pistole unter dem Bett schlief. Der letzte Hinweis auf ein Leben mit Waffen? Oder doch mehr? Vielleicht der Beweis für den Glauben an das Risiko, ja an das Böse. Eine Pistole, damit man schlafen kann?

Ich verheddere mich in meiner Bettdecke. Ich denke an eine Freundin, eine Psychologin, die sich bemüht, einen Blick auf den Frieden zu werfen, den sie in ihrem Innersten vermutet. Sie ist aktiv bei Amnesty International. Weil sie eine gutherzige Frau ist und fließend Spanisch spricht, verbringt sie den Sommer immer in Mittelamerika und therapiert Folteropfer. Sie ist eine kühne und offene Frau. Sie besitzt keine Waffe. Sie meditiert. Letztes Jahr ist sie in einen fernen Ashram gereist, um von einem lebenden Heiligen Darshan zu empfangen. Sie glaubt, dass falsches Handeln in jeglicher Form nur eine Art Unwissenheit ist: Verhalten, das sich dem einen Licht Gottes entzieht. Ich stimme ihr zu. Ich möchte es gern glauben.

Im vergangenen Herbst hat sie mich angerufen. Ihre Stimme ging auf und ab, so zerrissen wie etwas Sterbendes. Sie war eben von einer Amnesty-International-Tagung in Washington zurückgekommen. Es war um Folter gegangen, und die Beispiele waren ebenso global wie spezifisch und schrecklich. Das gesammelte Gewicht all dieser Zeugnisse war ihr plötzlich bösartig erschienen, und zwar aktiv. Es schien mehr als bloße Unwissenheit zu sein. Das machte ihr ernsthaft Angst und riss ihren Glauben aus der Verankerung.

Sie ist resolut genug, keine Angst um ihr eigenes Leben

zu haben. Sie hat Angst um das Leben ihres Glaubens. Meditation schien nicht mehr zu genügen. Die Grausamkeit hatte sich in ihren Visionen eingenistet. Es brach ihr das Herz, Beweise dafür zu finden, dass es so viele Menschen gab, denen das Leiden ihrer Opfer Vergnügen bereitete. Sie war in die Enge getrieben. Sie weinte, betete, aber sie kam immer noch nicht auf die Idee, eine Waffe besitzen zu wollen.

Wir trafen uns zum Kaffee, und ich erinnerte sie daran, dass Gandhi dem Beispiel der Kolonisatoren seines Landes nicht gefolgt war. Ich erinnerte sie daran, dass es inhaftierte tibetanische Mönche gibt, die zum Göttlichen darum beten, dass ihre chinesischen Folterer noch vor ihnen Erleuchtung finden mögen. Sie lächelte und umarmte mich, aber es genügte nicht.

Ich wälze mich im Bett von einer Seite auf die andere. Ich schwitze, bis das Laken an mir klebt, und in meiner Brust pocht es. Im Mondschein sehe ich, wie das Leben dieser Frau und das Leben eines Jungen und eines Bruders, die Leben von Menschen, die ich liebe, sich zu einem einzigen Strang verflechten, und ich ergreife diesen Strang und ziehe mich daran hoch, bis ich aufrecht im Bett sitze. Ich frage mich, ob Waffen Gewalt anziehen. Stempelt uns der Besitz eines Gewehrs zum Opfer? Ich frage mich, ob ich ein unachtsamer Mensch bin. Ob ich fähig bin, mich zu ändern.

Vor nicht allzu langer Zeit habe ich vom Amazonas ein Blasrohr mit nach Hause gebracht. Ich hatte das Ding von einem Eingeborenen erworben, weil ich es schön fand. Ich habe es dem Wikinger gezeigt. Er spielte damit herum, pustete einen Pfeil in die Lehne der elterlichen Couch. Seine Augen glänzten. Ich erzählte ihm von den

Menschen, die damit ihren Lebensunterhalt beschaffen. Ich versuchte, ihm pantomimisch ihre Jagd darzustellen. Ich beschrieb die Tiere, die ihr Leben für das Überleben der Menschen hergaben.

Sein Vater hat mir erzählt, dass der Junge an diesem Abend im Bett zu weinen anfing und sich nicht trösten lassen wollte. »Sie töten Affen!«, schrie er. Auf einmal gab es eine Verbindung zu ihm selbst, und die Vorstellung hatte ihn angstvoll zusammenschrumpfen lassen. Er hat mich nie gebeten, das Blasrohr noch einmal ansehen zu dürfen. Vielleicht ist seine Seele zu geradlinig, als dass sie sich meiner Nachsicht gegen seine Launen beugen könnte.

Im vergangenen Winter habe ich ihn einmal an seiner Grundschule abgeholt. Sein Vater hatte mich aus einer Besprechung angerufen, die zu lange dauerte. Der Wikinger und ich waren froh, einander zu sehen. Er erzählte mir von seiner täglichen Routine und ich ihm von der meinen. Wir sind aneinander gewöhnt. Er ist ein Junge, der seine Empfindungen großenteils durch Mimik und Gestik zeigt. Ich war überrascht, als er unser unverbindliches Gespräch abrupt beendete, indem er mir sagte, dass er mich lieb habe – ein ganz unerwartetes Geschenk.

»Dad sagt, wir sind uns sehr ähnlich. Dass du wie ich warst, als du klein warst.«

»Ich glaube, du bist ein besserer Junge, als ich es war«, sage ich.

»Wieso?«

»Weil du mehr erklärt bekommst. Und du verstehst mehr als ich früher.«

»Ich glaube, ich bin auch wie der Mungo«, sagt er.

»Ich glaube, da hast du Recht.« Ich schaue ihn an und

sehe, wie ihm die Sonne ins Gesicht scheint. Sein Gesicht ist faltenlos, und sein Haar leuchtet dicht und voll, seine Augen sind klar, seine Haut glatt und vom Spielen gebräunt. Es ist ein Gesicht, wie es meinem Bruder gehörte. Er kennt den Mungo nur als Mann mit Pfeilspitzen und einem Haifischzahn. Er hat seine Lieblingsgeschichten aus der Kindheit meines Bruders, aber er kennt den Mungo nicht, wie er als Junge war.

Er weiß nicht, dass mein Bruder Jura studiert hat, dass er sein Examen mit desinteressierter Lässigkeit bestanden, seine Anwaltszulassung erworben und dann lieber eine Bar geführt hat. Er weiß nicht, dass mein Bruder jetzt seit drei Jahren bei meiner Mutter wohnt, dass er für sie einkauft und kocht, ihr das Haar bürstet, und dass er zur Linderung ihres Nachtschweißes Zitronen in warmem Wasser ausdrückt und Minze darin zerreibt, um ihr damit das Gesicht und den Rücken zu waschen.

Er hat meine Mutter gemeinsam mit seinem Vater besucht und sie immer nur im Pyjama gesehen, das Gesicht zweigeteilt, umringt von dem klaren Schlauch, der ihr Sauerstoff spendet. Er hat das Summen der Maschine gehört, die den Sauerstoff aus der Luft zieht. Hat sie husten gehört. Der Wikinger hat mit ihr am Küchentisch gesessen. Er weiß nicht, dass es mein Bruder ist, der sie stützt, wenn sie vom Bett zur Küche geht, bis ans Ende ihres Schlauches, ihrer Fessel. Und wieder zurück, wenn der Besuch gegangen ist.

Er weiß nicht, wie der Garten geharkt, der Weg freigeschaufelt wird, wie die Rechnungen bezahlt werden. Er ist zu jung, um es sonderbar zu finden, dass ein Mann mittleren Alters bei seiner Mutter lebt. Er hat die Gedichte nicht gelesen, die mein Bruder abends schreibt, und nachts, und frühmorgens, wenn er den Kaffee aufbrüht. Er weiß nicht, dass die Gedichte von Hoffnung und Erlösung handeln, dass sie die Frau lebendig halten, die mein Bruder geliebt hat. Eines Tages wird er es wissen. Eines Tages wird er die liebenswerte und die schändliche Seite der Männer verstehen, deren Charakter er teilt.

Ich schiebe ihm meine Hand ins Haar. Er bewegt den Kopf nicht. Er schaut erwartungsvoll zu mir auf. »Ihr habt beide ein gutes Herz, du und der Mungo«, sage ich zu ihm. »Und ihr seid beide nahezu furchtlos.« Er lächelt. Er richtet sich auf dem Beifahrersitz auf. Ich lege die Hand wieder ans Steuer und füge hinzu: »Setz nur nicht allzu viel Vertrauen auf die Gerechtigkeit.«

Er runzelt die Stirn. Dieser Satz übersteigt nicht sein Verständnisvermögen, aber er verwirrt ihn doch. Er öffnet den Mund, um etwas zu sagen, und lässt es dann bleiben. Barmherzigerweise ist er ein Junge, der nur gesehen hat, was eine Gewehrkugel mit dem Blech einer Konservendose machen kann. Die Sonne spielt mit ihrem überwältigenden Gleißen auf der Frontscheibe. Wir hören die Stimmen spielender Kinder, das Mahlen des Straßenverkehrs.

»Die Welt ist nicht immer fair«, sage ich. »Du wirst das deutlicher zu spüren bekommen als die meisten von uns. Mein Bruder hat es zu spüren bekommen.«

Er nickt. Er schaut sich in den Schoß. Er dreht die Hände herum und öffnet sie, sodass die Handflächen nach oben gewandt sind.

Ein brennender Graben

Ich fühle mich verwandt mit dem Wasser, als wäre ich ein Abkömmling seiner Geräusche und Bewegungen, Teil eines brodelnden Stammbaums. Wenn ich das Ohr zur Schulter neige, höre ich das Schmatzen und Schwellen und Rauschen eines Bergbaches. Flüssige Brüste haben meine Seele genährt. Wie die Muttermilch in das Kind übergeht, so ist die Lebensgeschichte des Wassers in mich übergegangen. Wasser bringt mir Freude. Ich fürchte, Wasser wird mir eines Tages den Tod bringen. Mein Leben ist ein Balanceakt zwischen seiner Bedrohlichkeit und seiner Gnade.

Alles, was für mich Heimat bedeutet, ist ein Nebenprodukt des North Fork, des nördlichen Arms des Shoshone River. Auf dem Grund des Tales, das wir Wapiti nennen, findet sich eine absteigende Ebene aus wassergeglättetem Stein. Seine verstreuten, vulkanischen Grate bröckeln hinunter in den Fluss, und jedes Jahr lassen die abfließenden Wasser von Gewitter und Schneeschmelze sie unmerklich niedriger und zerklüfteter zurück. Der Fluss und seine Zuflüsse nähren das Gras und die Blumen, die bis zum Mittsommer so hoch gewachsen sind, dass sie einem weidenden Pferd bis an den Bauch reichen. Es gibt Douglastannen, Rottannen, verschiedene Kiefernarten, ein bisschen Wacholder, Espen und an den Flussufern die wassergetränkten Pappeln. Die Bäume werfen ihre Nadeln, Zapfen, Blätter ab, bedecken den

Waldboden damit und fügen jedes Jahr eine neue Schicht Mulch zum sauren Torf hinzu. Bär, Reh, Hirsch, Bergschaf, Luchs, Kojote und Berglöwe trinken aus dem Shoshone. Sie fressen und grasen und sterben und paaren sich in dem wilden Wald, durch den sich der Fluss zieht. Würde der North Fork auf irgendeine Weise entfernt, herausgezogen, wie eine Vene aus einem Muskel gestrippt wird, dann würde das Land austrocknen und das Wild aussterben, und der kleine Teil meiner selbst, der ohne Angst existiert, würde verdorren. Ich klammere mich an den Klang des Wassers, um tapfer zu sein in der Welt.

Es gibt ein Foto von meiner Mutter, meinem Bruder und mir, ein Schwarzweißfoto. Wir drei stehen am Ufer des North Fork, balancieren auf den abgerundeten Steinen, die das Ufer säumen, und das Wasser steht tief hinter uns, sichtbar als verbeulter, welliger Schimmer. Das Foto trägt das Datum September 1963. Ich bin elf, und mein Bruder ist gerade zehn geworden. Meine Mutter ist neununddreißig. Die Jeans meines Bruders ist unten umgeschlagen. Sie ist neu, und man hat sie absichtlich so lang gekauft, damit er nicht hinauswächst, bevor er sie verschlissen hat. Wir tragen alle Jeans und Reitstiefel und offene karierte Hemden.

Am anderen Ufer wachsen nur Kiefern und Fichten, und ein Berggrat schiebt sich sanft in die Höhe, entblößt sich in Flecken von Wiese und Fels. Wo die Wolkenschatten auf den Wald treffen, gibt es dunkle Inseln.

Mein Bruder steht an der rechten Seite meiner Mutter, ich an ihrer linken. Sein Scheitel ist auf einer Höhe mit ihrem Hals, meiner erreicht ihre Stirn. Auf dem Foto sieht man es nicht, aber wir haben alle graublaue Augen. Mein

Haar ist weißblond, während meine Mutter und mein Bruder fast schwarze Haare haben. Wir lächeln. Meine Mutter steht breitbeinig da, mit den Händen in den Hosentaschen. Die inneren Arme bei mir und meinem Bruder – die meiner Mutter zugewandten – sind an den Ellenbogen angewinkelt, die erhobenen Hände halten die Enden eines Stringers. Der Stringer krümmt sich von unseren Schultern abwärts in einer Kurve von Fisch-Gewicht zwischen uns, quer vor der Taille unserer Mutter. Fünfzehn Forellen hängen an dem Stringer, überwiegend Bachforellen. Ein paar einheimische sind auch dabei. Die schwarzen Schatten ihrer Schwanzflossen fallen tief auf die Oberschenkel meiner Mutter. Tiefer, als die Fische hängen. Die Sonne steht hoch, und sie steht vor uns. Mit unseren freien Händen halten mein Bruder und ich unsere Angelruten, und die Ruten umschließen wie Klammern die Gleichung mit den Variablen, die wir drei darstellen. Meine Mutter hat uns zum Fluss gebracht, um unsere Kenntnisse zu erweitern. Wir sind nie auf die Idee gekommen, uns zu fragen, wieso sie fischen kann: Sie ist unsere Mutter, also bringt sie uns bei, wie man in der Welt zurechtkommt. Wir sehen zu, wie ihre glatten Hände den Kork der Rute über der Rolle umfassen, wir beobachten den Rhythmus ihrer Arme, wie sie die Schnur im Bogen über den Fluss fliegen lassen und sich in die Länge des Wurfes strecken. Wir folgen der Vorführung der Schnur bis zum Schluss und atmen aus, wenn sie die Fliege aufs Wasser setzt. Wenn sie nicht unsere Mutter wäre, wären wir fasziniert von ihrer Schönheit. Wir würden darum streiten, wer näher bei ihr stehen darf. Wir würden nervös vom Duft ihrer sauberen, sonnengewärmten Haut. Aber dann hätten wir auch nicht gelernt, wie man fischt.

Die Absarokas steigen jäh vom Fluss in die Höhe, die Felsen zerbröseln, jeder zu seinem eigenen Kies, zu grobem Sand, und die Wände des Berges werfen die Geräusche des Flusses in überlappenden Harmonien zurück. In diesem Refrain leben meine Erinnerungen. Ich bin ein Mann, den der Chor der Wasser in den Bergen hält. Ich bin nur die Erinnerung an mich. Gelegentlich, vor dem Geräusch des bergab fließenden Wassers, werde ich lebendig.

Im Frühling reisten wir, wohin der Fluss uns gehen ließ. Maßstab für die Wassertiefe war der Punkt, wo das Wasser den Körper des Pferdes erreichte. Brusttief? Schultertief? In einem Frühling überquerte ich den Eagle Creek an der Mündung, wo er lärmend und braun brodelte. Ich band Stiefel und Chaps hinter den Sattel und trieb mein Pferd mit gutem Zureden in den Bach. Ich rechnete damit, dass wir beide würden schwimmen müssen. Mir war klar, dass einer von uns dabei sterben konnte. Mein Pferd tastete sich langsam hinein und grunzte vor Anstrengung, sich in der Strömung zu halten. Ich war bis an die Schenkel durchnässt. Mein Vater hatte mir gesagt, wenn wir fortgerissen würden, sollte ich mich nach hinten treiben lassen, den Schwanz meines Pferdes packen und darauf vertrauen, dass es uns beide an Land bringen könnte. Aber als wir in der Strommitte waren, wusste ich, wenn wir hier untergingen, würden wir uns wahrscheinlich ineinander verheddern und in der Strömung rollen, wie sich die Stämme entwurzelter Kiefern ineinander verheddern, wenn sie fortgeschwemmt werden. Wir würden in den Shoshone River hinaustreiben, und der würde uns auf seinem unebenen Felsengrund totschlagen, bevor wir ertrinken könnten. Ich fühlte Angst und Erregung und zugleich doch auch ein ruhiges Bewusstsein jedes Geräusches, jeder Verschiebung des Wassers; ich war so vollständig zum Leben erwacht, dass ich mir vorstellte, ich könnte in Flammen aufgehen. Auf dem ganzen Weg von einem Ufer zum andern erwartete ich, gleich brennend vom Rücken meines Pferdes zu stürzen. Als ich flussabwärts schaute, erwartete ich, mich dort zu sehen, rot, orange, weiß glühend, von der Strömung erfasst, zischend in den Stromschnellen: ein Junge aus Feuer, der auf dieser Straße aus Wasser unterwegs war.

Ich erinnere mich an meine Mutter in den Camps, die wir auf unseren Gepäckritten aufschlugen. Ich erinnere mich, wie sie von der Quelle zu den Zelten zurückkam; sie balancierte schwankend zwischen zwei vollen Wassereimern, und die Anstrengung, mit der sie zu verhindern versuchte, dass die schweren Eimer an ihre Beine schlugen, ließ die Sehnen an ihrem Hals hervortreten. Sie lächelte, sodass ihre weißen Zähne in der Sonne blitzten. Jeder der Fünf-Gallonen-Eimer wurde von vierzig Pfund frischem Wasser nach unten gezogen. Achtzig Pfund zusammen. Das Wiesengras reichte ihr bis an die Hüfte. Sie konnte die Eimer nicht über die wogenden Halme heben.

Sie hatte sich mit gewölbten Händen Quellwasser ins Gesicht gespritzt, bevor sie sich auf den Rückweg zum Camp gemacht hatte. Ihr dichtes schwarzbraunes Haar klebte nass und fedrig an den Schläfen. Das Wasser perlte auf ihrem Gesicht, auf der dunklen, von der Sommersonne tief gebräunten Haut, und jeder Tropfen blitzte violett, rosa, indigoblau und bebte im Sonnenlicht.

Mit letzter Kraft brach sie aus dem hohen Gras hervor, ihre Schultern fielen herab, und sie ließ die Eimer rechts und links neben sich zu Boden sinken. Dann schüttelte sie die Arme und lachte. Sie warf die Arme über den Kopf und tanzte einen Jig.

Ich kniete neben ihr vor den Eimern. Wir fischten die Grashüpfer heraus, die von den Halmen und Saatrispen der wilden Gräser hineingesprungen oder -gefallen waren. Die kreisrunden Wasserspiegel in den Eimern ließen unsere Gesichter weiß aufblitzen, wenn ihr Gleißen uns erfasste und wieder losließ. Ich tauchte eine Kelle hinein und trank und ließ mir das Wasser übers Kinn rinnen, in den Hemdkragen, über die Brust.

Dann richtete ich mich auf und schleppte die Wassereimer ins Zelt. Ich stapelte eine Armladung Brennholz unter dem Herd, schulterte eine Hobbel, die ans Ende eines zwölf Meter langen Hanfstricks gebunden war, und ging zurück ins Gras und trieb einen grünen Kiefernast in den Boden, wo ich mein Pferd anband, damit es die Nacht über dort grasen konnte.

Wenn ich dann ins Zelt zurückkam, hatte meine Mutter schon eine Schüssel Wasser auf den stählernen Klappherd gestellt und heiß gemacht. Die Hitze ließ das Abzugsrohr ticken und summen. Dann wusch ich mir das Gesicht, wusch mir Kiefernharz, Erde und Pferdestaub von den Händen. Und dann ließ sie mich arbeiten: Kartoffeln schälen, Zwiebeln würfeln, den Backteig in einer Schüssel rühren. Sie und mein Bruder waren die Köche; ich war der Gehilfe.

Einmal kam mein Bruder taumelnd und stöhnend wie ein verwundetes Kinomonster ins Zelt. Er war draußen im Gras gewesen, zum Angeln am Ufer des Baches. Er hatte die Angel hingelegt und stattdessen Wasserschlangen gefangen, hatte sie mit zwei Fingern hinter dem Kopf gefasst und ihre zahnlosen Mäuler sanft über seine Fingerspitzen gestülpt. Sie konnten nicht loslassen: Ihre Kiefer waren so weit aufgesperrt, dass sie fast aus den Gelenken sprangen. Er schwenkte die Hände gegen mich und lachte. Vier Schlangen an der einen Hand, drei an der anderen. Alle schlank, graugrün, ringelnd. Keine mehr als zwanzig Zentimeter lang. Ich hatte Angst vor Schlangen, also wich ich zurück, fiel rückwärts über eine Packtasche und krabbelte auf Händen und Fersen weg.

Meine Mutter kniete mit ihm unter der offenen Zeltklappe. Sie half ihm, die kleinen Schlangen zu entriegeln, zog sie behutsam von seinen Fingern. Sie ließen sie im Gras frei. Auch sie lachte. Ich habe es gern gesehen, wenn meine Mutter und mein Bruder zusammen lachten. Ihr Lachen schmolz so mühelos ineinander, wie Bäche zusammenfließen und anschwellen.

Ich liebe und fürchte das Wasser in gleichem Maß. Es gibt nichts in meinem Leben, was ebenso ausgewogen wäre. Ich habe Angst vor Schlangen, aber ich finde keinen Trost in dem Gedanken, eine anzufassen. Ich liebe den Duft von Kiefern, aber der Geruch hat nichts an sich, was mir Unbehagen bereitete. Und ich träume nicht oft von Bäumen oder Schlangen. Ich träume aber oft von Wasser, und oft bin ich in meinen Träumen ertrunken. Ich erwache aus meinen Wasserträumen mit einem Gefühl des Wohlbehagens, als wäre ich leicht berauscht und ganz wunschlos. Immer sind es aktive Träume, die am Rand des Schlafes dahinwirbeln und mir erlauben, mit meinem bewussten wie mit meinem unbewussten Verstand teilzunehmen. Das ist das Geschenk des Wassers. Das Wasser hat mich zu seinem Jünger gemacht. Das Wasser erlaubt mir, mein unausweichliches Schicksal zu üben.

In einem Frühling verschwanden die Eigentümer einer Lodge, die ein paar Meilen weit von unserer entfernt lag. Die Pferde des Ehepaares kehrten reiterlos zum heimischen Corral zurück. Das Tal, das vom Osteingang des Yellowstone Parks bis Cody, Wyoming, reicht, ist gerade fünfzig Meilen lang und hatte damals nicht so viele Bewohner, dass sie einen kleinen Imbisswagen gefüllt hätten. In Zweiergruppen aufgeteilt, ritten wir in die oberen Bachtäler hinein und hofften, das verschwundene Paar zu finden. Am zweiten Tag waren wir erfolgreich. Sie wurden tot aufgefunden, verfangen im Treibgut des Shoshone River.

Man nahm allgemein an, dass ihre Pferde untergegangen waren, als sie versucht hatten, das Wasser zu überqueren. Vielleicht hatte ein Baumstamm sie umgerissen. Vielleicht war das Pferd des Mannes gestürzt, und die Frau war von ihrem heruntergesprungen, in einem verzweifelten Versuch, ihn zu retten. Mir war es gleich, wie der Fluss sie geholt hatte, aber es beunruhigte mich, dass ihr Tod seinen Strom nicht verändert hatte. Ich betrachtete den Flussabschnitt, in dem sie ertrunken waren. Da war keine neue Stromschnelle, die Sandbänke, die unter der Oberfläche heraufschwollen, waren da, wo sie auch eine Woche zuvor gewesen waren, und das Wasser blitzte, wie es immer geblitzt hatte: schwarz, smaragden, silbern und apfelgrün. Der Fluss räkelte sich in der Sonne, so schuldlos wie jedes andere starke, geschmeidige Raubtier. Zufrieden. Satt. Unschuldig.

Ich fragte mich, ob ihnen das Geschenk zuteil geworden war, ihren Tod zu träumen. Ich betete, dass sie irgendwie vorbereitet gewesen waren.

Ich erinnere mich, dass meine Mutter immer zu beschäftigt war, um sich zu langweilen. Ich erinnere mich an Augenblicke, in denen sie gekränkt war, beleidigt, zornig. Ich erinnere mich kaum, dass sie jemals traurig war. Die wenigen Male, wo ich sie in Gedanken versunken sah, saß sie am Wasser.

Einmal tauchte ich hinter ihr auf, als sie an einer baumbestandenen Biegung des Shoshone River saß. Das war unterhalb der Lodge, unterhalb der Stelle, wo der Libby Creek in den Fluss mündet. Eine halbmondförmige Sandbank drängte das Wasser zu einem tiefen Becken am anderen Ufer. Meine Mutter sah mich nicht. Sie hatte mir den Rücken zugewandt, die Knie an die Brust gezogen. Es war im Frühherbst, an einem warmen, wolkengesprenkelten Tag. Ich dachte mir, wenn ich sie beobachten konnte, dann konnte alles andere es auch tun. Und alles Mögliche konnte mich beobachten. Ich erhob mich aus dem schenkelhohen Gras, schaute hinter mich und nach beiden Seiten und ließ mich wieder nieder. Ich hatte mich davon überzeugt, dass wir zwar nicht allein waren, aber in Sicherheit.

Jenseits des tiefen Beckens erhob sich das andere Ufer in einer Aufwölbung von Vulkangestein. Die Oberfläche dieses Felsens war dunkel, knotig von den unterschiedlichen Erosionsmustern seiner nicht zusammengehörigen Einzelteile – eine zusammengewürfelte Klippe aus einzelnen Steinen, vor Jahrmillionen aneinander geschweißt. Diese hochgewölbte Klippe warf einen Schatten über das Becken. Der Fluss war smaragdgrün in der Sonne, schwarz am Fuß der Klippe. Ich dachte an das kühlere Wasser dort, an die großen Forellen, die gegen die Strömung ausgerichtet standen, an ihre glatten, gesprenkelten

Körper, die sich träge gegen den seichten, klaren Herbstfluss schlängelten.

Meine Mutter streckte die Beine aus und nahm einen Kiefernzapfen vom Schoß. Sie brach ihn auseinander, Schuppe um Schuppe, und warf jedes Blättchen einzeln auf die Wasseroberfläche. Sie saß am Rande der Sandbank, und ihre Füße erreichten fast das Wasser. Als sie mit dem Kiefernzapfen fertig war, zog sie die Knie wieder hoch und ließ den Kopf auf die Kniescheiben sinken. Sie schlang die Arme um die Knie, umfasste ihre Unterarme und blieb so. Sie wiegte sich. Die Sonne schien auf die Kurve ihrer Wirbelsäule. Ich musste sie sehr aufmerksam beobachten, um zu sehen, dass sie sich ganz leicht hin und her bewegte. Sie gab keinen Laut von sich. Sie sah aus, als wäre sie immer schon da gewesen, sich wiegend, vom Fluss umschlungen, eiförmig, ein glatter Felsblock, an dem das Wasser sich teilte, wenn der Fluss hoch stand. Das Licht sprenkelte die Oberfläche des Beckens und durchbohrte das Wasser mit silbernen Blitzen. Forellen stiegen auf, sanken hinab, verharrten schwebend in der schattigen Strömung.

Ich kroch bäuchlings durch das hohe Gras davon. Ich wartete lautlos und stand dann unvermittelt auf und suchte den Wald hinter mir ab, suchte nach den Augen, deren Beobachtung ich gespürt hatte. Ich war zu schnell aufgestanden. Mir wurde schwindlig, und ich beugte das Knie und kämpfte blinzelnd gegen das Schwindelgefühl an. Der Wald pulsierte in Grün und dunkleren Schattierungen. Verstreute aschgraue Felsrücken wurden plötzlich vom Schatten befreit, als Wind aufkam und die tief gespreizten Kiefernzweige auseinander drückte. Die großen Steine waren fleckig von Flechten, zernarbt und zottig von Ballen und Büscheln aus verwittertem Moos. Sie schienen langsam zum Fluss zu wandern, sie alle. Beobachtend.

Der Red Creek stürzte mit solcher Wucht aus seiner Rinne hervor, dass ich sein Brüllen schon aus einer Viertelmeile Entfernung hören konnte. Mein Pferd stellte die Ohren auf und beschleunigte seinen Schritt. Ich glaube, das Geräusch machte es neugierig, aber als es dann an der Uferböschung des Baches stand, scharrte es mit dem Vorderhuf und stampfte und wollte sich wegdrehen.

Der Red Creek ist ein holpriger Kanal mit weißem, schnappendem Gischt. Ich gab dem Pferd die Sporen und klatschte mit den Zügeln, und es schnaubte und stieg hinein und zögerte und stolperte stromabwärts und erstarrte. Die Strömung hämmerte an seine Flanke und unter mein Knie, und mein Pferd wollte die Füße nicht heben. Es spannte sich unter dem Anprall des Wassers an und wollte sich nicht rühren. Es stand einfach da, die Beine gespreizt, stöhnte, berührte mit den weichen Lippen die Oberfläche des Baches, blähte die Nüstern, atmete den Gischt ein.

Ich wusste, das Pferd würde schwächer werden. Ich wusste, das Wasser würde ihm die Beine taub werden lassen, es würde vergessen, sich gegen den Sog zu sträuben, und irgendwann würde es straucheln. Ich dachte an die ertrunkenen Nachbarn. Einen Moment lang bildete ich mir ein, ich könnte auf dem Schaum dahinhüpfen und mich ans sichere Ufer schleudern lassen, aber dann wusste ich, dass dieser Gedanke so betäubend nutzlos war, wie die Beine meines Pferdes bald werden würden, und mich packte eine Panik, so wild wie die Strömung, die uns hier festhielt. Ich verfluchte mein Pferd, ich peitschte es mit dem Zaumzeug. Es rührte sich nicht, zuckte nicht einmal. Ich fing an, im Sattel vor und zurück zu schaukeln. Nicht, weil ich dachte, diese Bewegung würde uns helfen, hinüberzukommen. Es war kein Versuch, mich zu retten, sondern nur eine Art urzeitliches Zappeln und Schaukeln, weil ich jung war und zu unerfahren, um zu wissen, was ich tun sollte. Und dann fing das Pferd an, mit mir zu schaukeln. Langsam. Schüchtern. Erst dachte ich, es würde fallen. Einmal, zweimal, und dann, als der Schwung meines eigenen Gewichts mich vorwärts über seinen Widerrist trug, schob es, unglaublich, einen Huf voran, nur um ein paar Zoll, aber als ich dann über seinen Kopf schaukelte, schob es wieder einen Huf weiter. Und wieder. Es dauerte fast eine halbe Stunde, aber wir rutschten wie auf Kufen aus dem Wasser, und dann standen wir zitternd auf der Uferböschung.

Ich rutschte aus dem Sattel und kniete nieder, zog mich an den Sattelgurten hoch und band die Jeansjacke los, die zusammengerollt hinter der Sattelkante lag, und dann knickte ich wieder in die Knie. Vor lauter Angst und Schwäche konnte ich nicht stehen. Ich hockte neben dem Pferd und rieb ihm die Beine mit der Jacke ab, bis es von mir wegging und zum Wasser hinüberschaute und schnaubte. Ich lachte. Dann fing ich an zu weinen. Mir war eingefallen, dass ich an derselben Stelle zurückmusste, noch am selben Tag, auf demselben Pferd.

Ich erinnere mich an meine Mutter in ihrem Garten. Das war, nachdem sie und mein Vater Holm Lodge verkauft hatten und in ein Haus fünfzehn Meilen weiter flussabwärts gezogen waren, auf gepachtetem Gelände. Sie hatte einen halben Hektar Gartenland vor dem Haus, zwischen dem Rasen und einer bewässerten Weide, südwärts gewandt, der Sonne ausgesetzt, bergab geneigt. Grizzly Ridge erhob sich jäh im Westen. Zur Winterzeit zog die Sonne im tiefen Bogen über den Himmel und ging schon vor dem Berggrat unter, und das Haus mitsamt dem Gartenstück geriet unter die letzten schwachen Strahlen des schräg einfallenden Abendlichts. Im Sommer fing der Grat die Sonne schon höher über dem Horizont und stürzte das Haus in den Schatten, während das Talstück, das nach Osten hin abfiel, immer noch glühte.

Ich erinnere mich, wie ich an den Frühsommerabenden auf der Veranda meiner Mutter saß und ihr bei der Arbeit in ihrem Garten zusah. Jenseits von ihr, in mittlerer Entfernung, fiel das Land zum Shoshone River hin ab und stieg von dort wieder empor zum Fuß einer bröckelnden Steilwand, die in der untergehenden Sonne scharf hervortrat, malvenblau und ockergelb, und schwarze Streifen von hundert Fuß langen Schatten warf. In weiter Ferne, am Horizont, wuchs der Ptarmigan Mountain aus den niedrigeren Absarokas mehr als dreieinhalbtausend Meter in die Höhe. Seine Schneefelder hielten sich bis weit in den August hinein. Meine Mutter stand dann in ihrem Garten, lächelte, winkte, und ich winkte zurück.

Ich erinnere mich, wie sie breitbeinig über den Saatreihen stand, bis an die Knöchel in den Furchen zwischen den Reihen. In der Taille vornübergebeugt. Jätend. Ausdünnend. Sie wärmte sich in der Sonne, richtete sich auf, streckte sich, um die Verspannung aus dem Kreuz zu vertreiben. Wischte sich mit dem Unterarm über die Stirn, die Hände bis zu den Handgelenken voller Erde.

Ich erinnere mich, wie die Furchen sich mit der methodisch sickernden Bewässerung füllten. Wie die Reihen vom Wasser dunkel wurden. An die in regelmäßigen Abständen grün aufsprühenden Brokkoli, Rosenkohlpflanzen, Tomaten, Rüben, Kartoffeln.

Ich erinnere mich an sie in der kalten Morgenluft. Dann hatte sie ein Sweatshirt an und schwarze Gummistiefel, und sie trat seitwärts durch die Furchen; das Wasser reichte ihr bis zu den Knöcheln, und die Frühsonne erfasste die Furchen, dass sie aussahen, als wären sie mit flüssigem Silber gefüllt, als wäre hier heißes Metall ausgegossen worden, Reihe um Reihe, um an der Erde abzukühlen.

Ich erinnere mich an sie in ihrer Küche im letzten Monat des Sommers vor dem Frost. Ein ohnehin heißes Haus, noch weiter aufgeheizt von Kesseln mit dampfendem Wasser und Einmachgläsern. Der Raum war eine Sauna.

Wir verbrachten Tage damit, Tomaten zu blanchieren und zu schälen, Bohnen zu schnibbeln und Erbsen zu pulen. Ich erinnere mich an das Knacken der Blechdeckel, wenn sie sich abkühlten und verschlossen. Litergläser, Halblitergläser. Wenn alle Gläser gefüllt und auf den Regalen der Speisekammer verstaut waren, zog sie ganze Tomatenpflanzen aus dem Boden, schüttelte die Erde von ihren Wurzeln und hängte die Pflanzen kopfüber an die bloßliegenden Fußbodendielen, die im Keller die Decke bildeten. Von diesen Kellerpflanzen pflückte sie bis Januar frische rote Früchte.

Im Oktober machte sie Kartoffeln raus, zog Rüben, Möhren, Pastinaken und Zwiebeln aus dem Boden. Ich schob dabei die Schubkarre für sie. Wir reinigten all die Wurzelfrüchte und verpackten sie in Kisten mit zerknülltem Zeitungspapier oder in Fässer mit Sägemehl, die in ihrem Keller standen. Meine Mutter arbeitete von früh bis spät, bis der Schnee fiel. Sie arbeitete gegen die Monate des kalten, weiß gefrorenen Wassers an, die kommen und bleiben würden.

Es gibt Menschen des Windes. Clans, die der Höhe angehören, dem Sumpf, dem Vulkan, dem Eis und der Wüste. Sie brauchen nicht so sehr auf das Wasser Acht zu geben wie ich. Die Welt lehrt sie andere Dinge. Was ihnen Behagen und was Gefahr bedeutet, unterscheidet sich auch.

Ich erinnere mich, wie ich im Februar mit meiner Mutter am Fluss entlangging. Wir gingen unterhalb der Lodge zum Shoshone River, wo eine verfallene Pfahlrampe an die Uferböschung gebaut war. Hier hatte das Ehepaar, das Holm Lodge nach der Jahrhundertwende führte, Eisblöcke ausgeschnitten und die schweren, klaren Würfel mit Haken und Flaschenzügen aus dem Fluss und auf Schlitten gewuchtet. Sie peitschten ihr Gespann durch den Schnee hinauf – das Eis mit Seilen auf dem Pferdeschlitten festgezurrt – bis zu dem Eishaus im Schatten einer Kieferngruppe hinter der Lodge. Die Wände des Eishauses waren fensterlos, zehn Zoll dick und mit Sägemehl gefüllt. Der Boden bestand aus gestampfter Erde. Den ganzen Winter über lagerten sie das Eis ein, stapelten es vor der Rückkehr der Sonne. Im Sommer hängten sie hier ihr Fleisch auf, verwahrten ihr Gemüse, stellten Krüge mit Milch und Butter auf die glatten, schrumpfenden Riesenwürfel und dankten Gott für die Vielfalt der Jahreszeiten.

Auf dem Fluss lag der Schnee einen Fuß hoch. Das Eis unter dem Schnee war glatt und dick und klar. Meine

Mutter und ich trugen Schneeschuhe und schlurften mühelos den Fluss hinunter. Die rötlichen, unbelaubten Weidenzweige wuchsen dicht auf den Uferböschungen, standen spröde in der Kälte und klickten, wenn wir mit den behandschuhten Händen über sie hinstrichen. Die Luft war gefroren und funkelte lebendig von schwebenden, glitzernden Eiskristallen. Unsere Nasenflügel froren an. Unsere Wimpern und Brauen waren flauschig vom Reif. Unser Atem kondensierte zu dicken Nebelschwaden und sank von unseren Mündern zu Boden.

Unter der Pfahlrampe machten wir Halt. Wir scharrten mit dem Wildledergeflecht unserer Schneeschuhe im Schnee, bis wir flach auf dem Flusseis standen. Sauerstoffblasen waren im Eis festgefroren. Wir konnten sehen, wie das Wasser sich unter unseren Füßen bewegte. Wir konnten das Wasser wispern hören: *Es wintert, wintert, wintert, wintert.* Es ging kein Wind. Keine Kondensstreifen in der Luft. Wir konnten das rhythmische Klatschen von Rabenflügeln in der dicken, stillen Luft herankommen hören, als der Vogel noch zweihundert Yard flussaufwärts war. Und dann gab es einen Knall, unerwartet und scharf wie ein Gewehrschuss. Wir starrten einander an, schauten hinunter auf das Eis. Wir rührten uns nicht. Wir suchten den Schnee nach Brüchen, nach Rissen ab. Wir wurden wachsam wie Rehe. Wir wussten, dass sich so das Leben verändert. Ohne Vorwarnung. Auf einmal.

Wir traten zurück auf den Schnee, schlurften zum Ufer und gingen weiter stromabwärts, um eine Biegung herum, und achteten bei jedem Schritt darauf, wohin wir traten. Das Geräusch des Wassers war lauter geworden, und wir fragten uns, ob es nur die Neugier und Angst waren, die unser Gehör schärften. Wir bewegten uns auf das

Geräusch zu und blieben stehen und lauschten und gingen weiter, bis wir zu einer kleinen Quelle kamen, die sich in den Fluss ergoss und ihn am Uferrand offen hielt. Das Wasser war fast schwarz und dampfte. Neben der Quelle war eine Rutsche, und eine Biberburg war in die Böschung gebaut. Der Shoshone ist zu groß, als dass die Nager ihn stauen könnten, und die Biber, die nicht in den Zuflussbächen arbeiten, bauen ihre Häuser hoch oben auf den Böschungen. Verstreute, gefrorene braune Haare glitzerten auf der Eisfläche ihrer Rutsche. Meine Mutter fing an zu lachen. Uns wurde gleichzeitig klar, dass das Geräusch, das wir gehört hatten, das Klatschen eines Biberschwanzes auf dem Wasser gewesen war, als er hier weggetaucht war. Sie konnte gar nicht mehr aufhören zu lachen. Ihr Gelächter dampfte und gefror und fiel in den Fluss und wurde unter das Eis getragen und dort genauer und dauerhafter festgehalten als in unseren Erinnerungen an jenen Morgen.

Fünfzehn Jahre später bin ich auf demselben Fluss und fahre auf Langlaufskiern über die gleichmäßige, fußhohe Schneedecke, die auf dem Eis liegt. Ich bin ein erwachsener Mann. Ich besitze eine Hütte am Half Mile Creek. Ich finde eine Stelle an der Uferböschung, wo eine Sickerquelle das Wasser vor der Eisdecke erwärmt, und denke an meine Mutter.

Ich steige mit Seitwärtsschritten die steile Uferböschung neben der Quelle sechs Meter hoch. Da ist keine Biberrutsche. Oben auf dem Ufer trete ich auf ein Sims hinaus, um besser sehen zu können, und die Kante bricht ab, und ich falle die sechs Meter hinunter, falle in den offenen Wassertümpel und gerate unter das Eis. Ein Skistock bohrt sich in den Schnee und bleibt dort stecken. Mein Handgelenk ist in die Lederschlaufe am Griff geschlungen. Den Rest meiner selbst hat die saugende Strömung des Flusses erfasst; mein Gesicht ist nach oben gewandt, die Nase an die Unterseite der Eisdecke gepresst. Das Wasser fließt schnell und kräftig. Ich fühle keine Panik. Ich halte nur einen Augenblick inne und lausche, weil ich glaube, ich höre das Lachen meiner Mutter.

Ich brauche nur ein paar Augenblicke, um mit der freien Hand nach unten zu greifen, meine Skier abzunehmen und sie hinter mir hinaus auf den Schnee zu schieben, und noch einmal ein paar Augenblicke, um mich selbst ganz hinauszuziehen. Ich bleibe ruhig und habe großes Glück. Es ist minus fünfunddreißig Grad, und meine Kleider gefrieren auf der Stelle und halten meine Körperwärme dicht an der Haut. Ich ziehe die Skier wieder an und gleite zurück zu meiner Hütte. Ich bekomme nicht einmal eine Erkältung.

Als ich in der Wanne mit heißem Wasser liege, sage ich meiner Frau, dass sie einen unbedachten und sicherlich dummen Mann geheiratet hat. Sie lächelt und geht aus dem Bad in die Küche, um Tee zu machen. Ich gleite tiefer ins Wasser und höre es wieder: ein leises, flüssiges, mädchenhaftes Geräusch, und ich fühle die untröstliche Lebensfreude meiner Mutter.

Als ich sechsunddreißig bin, lässt meine Mutter sich von meinem Vater scheiden. Es ist keine Überraschung, obwohl sie vierundsechzig ist. Mein Vater zieht nach Las Vegas. Meine Mutter muss sich operieren lassen und bekommt ein neues Hüftgelenk. Sie kauft ein Haus in Cody und bittet mich, ihr beim Umzug zu helfen.

Sie meint, es könnte ihr gefallen, einmal im Leben Gelegenheit zu haben, anzurufen und eine Pizza zu bestellen und sie an die Haustür geliefert zu bekommen. Das sagt sie jedenfalls.

Unter den zwölf Pick-up-Ladungen Müll, die ich aus ihrem Keller schleppe, um sie zur Müllkippe zu fahren, sind ein Kühlschrankkarton und ein Trocknerkarton voller Teppichreste in mindestens zwanzig verschiedenen Farben und Florlängen. Die Stücke reichen von Trapezen im Format fünfzehn mal zwanzig Zentimeter bis zu fünf Zentimeter breiten und dreieinhalb Meter langen Streifen. Meine Mutter steht auf ihrer Veranda, zwischen ihren Krücken eingekeilt, und fleht mich an, ihr Hab und Gut nicht wegzuwerfen. Aber ich helfe ihr jetzt zum dritten Mal beim Umzug. Sie hat hunderte von Ein-Gallonen-Milchcontainern, die sie aufgehoben hat, um sich gegen einen Atomangriff zu wappnen. Sie sind zu Bündeln von mehreren Dutzend Stück zusammengebunden, wie große, durchsichtige Plastikweintrauben. Sie beabsichtigt, sie mit unverseuchtem Wasser zu füllen. Eine Gefriertruhe mit durchgebranntem Motor dient ihr als Lagerbehälter. Sie hat Schubladen, die sie auf Flohmärkten gekauft hat und um die man jetzt nur noch einen Schrank herumzubauen braucht.

»Du willst doch wohl diese Kisten voller Teppichabfälle nicht behalten«, sage ich zu ihr. Aber ich sage es aus sicherer Entfernung.

»Wenn ich sie nicht behalten wollte, dann hätte ich sie nicht in meinem Keller. Sie sind nicht von Aliens da hingebracht worden.«

»Was hast du denn damit vor?« Ich habe meine Schulter unter die größere der beiden Kisten gestemmt und versuche sie auf die Ladefläche des Pick-ups zu schieben.

»Sie zu verwahren.«

»Wozu?«

Der Blick, den sie mir zuwirft, zeigt mir, wie sehr sie sich schämt, einen Verschwender großgezogen zu haben. »Wenn harte Zeiten kommen, kann ich sie zusammennähen, und dann habe ich einen großen Teppich.«

»Das neue Haus hat Teppichboden«, sage ich. Ich habe die Kiste auf dem Laster. Ich schließe die Heckklappe.

»Aber das hat nicht jedes Haus. Ich werde Nachbarn haben.«

»Du kennst deine Nachbarn doch gar nicht«, sage ich. »Was ist mit diesen Milchcontainern?«

»Die sind für Quellwasser«, sagt sie lächelnd. »Du erwartest doch nicht, dass ich das Zeug trinke, das in der Stadt aus dem Hahn kommt, oder?« Sie humpelt zum Verandageländer. »Oder?«, wiederholt sie.

Ich türme die Milchcontainer oben auf die Teppichreste und fahre das ganze Zeug zu ihrer neuen Garage.

Meine Frau und ich trennen uns im selben Frühling. Ein Jahr später werden wir geschieden. Wir haben den größten Teil unseres Erwachsenenlebens miteinander verbracht, und die Scheidung ist eine Umwälzung, die uns beide taumeln lässt. Wir verkaufen unsere Hütte am Half Mile Creek und verlassen das Wapiti Valley.

Sie zieht nach Idaho. Ich bin nicht tapfer genug, um es mit einem anderen Staat zu versuchen. Ich ziehe in eine Stadt, die fünfzig Meilen weiter östlich liegt, hinaus aus den Bergen und in die Prärie des Bighorn-Beckens. Ich ziehe an einen Ort namens Powell.

Westlich von Cody und dem weiten Land im Osten ist der Shoshone River gestaut, und der Flusslauf ist in die Felder umgeleitet. Das Land, das an den Fluss grenzt, und die Bewässerungskanäle, die sich vom Fluss weg und wieder zu ihm hin schlängeln, lassen die Landschaft – zumindest für einen Teil des Jahres – in unnatürlichem Grün erscheinen, und hier gibt es Felder mit Rüben, Gerste und verschiedenen Bohnensorten. Powell ist eine Bauerngemeinde.

Abseits des bewässerten Landes gibt es nur Wüstenprärie. Aus der Luft gesehen, wellt sich das Land in Braun und Grau von den Bergketten der Absarokas und der Beartooth Mountains herunter; hier wachsen Beifuß, Besenginster und Kakteen, und sie alle stehen unter dem brutalen Regiment des Windes.

Das neue Haus meiner Mutter in Cody liegt auf halbem Wege zwischen dem Haus am North Fork, das sie verkauft hat, und meinem Apartment in Powell. Ich kann sie öfter besuchen, und hin und wieder essen wir zusammen. Ich gehe mit ihr ins Restaurant. Aber wir gehen nie zum Fischen. Wir gehen nicht am Fluss spazieren. Wir werden nie zusammen vom Regen überrascht.

Einmal bin ich bei ihr, um Kaffee zu trinken. Wir sitzen an ihrem Küchentisch. Sie erinnert sich an einen Herbst, als alle Männer im Jagdcamp waren und sie allein in der Lodge zurückgeblieben war. Sie kam morgens heraus, und die Luft war so sehr von Rauch erfüllt, dass sie nach fünf oder sechs Schritten ihre Hütte nicht mehr sehen konnte. Aschefäden, so lang wie Streichhölzer, schwebten in Spiralen aus der raucherstickten Luft herab und bedeckten den Boden, an manchen Stellen mehrere Zoll hoch. Die Asche wölkte auf, wo man hintrat. Meine

Mutter tastete sich in ihre Hütte zurück, tränkte am Waschbecken ein Badelaken mit Wasser, wickelte es sich um den Kopf und arbeitete sich von Hütte zu Hütte nach oben; sie berührte die Wand einer jeden und war sicher, dass Ehemann und Söhne in ein verkohltes und ausgebranntes Bachtal zurückkehren würden. Ihre Augen juckten und tränten. Es brannte in Nase und Kehle.

Als sie bei der Lodge ankam, legte sie die gewölbten Hände rechts und links neben das Gesicht und spähte durch die Fenster. Sie legte die flachen Hände an die Türen. Als sie eintrat, stellte sie fest, dass die Luft drinnen kühl und klar war. Noch einmal kontrollierte sie jede Hütte. Sie lief zur Scheune und zum Sattelschuppen. Sie war sicher, dass sie dem Verderben ganz nahe war; sie wartete, aber zu ihrer Verwirrung fand sie kein Feuer.

Eine Stunde später kam der Bezirksranger angefahren und berichtete, dass es zwei Bäche weiter windaufwärts brenne. Zweihundert Hektar Wald standen in Flammen. Er sagte, das Feuer sei unter Kontrolle. Für den Abend sei im Radio eine Schlechtwetterfront angesagt, mit Wind und Schneeregen. Meine Mutter umarmte den Mann und stand dankbar im schwachen Licht seiner Scheinwerfer. Sie grinste zwischen den schlaff überlappenden Lagen ihres nassen Handtuchs hervor. Und sie sagte laut, dass sie wohl großes Glück gehabt habe.

Ich frage meine Mutter, ob sie das Rauschen des Libby Creek vermisst. Sie sagt, wenn er vom Schmelzwasser angeschwollen war, hatte sie Sorge, dass er über die Ufer treten und alles, was ihr lieb war, zum Fluss hin fortreißen könnte, und dass der Fluss dann ihr Leben meilenweit stromabwärts verteilen könnte, es hinaustragen könnte aus dem Wald und in ein Land, das sie nicht kannte.

Ich erzähle ihr, dass ich vom Wasser träume, fast jede Nacht. Sie sagt, sie vermisst das Grün, das das Wasser bringt, und dass sie die stillen Augenblicke im Winter damit verbringt, an frisches Laub zu denken. Sie gießt uns eine zweite Tasse Kaffee ein. Sie erzählt mir, dass sie auch vom Wasser träumt, aber nur gelegentlich, nur drei- oder viermal im Jahr. Sie sagt, das ist genug – das Rauschen des Wassers ist in ihren Träumen.

Powell hat fünftausend Einwohner und ist so geschäftig, wie Inseln geschäftig sind, beschränkt auf den Schwemmlandstreifen seiner Landwirtschaft, dessen grüne Küste zu allen Seiten von verkrüppeltem Beifuß bedrängt wird, von Bentonithügeln und Felsen aus verglühtem Sandstein. Ich habe keine Pferde mehr, und ich habe mich nie daran gewöhnt, in einer Stadt, gleich welcher Größe, zu wohnen. Ich fühle mich eingesperrt, leicht verwirrt, nicht in meinem Element. Ich war verheiratet, in den Dreißigern und fast die ganze Zeit in den Zwanzigern. Ich vermisse das wilde Wasser.

Die Stadt ist am Rand eines Bewässerungskanals erbaut, und ihre Felder sind umrandet von einem endlosen Gitter aus Gräben; das Wasser wird durch Schleusen gepresst, in die Felder gelockt und umgelenkt und abgeleitet. Es ist eine Landschaft des gezähmten Wassers.

Als ich ein Junge war, fuhren meine Eltern durch diesen Teil des Beckens, wenn wir Reisen nach Montana unternahmen. Das Land kam mir nie real vor, eher wie ein trostloses Gefängnis. Das Farmland schien vor dem Fluss weggesperrt wie ein fetter, gemeiner Idiot.

Ich streife durch die Straßen. Ich spreche mit Freunden, die ich gefunden habe, aber ich höre unseren Gesprächen nicht zu. Ich bin nicht davon überzeugt, dass ich mein Leben lebe. Ich habe das Gefühl, ich bewege mich durch einen Zeitabschnitt zwischen dem, was ich getan habe, und dem, was ich eines Tages tun werde. Ich vermute, wenn mir ein anderer Ort eingefallen wäre, dann wäre ich wohl dorthin gezogen, aber ich will mich nicht allzu weit von meiner Vergangenheit entfernen.

Das ist es, was ich nicht weiß. Dies ist der Punkt, wo das Wasser meiner Erinnerung und meiner Phantasie vorausgeflossen ist. Hier gelangt es ins Meer und kommt zur Ruhe, wird salzig wie unser lebendiger Körper.

Ich weiß nicht, dass mein Bruder in weniger als fünf Jahren nach Wyoming zurückkehren wird, nachdem er zwanzig Jahre in Florida gelebt hat. Er wird mir erzählen, dass er die Absicht hat, sein Leben zu ändern. Dass er die Absicht hat, an den Ort zurückzukehren, an dem er aufgewachsen ist. Er wird sagen, dass er die scharfe, trockene Herbstluft vermisst. Die Berge. Er wird seine Hüftstiefel auf Löcher untersuchen. Er wird neue Schnüre und Leader auf seine Fliegenruten spulen. Er wird von den großen Forellen reden, die auf ihn gewartet haben, sich geduldig gegen das klare, schnelle Wasser des Shoshone River gestellt haben. Er wird für eine Weile zu unserer Mutter ziehen, bis er etwas findet, das er mieten kann.

Ich weiß nicht, dass man bei ihr ein Emphysem diagnostizieren wird. Ich werde ihren pfeifenden Atem und ihr Husten gehört haben, werde gesehen haben, wie rasch sie ermüdet. Aber ich weiß nicht, dass ihre Lunge von der Krankheit durchtränkt sein wird wie zwei Eimer aus zarter Membran, die sie mit sich schleppt, halb voll mit schlechtem Wasser. Dass sie zusätzlichen Sauerstoff brauchen wird. Dass eine Maschine, die diesen Sauerstoff für sie herstellt, in ihr Haus gebracht werden wird, mit zwölf Meter langen, klaren Schläuchen. Dass sie ans Ende dieser Schläuche angeschlossen werden und sich die Schlinge einer Nasensonde über die Ohren schlingen und dass sie ans Haus gefesselt sein wird, wenn sie stirbt. Ich weiß nicht, dass sie nicht mehr zu ihrem Briefkasten, zu ihrem Auto, in die Sonne wird gehen können.

Die Ärzte werden uns sagen, dass Emphysem gleichbedeutend mit langsamem Ertrinken ist. Sie werden uns sagen, dass der Körper dieser Frau sehr viel länger auf der Oberfläche ihres Todes schwimmen wird, als sie es sich wünscht. Sie werden uns sagen, dass es ein jämmerliches Ende ist.

Ich weiß nicht, dass meine Mutter eines Tages, als sie mit meinem Bruder und mir allein ist, uns sagen wird, dass sie keine Beerdigung will. Sie wird sagen, dass sie dagegen ist, ihren Tod zu feiern, und dass sie misstrauisch gegen jede Zeremonie ist.

Mein erster Winter in Powell ist ein Winter der Entwurzelung. Ich miete ein Apartment in einer Wohnstraße, nur einen Block weit von der Hauptstraße entfernt. Ich versuche mich an den Verkehrslärm zu gewöhnen, an die kläffenden Hunde meines Nachbarn, an das betäubende Geleier aus den Fernsehapparaten der anderen Mieter. Ich verspüre Klaustrophobie und vage Verzweiflung. Ich fühle mich wie untergetaucht.

Jeden Tag fahre ich zehn Meilen weit nach Norden zu einer erhöhten Schwelle in der Landschaft, und dort gehe ich stundenlang spazieren und schaue zu den Bergen hinüber. Gelegentlich finde ich Fossilien und quetsche sie zwischen den Händen, dass sie Abdrücke in meinen Handflächen hinterlassen. Ich stopfe mir die Taschen damit voll, trage die Spuren uralten Wassers mit mir herum, setze meine Schritte zielstrebig, lausche nach den Erinnerungen an Wasser. Aber das Land scheint nicht richtig zu leben. Es bietet sich aufrichtig als verlassene Landschaft dar, die einmal einen Ozean enthielt und jetzt entblößt daliegt.

Ich werde überrascht sein, als ausgerechnet mein Bruder die Pflege meiner Mutter auf seine Schultern nimmt, aber ich werde feststellen, dass es leicht ist, mir die beiden zusammen zu denken. Ich werde feststellen, dass ich sie schon immer als eins gesehen habe. Er ist der Sohn, der sich verantwortlich fühlt, sich tatsächlich aus unserer Vergangenheit entlassen fühlt. Ich bin der Sohn, der das Gefühl hat, er hätte ein besseres Leben für uns schaffen müssen.

Ich hole Fotos von meinem Bruder und meiner Mutter hervor, die ich aufgehoben habe. Ich lege sie nebeneinander auf meinen Schreibtisch. Ihre Haut leuchtet dunkel aus den Hochglanzabzügen, ihr Haar ist fast schwarz, und sie sind schlank, winklig, anmutig von Gestalt. Dunkelhaarige Iren. Ich erinnere mich an Geschichten jenseits der alltäglichen Ähnlichkeit und des Behagens miteinander.

Als mein Bruder eine Bar in Florida führte, eskortierte er eines Abends zwei streitende Betrunkene hinter das Lokal, damit sich ihr Zwist abkühlen konnte. Er stand zwischen ihnen und hielt sie am Kragen auseinander. Er redete ihnen zu. Ihr Groll, erzählte er mir, stank nach vergossenem Bier und abgestandenem Rauch und Gewalttätigkeit.

Er hörte, wie ein Stadtbus seine Bremsen löste, und schaute für einen Augenblick weg von den Männern. Er sah unsere Mutter am Randstein stehen, wo gerade noch der Bus gewesen war. Sie sagte: »Tritt zurück, Rick. Geh beiseite«, und er gehorchte. Er trat zwischen den Männern zurück und beiseite und schaute nach unten und sah, dass einer der beiden ein Messer hervorgeholt hatte und damit nach dem anderen Mann stoßen wollte. Mein Bruder hätte diesen Messerstich abbekommen. Er wäre auf einem Parkplatz hinter einer Bar in St. Petersburg, Florida, erstochen worden, wenn meine Mutter ihn nicht geliebt hätte. Ganz und gar. Über die einfache Erinnerung an ihren dunkleren zweiten Sohn hinaus.

Als mein Bruder wieder zum Randstein hinüberschaute, war das Bild meiner Mutter nicht mehr da. Er rief sie am nächsten Morgen an und erzählte ihr die Geschichte. Sie war in Wyoming. Sie sagte, sie wisse nicht mehr, was sie am Tag zuvor gemacht habe, aber sie fand es nicht ungewöhnlich, dass ihre Sorge um ihn die Reise in den Süden gemacht und zu ihm gesprochen hatte.

Als Erklärung sagte meine Mutter einfach, dass wir auf einem Wasserplaneten lebten. Dass alle Ströme zu einem zusammenflössen. Und dann lachten sie, sie und mein Bruder.

In meinem zweiten Frühling in Powell finde ich eine neugeborene Gabelantilope. Ich springe erschrocken zur Seite. Ich bin zu Fuß in der ausgedörrten Prärie nördlich der Stadt unterwegs. Es ist das zweite Mal in meinem Leben, dass ich über ein neugeborenes wildes Tier stolpere. Ich bin nicht auf den Gedanken gekommen, dass es in dieser öden Gegend mehr geben könnte als Klapperschlangen,

Präriehunde und die Schatten von Raubtieren. Ich habe Spuren von Kojoten gesehen, von Fuchs und Gabelbock und Dachs, aber den Tieren selbst bin ich nicht begegnet. Als es wärmer geworden ist, haben sich auch die Schlangengruben erwärmt. Es ist nichts Ungewöhnliches, wenn man auf einem Acht-Meilen-Spaziergang zwei oder drei Klapperschlangen trifft und allenthalben auf die prähistorische Kalligrafie der Eidechsenspuren stößt. Die Prärie ist ein guter Ort für Eidechsen und Schlangen. Wärmeres Blut ist hier anscheinend nicht willkommen.

Das Kitz zappelt im Schleim der Nachgeburt und glitzert, als wäre es in ein Netz aus transparentem Tang geraten. Die Ricke umkreist es nervös, blökt erschrocken – ein Laut, der das scharfe, hohe Summen imitiert, das entsteht, wenn Nachtfalken ihre Flügel spreizen, um aus dem Sturzflug herauszukommen, in den sie bei der Nahrungssuche übergehen. Ich bücke mich tiefer, hocke mich hin und lächle. Das Neugeborene sieht aus wie eine große braune Heuschrecke. Die Vorderläufe sind um den Kopf gefaltet, die Hinterbeine haken sich in unbeholfenem Tanz in den losen Boden und die Luft. Seine Augen quellen hervor, dunkel und arglos. Aber es ist ein felliges, dampfendes Ding, und sein Anblick macht mich ungeheuer glücklich. Ich gehe schnell davon und setze mich in einiger Entfernung auf eine kleine Anhöhe, bis ich mich davon überzeugt habe, dass die Mutter zurückkommen und ihren Nachwuchs säugen wird. Etwas in mir hat sich beruhigt.

Nicht jede alte Frau leidet beim Sterben. Nicht jede alte Frau ist an ihr Bett gefesselt, schafft zunächst noch die fünf Meter bis zu ihrem eigenen Badezimmer, kann sich dann schließlich nur noch mühsam aufrichten und ihre Hüften auf die tragbare Toilette schieben.

Es wird schwer sein, zu glauben, dass ihre Seele sich so entschieden hat. Noch schwerer wird es sein, zu glauben, wenn sie mühevoll stirbt, dass ihre Seele froh um die Gelegenheit ist, ihre eigene lange Leidensgeschichte zu verstehen.

Aber all das wird mir nur flüchtig durch den Sinn huschen. Ich werde mich an den Gedanken klammern, dass ihre Seele den Schmerz erwählt hat, dass er ein Geschenk ist. Ich werde das Universum nicht als beliebig ansehen wollen. Mein Glaube an das Karma wird wachsen, und dann werde ich sehen, wie sie in die Luft beißt und an ihrem Sauerstoffschlauch saugt, und ich werde sicher sein, dass niemandes Mutter es verdient hat, so zu sterben. Mein Herz wird im Kreis wirbeln und in die Tiefe stürzen. Es wird mir wie ein Zufall erscheinen, dass irgendeiner von uns noch Augenblicke von selbst unscharfem Optimismus heraufbeschwören kann. Ich werde laut heulen. Und ich werde Gott anschreien.

Ich werde nachts bei ihr sitzen. Das Licht wird aus sein. Sie wird im Bett liegen, immer im Bett. Die Straßenbeleuchtung wird das Zimmer in schattenhafte Grau- und Schwarztöne tauchen. Ihre Haut wird aussehen wie Schiefer. Ihr Atem wird ungleichmäßig und rasselnd gehen. Ich werde denken: »Ich bin hier. Sie ist hier. Sie ist meine Mutter.« Einen Augenblick lang werde ich nicht auf ihren Tod warten. Einen Augenblick lang werde ich mir vorstellen, dass wir beide schon tot sind, aufgestiegen in den Himmel.

Ich werde meine Hand auf ihrer Schulter ruhen lassen. Das nasse Rasseln in ihrer Brust wird durch meinen Arm in meine Brust heraufsteigen. Ich werde denken: »Wir sind hier. Dies ist der Himmel.« Laut werde ich sagen, behutsam, und mich dabei fragen, ob sie mich im Schlaf hören kann: »Hier, wenn nicht im Himmel.«

Im Laufe meines zweiten Sommers in Powell gewöhne ich mich so weit an die Stadt, dass ich aufhöre, hinauszufahren, um Einsamkeit zu finden. Ich mache meine täglichen Spaziergänge auf den Straßen, die die bebauten Felder in Quadratmeilen unterteilen. Ich gehe jeden Tag. Ich denke nicht darüber nach, wo mein Leben schief gegangen oder richtig gelaufen ist. Ich gehe, und manchmal winke ich den Farmern auf ihren Feldern zu. Ich ducke mich und weiche den Attacken der Amseln aus, die in Reihen auf den Telefonleitungen sitzen und schwatzen und auf die Köpfe derer herunterstoßen, die sich in die Nähe ihrer Nester wagen.

Während der Ernte im Herbst werfe ich den Zuckerrübenabfall von den Asphaltstraßen. Ein paar werden immer von den Lastwagen gerüttelt, mit denen sie zu den Wiegestationen transportiert werden. Ich lerne die Namen auf den Briefkästen auswendig. Es gibt eine Farmersfrau, die Dackel hält. Wenn ich an ihrer Farm vorbeikomme, stürmt immer ein Schwarm der kleinen Hunde auf mich zu, und sie kläffen und drohen, mich mit ihren Zähnen auf ihre Größe herunterzustutzen. Mitfühlend betrachte ich sie als zurückgebliebene Wiesel und lächle der Frau zu, als sie aufgeregt pustend aus dem Haus gelaufen kommt und den Besen über die Köpfe ihres halben Dutzends kläffender Hundewürstchen schwingt.

Es wird Tage geben, an denen der Inhalator unentbehrlich ist. An diesen Tagen würde sie ohne den Inhalator sterben. Sie nennt ihn ihre Friedenspfeife. Sie füllt das Ding mit einem flüssigen Medikament, das ihre Bronchien weitet, und schaltet es ein. Es summt, während sie seinen Dampf inhaliert. Sie raucht ihre Friedenspfeife alle paar Stunden. An manchen Tagen fällt es ihr schwer, so lange zu warten, aber wenn sie das Medikament zu oft nimmt, bricht ihr der Schweiß aus, und sie zittert und krümmt sich zu einer Kugel zusammen und bildet sich ein, dass sie eine Serie von Schlaganfällen erleidet – ihre elektrischen Ströme blitzen voraus in den Tod und überlassen ihren Körper dem simplen Dröhnen des Schmerzes.

Ich werde an manchen Tagen bei ihr sein, wenn sie zu viel von dem weitenden Dunst zu sich nimmt. Ich werde auf der Bettkante sitzen, an die Rückseite ihrer Schenkel geschmiegt, wenn sie die Beine angezogen hat. Ich werde ein Massagegerät über ihre Hüften, ihren Rücken, ihre Schultern führen und sie belügen, werde gurren, dass der Schmerz nicht ewig bleiben wird. Sie wird weinen. Ein Teil meiner selbst wird in Panik geraten, und ich werde mit den Zähnen knirschen, um die Angst zu bekämpfen. Ich werde mich daran erinnern, dass meine Mutter eine starke Frau ist. Ich werde mich daran erinnern, dass ich sie bis dahin nur einmal habe weinen sehen, als ich sehr klein war und sie in ihrem Leben nicht mehr weiterwusste, an den Rand der Scheidung getrieben und voller Angst, dass sie allein auf der Welt vielleicht nicht in der Lage wäre, für meinen Bruder und mich zu sorgen. Ihr Schluchzen wird länger dauern, als ich es für möglich halte. Sie wird weinen und Gott anflehen, sie zu sich zu nehmen. Sie wird sich bitter allein auf der Welt fühlen, einzigartig in ihrem Elend. Ich werde nicht stark genug sein, um den Dämon ihres Schmerzes ganz auf mich zu ziehen. Ich werde es versuchen, und er wird mich abwehren und zu ihr zurückkehren und die Zähne fletschen, wie ein bösartiger Hund die Zähne fletscht, um seine Herrin zu beschützen. Meine Liebe zu ihr wird anscheinend nicht genügen.

Den ganzen Winter über verlasse ich mein neues Heim und gehe weg. Ich kümmere mich nicht um Kälte, Wind und Schnee. Im Januar liegt der Reif meines Atems so dick auf meinem Bart, dass mein Schnurrbart an den Haaren an meinem Kinn festfriert. Wenn mir die Augen tränen, bleiben die Tropfen gefroren auf meinen Wangen.

Täglich führt das Ritual der Bewegung mich meilenweit über das Land. Und es ist nur das: Bewegung. Ich versuche nicht, es als Ertüchtigung oder als Meditation zu verkaufen. Ich bin nicht mehr besonders unzufrieden mit Powell. Ich bin nur unterwegs und nehme Kenntnis von einem neuen Land, das herankommt und vorüberzieht. Gelegentlich kontrolliere ich, ob die Berge fest am Horizont stehen.

Manchmal spreche ich. Ich verbreite mich über Themen, die ich im Moment interessant oder ärgerlich finde. Ich grolle nicht. Meistens gehe ich einfach, nehme zur Kenntnis, wo ich hergehe, und gelegentlich spreche ich. An manchen Tagen sage ich Einkaufslisten her, den Text eines Popsongs, Fragmente von Geschichten und Gedichten, eine Aufzählung dessen, was ich bereue. Der Klang meiner eigenen Stimme tröstet mich.

Ich werde sie nicht verstehen, wenn sie spricht. Sie wird ihre Worte in Bruchstücken zwischen den Hustenanfällen hervorspeien. Das Husten wird ihr fruchtfarbenen Auswurf in den Mund schleudern, oder auch grauen Schleim. Ich werde mich zurückziehen. Ich werde in einem anderen Zimmer stehen und zittern vor Wut. Ich werde es vor mir sehen, wie ich zu ihr zurückgehe und sie schüttele, bis sie zerbricht. Ich werde sie fragen wollen, warum sie nicht sofort mit dem Rauchen aufgehört hat, als man die Diagnose gestellt hatte. Warum sie jetzt nicht aufhört. Und ich werde erkennen, dass eine Verurteilung die Seele wirksamer töten kann, als Zigaretten den Körper umbringen. Ich werde fühlen, wie meine Seele zusammenschrumpft. Ich werde wissen, dass ein Urteil die Seele befleckt, wie Teer und Harz die Lunge beflecken.

Ich werde zu ihr gehen und meine Arme um sie legen. Ihre Augen werden sagen, es tut ihr Leid, dass ich hier Zeuge sein muss. Ihre Hände werden fast nur noch aus Haut und Knochen und Adern bestehen, und sie wird eine Hand auf meine legen und sie drücken, weil ich ihr erwachsener Sohn bin und sie mich liebt, und weil sie daran gedacht hat, darum zu beten, dass ich einfach und schnell sterben möge, wenn ich an der Reihe bin. Sie wird mir erzählen, dass sie ein Leben lang gebetet hat, ohne sich je träumen zu lassen, dass mein Tod in ihren Bitten vorkommen werde. Sie wird den Kopf senken und wieder beten.

An einer meiner Strecken, in westlicher Richtung, an ihrem Scheitelpunkt, wo ich normalerweise umkehre und den Rückweg in die Stadt antrete, gibt es einen tiefen Bewässerungskanal. Er wird zu einer Raststätte, zu einem

Ort, an dem ich für einen Augenblick verschwinden und meine Beine ausruhen kann. Ich rutsche bis auf seinen Grund hinunter, um der ebenen Fläche des Landes zu entkommen. Den ganzen Winter über ist der Kanal trocken und vom braunen Gras des letzten Sommers verfilzt. Die Böschungen sind schlüpfrig wie ein Strohdach aus abgebrochenem Gras und Unkraut.

Bei einem Spaziergang an einem der ersten Frühlingstage komme ich zu diesem Rastplatz und finde ihn geschwärzt. Steine sind entblößt, verkohltes Holz, Bierdosen, und die Böschungen sind frei vom Gestrüpp. Ich schlage die Stiefelabsätze rückwärts in die lose Böschung, um zum Grund hinunterzuklettern. Es ist ein neuer Frühling; er hat gerade erst begonnen, und es ist noch nicht warm. Diese bewässerte Prärie liegt am Fuße der Berge, aber es ist immer noch hoch gelegenes Land, und die Jahreszeiten wechseln abrupt; sie überlappen sich kaum. Morgen könnte es schneien, und die Feuchtigkeit wäre nur willkommen. Singvögel, die zu früh eintreffen, müssen womöglich mehrere Wochen lang von einem frierenden Fuß auf den andern treten, und doch wird dieser Kanal sich in ein paar Wochen mit Wasser für die Felder füllen.

Man hat diesen Graben angezündet, um ihn für das Wasser bereitzumachen, das er führen wird. Die Farmer brennen das alte Gestrüpp ab; sie gehen ihr ganzes Bewässerungssystem mit Propanbrennern ab, schauen dauernd nach Westen, prüfen, ob die Luft nach Wind schmeckt. Das Abbrennen ist ein Verfahren, das den Wasserfluss verbessert, den Boden mit Kohlenstoff bedeckt und die Wahrscheinlichkeit verringert, dass die Kanäle sich mit Müll verstopfen. Es ist ein gutes Verfahren für die Farmer. Nicht so gut ist es für Bisamratte, Fasan und Fuchs. Diese Gräben sind ihr Zuhause, aber sie ziehen hier nur ihre Jungen groß, und die besseren Märkte, die für Gerste und Zuckerrüben, bleiben ihnen verschlossen.

Ich werde über die stille Geduld meines Bruders staunen. Tagein, tagaus. Der Tod unserer Mutter wird seine Hauptbeschäftigung sein. Es wird Nächte des Grauens geben, von denen er mir nicht erzählen wird. Ich werde wieder heiraten. Die Pflege meiner Mutter wird nur eine Teilzeitaufgabe für meine Frau und mich sein. Wir werden sie auf eine Partie Scrabble oder Karten besuchen, gelegentlich ein besonderes Abendessen zubereiten. Wir werden auf die kleinen Wünsche der beiden hören und ihnen diese Wünsche erfüllen. Die Abflüsse sauber machen, den Garten harken, die Büsche schneiden. Das Geschirr spülen. In die Apotheke gehen.

Wir werden die ein, zwei Tage im Jahr organisieren, an denen wir meine Mutter im Rollstuhl an den Randstein fahren und in unser Auto packen. Es werden die Tage sein, an denen sie Kraft hat. Eine Sauerstoffflasche wird aufrecht auf dem Rücksitz stehen, wo die Schläuche auf dem Weg zu ihrer Lunge nicht verknicken können. Ich werde durch die neue Nachbarschaft fahren, an einem alten Haus vorbei. Ich werde sehen, wie das Gesicht meiner Mutter sich im grellen Tageslicht spannt. Sie wird Bemerkungen über die Veränderungen außerhalb der Dunkelheit ihres Schlafzimmers machen. Ich werde mich fragen, ob es sie traurig macht. Ich werde die Stadt, die mir selbstverständlich ist, mit anderen Augen sehen.

Einmal werden wir mit ihr die zehn Meilen hinaus aufs Land zu dem Haus fahren, das wir dort gemietet haben.

Wir werden sie mit dem Rollstuhl durch die Zimmer schieben. Sie wird Fragen zu unseren Computern stellen, wird wissen wollen, wie hoch die Heizkosten im Winter sind.

Wir werden sie in ihrem Rollstuhl an den Südfenstern in der Sonne sitzen lassen. Wir werden Essen machen. Wenn eine Sauerstoffflasche leer ist, werden wir sie auswechseln. Ihren Inhalator holen. »Es ist still hier«, wird sie sagen. »Stellt euch vor, was für einen Krach Kinder auf diesen Fliesen machen würden«, wird sie sagen. Wir werden nicht wissen, ob sie das Getrappel von Kindern als störend oder als beruhigend empfinden würde. Wir haben keine Kinder. Ich werde denken, wenn wir welche hätten, würden sie ihre Großmutter verlieren, wenn sie noch klein wären, und sie würden die Großmutter nur aus Erzählungen kennen.

Der Bewässerungskanal ist nicht nur ein Rastplatz, sondern auch eine gute Stelle zum Pissen. Das Land ist flach und baumlos, über viele Hektar, meilenweit, und ich stelle mir vor, dass mein Nachbar bessere Augen hat als ich. Ich schaue nach rechts und nach links und stapfe zum Grund des Grabens hinunter und verrichte meine Notdurft, so schnell ich kann. Ich habe Angst, ich könnte von den Farmern entdeckt werden, denen das Land gehört. Mir ist klar, dass das Bild eines Mannes, der mit seinem Penis in der Hand auf der Böschung eines Bewässerungskanals balanciert, eine Sache ist, für die Kleinstadtzeitungen leben. Die eigentliche Wahrheit ist, dass ich von Natur aus ein Einzelgänger bin, dass es für mich völlig natürlich ist, zum Pissen in einen Graben zu steigen, und dass ich mich oft entblößt und ungeschützt fühle.

Ich bleibe länger, als es nötig ist, auf dem Grund des Grabens stehen, um dem Wind zu entgehen. Ich finde eine ruhige Stelle, an der ich die Wolken beobachte, die über den Himmel ziehen. Den Horizont oben kann ich nicht sehen; ich bin jetzt allein mit den Wolken, winzig vor ihrer Riesenhaftigkeit, anonym, unbemerkt.

Als man uns die Todkrankenpflege durch Krankenschwestern genehmigt, werde ich denken, dass es jetzt nicht mehr lange dauern wird. Ich werde erfahren, dass Emphysempatienten erst dann Todkrankenpflege bekommen, wenn sie nach Schätzung der Ärzte noch sechs Monate zu leben haben. Fünfundzwanzig Prozent Lungenkapazität wird der Auslöser sein. Siebenunddreißig Prozent werden es noch im Sommer gewesen sein, vier Monate zuvor.

Eine der sanfteren Schwestern wird ihr sagen, dass sie wahrscheinlich im Schlaf gehen wird. Es wird nicht bei einem ihrer Anfälle passieren, wenn sie um sich schlägt, in ihren eigenen Flüssigkeiten ertrinkt. Im Schlaf. Meine Mutter wird mir sagen, wie erleichtert sie darüber ist. Sie wird mich bitten, nicht zu trauern. Sie wird sich Sorgen ums Geld machen. Sie wird mich bitten, herumzutelefonieren, mich zu erkundigen, ob mein Bruder und ich ihren Leichnam in die Berge bringen und dort einfach verbrennen dürfen. Der Gedanke an einen Scheiterhaufen wird ihre Augen leuchten lassen. Ich werde antworten, dass ich nicht sicher bin, ob ich genug Diesel tragen kann, um die Sache zu erledigen. Sie wird nicken und dann lächeln. Sie ist diejenige, von der ich meinen makabren Sinn für Humor geerbt habe. Wir werden lachen, und dann wird der Schmerz aufsteigen und ihr Lachen ersticken.

Ich werde neben ihr auf dem Bett sitzen. Ich werde ihr mit gewölbter Hand auf den Rücken klopfen, um ihr zu helfen, den Schleim heraufzubefördern. Sie wird sich herüberbeugen und in den kleinen Eimer spucken, der neben ihrem Kopfende steht. Ich werde ihr ein Glas kühles Wasser holen.

An diesem Nachmittag werden meine Frau und ich einen kleinen Kühlschrank kaufen, den wir in ihr Schlafzimmer stellen wollen. Wir werden mit dem Geschenk zu ihrem Haus kommen. Sie wird schlafend auf der Seite liegen und mit einer Hand den Bettpfosten umklammern. So wird sie schlafen – sich am Bett festhaltend, als könnte sie sich damit in der Welt verankern. Ich werde mir ihren Körper in einer Kiste vorstellen. Ich werde mir vorstellen, wie die Kiste in Flammen aufgeht. *Einfach so,* werde ich denken.

Es ist ein wolkenloser Frühlingstag, als ich den verbrannten Graben das nächste Mal betrete. Ich bin vorsichtig beim Hinunterklettern. Ich stampfe mir ein kleines Sims zurecht, um eine ebene Fläche zum Stehen zu haben, und dann schaue ich zur Seite und sehe eine Schlange. Etwa eine Fußlänge weit ist sie aus ihrem Winterloch herausgewachsen, liegt über ein kleines, verkohltes Stück Holz drapiert, leblos. Sie ist so offensichtlich vernichtet, dass ich nicht zurückspringe. Ich stelle mir vor, wie ihr kühles Blut zum Kochen gebracht wurde, als das Feuer des Farmers sie weckte. Ich stelle mir vor, wie sie sich in ihrem Loch vergeblich wand, wie sie sich, um dem Tod im Backofen zu entrinnen, in die Flammen hinausschlängelte. Sie ist mit feiner Asche bedeckt wie meine Stiefel, und mich schaudert von den Sohlen herauf, wenn ich an ihr qualvolles Sterben denke. Ich stoße sie mit der Stiefelspitze an. Sie zuckt nicht, federt nicht. Es erregt mich, obwohl ich weiß, dass sie tot ist. Ich wünsche ihr die behagliche Temperatur meines Körpers, meine gleichmäßige Wärme. Es ist nur ein kindlicher Wunsch, und feige dazu. Wenn mir nichts Großes einfällt – kein tröstendes oder wiederherstellendes Argument, kein beruhigender Aphorismus –, dann denke ich mir etwas Kleines aus. Ich lasse sie liegen, damit die Vögel, Mäuse, Insekten sie fressen. Sie ist mein Nachbar, aber sie ist tot.

Es wird am Neujahrstag sein. Meine Frau und ich werden eine Party geben. Mein Bruder wird sich verspäten. Er wird anrufen und sagen, dass der Kater unserer Mutter, ein zwanzig Jahre alter schwarzer Kater mit einem Stummelschwanz, einen Anfall hat. Die Pupillen des Katers sind geweitet, und Krämpfe schütteln seinen Körper. Mein Bruder wird mit dem Kater zum Tierarzt gehen. Der Arzt wird den Kater einschläfern wollen, um ihn von seinem Leiden zu erlösen. Mein Bruder wird der Ansicht sein, dass loyale alte Kater nicht durch eine Spritze sterben sollen. Er wird den Kater wieder nach Hause bringen.

Ich werde bei meiner Mutter auf dem Bett sitzen. Ich werde ihr helfen, den Kater in ein Handtuch zu wickeln. Sie wird ihn in den Armen wiegen. Sie wird Wasser in den Deckel eines Einmachglases gießen und es dem Kater ans Maul halten, und als er nicht trinken will, wird sie eine Fingerspitze ins Wasser tauchen und die Lippen des Katers zurückziehen und das Wasser Tropfen um Tropfen durch seine zusammengebissenen Zähne träufeln. In jeder Minute wird er sich ein paarmal unter Krämpfen anspannen. Dazwischen wird er starr verharren und auf die nächste Wehe warten. Er wird vergessen, wie man schnurrt. Meine Mutter wird mich ansehen und sagen: »Ich dachte, ich gehe eher als Cubby.« Sie wird Tränen in den Augen haben. Ich werde mir wünschen, der Kater wäre schon tot. Ich werde mir vorstellen, wie ich ihn meiner Mutter aus den Armen nehme und mit dem steifen kleinen Leichnam zur Müllkippe fahre. Ich will es hinter mir haben. Ich werde denken, ich könnte sogar im Stande sein, den kleinen Bastard selbst zu töten, mit eigener Hand. Dann wird er nur noch ein Ding sein, das die Leiden meiner Mutter noch größer gemacht hat.

Einen Monat später wird Cubby wieder laufen gelernt haben. Er wird hager sein, aber davon abgesehen nur ein ramponiertes altes Tier. Meine Mutter wird auch noch leben. Sie wird dem Kater beigebracht haben, wie man für die Katzenbonbons, die meine Frau ihr bei Albertson's kauft, Pfötchen gibt. Sie wird zu mir aufschauen, als Cubby sein Kunststück vorgeführt hat. Ihr ausgemergeltes Gesicht wird sich zu einem Lächeln verziehen, und ihr Sauerstoffschlauch wird pfeifen. Ihr Haar wird nicht gekämmt sein und sich zu einer unnatürlichen Tolle aufgetürmt haben, weil sie den ganzen Tag auf der Seite geschlafen hat, den Kater in die Krümmung ihres Körpers geschmiegt. Sie wird den alten Kater wieder zu sich auf das Bett heben. Und tief in meinem Innern werde ich wissen, wer ich bin. Ich werde die dunkle Wolke auf dem Grund meiner Seele gesehen haben. Ich werde wissen, dass ich ein Mann bin, der ein krankes Tier töten würde. Ich werde wissen, dass ich ein Mann bin, der immer noch glaubt, dass Leiden unnatürlich ist.

Drei Tage vergehen, bevor ich zu dem verbrannten Graben zurückkehre. In dieser Zeit hat es einmal geregnet; Wolken sind gekommen und abgezogen, und die Sonne scheint auf die südwärts gewandte Grabenböschung. Da ich einmal so weit gekommen bin, denke ich mir, ich will zu der Stelle hinunterrutschen, wo ich mit der Stiefelspitze an den verbrannten Muskel der kleinen Schlange gestoßen habe. Ich bin neugierig darauf, den Fortgang ihrer Verwesung zu verfolgen.

Sie ist fort, aber weil ich einmal da bin, lege ich den Kopf in den Nacken und starre hinauf in die Wolken, die durch die Himmelskuppel jagen. Ich denke mir, dass die Schlange wohl in irgendeinen Bau geschleift oder geflogen worden ist, in ein Nest lebendiger Tiere, wo sie ein Weilchen als Trophäe betrachtet und dann von den Jungen verschlungen wurde. Da ich mich wohlbehalten außerhalb der Nahrungskette sehe, die ich mir für sie vorstelle, finde ich den Gedanken befriedigend. Ich drehe mich um und will wieder zur ebenen Erde hinaufklettern, aber ich finde die Schlange auf meinem Weg.

Sie ist ein bisschen vernarbt, aber frei von Asche. Sie ist grau und regungslos, ich glaube, weil ich da bin. Dahinter liegt ihr Gefährte. Seine Bewegungen sind straff und angespannt, vielleicht weil er ihre Qualen nicht hat teilen müssen, nicht von ihren Wunden zu genesen braucht. Seine Zunge kostet die Luft zwischen uns, sein Kopf wiegt sich langsam hin und her.

Ich werde die Hände meiner Mutter ergreifen. Sie wird auf der Bettkante sitzen. Ich werde sie hochziehen und zurücktreten, ihre Hände fallen lassen und sie unter den Armen fassen, bis sie fest auf den Beinen steht. Ich werde mich langsam umdrehen, und sie wird ihre Hände auf mir ruhen lassen, bis ich ihr ganz den Rücken zugewandt habe. Sie wird mir die Hände rechts und links vom Hals auf die Schultern legen, mich herunterziehen, sich aufrecht halten. Ihre Stirn wird an meinem Rücken ruhen, zwischen den Schulterblättern. So werde ich sie stützen. Ich werde vorwärts schlurfen. Sie wird mir folgen. Immer einen halben Schritt. So werden wir uns im schwerfälligen Tandem um das Fußende ihres Bettes herum zu der tragbaren Toilette bewegen. Sie wird das ausgeleierte Gummiband ihrer Hose über die Hüften streifen. Ich werde sie auf die Toilette sinken lassen.

»Ich bin so müde«, wird sie sagen. Sie wird müde aussehen. Ihr Gesicht wird grau, aufgedunsen, leblos sein. Der Sauerstoffschlauch wird Kanäle in ihre Wangen gegraben haben. Die Rille, die von ihren Ohren bis zu den Nasenflügeln verläuft, wird wie ein Schatten in ihrem Gesicht liegen. Ihr Haar wird eine Wäsche nötig haben. Der Pullover, den sie über ihre Pyjamajacke zieht, wird an den Schultern verschlissen sein. »Ich möchte, dass es vorbei ist«, wird sie sagen. »Und hier redet nicht das Morphium. Ich bin es.«

Ich werde nicken, denn ich habe nicht den Mut, ihr zu widersprechen. Ich werde nicken, weil ich mich dann nicht zu fragen brauche, ob ich auch möchte, dass es vorbei ist.

Sie wird zu mir aufschauen. Ihre Augen werden verschwommen und wässrig blicken. Ihre Konzentration ist nur noch kurzlebig und flüchtig. Ich werde vor ihr knien. Ich werde ihre Hände halten. Man wird hören, wie Urin in einen Eimer mit Urin tropft. »Ich versuche es«, wird sie sagen. Schmerz und Sauerstoffmangel werden ihr kurze

Sätze diktieren. Sorgsam gewählte Worte. »Ich glaube, ich kann noch zwei Monate leben.« Damit wird sie erschöpft sein.

Ich werde sie auf die Beine ziehen, sie an meine Brust lehnen, ihr die Hose hochziehen. Ich werde mit dem Daumen um den Gummibund herumfahren, um mich zu vergewissern, dass er nicht verdreht ist. Ich werde sie zum Bett zurückführen und den Apparat einschalten, der ihr den Medikamentendunst liefert, mit dem sich für einen Augenblick ihre versumpfte Lunge weitet. Sie wird sich niederlassen. »Ich will nicht sterben, bevor du mit deinem Buch fertig bist«, wird sie sagen. Sie wird versuchen, nicht zu lächeln. Nur entschlossene Sachlichkeit wird in ihrem Gesichtsausdruck liegen, keine Spur von Märtyrertum. Ich werde mich daran erinnern, dass ich ihr erzählt habe, der Abgabetermin bei meinem Verlag sei in zwei Monaten.

»Ich liebe dich«, wird sie sagen. »Ich bin nicht sicher, ob du es zu Ende bringen kannst, wenn du weißt, dass es mit mir auch zu Ende ist.« Ich werde mich herunterbeugen, sie umarmen und auf die Stirn küssen. Ihre Haut wird kühl und feucht sein. Sie wird die Hände heben und jede meiner Rippen betasten, vertraulich, wieder erkennend. Sie wird sich daran erinnern, dass sie mich gemacht hat. Sie wird sich einen Augenblick lang an ihrer Schöpfung erfreuen, wird zufrieden feststellen, dass ihr Leben doch etwas wert gewesen ist.

Ich werde ihr sagen, dass sie einen Mann geschaffen hat, der stärker ist, als sie glaubt. Ich werde sie noch einmal küssen und mich dann zurückziehen. Ich werde den Korridor hinunter ins Badezimmer gehen. Ich werde die Tür schließen und mich auf den Badewannenrand setzen und weinen. Ich werde darauf achten, dass sie mich nicht hören kann. Ich werde nicht weinen, weil ich Angst habe. Ich werde weinen, weil sie willentlich leidet, damit ich unbeschwert bin. Ich werde weinen, weil diese gute alte Frau meine Mutter ist und weil sie erwartet, dass ich Atemzug um Atemzug in meinen Brustkorb sauge, gegen meine Rippen, und die Gaben, die sie mir geschenkt hat, in die Welt hinaustrage.

Ich schaue zum Himmel und wieder zurück zu den Schlangen, und noch einmal zum Himmel. Ich fühle mich nackt ausgezogen, dramatisch heimatlos, und mir ist klar, dass ich es von Geburt an gewesen bin – plötzlich bin ich sicher, dass wir alle nur auf der Durchreise sind, bis wir sterben.

Ich beuge mich über das Schlangenpaar. Ihre Blicke folgen fordernd jeder meiner Bewegungen. Die eine gleitet an ihre verletzte Gefährtin heran, und ich wünschte, der Graben wäre tief genug, um meine Scham zu verbergen. Lahm bringe ich vor, dass ich die Schlange nur deshalb nicht gerettet, ihr das Leiden nicht erleichtert habe, weil ich nicht dachte, dass ich es könnte. Ich sage, dass ich anders bin als eine Schlange. Ich spreche weiter mit ihr, lauter, und bekenne meine Angst vor Schlangen. Und dann scharre ich mit dem Stiefel, damit sie sich bewegen. Ich will keine Zeugen meiner Verbrechen – ich habe nicht das Gefühl, dass ich meinen eigenen Tod verdient habe. Die Angst, ich könnte ein unbedachtes Leben geführt haben, überflutet mich in manchen Nächten mit flüssigen Flammen, heiß wie das Feuer, das diese Gräben reinigt für sauberes Wasser.

Danksagungen

Zu Dank verpflichtet bin ich meiner Frau Virginia für ihre einsichtsvollen Vorschläge und unermüdliche Kritik am Manuskript, Terry Tempest Williams für ihre Anleitung und Ermutigung, Jennifer Brice, Pam Painter und Teresa Jordan für sorgfältige Lektüre, aufmerksame Kommentare und für ihren Enthusiasmus, Deborah Clow bei der Zeitschrift *Northern Lights* sowie Nancy Cash und der Mannschaft von Tehabi Books, die meinen ersten Essays eine Heimat gegeben haben, John Giarrizzo für seine Freundschaft und seine wunderbare Malerei. Und ich bin dankbar für das seltene Glück, Dawn Marano gefunden zu haben, meine präzise und großzügige Lektorin.